KNUT BLEICHER

Gesammelte Schriften – Band 4

Band 4
Mit Unterstützung von Dr. Martin Siewert,
Sanofi-Aventis Deutschland GmbH, Frankfurt am Main,
Deutschland

Swiridoff Verlag
Künzelsau

Knut Bleicher – Gesammelte Schriften in 6 Bänden

Band 4: Managementsysteme: Die Flexibilisierung und virtuelle Öffnung der Unternehmung

Unterstützt von Dr. Martin Siewert,
Sanofi-Aventis Deutschland GmbH, Frankfurt am Main, Deutschland
und der St. Galler Gesellschaft für Integriertes
Management (GIMSG), Schweiz

Knut Bleicher

Managementsysteme:
Die Flexibilisierung und virtuelle
Öffnung der Unternehmung

Herausgegeben von Christian Abegglen

Herausgegeben von:
Christian Abegglen, St. Gallen, Schweiz

Unterstützt von:
Dr. Martin Siewert, Sanofi-Aventis Deutschland GmbH, Frankfurt am Main, Deutschland
St. Galler Gesellschaft für Integriertes Management, St. Gallen, Schweiz

Wissenschaftliche Assistenz:
Ronald Ivancic, St. Gallen, Schweiz

Künstlerische Gestaltung Umschlag:
Sabeth Holland, St. Gallen, Schweiz

Gestaltung:
version1 GmbH, Karlsruhe, Deutschland

Herstellung:
Swiridoff-Team, Künzelsau, Deutschland

Druck & Bindung:
Beltz Druckpartner, Hemsbach, Deutschland

© 2011
Swiridoff Verlag, Künzelsau, Deutschland
Knut Bleicher, St. Gallen, Schweiz
Christian Abegglen, St. Gallen, Schweiz

ISBN 978-3-89929-074-5

Printed in Germany

VORWORT BAND 4

Vorwort des Herausgebers zum vierten Band

«Was bleibt ist die Veränderung; was sich verändert, bleibt.»
(Michael Richter, deutscher Zeithistoriker)

Angesichts der nach wie vor unbewältigten Folgen der vergangenen Wirtschafts- und Finanzkrise ist nur eines sicher: Gesellschaft und Wirtschaft befinden sich nun in dem von Knut Bleicher vor über 20 Jahren angemahnten Wandel, in dem die von den Management-Paradigmen von einst getragenen Denkweisen und Unternehmensphilosophien nicht mehr adäquat zu greifen vermögen. Die alten Gewohnheiten tragen nicht mehr, auch nicht für kurze Zeit. Die Grenzen der Systemgestaltung von einst sind deutlich sicht- und spürbar. Etabliertes, Bewährtes und Vertrautes wird immer häufiger in Frage gestellt. Unstetigkeit ist beinahe zum Normalfall geworden und Stillstand sollte bereits Alarmsirenen Richtung Rückschritt heulen lassen. Der sich im Gang befindliche Wandel beeinflusst Struktur, Strategie und Kultur von Organisationen gleichermaßen. Diese sich daraus ergebenden Änderungsnotwendigkeiten gilt es mit besonderer Sorgfalt zu gestalten und zu steuern.

Führungskräfte und ihre Organisationen stehen damit offenbar besonderen und in der Regel sehr schwierigen Aufgaben gegenüber. Denn die heutige Ausgangslage verlangt nach Lösungswegen, die nicht isoliert einzelne Aspekte eines Unternehmens umfassen, sondern alle drei Dimensionen erfolgreichen Managements miteinbeziehen – nämlich Struktur, Strategie und Kultur gleichermaßen.

Der stetig weiterentwickelte und präzisierte St. Galler Management Ansatz liefert einen handfesten und verständlichen Bezugsrahmen, um die dafür notwendigen Managementsysteme adäquat zu gestalten und zu steuern. Zudem werden insbesondere der Einfluss moderner Informationstechnologien, die Globalisierung und die demographische Entwicklung, welche neue strategische Wege und divergente Formen der Gestaltung von Organisation und Arbeit in Richtung der Flexibilisierung und virtuellen Öffnung von Unternehmen erzwingen, besonders zu berücksichtigen sein.

Die Komplexität des Wirtschaftsgeschehens verlangt nach adäquaten Managementsystemen

Ob dezidiert so benannt oder nicht, jede Unternehmung wird durch ein spezifisch ausgestaltetes Managementsystem gesteuert. Wesentliche Aufgabe dieses Subsystems ist die Aufrechterhaltung der Lebensfähigkeit des Gesamtsystems Unternehmung sowie dessen Gestaltung, Lenkung und Entwicklung. Neben der Überwachung der Systemgrenzen sind so vor allem innere und äußere Formungsaufgaben von besonderer Bedeutung. Vorliegender Band widmet sich diesen Herausforderungen und fokussiert im Gegensatz zu eher operativen Steuerungsproblematiken – der «Arbeit im System» – auf grundsätzliche Dimensionierungen der Organisation – also auf die «Arbeit am System».

Angesichts einer anhaltend unberechenbaren und kaum noch zu prognostizierenden Welt sind die Unzulänglichkeiten herkömmlicher Managementsysteme in den letzten Jahren immer deutlicher geworden. Die abnehmende Voraussagbarkeit von Markt- und Kundenverhalten, von gesellschaftlichen und technischen Entwicklungen, staatlichen Reaktionen usf. und damit einhergehend der Verlust an eigentlicher Planungssicherheit in Unternehmen führten in vielen Fällen zu (erzwungenen) gesteuerten Reorganisationen bis hin zu chaotisch anmutenden Revolutionen an den Finanzmärkten.

Ganz im Sinne der Systemtheorie können selbst kleinste Veränderungen aufgrund unterschiedlicher Feedbackmechanismen große Folgen mit nicht abschätzbaren Konsequenzen bewirken. Somit sind Auswirkungen jedes Eingriffs als vielschichtiges Gefüge – Rückkopplungen, Zeitverzögerungen, Spätfolgen – von Anfang an zu berücksichtigen.

Klassische Managementsysteme scheitern an genau diesen, immer komplexer werdenden Folge- und Rückwirkungen – sind sie doch meist zu starr, restriktiv und hierarchieorientiert aufgebaut. Der Aufbau flexibler Systeme hingegen verlangt ein Denken in Zusammenhängen, das sich an der Struktur organisierter Systeme und ihrer speziellen Dynamik orientiert.

Unser bisheriges Managementverständnis ist – vor allem auch beeinflusst durch die angloamerikanische Denkweise – leider zu häufig noch weitgehend technokratisch geprägt. Aktueller denn je, sind es aber weniger starre mechanistische Lösungen, die zum Erfolg führen, als vielmehr zeitgerechte, wenn auch nicht ganz perfekte Herangehensweisen im Umgang mit komplexen Aufgaben, was im Denken und Handeln der Mitarbeitenden und Führungskräfte eine neue Offenheit verlangt, die durch zielorientiertes strategisches und operatives Management, eine flexible und vernetzte Organisationsstruktur und vor allem eine auf organisationales Lernen ausgerichtete Unternehmungskultur gefördert wird.

Im wissenschaftlichen Bereich wird heute viel über Selbstorganisation und Selbstentwicklung von Systemen diskutiert. In der Praxis verlangen diese Mechanismen neben einer hohen Sensitivität für externe Veränderungen als Voraussetzung überhaupt, die Bereitschaft zur flexiblen Anpassung und Mobilität der Mitarbeitenden. Notwendigkeiten, die allerdings in der Regel konträr zur Veränderungsbereitschaft der in der hiesigen Wohlstandsgesellschaft aufgewachsenen Menschen stehen.

Entsprechend sind neben einer für alle Stakeholder sinngebenden Marschrichtung der Unternehmung passende Rahmenbedingungen zu organisieren: Organisationsgestaltung, Kontextmanagement und Verhaltenssteuerung sind in diesem Zusammenhang die wesentlichen Ansatzpunkte. Gestaltungs- und Betreuungsaufgaben hinsichtlich eines diese Aspekte berücksichtigenden Managementsystems haben sich somit auf die Organisation (Strukturen, Prozesse, Schnittstellen), Mitarbeiterführung (Qualifikation, Motivation) sowie das Steuerungssystem (Controlling) zu beziehen. Auf Basis und in Abstimmung mit Vision und Strategie ist dann über diese, integriert zu handhabenden Stellschrauben, eine zukunftsweisende Gestaltung von Managementsystemen überhaupt erst möglich.

Paradeinstrumente der Palastorganisation von einst, wie zum Beispiel Zentralisierung und Standardisierung, sind durch Instrumente der Zeltorganisation bis hin zu virtuellen Organisationen abzulösen. Spielen Geschwindigkeit und Wendigkeit doch heute eine ebenso grosse Rolle wie Ressourcenstärke und wirtschaftliche Potenz einer Unternehmung. Die ökonomischen Weltmeere erfordern also offenbar einen Supertanker, der sich wie ein wendiges Segelboot steuern lässt.

Erahnen lässt sich, dass die Entwicklung wie die Steuerung eines solchen Konstrukts Techniker, Ingenieure wie Steuerleute vor höchste Herausforderungen stellt – ebenso geht es Führungskräften und Mitarbeitenden, welche am und im System «Unternehmen» arbeiten um so mit adäquaten Managementsystemen sicher durch die Weltmeere zu navigieren.

Lange Zeit sichere Garanten für funktionierende Organisationsformen wie Hierarchien, Arbeitsteilung und Stellenbeschreibungen verlieren somit endgültig an Bedeutung wie Berechtigung. Die gegenwärtigen Entwicklungsnotwendigkeiten orientieren sich von einer vertikalen hin zur horizontalen Zusammenarbeit, was eine prozessorientierte Betrachtungsweise unumgänglich macht.

Neue Organisationsformen bilden sich heraus und bedürfen entsprechender, bewusster Gestaltung. Arbeiten in virtuellen Teams und Netzwerken sind dabei aber nur eine Antwort auf veränderte Gegebenheiten. Die Öffnung der Unternehmung nach außen und nach innen wird zur entscheidenden Voraussetzung für Autonomie und Wachstum.

Da aktuelle Trends also auf eine Flexibilisierung und virtuelle Öffnung der Unternehmung hindeuten und Unternehmungen im Sinne des St. Galler Ansatzes untrennbar mit der Gesellschaft verbunden sind, müssen dabei neben internen auch externe Relationierungen mit ins Kalkül gezogen werden. So stehen im Fokus folgender Beiträge Beziehungsgestaltungen und -strukturierungen in- und außerhalb der Unternehmung.

Verhalten vollzieht sich immer innerhalb spezifischer, wenn auch oftmals nicht sichtbarer und nur loser, Strukturen. Ob nun in- oder außerhalb der Unternehmung, diese Strukturen sind immer öfter netzwerkartig ausgeformt und somit flexibler, instabiler sowie loser als herkömmliche Konstellationen.

Damit gehen spezielle Herausforderungen für das Managementsystem einher, wobei neben einer Ebene der Leistungserstellung insbesondere die Beziehungsebene herausragender Berücksichtigung bedarf, gilt es doch Vertrauen innerhalb des gesamten internen als auch externen Strukturgefüges zu etablieren – Vertrauen das per se für eine wirkungsvolle und schlagkräftige Organisation Grundbedingung ist. Ganzheitlichkeit, Übereinstimmung und Kongruenz sämtlicher Maßnahmen, also ein Ausbalancieren und Abstimmen aller Teilsysteme ist hierbei von vorrangiger Bedeutung. Es bedarf einer Balance sämtlicher Gestaltungsvariablen unter Berücksichtigung sich neu ergebender Optionen sowie Einflussfaktoren.

Ein Managementsystem im Sinne des umfassenden St. Galler Modells integrierten Managements verbindet so separate Teilsysteme zu einem Ganzen und berücksichtigt sämtliche wesentlichen Aufgaben und Aspekte der Führung von Unternehmungen innerhalb einer zunehmend netzwerkartig strukturierten Gesellschaft.

Management in netzwerkartige Konfigurationen

Auch die zunehmende Internationalisierung ist ein weiterer Schritt in Richtung Zusammenarbeit in virtuellen Netzwerken. Die grenzüberschreitende Kooperation in Netzwerken schafft strategisch neue Wettbewerbsbedingungen. Einbeziehung, Aufnahme und Verarbeitung von externem Wissen werden so wesentlich zur Realisierung organisationaler Zukunftsvorstellungen.

An die Stelle von zentralistisch rigiden Strukturen treten also dynamische netzwerkartige Organisationsstrukturen. Eine derartige Struktur verbindet sich mit anderen ähnlicher Art zu netzwerkartigen Konfigurationen. Netzwerke verfügen über durchlässige, zum Teil sogar «verschwimmende Grenzen» und ermöglichen so ein flexibles Reagieren und Agieren. Die sich daraus ergebende, nicht planbare Eigendynamik, verlangt ein grundlegend anderes Management als bisher, birgt enorme Chancen (z. B. die Entwicklung von «Born Globals» wie Facebook.com) genauso wie sich rasch Abgründe öffnen können.

Die Frage wird letztlich sein, inwieweit der menschliche Gestaltungswille es mag oder vermag, derartige Strukturumbrüche überhaupt zu bewältigen. Wie können divergierende Interessen, die sich aus systemischen Logiken einzelner Unternehmungen ergeben, ausgeglichen und einer gemeinsamen sinngebenden Zielverfolgung untergeordnet werden? Inwieweit gefährden damit einhergehende, notwendige Grenzöffnungen des Systems die Stabilität der eigenen Unternehmung oder gar der Gesellschaft als Ganzes und wie kann dem begegnet werden? Eine spannende Zeit des Experimentierens hat begonnen.

Zu diesem Band

Auf alle Fälle scheint es notwendig, sich auf eine inner- und überbetriebliche Öffnung der Grenzen einzustellen und hierfür passende Managementsysteme aufzubauen. Traditionelle Grenzziehungen der Unternehmung werden zunehmend obsolet – unternehmerische Missionen und Visionen werden künftig innerhalb offenerer Organisationsformen mit wechselnden Partnern zu realisieren sein. Temporär begrenzte Projektorganisationen bzw. dauerhaftere Joint Ventures oder Strategische Allianzen sind zweifelsfrei die Organisationsformen der Zukunft. So wird es möglich eine Vielzahl unterschiedlicher Kompetenzen zu vereinen und Synergieeffekte zu erzielen – also Kräfte zu bündeln, ohne die Eigenständigkeit der Unternehmung aufzugeben.

Die sich durch diese neuen Organisationsformen ergebenden Herausforderungen für das Management liegen insbesondere in den Bereichen ihrer Koordinationsfunktion, d. h. in einem systembildenden und systemgestaltenden Entwurf eines passenden Managementsystems, und ihrer Führungs- und Problemlösungsverhaltensfunktion.

Bewusste Beziehungsgestaltung wird dabei zu einem wesentlichen Teil der Führungsarbeit innerhalb offener Organisationsformen. Ziel der Aktivitäten sollte hierbei der Aufbau einer unternehmungsübergreifenden Vertrauenskultur sein, die längerfristige Kollaboration fördert und rasche Steuerbarkeit der «offenen Unternehmung» sicherstellt. Trotz um sich greifender Flexibilität hinsichtlich der Leitungsebene hat auf Beziehungsebene ein gewisses Maß an Stabilität im Zentrum der Führungsagenden zu stehen.

Führung wird dabei als Interaktion mit differenten Gruppen und Mitarbeitenden verstanden. Im Fokus steht also die Etablierung und Entwicklung stabiler, schlagkräftiger Beziehungen, was eines systemischen, integrierten Managements bedarf, das dabei hilft Strategie, Struktur und Kultur zu koordinieren und zu integrieren.

Die Pharmabranche, die hier als Beispiel für andere Branchen dienen soll, befindet sich aktuell in einem derartigen Prozess der Neugestaltung und -kontextualisierung, womit Kollaborationen unterschiedlichster Natur entstehen, was aktuell unter dem Stichwort Pharma 3.0 diskutiert wird. Pharma 3.0 rückt den Patienten kompromisslos ins Zentrum, wobei eine Reihe von Branchen zusammenarbeiten, was tatsächlich den prognostizierten sechsten Kondratieff-Zyklus der Weltkonjunktur – also Gesundheit im ganzheitlichem Sinne – als Wahrheit zu bestätigen scheint. Ausgehend von dieser integrierten Gesundheit des Menschen sind Wertschöpfungsketten und strategische Zusammenarbeit neu zu konfigurieren, wobei Grenzen der eigenen Unternehmung überwunden werden müssen.

Sanofi einer der bekanntesten und größten Player der Pharmabranche und europäischer Marktführer ist bereits in diesem Zeitalter angekommen. So arbeiten allein 17'000 Forschende an über 20 Standorten an der Entwicklung neuer Medikamente, wobei aktuell rund 30 Projekte kurz vor dem Abschluss stehen. Die Unternehmung entstand durch Fusion und Integration verschiedenster Pharma-Gesellschaften, die oftmals im Familienbesitz waren. Während der Genese des heutigen Unternehmens, mussten also bereits des öfteren Strukturierungs- und Integrationsarbeiten, kurz Organisationsprozesse, vollzogen werden. Das innovative Umfeld der Unternehmung erfordert, dass dieser Wandel nicht zum Stillstand kommt, sondern aus Perspektive der Führung nicht nur Arbeit in den Strukturen, sondern vor allem Arbeit an den Strukturen geleistet wird.

Sanofi strebt unter Zielsetzung hoher Professionalität sowohl unternehmungsintern als auch -extern ein optimales Maß an partnerschaftlicher Zusammenarbeit an, um Produkte und Dienstleistungen bester Qualität zu produzieren. Dies entspricht dem selbst auferlegten Auftrag der Unternehmung dem Fortschritt des Menschen zu dienen. Nicht umsonst lautet der sinngebende Slogan der Unternehmung «Das Wichtigste ist die Gesundheit». Hierbei werden kulturübergreifend erarbeitete, weltweit gültige Unternehmungsgrundsätze verfolgt.

Seit 2008 leitet Dr. Martin Siewert die Geschicke der Sanofi-Aventis Deutschland GmbH. Es ist mir eine große Freude Dr. Siewert bzw. Sanofi-Aventis Deutschland GmbH als Sponsor für vorliegenden Band 4 gewonnen zu haben. Der befruchtende Austausch mit Dr. Siewert und der Unternehmung werden hierbei in besonderer Erinnerung bleiben und sollen auszugsweise im Anhang dieses Bandes auch dem Leser zugänglich gemacht werden.

Knut Bleicher setzte sich schon früh intensiv mit der Gestaltung von Unternehmungen auseinander und plädierte dabei bereits vor Jahrzehnten für eine Flexibilisierung und Öffnung der Organisation mit adäquaten Managementsystemen, die, wie sich zeigt, unter aktuellen Rahmenbedingungen zunehmend weiter an Relevanz gewonnen haben. In vorliegendem Band 4 finden sich eine Reihe dieser großteils originalbelassenen und z. T. sogar unveröffentlichten Beiträge wieder. Bei wesentlichen Grundlagen der Organisation beginnend, wird, unter Verknüpfung mit Texten von Gastautoren, ein Bogen bis zu den aktuellen Herausforderungen offener, virtueller und vernetzter Unternehmungen gespannt. Gerade vor dem Hintergrund der Finanzkrise hat sich im übrigen besonders gezeigt, dass Wissen zur integrierten Steuerung von Unternehmen mit stimmigen Managementsystemen offenbar bislang nur bedingt in die Unternehmenspraxis umgesetzt wurde. Die Idee, längst vorhandenes Wissen deshalb in etwas anderer Form in diesem vierten «Meilenstein» dieser Buchreihe wieder aufzubereiten, mit neuen Anschauungen zu ergänzen und damit auch einen kleinen Beitrag für ein systemisches Verständnis im Umgang mit Problemen unserer Welt zu schaffen, war Beweggrund für diesen 4. Band.

Möge Ihnen vorliegender Band dabei helfen, aktuelle Trends und Herausforderungen des Organisierens und Strukturierens abermals zu reflektieren und Denkanstöße und Anreize dazu liefern, sowohl auf Arbeits- als auch Beziehungsebene inner- und außerbetriebliche Kollaborationen optimal zu gestalten.

Dr. Christian Abegglen, St. Gallen, im Mai 2011
Präsident der St. Galler Gesellschaft für Integriertes Management (GIMSG)

Gesamt-Geleitwort des Herausgebers zu «Gesammelte Schriften von Knut Bleicher in 6 Bänden»

Wir leben nach dem Überschreiten der Schwelle des 3. Jahrtausends in der aufregenden Zeit eines forcierten Wandels und durchlaufen eine der größten Transformationsphasen der letzten Jahrhunderte. Bekannte Stichworte waren zu Zeiten der Veröffentlichung des ersten Bandes der vorliegenden Schriftreihe u. a. die Ausdehnungsbemühungen der EU, die Auswirkungen der West-Ost-Öffnung, der kometenhafte Aufstieg vieler Länder Asiens sowie die Nachwirkungen des New-Economy-Booms. Der diese Entwicklungen flankierende und weltweite Vernetzungen bisher unbekannten Ausmaßes ermöglichende Informationstechnologieschub, der wesentlich den Übergang in eine internationale Wissensgemeinschaft vorangetrieben hat, sowie weitere bahnbrechende Innovationen sorgen für globalen Wettbewerb in einem noch nie gesehenen Umfang mit dem Resultat schmerzhafter Konsequenzen bei mangelhafter Anpassung bestehender Steuerungsinstrumente.

Diese Erkenntnisse sind nach den gewaltigen Erschütterungen der Finanzmärkte, letztlich ausgelöst durch eine Flut billigen Geldes vornehmlich aus den USA, alles andere als neu, ungewohnt ist vielmehr, dass wir uns zwischenzeitlich in einem Abwärtssog wie zu Zeiten der Depression befanden, welcher ganze Industrien in die Tiefe riss, sich mittlerweile aber glücklicherweise zumindest abzuschwächen scheint. Einmal mehr vermochten leere Worthülsen, kurzfristig eingeleitete Aktivitäten der Notenbanken und weiterer wirtschaftspolitischer Institutionen nicht zu beschönigen. Die eher hektisch eingebrachten Maßnahmen von Notenbanken und Staaten legen vielmehr den Samen für eine nächste, weit größere Krise und vermögen – aller gebetsmühlenartig proklamierter Beteuerungen und Versprechungen zum Trotz – kein strukturelle Schwächen überdeckendes Wachstum herbeizuzaubern.

Es wird offensichtlich, dass unser Glaube an ein «Weiter-wie-bisher», basierend auf dem einstigen simplen Wachstums-Paradigma unseres Nachkriegseuropas, derzeit in seinen Grundfesten erschüttert wird. Angesichts des hierzulande für die Mehrheit vorherrschenden Wohlstands fällt ein drohender Abstieg vom hohen Niveau natürlich schwer, vor allem, wenn einem lange die Rolle eines weltweit Anerkennung findenden Spitzenreiters in der internationalen Wirtschaftsentwicklung zukam. Eine gefährliche Mischung aus Verunsicherung, Ratlosigkeit, wenn nicht gar Orientierungslosigkeit ist angesichts der tief greifenden Probleme die zu beobachtende Folge auf gesellschaftlicher, sozialer und ökonomischer Ebene. Symptomlösungsorientierte Aktionitis dominiert, statt sichtbarer Wille zur Entwicklung und langfristigen Umsetzung nachhaltiger proaktiver Lösungspakete.

Die Positionierung in einer globalisierten Welt

Die Aufgabe, sich einer virulent gewordenen Anpassungsnotwendigkeit nachdrücklich zu stellen und sich in einer globalisierten Welt neu zu positionieren, trifft naturgemäß zuallererst die Unternehmenslandschaft, welche vor der Herausforderung steht, sich neuen, andersartigen äußeren Bedingungen durch eine Änderung ihrer inneren Konstitution anzupassen.

Die dadurch von vielen Unternehmungen in einer immer rascheren Folge vorgenommenen Kurskorrekturen verursachen wiederum einen sich selbst beschleunigenden Wandel mit dem Resultat noch größerer Turbulenzen, deren Ausgang aufgrund der ihnen innewohnenden Dynamik niemand verlässlich vorherzusagen vermag. Daraus resultiert eine höchst anspruchsvolle Aufgabenpalette, die viele miteinander interagierende Einflussfaktoren zu berücksichtigen hat und deren Vernetzung sich ständig ändert. Angesprochen sind damit das viel zitierte Phänomen der Komplexität der Unternehmensrealität und die Frage ihrer Bewältigung durch die Funktion des Managements.

Die Suche nach dem richtigen Umgang mit Komplexität

In Wissenschaft und Praxis gibt es viele Definitionen für Management. Sucht man jedoch jenseits von Patentrezepten und Modeerscheinungen nach dem eigentlichen Kern, so ist darunter letztlich nichts anderes als der erfolgreiche Umgang mit eben dieser Komplexität zu verstehen, d. h. Unternehmungen in einem sich rapide wandelnden Umfeld normativ, strategisch und operativ mit dem Ziel einer langfristigen (Über-)Lebensfähigkeit zu navigieren. Der sich daraus ergebende hohe Führungsanspruch lässt erahnen, dass die Bewältigung dieser Aufgabe nicht nur eine Veränderung der managementrelevanten Orientierungs- und Steuerungsgrößen bedingt, sondern vor allem auch einer anderen Denkweise und Anschauung von und über Management bedarf. Offenkundig wird es nicht mehr ausreichen, sich ausschließlich auf kurzfristig sichtbare, die Vergangenheit wiedergebende finanzielle Größen – wie noch zu Zeiten einer früheren betriebswirtschaftlichen Entwicklungsstufe üblich – oder sich an isolierten Informationen auszurichten, deren Schein-Genauigkeit auf der Reduktion und Vernachlässigung zahlreicher qualitativer Einflussfaktoren beruht.

Entsprechend stellt sich vor dem Hintergrund dieser Situation die Frage, ob unser theoretisches und in der Praxis angewandtes Managementverständnis tauglich ist, mit sich ständig verändernden Bedingungen erfolgreich umzugehen.

Tatsächlich ist in einer breiten Öffentlichkeit aufgrund vieler negativ in die Schlagzeilen gekommener Unternehmungen zum Teil der Eindruck entstanden, dass sowohl Wirtschaft als auch Politik nicht mehr in der Lage sind, die skizzierten Herausforderungen mit den praktizierten Herangehensweisen von heute erfolgreich zu bewältigen. Das Management scheint vielfach qualitativ und quantitativ überfordert, die hohe Komplexität des Unternehmensgeschehens zu meistern. Ein Gefühl von Kontrollverlust breitet sich aus und lässt in der Folge den Ruf nach einem Umdenken und neuen Komplexitätsbewältigungspotenzialen lauter werden.

Unternehmensführung mit dem Rückspiegel

In der wissenschaftlichen Literatur ist allerdings nicht nur die Notwendigkeit einer anderen Denkweise schon längst erkannt worden, sondern es gibt zumindest seit den 1960er-Jahren ein hinreichend abgesichertes Wissen über die Steuerung von Unternehmungen in komplexen Situationen. Es zeigt sich jedoch, dass dieses Wissen in der Praxis bislang kaum umgesetzt wurde. Vielmehr scheint zu gelten: Je stärker das scheinbar Sichere schwankt, umso eher wird das Falsche getan. Insbesondere die letzten Jahre zeigen einen eklatanten Rückschritt im Verständnis dessen, was unseren Umgang mit Komplexität anbelangen muss.

So hat gerade während der Boomjahre der New Economy nach 1998 bei vielen Unternehmungen wieder vermehrt der Glaube Einzug gehalten, Problemerkennung und Komplexitätsbewältigung nach mechanistischen, rein rationalen Prinzipien betreiben zu können, also mit auf Paradigmen beruhenden Denkweisen, die in der Literatur zu Recht schon längst als überholt bezeichnet werden. Konnte Unbequemes jeweils nicht länger verdrängt werden, folgte oftmals ein Agieren mit Blick in den Rückspiegel, ergänzt durch emotionale Aspekte meist völlig ausblendende Ansätze wie Problem-Outsourcing an externe Berater, Aufgreifen von «Quick-Fixes», Online-Zugriff auf mit einer simplifizierenden Ampellogik versehene «Dos and Dont's» oder eine unreflektierte Umsetzung von Case-Study-Lösungen dominanter US-Managementschmieden.

Auch die auf den New-Economy-Boom folgende Ernüchterung brachte keineswegs ein eigentlich zu erwartendes «Einschalten eines fruchtbaren Vorwärtsganges» (Bleicher), vielmehr war ein noch deutlicherer Denk-Rückschritt zu beobachten, indem nun die Management-Fads des Aufschwungs durch Wunder versprechende Pillen des Krisenmanagements abgelöst wurden. Die häufig daraus resultierenden überstürzten Kostenmanagement-Aktivitäten und hektisch erlassene Corporate-Governance-Regeln führten meist zur Bekämpfung inhärenter Mängel, die eher Symptome als Ursache grundlegender Versäumnisse waren.

In vielen dieser oben bewusst polarisierend beschriebenen Ansätze steckt unbestrittenermaßen zwar ein guter Kern; dieser wird jedoch durch eine schon beinahe sektiererische Negation der Zusammenhänge von Problemvernetzung, Berücksichtigung dynamischer Aspekte und Ganzheitlichkeit oder, kurz gefasst, einer integrierten Betrachtungsnotwendigkeit zumeist eher ins Gegenteil verkehrt.

Es scheinen – wie von vielen Systemtheoretikern schon oft konstatiert – tatsächlich immer wieder dieselben Fehler im Umgang mit Komplexität und damit mit der Bewältigung der eigenen Zukunft begangen zu werden. In der Kluft zwischen Theorie und Praxis wirken offenbar allzu menschliches, reflexartiges Reagieren, kurzfristige Orientierung, mangelhafte Zielerkennung, subjektiv beeinflusste Gewichtungen, Nichterkennen von Nebenwirkungen, Unterschätzen des Faktors Zeit, Tendenz zu Übersteuerung sowie Neigung zu autoritärem Verhalten (Dörner).

Integriertes Management als Lösung

Eine geeignete Herangehensweise und Denkhaltung zum Umgang mit Komplexität und den damit verbundenen Herausforderungen liegen im ganzheitlichen Integrierten Management bzw. der Systemtheorie, auf deren Grundlagen in den 1960er-Jahren unter der Ägide des 1997 verstorbenen Professors Dr. Dres. h.c. Hans Ulrich und seinen Mitarbeitern das bekannte *St. Galler Management Modell* geschaffen wurde. Trägerin der bisherigen konzeptionellen und inhaltlichen Entwicklung des St. Galler Management-Ansatzes ist die frühere Hochschule St. Gallen bzw. die heutige Universität St. Gallen (HSG).

In Fachkreisen gilt sie als eine der besten Ausbildungsstätten im europäischen Raum. Ihre in Führungskräfte-Umfragen immer wieder bestätigte Führungsrolle verdankt sie einerseits dem oben beschriebenen ganzheitlichen «St. Galler Management-Modell», welches später unter Professor Dr. Dres. h.c. Knut Bleicher und seinen Mitarbeitern zum immer umfassenderen und mit vielen umsetzungsorientierten Erweiterungen versehenen *St. Galler Konzept Integriertes Management* weiterentwickelt wurde, andererseits der hohen Praxisnähe ihrer darauf basierenden Managementausbildung. Der Weitsicht von Professor Ulrich und später von Professor Bleicher ist es diesbezüglich auch zu verdanken, dass ein Großteil der «Managementweiterbildung für erfahrene Führungskräfte» schon vor vielen Jahren aus der Universität St. Gallen ausgegliedert und teilweise privatisiert wurde. Seither haben es auf diesen Wurzeln basierend einige privatrechtlich organisierte Institutionen mit großem Erfolg verstanden, den St. Galler Management-Ansatz in Form von Seminaren, Managementprogrammen und Unternehmensberatungsleistungen international praxisgerecht aufzubereiten, umzusetzen und bekannt zu machen. St. Gallen ist nicht zuletzt auch aufgrund dieses wettbewerbsorientierten und damit qualitätsfördernden Umfeldes zu einem eigentlichen Mekka der Management-Ausbildung beziehungsweise – wie von Professor Ulrich vorausgesehen – zu einem Management Valley geworden.

Entsprechend gilt St. Gallen heute als *das* Zentrum moderner Management-Ausbildung in Europa und hat auf diesen Grundlagen sowie basierend auf diesbezüglichen Arbeiten zahlreicher anderer Vordenker auch anderer Wissenschaften (Ashby, Beer, Dörner, Forrester, Luhmann, von Foerster, Vester u. a.) umfassende konzeptionelle und inhaltliche Arbeit zum Umgang mit Komplexität geleistet.

Die Welt muss nicht neu erfunden werden

Tröstlich also, dass die Welt nicht immer wieder neu erfunden werden muss, sondern Lösungen zum Umgang mit Komplexität schon längst vorhanden sind. Bedenklich aber, dass der Umgang mit diesem Gedankengut, wie er zwar von zahlreichen systemtheoretischen Denkern seit den frühen 1960er-Jahren gefordert und ihn sich verschiedene Praktiker auch angeeignet haben, von vielen immer noch so schmählich vernachlässigt wird. Um dem entgegenzuwirken, entstand zum einen die Idee zu dieser Buchreihe, zum anderen erfolgte die Gründung der «St. Galler Gesellschaft für Integriertes Management (GIMSG)»: Nukleus beider Initiativen ist das immense Wissen von Knut Bleicher über Komplexitätsbewältigung und Unternehmensführung, das im Verlaufe seiner beeindruckenden wissenschaftlichen Karriere in einer Vielzahl wegweisender Forschungsprojekte zusammen mit Kollegen erarbeitet, in der Praxis evaluiert und letztlich zum Standardwerk «Konzept Integriertes Management» (Campus-Verlag, Frankfurt a. M./New York) geführt hat.

Meilensteine eines Integrierten Managements

Während dieses Werk in strukturierter Form die Grundlagen und Zusammenhänge des Konzeptes wiedergibt, sind im Umfeld seiner Erarbeitung und Weiterführung vielfältige vertiefende Beiträge in Fachzeitschriften und Sammelwerken erschienen, die die Entwicklung des Managementkonzeptes nachzeichnen, vertiefen und ergänzen, wobei vor allem auch tangentiale Bezüge zu angrenzenden Spezialfragen eröffnet wurden.

Diese sollen in der hier vorliegenden Buchreihe *Meilensteine eines Integrierten Managements* einem interessierten Kreis von Wissenschaftlern und hauptsächlich Führungskräften in der Praxis in gesammelter und systematischer Form wieder zugänglich gemacht und nahegebracht werden. Das umfangreiche Textmaterial wurde dabei in sechs Bänden zusammengefasst und geordnet, die sich jeweils mit zentralen Fragen des normativen, strategischen und operativen Managements auseinandersetzen.

Das mit dieser Darstellung der wichtigsten Schriften von Knut Bleicher verfolgte Ziel ist aber nicht nur, längst vorhandenes Wissen über die Notwendigkeit integrierter Herangehensweisen im Management (wieder) zugänglich zu machen, sondern insbesondere für die Anwendung von Bewährtem in der Praxis zu ermuntern.

Kein Ratgeber für Erste Hilfe

Die Buchreihe ist allerdings kein Ratgeber für Erste Hilfe in dringenden Fällen, sondern ein Wissensfundus für nachhaltiges, ganzheitliches Wirken, ein Angebot zur *éducation permanente* in Integriertem Management, das in normalen Zeiten sicher und bei Turbulenzen dank Vorbereitung erst recht optimales Handeln ermöglicht. Als Gestaltungs- und Denkrahmen soll es Führungskräften ermöglichen, dank besserer Kenntnis der Gesamtzusammenhänge und dem Wissen um ganzheitliche Unternehmenssteuerung relevante Probleme rechtzeitig zu antizipieren und adäquate, nachhaltige Lösungen zu finden.

Dank

Knut Bleicher gebührt großer Dank für seine Bereitschaft, aus seinen Archiven sehr umfangreiches Textmaterial zur Verfügung zu stellen, dieses mit dem Herausgeber zu sichten und jene Auswahl zu treffen, die hier nun vorliegt und perspektivenreich Bekanntes, Typisches, Relevantes enthält, durch überlegte Abfolge aus anderen Perspektiven immer wieder Repetitionen, Wiederaufgreifungen und Vertiefungen bietet, was für das Verstehen der komplizierten Materie sicherlich nicht von Nachteil ist.

Die Zusammenarbeit mit ihm – als akademischem Lehrer – ist äußerst fruchtbar und freundschaftlich – und ich konnte, nach zwischenzeitlich mehr als 15 Jahren Management- und Berufserfahrung, noch nie von jemandem einen solchen Zugewinn an Fachwissen, gepaart mit Erfahrungen aus der unternehmerischen Realität, verbuchen. Er hat mir auch die Augen für die großen Zusammenhänge unserer wirtschaftlichen Entwicklung und der ihr innewohnenden Pendelbewegungen der letzten 50 Jahre geöffnet. Dafür danke ich Knut Bleicher sehr.

Großer Dank geht auch an den Swiridoff-Verlag in Künzelsau, Deutschland. Er war nicht nur sofort bereit, dieses Werk zu verlegen, sondern gleichzeitig auch einverstanden, die drei Buchreihen «Wissenschaft», «Management» und «Aktives Lernen» künftig mitaufzubauen.

Bewunderung gebührt Frau Sabeth Holland aus St. Gallen für die Gestaltung der Buchumschläge der einzelnen Bände. Sie ließ sich von den Inhalten der Werke derart inspirieren, dass sie sich in ihren übergeordneten Motiven am Lebenszyklus der Natur anlehnte.

Befriedigend und zusätzlich motivierend war es, dass wenig Überzeugungsarbeit notwendig war, um Sponsoren für die einzelnen Bände dieser Schriftreihe zu finden. Bedeutsamerweise sind diese alle in Unternehmungen zu finden, die sich durch eine jahrzehntelange, konsequente und erfolgreiche Politik im Sinne eines ganzheitlichen, integrierten Managements auszeichnen. Deshalb ist es mir eine große Ehre, dass Frau Bettina Würth der Adolf Würth GmbH & Co. KG (Band 1), Herr Ole N. Nielsen vom Dänischen Bettenlager (Band 2), Herr Dr. Manfred Wittenstein der WITTENSTEIN AG (Band 3) sowie Herr Dr. Martin Siewert, Sanofi-Aventis Deutschland GmbH (Band 4) die Herausgabe in großzügiger Weise unterstützt und gefördert haben.

Wenn die Buchreihe «Meilensteine der Entwicklung eines Integrierten Managements» einen theoriegeleiteten Beitrag zu leisten und Anregungen zu vermitteln vermag, wie den Herausforderungen des Tagesgeschäfts bei gleichzeitiger Entwicklung von Zukunftspotenzialen zur Sicherstellung der Lebensfähigkeit der Unternehmung zum Wohle aller begegnet werden kann, dann hat sie ihr Ziel erreicht.

Diesem Anspruch folgend ist das Werk kein leichter Stoff für Ungeduldige, aber ein profunder für zielstrebig Systematische.

Dr. Christian Abegglen, St. Gallen im Mai 2011
Präsident der St. Galler Gesellschaft für Integriertes Management (GIMSG)

Prof. (emer.) Dr. Dres. h.c. Knut Bleicher anlässlich seines 75. Geburtstages

GESAMTÜBERSICHT GESAMMELTE SCHRIFTEN

Die 6 Bände des Werkes im Überblick

Band 4
Managementsysteme: Die Flexibilisierung und virtuelle Öffnung der Unternehmung

Band 1
Management im Wandel von Gesellschaft und Wirtschaft

Band 2
Strukturen und Kulturen der Organisation im Umbruch

Band 3
Normatives und strategisches Management in der Unternehmensentwicklung

Band 5
Human Resources Management: Unternehmenskulturen im Spannungsfeld neuer Herausforderungen

Band 6
«Corporate Dynamics»: Unternehmensentwicklung verlangt ein bewusstes «Change Management»

ÜBERSICHT BÄNDE 1–6

Meilensteine der Entwicklung eines Integrierten Managements

Christian Abegglen

Die St. Galler «Schule» hat sich frühzeitig von rein ökonomistischen Vorstellungen der traditionellen Betriebswirtschaftslehre emanzipiert, indem sie ihren Schwerpunkt auf die Entwicklung einer Lehre von der Unternehmungsführung sozialer Systeme legte. Ihr Begründer Hans Ulrich als Professor der damaligen Hochschule – jetzt «Universität» – St. Gallen (HSG) erkannte die integrierende Kraft des Systemansatzes im Spannungsfeld von Wirtschafts- und Sozialwissenschaften und erarbeitete mit Kollegen und Mitarbeitern das sogenannte «St. Galler Management-Modell» als eine sich der Wirtschaftspraxis annähernde Ausformung einer Managementlehre. Es war dem Verfasser der Beiträge dieses Sammelwerkes vergönnt, als Nachfolger Ulrichs dieses Werk zusammen mit befreundeten Kollegen und Mitarbeitern weiterzuentwickeln zum sogenannten «St. Galler Management-Konzept», das nunmehr unter dem Titel *Das Konzept Integriertes Management* in 8. Auflage 2011 beim Campus Verlag in Frankfurt a. M./New York vorliegt.

Während dieses Werk in strukturierter Form die Grundlagen und Zusammenhänge des Konzeptes wiedergibt, sind im Umfeld seiner Erarbeitung und Weiterführung vielfältige vertiefende Beiträge in Fachzeitschriften und Sammelwerken erschienen, die die Entwicklung des Managementkonzepts nachzeichnen und vertiefen, wobei vor allem tangentiale Bezüge zu angrenzenden Spezialfragen eröffnet werden. Diese sollen in der hier vorliegenden Reihe einem interessierten Kreis von Wissenschaftlern und vor allem Führungskräften aus der Praxis nahegebracht werden. Das umfangreiche Textmaterial wurde dabei zu sechs Bänden zusammengefasst und geordnet, die sich jeweils mit zentralen Fragen des normativen, strategischen und operativen Managements auseinandersetzen.

Band 4   Managementsysteme: Die Flexibilisierung und virtuelle Öffnung der Unternehmung

Die strukturelle Gestaltung durch Organisations- und Managementsysteme weist in Richtung einer Flexibilisierung und virtuellen Öffnung

Die strukturelle Gestaltung der Unternehmung hat den in der Vision und in den Missionen vorgegebenen Zukunftskurs der Unternehmung und die strategische Programmgestaltung zu unterstützen, indem sie menschliches Verhalten bei der Problemerkenntnis und operativen Problemlösung in Erfolg versprechende geordnete Bahnen lenkt. Dabei zeigen sowohl die Gestaltung der Organisations- wie auch der Managementsysteme zunehmend in Richtung einer Überwindung übertriebener Arbeitsteilung in Stellen und Abteilungen durch eine verstärkte Betonung der horizontalen Zusammenarbeit mittels einer *Prozess- und Netzwerkorientierung*. Mit der zunehmenden Internationalisierung von Unternehmungen vollzieht sich dabei die Zusammenarbeit vermehrt in Netzwerken und häufig schon in virtueller Form. Bei den Versuchen, den Formalisierungsgrad von Systemen zu vermindern, sind jedoch Grenzen menschlicher Gestaltbarkeit von Organisationen nicht zu übersehen. In diesem Zusammenhang kommt der Ausgestaltung von Anreizsystemen der Verhaltenssteuerung zum Ausgleich eine besondere Bedeutung zu.

Zur strukturellen Gestaltung ist sowohl der Einsatz von Managementsystemen, wie Planungs- und Kontrollsystemen einschließlich Zielvereinbarungssystemen, als auch das Rechnungswesen und Controlling allgemein zu rechnen. Informationssysteme bilden die Grundlage derartiger Managementsysteme. Zur strategischen und operativen Verhaltenssteuerung und variablen Gratifizierung werden vermehrt Management-Anreizsysteme eingesetzt.

Band 1   Management im Wandel von Gesellschaft und Wirtschaft

Der Wandel ökonomischer und sozialer Systeme erfordert ein neues Managementverständnis

Der sich vollziehende Wandel in unseren gesellschaftlichen und wirtschaftlichen Rahmenbedingungen lässt eingangs die Frage nach den notwendigen Konsequenzen im Denken und Handeln des Managements stellen. Eine neue Managementlehre, die sich den gegenwärtigen und zukünftigen Herausforderungen stellen will, verlangt andersartige Konzepte, die sich allerdings durchaus aus der herrschenden Betriebswirtschaftslehre heraus entwickeln lassen. Dies erfordert jedoch eine Fachdiskussion darüber, welche Schwerpunkte in Forschung und Lehre zu setzen sind, um den sich verändernden Herausforderungen in Gegenwart und Zukunft gerecht werden zu können: «Ist eine Wende im Management notwendig?»

Als Antwort auf die sich ergebenden Fragen wird auf Basis des St. Galler Management-Konzepts der Versuch unternommen, die Aufgaben des Managements zeitgemäß und zukunftsorientiert zu definieren und ganzheitlich einen strukturierten Ansatz notwendiger Integration der vielfältigen Facetten der Managementaufgabe als Bezugsrahmen vorzustellen. Die Diskussion der sich daraus ergebenden Veränderungen kulminiert in der Feststellung, dass wir einer Art Paradigmawechsel im Management von den vorausgehenden Anschauungen über Organisation und Führung im Hinblick auf die vor uns liegenden Herausforderungen ausgesetzt sind, den es gilt, bewusst zu machen. Dieser Wechsel wird unterstrichen durch den sich derzeit vollziehenden Übergang von einer industriell geprägten Wirtschaft und Gesellschaft im sekundären Bereich zu einer dienstleistungsorientierten Wissensgesellschaft im tertiären und quartären Sektor, die von anderen Erfolgsfaktoren getragen wird.

Im Ergebnis gewinnt dabei der Mensch als knapper und autonomer Wissensträger eine neue kritische Rolle in unseren Organisationen, was zu weiteren Überlegungen für seine Integration in die intelligenter werdenden Organisationsformen Anlass gibt.

Zunächst gilt es, im Kontext des Managementkonzepts die konstitutiven Rahmenbedingungen, aufgrund derer das Management seinen wirtschaftlichen und sozialen Aufgaben nachkommt, zu betrachten. Dies beginnt bei der wertgeprägten Unternehmungs- und Managementphilosophie, die inhaltliche und verhaltensbezogene Rahmenbedingungen für das Wirtschaften in der Unternehmung setzt. Sie setzen sich fort in den organisatorischen Rahmenbedingungen der Unternehmungsverfassung – der *corporate governance*, deren Spielregeln an veränderte Bedingungen und Erwartungen anzupassen sind. Inhaltlich konkretisieren sich derartige Überlegungen im normativen Management in realisier- und überprüfbaren Zukunftsvisionen und in konkreten auftragsbindenden Missionen – zur Schließung von Lücken zwischen dem visionären Fernziel und dem gegebenen Status der Entwicklung. Leitbilder können dabei ein visions- und missionsorientiertes Verhalten kommunikativ unterstützen.

Band 2   Strukturen und Kulturen der Organisation im Umbruch

Tradierte Muster der Organisation und Führung sind von kooperativen Verhaltensweisen und Netzwerken der Zusammenarbeit abzulösen

Der dargestellte Wandel von Gesellschaft und Wirtschaft bleibt nicht ohne gravierenden Einfluss auf Strukturen und Kulturen der Organisationen, die sich den neuen Rahmenbedingungen anpassen müssen. Neue Organisationsformen sind erkennbar und stoßen aber auch an Grenzen der Gestaltbarkeit von sozio-ökonomischen Systemen, was bei einer technokratischen Grundhaltung der Machbarkeit nur zu leicht übersehen wird.

Beim Übergang von lang tradierten Mustern der Organisation und Führung zu derartigen neuen Formen ergibt sich jedoch ein kritisches Problem mit der Frage, inwieweit der menschliche Gestaltungswille in der Lage ist, derartige Strukturumbrüche tatsächlich erfolgreich zu bewältigen. Bei der Problematik der Beherrschbarkeit des Wandels hin zu neuen Organisationsformen gilt es, u. a. den Repräsentanten des Sozialsystems von Unternehmungen besondere Beachtung zu schenken. Es ist anzunehmen, dass der notwendige Wandel von Unternehmungskulturen veränderte partizipative und kooperative Verhaltensweisen bedingt. Er stellt vor allem hohe Anforderungen an die Führung, die über eine klare Definition von Visionen und eine Ableitung von erstrebenswerten operationalisierbaren Missionen zu ihrer Erreichung die in der Unternehmung tätigen Menschen auf den Weg des Wandels «mitnehmen» muss.

In diesen Zusammenhängen gilt es, «Festungsmentalitäten» abzubauen und sich dem größeren Ganzen des unternehmerischen Auftrags zuzuwenden: Dies verlangt mehr Miteinander und weniger Gegeneinander. Damit werden die Grenzen in der Unternehmung und zwischen Unternehmungen zunehmend fließend, denn eine derart kritische Bewältigung des Wandels zu neuen Strukturen verlangt ein Zusammenschließen aller erreichbaren und kompetenten Kräfte, auch zwischen Unternehmungen. Machen zunächst Unternehmungsverbindungen, strategische Allianzen den Anfang, so ist am Horizont bereits das Entstehen sogenannter *virtueller Unternehmungen* erkennbar, bei denen sich einzelne Unternehmungen in Netzwerken der Zusammenarbeit auflösen, wobei sie sich selbst arbeitsteilig neu positionieren und miteinander lernen, neue Herausforderungen im Wettbewerb mit anderen Unternehmungen und Netzen zu bewältigen. Auf diesem Wege gewinnen sie im Austausch mit anderen Unternehmungen neue Erfahrungen und Erkenntnisse, die sie auf dem Weg zum Übergang in die Wissensgesellschaft befähigen, größere und komplexere Probleme in Projekten zu lösen, als dies einer einzelnen grenznotorischen Unternehmung möglich wäre. All dies verlangt einen systemischen Umgang mit der hierbei zu bewältigenden großen Komplexität und Dynamik, um die notwendigen Veränderungsprozesse sach-rational und sozio-emotional vollziehen zu können.

Am Horizont zum Neuen eröffnen sich somit interessante Perspektiven einer systemischen Organisationsgestaltung und Führung für die Zukunft.

Band 3   Normatives und strategisches Management in der Unternehmensentwicklung

Normatives Management konstituiert und strategisches Management richtet die Unternehmensentwicklung aus

Ausgehend von der Unternehmungsphilosophie, die sich u. a. in der Zukunftsvision der Unternehmung niederschlägt, konstituiert das normative Management die Missionen der Unternehmungspolitik und in der Unternehmungsverfassung die Zuständigkeit der Organe und ihr explizit erwartetes Verhalten.

Hinzu tritt die nicht gestaltete, aber entwickelte Sozialstruktur der Unternehmung, die das Verhalten seiner Mitglieder impliziert beeinflusst: die Unternehmungskultur.

In diesem Band wird die zielführende und identitätsschaffende Rolle der Unternehmensphilosophie herausgearbeitet, die für die Anpassung und Neubewertung der Unternehmung im Wandel an gesellschaftliche und wirtschaftliche Veränderungen konstitutiv ist. An realistische und überprüfbare Visionen schließen sich auftragsdarstellende Missionen an.

Nach dem normativen Konzept ist das strategische Management auf die Ausrichtung von Aktivitäten zur Gewinnung von Wettbewerbsvorteilen programmatisch auszurichten und zu konzentrieren. Strategische Konzepte einer Konzentration verfügbarer Ressourcen und Kräfte im Wettbewerb am Markt sind zu bündeln.

Dabei gewinnt in hochpreissensitiven Märkten die Suche nach einer intelligenten Systemführerschaft an der Spitze von Wertschöpfungsketten eine besondere Bedeutung, kann es doch hierbei gelingen, dem Preiswettbewerb, der durch das Verfolgen von *Economics-of-Scale*-Strategien in der Wertschöpfung durch ein Massenvorgehen möglich wird, zu entgehen. Mit einem Angebot von Komplettlösungen («Systemangebote») werden dann statt leicht imitierbarer Produktangebote intelligente Problemlösungen für Kunden nach dem Prinzip der «Economics of Scope» offeriert und damit ein Beitrag zu einer nachhaltigen Kundenbindung über die Verfolgung einer *Präferenz-* statt einer *Preisstrategie* geleistet. Eine strategische Repositionierung in der Wertschöpfungskette kann unter Beachtung der Reduktion der Komplexitätskosten durch ein Outsourcing weniger relevanter und intelligenter Stufen zu einer Verbesserung der Wirtschaftlichkeit führen. Ein gleichzeitiges «Insourcing» von «intelligenten» Wertschöpfungsstufen – zumeist an der Spitze der «Nahrungskette» – wird durch eine Vervollständigung des Komplettangebotes durch den Systemführer in Richtung von zumeist Beratungs- und Dienstleistungsangeboten möglich. Ein derartiges strategisches Vorgehen entspricht zugleich den Anforderungen, die sich beim Übergang in eine dienstleistungsorientierte Wissensgesellschaft ergeben, statt physischer Produkte vermehrt intelligente Problemlösungen mit höherer Wertschöpfung anzubieten.

Mit dieser strategischen Aufgabenstellung werden nicht nur quantitative Fragen einer angemessenen Potenzialkapazität für die zukünftige Unternehmungsentwicklung angesprochen, sondern hier gilt es vor allem, das Problem der qualitativen Auslegung von Potenzialkapazitäten zu lösen. Zur Sicherung einer intelligenten Wissensbasis über eine Potenzialentwicklung werden sich Grenzen der Unternehmung nach außen und im Inneren zunehmend öffnen, um am Wissen anderer Einheiten teilhaben zu können. Damit wird Raum geschaffen für netzwerkartige Verbindungen; es entstehen wissensbasierte Wertschöpfungsnetzwerke, die eine Sicherung und Nutzung erfolgskritischen Wissens ermöglichen, aber im Ergebnis auch erhöhte Anforderung an das Managementpotenzial stellen; denn hier ist Kooperationsvermögen statt Führungsstärke im alten Sinne gefragt.

Band 5 Human Resources Management: Unternehmenskulturen im Spannungsfeld neuer Herausforderungen

Das Problemverhalten der Mitarbeiter und die tradierte Unternehmenskultur müssen sich an neue Anforderungen anpassen

Da dem Menschen im Übergang zur Wissensgesellschaft als treibender Potenzialfaktor die erfolgentscheidende Rolle zukommen wird, gilt es, die aus der Tradition erwachsene Unternehmungskultur näher auf ihre notwendige Fortschrittsfähigkeit hin zu überprüfen, denn die Unternehmungskultur bestimmt weitgehend die Vorstellungen und das Problemverhalten der Mitarbeiter einer Unternehmung. Unter dem Stichwort der Entwicklung einer *lernenden Organisation* sollten Möglichkeiten geprüft werden, den täglichen Arbeitsvollzug zugleich als ein Lernfeld zu begreifen. Dies würde nicht nur den Potenzialfaktor Mensch auf ein höheres Niveau heben, sondern auch den Übergang von einer Traditionskultur zu einer fortschrittlichen Pionierkultur ermöglichen. Dies verlangt Programme, die das Lernen *on the job* und *off the job* fordern und unterstützen. Letztlich geht es dabei um nichts weniger, als die Wissensbasis der Unternehmung als wesentlichen Wettbewerbsfaktor zu stärken und weiterzuentwickeln, um den unternehmerischen Erfolg dauerhaft zu sichern. Dabei wird zugleich die notwendige Integration von ökonomischer und sozialer Unternehmungsführung von der Basis her deutlich.

Band 6 «Corporate Dynamics»: Unternehmensentwicklung verlangt ein bewusstes «Change Management»

Integriertes Management ist auf die Entwicklung von Kernpotenzialen zu konzentrieren und Unternehmensentwicklung («Corporate Dynamics») verlangt ein bewusstes «Change Management»

In längerfristiger Perspektive geht es im Integrationsmanagement vor allem um die Pflege und Entwicklung von Kernpotenzialen, aus denen sich neue Geschäftsmöglichkeiten ergeben. Im Kern verkörpern derartige strategische Kern- oder Erfolgspotenziale zukünftige Möglichkeiten zur Schöpfung eines Nutzens durch menschliches Wissen und Können. Drei Kategorien von Potenzialen sind für den Erfolg einer Unternehmungsentwicklung besonders wichtig: 1) Marktbeziehungspotenziale als Ausdruck erfolgreich entwickelter Beziehungsverhältnisse zu verlässlichen Kunden und Lieferanten; 2) Technologiepotenziale als Ausdruck der Kenntnis und Beherrschung von naturwissenschaftlichen Verfahren zur Herstellung von Unternehmungsleistungen und 3) – im Sinne des St. Galler Management-Konzepts von herausragender Bedeutung – als Teil des Humanpotenzials das *Managementpotenzial* als Befähigungsmuster des Führungspersonals zur Gestaltung und Lenkung von sozialen Prozessen zur Zielfindung und -erreichung.

Wandel bewirkt Veränderungen von Strukturen und Verhalten von und in Unternehmungen im Zeitablauf. Alle Aspekte eines Integrierten Managements sind daher unter dem Gesichtspunkt ihrer Zeitbezogenheit zu betrachten. Dies gilt sowohl im Hinblick auf tradierte Perzeptionen und Präferenzen der in einer Unternehmung tätigen Menschen, deren Wurzeln in Ereignissen der Vergangenheit liegen und die die heutige Unternehmungskultur bestimmen, als auch im Hinblick auf die Wahrnehmung der Zukunft, die sich in Vision, Missionen und Strategien niederschlägt. Unternehmungen durchwandern in ihrer Entwicklung bestimmte Phasen, wobei bei Phasenübergängen jeweils typische Krisensymptome erkennbar werden, welche beachtet und konterkariert werden müssen. All dies setzt ein bewusstes *Change Management* zur Bewältigung des Wandels in einem Umfeld der Veränderungsscheu voraus. Im Nicht-Erfolgsfall steht am Ende der Entwicklungsgeschichte von weniger erfolgreichen, weil weniger integriert geführten Unternehmungen die Phase der Dekomposition, die es natürlich zu vermeiden gilt. Als vorläufiger Endpunkt der Unternehmensentwicklung steht in positiver Interpretation allerdings – vor dem Hintergrund der emergenten dienstleistungsorientierten Wissensgesellschaft – die Vision von der intelligenten Unternehmung als Organisationsform der Wissensgesellschaft.

KNUT BLEICHER

**Band 4: Managementsysteme: Die Flexibilisierung und
virtuelle Öffnung der Unternehmung**

GELEITWORT BAND 4

Geleitwort von Dr. Martin Siewert, Vorsitzender der Geschäftsführung der Sanofi-Aventis Deutschland GmbH, Frankfurt am Main

Die pharmazeutische Industrie befindet sich weltweit im Umbruch. Am meisten davon betroffen sind global agierende Konzerne. Während die Geschäftskonzepte kleiner bis mittlerer Unternehmen in lokalen Märkten vielfach noch funktionieren (können), da diese weniger stark und unmittelbar globalen Veränderungen ausgesetzt sind, hat das klassische Blockbuster-Modell von «Big Pharma» endgültig ausgedient. Warum?

Die Gründe dafür sind ebenso «hausgemacht» wie von außen durch sich verändernde Rahmenbedingungen bestimmt. Das klassische Blockbuster-Modell von «Big Pharma» setzt auf umsatzstarke Medikamente, die eine Milliarde Euro und mehr pro Jahr erwirtschaften. Bis vor Kurzem galt dies als sehr erfolgreich. Ein Cholesterinsenker zum Beispiel erzielte noch im Jahr 2010 einen Umsatz von mehr als zehn Milliarden Dollar. Auch unser Unternehmen spielt in dieser Liga. Im Geschäftsjahr 2010 wies die Bilanz von Sanofi fünf Blockbuster auf, angeführt von einem ureigenen Frankfurter Produkt. Der Nachschub an solchen Erfolgsmedikamenten ist schwierig bis gar nicht zu organisieren. Das «Innovation-Gap» ließ sich auch mit immer größeren Forschungs- und Entwicklungsorganisationen, ausgestattet mit immer größeren Forschungs- und Entwicklungsbudgets, nicht schließen. Gleichzeitig wurde die Notwendigkeit hierfür auch dadurch immer zwingender, dass der Lebenszyklus eines Blockbusters heute nach Patentablauf viel schneller endet (Sägezahnverlauf). So ergibt sich der Zwang zu einer Neuausrichtung klassischer F&E-Organisationen und in der Folge auch der darauf basierenden Geschäftsmodelle.

Die bestehenden Medikamente – egal ob Blockbuster oder Nischenprodukt – treffen zudem auf sich in rasantem Tempo verändernde Märkte:

In den westlichen Industrienationen wollen immer mehr immer ältere Menschen mit zum Teil extrem aufwendigen und teuren Therapien behandelt werden und möglichst unter Ausschöpfung aller Möglichkeiten der modernen Medizin zusätzliche Jahre in der letzten Phase ihres Lebens bei Gesundheit und mit guter Lebensqualität verbringen.

In den Entwicklungsländern erheben die Menschen zu Recht zunehmend ihren Anspruch auf medizinische Versorgung – ebenso wie die explodierenden Bevölkerungspopulationen der Schwellenländer, in denen es nicht nur enorm viele Patienten zu versorgen gilt, sondern zugleich eine wachsende Mittelstandsschicht nach den modernsten innovativen Medikamenten verlangt und dafür auch bereit ist zu zahlen.

Geleitwort von Dr. Martin Siewert

All das hat Auswirkungen auf die Gesundheitssysteme der Länder dieser Erde und damit auf die Rahmenbedingungen, auf welche die Pharmaindustrie trifft und denen sie sich zu stellen hat. Das uniforme Blockbuster-Modell von «Big Pharma» ist dafür ungeeignet! Das hat nicht nur Sanofi erkannt und den Weg der Diversifizierung zu einem breit aufgestellten Gesundheitskonzern eingeschlagen. Viele andere Unternehmen gehen inzwischen einen ähnlichen Weg und begegnen – das eine mehr, das andere etwas weniger breit aufgestellt – den Herausforderungen der veränderten globalen Märkte.

Bei keinem Unternehmen ist der Umbau vom «Big Pharma»-Modell, das auf dem Erfolg mit Blockbustern beruht, ein einmaliger Vorgang. Vielmehr ist die Transformation der Pharmazeutischen Industrie ein evolutionärer Prozess. Was Sanofi anbelangt, ist auch bereits sehr klar, wohin die weitere Entwicklung gehen wird. In drei wesentlichen Geschäftsbereichen (Diabetes, Onkologie und Augenheilkunde) ist das Prinzip bereits heute angelegt: Sanofi versteht sich als Rundum-Partner seiner Patienten, der ihnen alles anbietet, was sie zu einem effektiven und komfortablen Management ihrer Erkrankung gemeinsam mit ihrem Arzt brauchen. Von der Entwicklung zu einem Rundum-Partner und damit von einem produktgetriebenen zu einem patientengetriebenen Ansatz wird maßgeblich der weitere Erfolg des Unternehmens abhängen – weltweit ebenso wie an einem integrierten Forschungs- und Produktionsstandort wie dem der Sanofi-Aventis Deutschland GmbH im Industriepark Höchst in Frankfurt am Main.

Das wirft neue Fragen auf: Wie wollen wir daran arbeiten? Was benötigen wir dafür? Welche Führungskultur ist dafür entscheidend? An welchen Werten orientieren wir uns bei der Arbeit? Welchen Umgang pflegen wir untereinander und mit unseren Partnern?

Dies alles sind Fragen, die der Führungskreis um unseren CEO Christopher A. Viehbacher schon sehr früh diskutiert hat, als er die Transformation von Sanofi nach seinem Amtsantritt einleitete, und zu deren Antwort ich mit meinen Vorstellungen als Geschäftsführer für den Standort Deutschland beigetragen habe. Denn es liegt auf der Hand, dass eine neue Ausrichtung des Unternehmens mit einer neuen Zielsetzung eine neue Herangehensweise notwendig macht und ein anderes unternehmerisches Handeln als zuvor erfordert.

Als Ergebnis entstand «Unser Sanofi», unsere Unternehmenskultur, die definiert, was den Kern unseres Unternehmens ausmacht und wie wir miteinander an unseren

Herausforderungen arbeiten wollen. Wir haben diese Elemente in Prozesse übertragen, die sicherstellen, dass es nicht bei Absichtserklärungen bleibt, und wir haben Unternehmenswerte definiert, die gleichsam ein Kompass sind, an dem wir uns alle gemeinsam als Gruppe, als Team, aber auch als Individuum orientieren können. Es ist ein Rahmen, aber jeder Einzelne ist aufgefordert, ihn selbst auszugestalten.

Gleichermaßen muss jedwedes Unternehmen, das einer Transformation unterliegt, selbst seinen eigenen Weg definieren, und seine Strukturen sowie seine Organisation anpassen. Der vorliegende vierte Band der gesammelten Schriften «Meilensteine der Entwicklung eines Integrierten Managements» beschäftigt sich mit Managementsystemen, mit der Flexibilisierung und virtuellen Öffnung des Unternehmens. Viele Fragen, die auch wir diskutiert haben, sind hier enthalten, viele Antworten darauf habe ich – in allgemeingültiger Form – hier wiedergefunden und auch Anregungen erhalten, die ich auf unserem Weg noch einsetzen werde. Nutzen auch Sie diesen Fundus gebündelten Managementwissens. Aber mehr noch: Finden Sie den individuellen Weg für Ihr Unternehmen. Ich wünsche Ihnen viel Erfolg dabei!

Dr. Martin Siewert, Frankfurt am Main im Mai 2011
Vorsitzender der Geschäftsführung der Sanofi-Aventis Deutschland GmbH

Wir arbeiten in Strukturen von gestern mit Methoden von heute an Strategien für Morgen vorwiegend mit Menschen, die die Strukturen von gestern geschaffen haben und das übermorgen in der Unternehmung nicht mehr erleben werden.

Knut Bleicher

INHALTSVERZEICHNIS

Vorwort des Herausgebers zum vierten Band. 5
Gesamt-Geleitwort des Herausgebers zu «Gesammelte Schriften von Knut Bleicher
   in 6 Bänden». 13
Die 6 Bände des Werkes im Überblick. 20
Meilensteine der Entwicklung eines Integrierten Managements 21

Band 4: Managementsysteme: Die Flexibilisierung und virtuelle Öffnung der Unternehmung

Geleitwort von Dr. Martin Siewert, Vorsitzender der Geschäftsführung der
   Sanofi-Aventis Deutschland GmbH, Frankfurt am Main. 30
Einleitung Band 4: Managementsysteme: Die Flexibilisierung und virtuelle
   Öffnung der Unternehmung 43

KAPITEL I
(Neu-)Ordnung von Managementsystem und Organisation 49
1   Grundbegriffe und Gestaltungsprobleme der Organisation. 49
2   Aufbau- und Ablauforganisation. 50
    2.1 Organisationselemente 50
        2.1.1 Aufgaben. 50
        2.1.2 Personen. 51
        2.1.3 Technische Hilfsmittel. 53
    2.2 Organisatorische Beziehungen. 54
        2.2.1 Verteilungsbeziehungen. 54
        2.2.2 Arbeitsbeziehungen. 55
    2.3 Aufbau- und Ablauforganisation als Ergebnis der Strukturierung. 56
3   Analyse und Synthese der Organisation. 56
    3.1 Organisationsanalyse 56
        3.1.1 Zielanalyse. 57
        3.1.2 Situationsanalyse 58
    3.2 Organisationssynthese. 60
        3.2.1 Synthese von Basissystemen 60
        3.2.2 Synthese von Zwischensystemen 61
        3.2.3 Zentralisation und Dezentralisation bei der Systemsynthese. 62
4   Dimensionierung als Gestalt der Organisationsstruktur 72
    4.1 Dimensionierung der Gestalt der Organisation. 72
    4.2 Profilierung der Organisationsphilosophie 78
        4.2.1 Profil einer stabilisierenden, formalen Misstrauensorganisation 79

4.2.2 Profil einer sich anpassenden, informalen Vertrauensorganisation .. 81
4.2.3 Tendenzen auf dem Wege zu einer Vertrauensorganisation......... 82
Literatur Kapitel I 87

KAPITEL II
Systemische Orientierung durch Organisationsleitbilder 91
1 Leitbilder dienen als Orientierungsgrundlage 91
2 Leitbilder für die Gestaltung von Organisationsstrukturen und von
  Managementsystemen... 92
   2.1 Organisations- und Systemleitbilder im Spannungsfeld von
       Stabilisierung und Veränderung 92
   2.2 Praxisbeispiel eines Organisationsleitbildes 96
Literatur Kapitel II... 111

KAPITEL III
Perspektiven für die Gestaltung von Managementsystemen 113
1 Organisationsplanung... 113
   1.1 Wesen, Gegenstand und Ziele der Organisationsplanung.............. 113
   1.2 Prozess der Organisationsplanung................................... 115
   1.3 Optimale Geltungsdauer realisierter Organisationspläne............. 116
   1.4 Optimaler Planungszeitpunkt für die Reorganisation 118
Literatur zu Abschnitt 1.. 119
2 Subordinationsquote... 120
   2.1 Begriff.. 120
   2.2 Kapazitätsbedingung von Leitungsstellen 121
   2.3 Bestimmung der Subordinationsquote............................... 122
   2.4 Determinanten der Subordinationsquote............................ 123
Literatur zu Abschnitt 2.. 126
3 Möglichkeiten und Grenzen der Selbstorganisation: Organisation als
  Erfolgsfaktor.. 127
   3.1 Vordringen evolutorischer Vorstellungen im Management 127
   3.2 Das paradoxe Spannungsverhältnis................................. 128
   3.3 Evolutorische Dynamik der Fremd- und Selbstorganisation........... 129
   3.4 Auf der Suche nach einer schöpferischen Synthese 131
Literatur zu Abschnitt 3.. 132

KAPITEL IV
Gestaltung des Gesamtsystems Konzern bei fortschreitender Diversifizierung . 135
1 Entwicklung der Konzerngestaltung im historischen Abriss................ 135
2 Organisationsmodelle des Konzerns...................................... 137
   2.1 Bausteine der Konzernorganisation................................. 137
   2.2 Gesellschaftsrechtliche Kombination der Bausteine in der Konzern-
       organisation.. 138

Inhaltsverzeichnis

 2.3 Organisatorische Verknüpfung der Bausteine in der Konzernorganisation.. 140
3 Organisation der Konzern-Leitung 144
 3.1 Funktionen der Konzern-Leitung 144
 3.2 Organisationsformen der Spitzeneinheit 148
4 Konzernorganisation und Konzernentwicklung...................... 150
 4.1 Qualitative Veränderungen der Konzernstrategie 150
 4.2 Quantitative Veränderungen der Konzernstrategie 152
5 Rechtlich-strukturelle Entwicklungen und organisatorische Gestaltungen ... 152
6 Internationalisierung und Konzernorganisation 153
 6.1 (Produkt-)Diversifizierung und Konzernorganisation........... 155
 6.2 Anpassung von Konzernorganisation an Konzernentwicklung 157
Literatur Kapitel IV 157

KAPITEL V
Der Weg zu virtuellen Managementsystemen 161
1 Auf der Suche nach zukunftsgerichteten Organisationsstrukturen 161
 1.1 Die Rezession produziert Sieger und Verlierer 161
 1.2 Auswirkungen der Diskontinuität 162
 1.3 Strukturfragen zur Komplexitätsbeherrschung.................. 163
 1.4 Systemanpassungen an neue Strategien 165
Literatur zu Abschnitt 1.. 167
2 Neuere Entwicklungen in der Organisationspraxis................... 167
 2.1 Fehlende Beweglichkeit in Traditionsunternehmungen 167
 2.2 Umgestaltung von Unternehmungsstrukturen 168
Literatur zu Abschnitt 2.. 171
3 Organisation der Zukunft.. 172
 3.1 Unterwegs zur Netzwerkorganisation 172
  3.1.1 Chaotische Märkte verlangen ein neues Management-Verständnis.. 172
  3.1.2 Auf dem Weg zu einer neuen Offenheit 173
 3.2 Die sich abzeichnende Netzwerkorganisation................... 175
  3.2.1 Überbetriebliche Vernetzung 176
  3.2.2 Innerbetriebliche Vernetzung........................... 178
 3.3 Erzeugt die Öffnung der Organisation in Netzwerken neue Probleme? ... 184
  3.3.1 Problematiken verblassender Kulturen................... 184
  3.3.2 Integrationsproblematiken des Managements.............. 185
Literatur zu Abschnitt 3.. 186

KAPITEL VI
Wandlungsprojekte: Von Strukturbrüchen zu polaren Organisationsformen ... 189
1 Aufdecken von Strukturbrüchen – Ausgangspositionen für Wandlungsprojekte.. 189
2 Krise des Inkrementalismus – Synergetik im Projektmanagement......... 194

3 Polare Organisation – ein Ansatz zur Neugestaltung von Unternehmensarchitekturen und Projektorganisationen................................. 197
  3.1 Die Grundproblematik... 197
  3.2 Polare Organisation in Design-Projekten 199
  3.3 Polare Organisation in der Softwareentwicklung....................... 200
  3.4 Polare Organisation im Facility Management 202
  3.5 Polare Organisation in der Wertschöpfungskette des Bauens............ 204
Literatur Kapitel VI.. 206
Weiterführende Literatur 207

KAPITEL VII
Zur Lebensfähigkeit virtueller Organisationen................................ 209
1 Kybernetische Entwicklung virtueller Organisationen...................... 209
  1.1 Zur Entstehung virtueller Organisationen............................ 209
  1.2 Kriterien höherer Ordnung für die organisatorische Gestaltung......... 211
  1.3 Strukturelle Voraussetzungen für Lebensfähigkeit und Entwicklung..... 212
  1.4 Zur Modellierung virtueller Organisationen 216
  1.5 Gestaltung virtueller Organisationen als lebensfähige Systeme.......... 217
  1.6 Zusammenfassung 226
Literatur zu Abschnitt 1.. 228
2 Anmerkungen zur «Virtuellen Organisation»............................. 230
  2.1 Zum Begriff «virtuell»... 230
  2.2 Virtualität in fluiden Organisationsstrukturen........................ 231
  2.3 Spontane Prozess- und Projektorientierung in inter- und innerorganisatorischen Netzwerken... 231
  2.4 Transformation zu Hybridstrukturen 232
Literatur zu Abschnitt 2.. 233

KAPITEL VIII
Kooperationssysteme gestalten und entwickeln................................ 235
1 Einleitung.. 235
2 Grundlegendes zu Unternehmenskooperationen........................... 236
  2.1 Begriffsverständnis und Definition der Unternehmenskooperation 236
  2.2 Ziele und Merkmale einer Unternehmenskooperation 237
  2.3 Herausforderungen und Risiken einer Unternehmenskooperation....... 238
  2.4 Dimensionen der Kooperationsgestaltung 240
    2.4.1 Zieldefinition und strategische Führung der Kooperation 240
    2.4.2 Interorganisationale Beziehungen und Verflechtungen 241
    2.4.3 Weitere Gestaltungsmerkmale in Kooperationen................. 243
  2.5 Verhaltensdimensionen in Kooperationen............................ 244
    2.5.1 Vertrauen als Basis 244
    2.5.2 Führungs- und kooperationstypische Rollen 246
    2.5.3 Verhaltenssteuernde kooperationsinterne Managementsysteme.... 248
    2.5.4 Interne und externe Kooperationskultur 250

Inhaltsverzeichnis

3 Entwicklung von Unternehmenskooperationen.......................... 251
   3.1 Entwicklungsmodell von Kooperationen 251
   3.2 Emergenzphase – Entstehung der Kooperationsvision................. 253
      3.2.1 Positive Rahmenbedingungen und Kooperationsanlass........... 253
      3.2.2 Analyse des Kooperationspotenzials 254
      3.2.3 Partneransprache und Selektion potenzieller Partner............ 254
      3.2.4 Konkretisierung und Commitment............................ 255
   3.3 Formationsphase – Konfiguration der Kooperation 255
      3.3.1 Strategische Ziele 255
      3.3.2 Ressourcen und Synergien 256
      3.3.3 Strategische Führung und Organisation....................... 256
      3.3.4 Managementsysteme der Kooperation 256
   3.4 Leistungsphase – Erstellung der Kooperationswertschöpfung 257
      3.4.1 (Temporäre) Kooperationsprojekte............................ 257
      3.4.2 Lernen und Verbesserung 258
   3.5 Auflösungsphase – Gestaltung des Kooperationsendes 258
      3.5.1 Auflösungsgründe und -wege 258
      3.5.2 Anschlussfähiges Ende...................................... 259
4 Empfehlungen für die Entwicklung von Kooperationen.................... 260
   4.1 Strategische Entwicklungsempfehlungen............................ 260
   4.2 Strukturelle Entwicklungsempfehlungen............................ 260
   4.3 Kulturelle Entwicklungsempfehlungen 261
   4.4 Mitarbeiter- und Partnerorientierte Entwicklungsempfehlungen 262
Literatur Kapitel VIII.. 262

KAPITEL IX
Systemisches Management von Unternehmensnetzwerken................. 267
1 Besonderheiten netzwerkartiger Kooperationsformen und deren
   Management.. 267
   1.1 Von Kooperationen und Netzwerken............................... 269
   1.2 Ausgewählte Problematiken in Unternehmungsnetzwerken 272
   1.3 Netzwerkmanagement als Form des Kooperationsmanagements......... 273
   1.4 Netzwerkkultur als Managementobjekt 276
   1.5 Abschließendes und Ausblick..................................... 277
Literatur zu Abschnitt 1.. 279
2 «Zusammenarbeit multipliziert Wissen» – Ansätze eines integrativen
   Wissensmanagements in Unternehmensnetzwerken 282
   2.1 Wissensmanagement ist von strategischer Relevanz 282
   2.2 Leitlinien eines Wissensmanagements in Netzwerken................. 285
      2.2.1 Gemeinsames Tun sichert Verbindlichkeit..................... 285
      2.2.2 Eine gemeinsame Organisation schafft Ordnung 287
      2.2.3 Professionelle Management-Systeme sichern die Ernsthaftigkeit.... 289
      2.2.4 Eine Governance-Architektur ermöglicht Steuerung und Kontrolle . 291

2.3 Geforderte Qualität einer integrativen Unternehmensführung 293
Literatur zu Abschnitt 2 294

ANHANG
Das Leben und Werk von Knut Bleicher 299
Drittes Ehrendoktorat für Knut Bleicher. 323
International MBA in Polen, mitinitiiert von Knut Bleicher 327
Die zentralen Mentoren von Knut Bleicher 329
Jubiläumsausgabe – 20 Jahre Konzept Integriertes Management im Campus
   Verlag. 331
Der Lebenszyklus im St. Galler Konzept nach Sabeth Holland 336
Die Umschlaggestaltung des vorliegendes Werkes – Gedanken und Reflexionen
   zur Bildfolge von Sabeth Holland 337
Zur Künstlerin der Umschlaggestaltung, Sabeth Holland 342
Dr. Martin Siewert, Deutschland-Chef von Sanofi-Aventis, im Gespräch mit
   Dr. Christian Abegglen zu Herausforderungen der Pharmabranche und
   bei Sanofi. 346
Zum Herausgeber, Christian Abegglen 356
Vorschau: Meilensteine der Entwicklung eines Integrierten Managements –
   Band 5 und Band 6. 358
SGBS Buchempfehlungen. 363

EINLEITUNG BAND IV
Managementsysteme: Die Flexibilisierung und virtuelle Öffnung der Unternehmung
Knut Bleicher

Im gleichen Ausmaß in dem die Welt metaphorisch schrumpft, nimmt die globale Vernetzung von Unternehmungen aber auch Personen uvm. stetig zu. So werden Distanzen zwar zunehmend kürzer, Beziehungsstrukturen jedoch unüberschaubarer und die Welt an sich komplexer. Dieses Dickicht kann jedoch nicht mit der Machete gebändigt werden, um einen breiten Weg zu schaffen, würden so doch wesentliche Beziehungen gekappt. Vielmehr gilt es überlegt und besonnen nach naturgegebenen schmalen, sich schlängelnden Pfaden Ausschau zu halten. Dies erfordert Anpassungen und Änderungen der eigenen Fortbewegung und Gangart.

Veränderungen in Gesellschaft und Wirtschaft zwingen auch organisationale Systeme zu grundlegenden Transformationen, wollen diese in einem sich permanent neu schaffenden Gesellschaftssystem bestehen. Eine für das Management zunehmend anspruchsvoller werdende Außenkomplexität fordert die Entwicklung entsprechender Binnenkomplexität und dies gerade vor dem Hintergrund gesellschaftlichen Wandels hin zu einer Wissensgesellschaft, in welcher Einzelkämpfer verstärkt zum Versagen verurteilt sind. Kollaboration in- und außerhalb der Unternehmung gewinnt somit an Bedeutung, werden doch Kompetenzen einzelner nicht nur summiert sondern gar multipliziert und so die Schlagkraft der Unternehmung signifikant erhöht.

Im Kern meint Management die Gestaltung, Steuerung und Weiterentwicklung von Unternehmungen. Die Gestaltung von Strukturen, sowie die Förderung der Entwicklung spezifischer Kulturen ist somit wesentliche Führungsagenda die sich nicht mehr nur auf die eigene Unternehmung beschränkt, sondern immer mehr auch Netzwerke, virtuelle Unternehmungen, Strategische Allianzen, Joint Ventures, Cluster und weitere Kooperationsformen innerhalb welcher man engagiert ist, mit ins Kalkül nehmen muss. Neben der Leistungsebene stellt nun insbesondere die Beziehungsebene, also jener Bereich der Gestaltung sozialer Relationen zu Netzwerkpartnern, eine besondere Herausforderung für das Management dar – gilt es doch eine Balance zwischen Fokussierung auf die eigene Unternehmung und der Berücksichtigung der Erwartungen kollaborierender Unternehmungen aufrechtzuerhalten.

Es wird so also oftmals notwendig einen schmalen Grad in unwegsamem Gelände zu beschreiten, wobei das Terrain Fehltritte nur selten verzeiht und man vielmehr Gefahr läuft in den einen oder den anderen Abgrund zu stürzen. In anderen Worten: Eine zu starke Fokussierung auf die Ziele der eigenen Unternehmung führt früher oder später zu Spannungen auf Seiten der Kooperationspartner, die sich übervorteilt fühlen und so einer weiterhin offenen und vertrauensvollen Zusammenarbeit mit Ressentiments begegnen. Auf der anderen Seite stellt zu starkes Engagement für die Interessen des Netzwerkes eine Gefahr für das eigene unternehmerische System dar, können doch Ziele aus den Augen geraten, Kunden und (Kern-)kompetenzen abwandern und letztendlich eine existenzielle Bedrohung entstehen.

Vorliegender Band nähert sich der virtuellen Unternehmung ohne auf Ausführungen wesentlicher Grundlagen von Organisation und Strukturation zu verzichten. Insgesamt neun Kapitel spannen das Themenfeld rund um «Managementsysteme: Die Flexibilisierung und virtuelle Öffnung der Unternehmung» auf.

1 | Kapitel I skizziert basale, strukturelle Grundlagen und Gestaltungsherausforderungen organisationaler Managementsysteme. So werden Aufbau- und Ablauforganisation ebenso behandelt wie wesentliche Subsysteme der Unternehmung. Nach Skizzierung unterschiedlicher Dimensionierungen des organisationalen Gefüges gilt es Wege zur Etablierung einer Vertrauensorganisation aufzuzeigen.

2 | Organisationsphilosophie und -leitbilder als essentielle Elemente und Orientierungsstifter von Managementsystemen stehen mit zwei ausführlichen Beispielen unterlegt, im Fokus des zweiten Abschnitts. Hierbei wird deutlich, dass sich formale und informale Gestaltungsansätze an diesen grundlegenden Wegweisern und Leitplanken der weiteren Unternehmungsentwicklung, die per se aus systemischen Sinngebungsprozessen emergieren, orientieren müssen.

3 | Anschließend gilt es Perspektiven der Gestaltung von Managementsystemen näher dazulegen und Möglichkeiten sowie Grenzen der evolutorischen Dynamik von Selbstorganisationsprozessen zu erläutern. Neben differenten Schritten in der Organisationsplanung und dem optimalen Timing werden also Potentiale der Selbstorganisation skizziert und Ansatzpunkte einer schöpferischen Synthese beschrieben.

4 | Kapitel IV verlässt die Strukturebene der einzelnen Unternehmung und stellt Konzernsysteme und deren Management ins Zentrum wobei Organisationsanpassungen an die Konzernentwicklung ebenso behandelt werden wie jene an Internationalisierungsprozesse. Aus Perspektive einer höheren Ordnungsebene werden so Bausteine der Konzernorganisation sowie die Organisation der Konzernleitung skizziert und die qualitative und quantitative Entwicklung einer (internationalen) Konzernstrategie beschrieben.

5 | Netzwerkorganisationen und virtuelle Systeme sind als die Organisationsstrukturen der Zukunft insbesondere vor dem Hintergrund der Wissensgesellschaft von besonderer Bedeutung und bedürfen entsprechendem Management. Diesen neueren Entwicklungen der Organisationspraxis widmet sich Kapitel V. Im Fokus des Abschnitts steht also die Suche nach zukunftsgerichteten und v. a. zukunftsfähigen Organisationsstrukturen sowie die Beleuchtung neuerer Entwicklungen in der Organisationspraxis womit über- und innerbetriebliche Vernetzungen näher seziert werden.

Einleitung

6 | Daran anschließend deckt Henning Balck Strukturbrüche auf, schafft so Ausgangspositionen für Wandlungsprojekte und erläutert u.a. polare Organisationssysteme als Managementansatz zur Neugestaltung von Unternehmensarchitekturen und Projektorganisationen. Neben grundsätzlichen Ausführungen zu dieser Organisationsform werden Beispiele aus Design-Projekten, der Softwareentwicklung, dem Facility Management sowie der Wertschöpfungskette des Bauens zwecks näherer Verdeutlichung angeführt.

7 | Im nächsten Kapitel nähern sich Beiträge von Markus Schwaninger, Thomas Friedli sowie auch von mir der Form der virtuellen Organisation aus systemischer Perspektive und betrachten kritisch deren Leistungs- und Lebensfähigkeit. Neben Erläuterungen der Entstehung virtueller Organisationen als lebensfähige Systeme sowie deren kybernetischen Entwicklung stehen dabei strukturelle Voraussetzungen ebenso im Zentrum wie Modellierung und Gestaltung dieser Organisationsform seitens des Managements.

8 | Kooperationssysteme sind in Ursula Liebharts Text zentral, wobei sie sich insbesondere deren Gestaltung und -entwicklung anhand eines eigens kreierten Phasenmodells der Zusammenarbeit widmet. Neben Darlegung der Emergenz-, Formations-, Leistungs- und Auflösungsphase werden dabei kritische Faktoren ebenso dargelegt wie mögliche Erfolgsfaktoren und Ansatzpunkte für Verbesserungen. Das Kapitel endet mit strategischen, strukturellen, kulturellen sowie mitarbeiter- als auch partnerorientierten Empfehlungen für die Entwicklung von Kooperationen.

9 | Integriertes, systemisches Management im Allgemeinen und Management von und für Wissen im Besonderen innerhalb netzwerkartiger Kooperationsformen werden in den Beiträgen von Ronald Ivancic und Robert Neumann untersucht. Nach Darlegung ausgewählter Problematiken in Unternehmungsnetzwerken wird Netzwerkmanagement als Form des Kooperationsmanagements behandelt und insbesondere die Etablierung einer spezifischen Netzwerkkultur als wesentliche Bedingung erfolgreicher, überbetrieblicher Zusammenarbeit näher hervorgehoben. Solch eine Kultur ermöglicht es, dass Wissen innerhalb von Kooperationen multipliziert wird. Leitlinien eines Wissensmanagements in Netzwerken geben abschließende Empfehlungen für eine erfolgreiche Zukunftsgestaltung.

Für wesentliche Grundlagen einer ganzheitlichen und integrierten Führung darf ich an dieser Stelle auf mein eben, im Mai 2011, als Jubiläumsausgabe in der 8. Auflage erschienenes «Konzept Integriertes Management» verweisen. Hier finden sich basale Ausführungen zum St. Galler Managementmodell, dessen Relevanz stetig zunimmt. Besonders zu erwähnen ist die in der Jubiläumsausgabe von Herrn Dr. Christian Abegglen vorgenommene Erweiterung des Werkes um ein zusätzliches Kapitel, das die Umsetzung des Konzepts Integriertes Management in der Praxis näher beleuchtet. Somit werden Erfahrungen aus der fruchtbaren Nähe zur Praxis, die im Rahmen von Unternehmungsberatungsprojekten und in der Diskussion mit erfahrenen Führungskräften aus unterschiedlichsten Branchen in Seminarveranstaltungen entstanden sind, gewinnbringend integriert.

Denn eines steht fest: Die Welt wird nicht einfacher. Wäre dies der Fall so würden wir uns zurückentwickeln, zurückbilden – verkümmern. Also bejahen wir Evolution, nehmen wir sie lustvoll auf und entwickeln mit Kopf und Herz neue Wege uns im Dickicht globaler Vernetzung zu bewegen. Dazu bedarf es intelligenterer Organisationen, zu deren Entwicklung und Management vorliegendes Werk bei entsprechend aufmerksamer Rezeption einen Beitrag leisten kann.

KAPITEL I

(Neu-)Ordnung von Managementsystem und Organisation
Knut Bleicher, erschienen im Jahr 1991

1 Grundbegriffe und Gestaltungsprobleme der Organisation

Eine Strukturierung betrieblicher Zusammenhänge kann in vielfältiger Weise – einzelfall-spezifisch «ad hoc» als *Improvisation* – oder generell für sich wiederholende Fälle aufgrund planender Vorüberlegungen erfolgen. Wird im letzten Fall dem *Integrations*gebot der Berücksichtigung gegenseitig vernetzter Zusammenhänge entsprochen, ist der Begriff der *Organisation* zu verwenden.

Kaum ein anderer Ausdruck wie derjenige der Organisation weist sowohl in der Umgangssprache als auch als Begriff in der Wissenschaft eine vergleichbare Vielfalt auf. Dies mag darauf zurückzuführen sein, dass Probleme einer zielorientierten, arbeitsteiligen und zugleich harmonisierenden Vorgehensweise zur Lösung komplexer Probleme die Menschheitsgeschichte von Anfang an begleitet haben. Dabei *überlegt* und *planerisch*, also *rational* und nicht emotionsbestimmt irrational vorzugehen, verleiht einer Handlung einen eigenen Wert.

Es würde allerdings zu weit gehen, jegliche Art planerischen Vorgehens, das sich vor einer eingetretenen Situation («präsituativ») – statt unter dem Druck der Situation selbst («situativ») mit möglichen zukünftigen Problemlagen und ihren denkbaren Lösungen auseinandersetzt, mit dem Begriff «Organisation» zu belegen. Stattdessen erscheint eine Einengung auf *zielorientierte, geplante, ordnungsgebende Strukturtatbestände* sinnvoll.

Eine Diskussion um die zweckmäßige Organisationsgestaltung ist mit besonderer Intensität immer dann entfacht worden, wenn es galt, größere gesellschaftliche Einheiten und auf Dauer angelegte Institutionen rational zu gestalten. *Kirche, Heer* und *Staat* lösten frühzeitig eine Suche nach zunächst pragmatischen organisatorischen Lösungen und theoretisch nach einer Entwicklung allgemeingültiger *Organisationsprinzipien* aus. Im Zuge der wirtschaftlichen Entwicklung, die im Gefolge der Industrialisierung zu wirtschaftlichen Einheiten mit zunehmender Größe führte, erfolgte eine Übernahme dieser Organisationsprinzipien in den Bereich der *Wirtschaft* und eine zunehmende Differenzierung der organisatorischen Aussagen.

In systemischer Sicht besteht die Organisation – als zielorientierte integrative Strukturierung verstanden (Kosiol, 1962) – aus Elementen und Beziehungen, die diese Elemente miteinander in gegenseitige Relation setzen und damit Strukturen schaffen.

Vom Umfang her sind dabei zwei unterschiedliche Begriffsvorstellungen zu unterscheiden, von denen die erste mehr im Feld *betriebswirtschaftlicher* die zweite eher bei *organisations-soziologischen* Analysen Verwendung findet.

Der engere, *instrumentale* Organisationsbegriff versteht unter Organisation die Gesamtheit aller generellen, expliziten Regelungen zur Gestaltung von Aufbau- und Ablaufstrukturen der Unternehmung. Die Regelungen und Vorschriften dienen keineswegs einem Selbstzweck. Mit ihnen wollen die zuständigen Führungskräfte ihr eigenes Verhalten und dasjenige ihrer Mitarbeiter beeinflussen, um eine zielorientierte, geordnete und rationelle Erfüllung der Aufgaben zu erreichen: Die Unternehmung *hat* eine Organisation.

Der weitere, *universalistische* oder *institutionalistische* Organisationsbegriff versteht Organisation als zielorientiertes, sozio-technisches System interaktiver Elemente, welches mithilfe von expliziten und impliziten Strukturen ein arbeitsteiliges und koordiniertes Zusammenwirken seiner Mitglieder anstrebt. Die Unternehmung ist somit eine Organisation, so wie im Sprachgebrauch eine politische Partei, eine Stadtverwaltung, ein Verein, ein Spital, eine Schule oder eine Gewerkschaft als Organisation bezeichnet werden.

2 Aufbau- und Ablauforganisation

Aufbau- und Ablauforganisation stellen das Ergebnis einer Strukturierung von Organisationselementen und -beziehungen dar. Diese drei Bereiche stehen im Fokus folgender Ausführungen.

2.1 Organisationselemente

Organisationselemente werden durch *Aufgaben, Personen* und *Technische Hilfsmittel* gebildet.

2.1.1 Aufgaben

Aufgaben stellen Aufforderungen zum wiederholten Handeln dar. Sie leiten sich aus den normativen generellen Zielen der Unternehmungspolitik sowie den strategischen und den operativen Zielen einer Unternehmung ab und geben für sich wiederholende Problemlösungen operationale, an Personen gerichtete Handlungsanweisungen an.

Aufgaben enthalten eine Aufforderung, eine Zustands- oder Lageveränderung von *Objekten* durch *Verrichtungen* über Aktionen oder Arbeiten vorzunehmen. Im Gegensatz zu Zielen, die immer ergebnis*orientiert* sind, also die Frage «Was ist zu erreichen?» zu beantworten suchen, sind Aufgaben tätigkeitsorientiert, fragen also danach, was an einem Objekt zu tun sei, um ein bestimmtes Ziel zu erreichen.

Aufgaben können grundsätzlich nur an Menschen übertragen werden, doch werden sie häufig unter Zuhilfenahme von technischen Hilfsmitteln (z. B. Computer) erfüllt. Eine Aufgabe bezieht sich nicht auf eine einzelne Handlung, sondern hat dauerhaften Charakter, indem vielfache Aktionen zu ihrer Erfüllung beitragen. Die Gesamtaufgabe einer Unternehmung lässt sich sowohl nach inhaltlichen als auch formalen Kriterien gliedern (Kosiol, 1962, S. 49f.).

Aufgabengliederung *inhaltlich* nach:
- *Verrichtungen* (Funktionen, Tätigkeiten), wie Forschen, Entwickeln, Beschaffen, Lagern, Transportieren, Verkaufen etc.
- *Objekten* (Art von Materialien, Komponenten, Produkten, Kunden, Marktsegmenten etc.)

Beide Elemente stehen jedoch in einer engen Wechselbeziehung zueinander. So stellt sich beispielsweise die Frage, ob es zweckmäßiger ist, eine Verkaufsaufgabe als Verrichtung zu bilden und sie dann nach Kundengruppen als Objekte zu unterteilen, oder aber nach dem Objekt «Kundengruppe 1» vorzugehen und diesem Gesichtspunkt alle Verrichtungen der Entwicklung, Produktion und des Verkaufs unterzuordnen?

Aufgabengliederung *formal* in Ergänzung zum Verrichtungs-/Objektzusammenhang von Aufgaben nach:
- *Rang* (Entscheidungs- und Ausführungsaufgaben),
- *Phase* (Planungs-, Realisations- und Kontrollaufgaben) und
- *Zweck* (zweckunmittelbare Ausführungs- und mittelbare Verwaltungsaufgaben).

Aufgaben sind keineswegs etwas unabänderlich Feststehendes. In Unternehmungen sind sie von den sich wandelnden Zielen abhängig und ändern sich entsprechend mit diesen. Bei Reorganisationen ist deshalb immer zu untersuchen, inwieweit sich zusätzlich neue Aufgaben stellen, die in die Organisationsplanung miteinzubeziehen sind beziehungsweise welche Aufgaben entfallen können.

2.1.2 Personen

Aufgaben werden durch autonome humane Organisationselemente, durch Personen vollzogen, an welche sich auch dezidiert die Aufforderung zur *Aufgabenerfüllung* richtet.

Personen sind als Stelleninhaber zugleich Träger von Kompetenz und Verantwortung. Unter *Kompetenz* versteht man den positionsspezifisch autorisierten Handlungsspielraum eines Stelleninhabers, der dafür als spiegelbildliches Gegengewicht gleichzeitig *Verantwortung* übernimmt, das heißt der Rechenschaftspflicht für zielgebundenes Handeln unterliegt. Aus dieser Spiegelbildlichkeit sowie der Logik der Aufgabenerfüllung ergibt sich der *Grundsatz der Kongruenz von Aufgabe, Kompetenz und Verantwortung*.

Als wahrscheinlich wesentlichste Aussage im Kontext der Stellenbildung besagt dieser Grundsatz, dass die Einheit des Aufgabengebiets durch die sachgerechte Zuordnung von Rechten und Pflichten auf den Aufgabenträger gewährleistet werden muss.

Personen interagieren nun auf unterschiedlichen Ebenen untereinander und mit ihren sozio-kulturellen Umwelten. Überblicksartig sind folgende Interaktionssphären zu differenzieren und näher zu spezifizieren:

- Ebene des *Individuums:* Persönlichkeitsstruktur, individuelle Bedürfnisse, Motivation, Wahrnehmungsfähigkeit, Erwartungen, Anerkennung, Belohnung, Belastbarkeit usw.

- Ebene der *Gruppe:* Zwischenmenschliche Beziehungen, Führungsstil des direkten Vorgesetzten, Gruppennormen und Gruppenzusammensetzung, Gruppendynamik, Fähigkeit zur Kommunikation und Zusammenarbeit usw.

- Ebene der *Abteilung:* Identifikation mit Abteilungszielen und Interessen, Karrierefragen, Zusammenarbeit mit anderen Abteilungen mit unterschiedlichen Zielen und Interessen usw.

- Ebene der *Gesamtunternehmung:* Ziele der Unternehmung im sozialen Bereich, Personalpolitik, Identifikation mit der Unternehmung, Loyalität usw.

Die Organisationslehre hat lange den Menschen weitgehend aus Organisationsvorstellungen und -konzepten ausgeklammert und die Notwendigkeit einer «unpersönlichen» Organisation betont. Demgegenüber erkennt man heute zunehmend, dass es nicht anonyme, blutleere Aufgabenträger sind, die einer Organisation zum Erfolg verhelfen, *sondern motivierte, initiative und lernfähige Menschen.*

Mit organisatorischen Maßnahmen und Regelungen will man in erster Linie solche positiven menschlichen Einstellungen, Verhaltens- und Arbeitsweisen beeinflussen und fördern. Schließlich «*kanalisiert*» und «*gratifiziert*» gerade die Organisation humanes Gebaren (Schanz, 1982).

Personen sind in ein Spannungsfeld zwischen *sozio-kultureller Umwelt* und betrieblichen Erfordernissen gestellt, das auf verschiedenen Ebenen organisatorischer Gestaltung deutlich wird.

Hält man sich die Vielzahl verschiedenartiger Bedürfnisse und Erwartungen der Mitarbeiter vor Augen, so ist es auf der *Ebene der Gesamtorganisation* wie auch auf der von *großen Abteilungen* undenkbar, Organisationskonzepte zu finden, die Ansprüche eines jeden einzelnen Mitglieds voll befriedigen. Lösungen sollten gesamthaft jedoch der herrschenden Unternehmungskultur, das heißt den Wertvorstellungen, Verhaltensnormen und Denkweisen des betroffenen Kollektivs so gut wie möglich entsprechen. Auf der Ebene der *Gruppen* und *Individuen* bestehen naturgemäß größere Reibungsflächen zwischen Organisation und Mensch, aber auch gute Möglichkeiten zur Entwicklung von beiderseitig fruchtbaren und befriedigenden Wechselbeziehungen.

«Zweck und Ziel der Organisation ist es, die Stärken der Menschen produktiv zu machen und ihre Schwächen unwesentlich.» (Peter Drucker)

Kapitel I – (Neu-)Ordnung von Managementsystem und Organisation 53

Zu einer angemessenen Berücksichtigung des Elements «Mensch» – als Individuum und als soziales Wesen – auf allen Ebenen des Organisationssystems stehen *diverse Möglichkeiten* offen. Dies kann vollzogen werden:

- durch den ausdrücklichen Einbezug von *humanen und sozialen Zielen* in die Unternehmungspolitik;

- durch eine weitgehende Ausrichtung auf *personal-spezifische* Wirkungsfaktoren bei der *expliziten* Organisationsgestaltung;

- durch die Schaffung *ausreichender Freiheitsräume* für die Mitarbeiter zwecks Förderung von initiativem und kreativem Denken und Handeln sowie Begünstigung von Lernprozessen;

- durch die Unterstützung konstruktiver und menschlich befriedigender *informaler Beziehungen*;

- durch *aktive Partizipation* von betroffenen Mitarbeitern *bei der organisatorischen Gestaltung und Implementierung* insbesondere im Bereich der eigenen Arbeitsumgebung.

2.1.3 Technische Hilfsmittel

Heteronome technische Hilfsmittel (Anlagen, PCs etc.) sind keine *Aufgaben* – aber Aktionsträger in den Bereichen der *Produktions-* und *Informationstechnologie*. Zwischen ihnen und der Organisation ergeben sich in der modernen Unternehmung eine Vielzahl von wechselseitigen Beziehungen.

Die Aufgabenerfüllung in Unternehmungen ist in zunehmendem Maße auf Technologien angewiesen. Insbesondere erfordern technische Produkte von ihrer Entwicklung bis zur Distribution ein gut organisiertes Zusammenwirken zahlreicher Mitarbeiter. Dass die *Produktionstechnologie* sehr unterschiedliche Anforderungen an die organisatorische Gestaltung stellt, ergibt sich schon aus der groben Unterscheidung der Haupttypen, die da wären:

- Einzel- und Kleinserienfertigung (Werkstattprinzip),

- Großserien- und Massenfertigung (z. B. Fließfertigung),

- Prozess- oder vollautomatisierte Fertigung.

Gegenwärtig sind viele Produktionsstätten infolge der Fortschritte der Elektronik und der Informatik in einem raschen Wandel begriffen. Sie entwickeln eine Eigendynamik, welche Organisation und Führung vor bisher unbekannte Probleme stellt. *Integrationsprobleme* (CAD, CAM, CAQ und vor allem CIM) schaffen neue Voraussetzungen, aber auch Anforderungen an die organisatorische Gestaltung in Richtung zunehmender Vernetzung und Integration.

In der Bürokommunikation ist die Dynamik wohl noch augenfälliger und das Rationalisierungspotenzial ebenfalls groß. *Informations- und kommunikationstechnologische Neuerungen* durchdringen und unterstützen zunehmend die tägliche Arbeit. Der bis Ende der 1970er-Jahre erkennbar gewesene Trend zu immer größeren Computeranlagen wird seit wenigen Jahren überlagert durch den dezentralen Einsatz von Klein- und Personalcomputern. Dabei werden die fortschreitende Entwicklung kommunikationstechnischer Einrichtungen und ihre weltweite Vernetzung die Arbeit und das Arbeitsverhalten in den Büros und im Verhältnis von betrieblichem und häuslichem Arbeitsplatz (Telecomputing) einschneidend revolutionieren.

Es ist anzunehmen, dass in einer höheren Integrationsstufe die Einbindung eines Computer Integrated Manufacturing (CIM) in die Bürokommunikation vollzogen und so die klassische Trennung von Büro und Fabrik durch die integrierte Informationsverarbeitung aufgehoben wird. Damit mag eine Art «CIB» – Computer Integrated Business mit einer neuen organisatorischen Problemlandschaft entstehen. Bei all diesen technik-geprägten Entwicklungen, die letztlich auf eine Eigengesetzlichkeit der Technologie der technischen Hilfsmittel zurückzuführen sind, dürfen jedoch die Auswirkungen der Technik auf die humane Arbeitswelt nicht übersehen werden.

Die Organisation ist keine ingenieur-technisch gestaltete Maschinerie, die nach Methoden des Taylorismus (verkürzte Rationalität durch hochgradige, repetitive Arbeitsteiligkeit) oder Fordismus (Entleeren der Arbeitsinhalte durch ablaufmäßige Verkettung hochspezialisierter Tätigkeiten) gestaltet werden kann. Als soziotechnisches System hat die Organisation vor allem die Verhaltenskomponenten des Menschen zu berücksichtigen. Statt rein technik-zentrierter Ansätze gilt es, humanzentrierte Perspektiven des Einsatzes von technischen Hilfsmitteln zu verwirklichen.

2.2 Organisatorische Beziehungen

Aus den vielfältigen Beziehungen, die über eine Relationierung von Elementen eine Strukturierung ermöglichen, treten zwei als organisatorisch einzustufende Beziehungen heraus. Diese *Verteilungs-* und *Arbeitsbeziehungen* prägen die Organisation über die Zuordnung der eben beschriebenen Organisationselemente, Aufgaben, Personen und technischen Hilfsmitteln.

2.2.1 Verteilungsbeziehungen

Verteilungsbeziehungen entstehen durch die *sachliche Zuordnung* von Aufgaben, Personen und technischen Hilfsmitteln. Sie führen dazu, dass organisatorische Einheiten entstehen und *aufbauorganisatorisch* in einem Gefüge neben-, über- und untereinander angeordnet werden.

Die Verteilungsbeziehungen schlagen sich also in der aufbauorganisatorischen Gliederung der Unternehmung nieder. Basis-, Zwischen- und Gesamtsysteme werden durch die sachliche Zusammenfassung von Aufgaben, Personen und technischen Hilfsmitteln gebildet. Diese wiederum werden durch Weisungsbeziehungen in ein Neben-, Über- und Unterordnungsverhältnis gebracht. Unterschiedliche Leitungssysteme stellen diesen Zusammenhang her.

Im *Einliniensystem* gibt jede Leitungsstelle (Instanz) Weisungen an die ihr – und nur ihr – jeweils unmittelbar unterstellten Stellen. Damit wird die Einheitlichkeit der Leitung mit klaren, übersichtlichen Weisungs- und Berichtsverhältnissen garantiert. Dieser Vorteil bedingt jedoch den Nachteil zunehmend schwerfälliger und länger werdender Befehlswege.

Durch Abspaltung einzelner Aufgaben aus dem Kompetenzbereich von Instanzen und deren Übertragung auf Stabsstellen ohne Weisungsbefugnis kann dieses Defizit partiell kompensiert werden. So entsteht ein *Stabliniensystem*, das die Einheitlichkeit der Leitung beibehält und über die fachliche Beratung durch Stabsstellen die Kapazität von Instanzen im *quantitativen* (Arbeitsentlastung beispielsweise durch Direktionsassistenten) und *qualitativen* Sinne (Erhöhung der Entscheidungsqualität durch ökonomische, technische, juristische, ökologische Fachspezialisten) erweitert.

Im *Mehrliniensystem* erfolgt eine aufgabenspezifische Regelung der Weisungsbefugnisse, das heißt diese reichen nur soweit wie die jeweils zu erfüllenden (Teil-)Aufgaben, die ihrerseits gleichgewichtig nebeneinanderstehen. Das Mehrliniensystem trägt die Gefahr von Kompetenzkonflikten im Überschneidungsbereich der betroffenen Aufgaben in sich.

2.2.2 Arbeitsbeziehungen

In das Muster der Verteilungsbeziehungen fügen sich besondere Zuordnungsbeziehungen der aktivierten Systemelemente ein, die die Zusammenarbeit einzelner Teileinheiten regeln. Diese *Arbeitsbeziehungen* verknüpfen die aktivierten Systemelemente durch *Wirkungsbeziehungen*, indem sie Input-Output-Verknüpfungen zwischen ihnen festlegen und damit die Arbeitsverbindungen schaffen, die letztlich zum *Arbeitsablauf* führen (z. B. Informations- und Kommunikationsbeziehungen zwischen Teil-Einheiten).

Die Gliederung eines Arbeitsablaufs kann gemäß nachstehenden Merkmalen vorgenommen werden:

- *Arbeitsinhalt* (Objekte und Verrichtungen) und Arbeitszuordnung (auf einzelne Arbeitsträger – Menschen und Maschinen oder Arbeitsgruppen)
- *Arbeitszeit* (Zeitspannen und Zeitfolgen)
- *Arbeitsraum* (räumliche Anordnung von Arbeitsplätzen und Arbeitsfolgen)

Die zielgerichtete Erfüllung der Unternehmungsaufgaben erfolgt durch eine Vielzahl von Arbeitsabläufen, wie zum Beispiel die Bearbeitung einer Anfrage, einer Bestellung, einer Annullierung, einer Reklamation oder eines Zahlungseinganges. Je häufiger sich solche Abläufe wiederholen und je wichtiger eine einheitliche Abwicklung ist, umso eher lohnen sich Bemühungen um Vereinfachung, Rationalisierung und Standardisierung mit anschließender Fixierung durch organisatorische Regelungen. Die effiziente Abwicklung solcher Teil-Arbeitsläufe ist sicher wichtig, doch geht die Tendenz in der modernen Organisation eindeutig in Richtung einer Zusammenfassung zu bereichsübergreifenden «Gesamtlösungen» in Form integrierter Arbeitsablaufsysteme. Es sind die immer zahlreicher verfügbaren Einrichtungen der Informations- und Kommunikationstechnik, die den Anstoß zu Verknüpfungen geben und eine Realisierung erst in rationeller Weise ermöglichen. Eine Gesamtlösung könnte zum Beispiel darin bestehen, dass die gesamte administrative Auftragsabwicklung –

von der Kundenbestellung über diverse Teilvorgänge bis zur Warenauslieferung, Fakturierung, Zahlungseingang usw. – durch eine integrierte Informationsverarbeitung organisatorisch gestaltet wird. In Wirtschaftszweigen, deren Tätigkeit hauptsächlich in der Gewinnung, Verarbeitung und Weiterleitung von Informationen liegt – wie etwa in Bank- und Versicherungsunternehmungen –, spielt die Ablauforganisation eine zunehmend wesentlichere Rolle.

2.3 Aufbau- und Ablauforganisation als Ergebnis der Strukturierung

Die organisatorische Gestaltung hat Verteilungs- und Arbeitsbeziehungen als geschlossenes Ganzes zu konzipieren und zu realisieren. Bei der Betrachtung bestehender Organisationsstrukturen hat es sich dagegen eingebürgert, abstrahierend zwei Dimensionen organisatorischer Gestaltung zu unterscheiden, nämlich

1| die Aufbauorganisation als die organisatorische Differenzierung der Unternehmung in Subsysteme und als Ergebnis der Gestaltung der *Verteilungsbeziehungen* und

2| die Ablauforganisation als Wirkungssystem zwischen den organisatorischen Einheiten und als Ergebnis der Gestaltung von *Arbeitsbeziehungen*.

Während in der Aufbauorganisation die Fragen nach dem Was?, Wer?, Mit wem?, Womit? geklärt werden, sind in der Strukturierung der *Abläufe* die Fragen nach der Folge der Aktivitäten, nach dem Wo?, Wann? und Wie viel? zu beantworten.

In der Praxis werden allzu oft Aufbau- und Ablauforganisation unabhängig voneinander geplant. Dies führt dazu, dass beide Dimensionen unzureichend aufeinander abgestimmt sind. Die Folge hiervon sind Reibungsverluste, Kommunikationsprobleme und Ineffizienz.

Um im Sinne eines integrierten Managements eine angemessene Strukturierung der Beziehungen zu erreichen, kommt dem Analyse- und Syntheseprozess eine besondere Bedeutung zu. So ist es möglich eine ganzheitliche Konzeption zu realisieren.

3 Analyse und Synthese der Organisation

3.1 Organisationsanalyse

Am Anfang aller organisatorischen Überlegungen müssen fundierte Analysen stehen, die das Organisationssystem gedanklich in einzelne Komponenten zerlegen. Ziel- und Situationsanalysen sollen folgend kurz ins Zentrum des Interesses rücken.

3.1.1 Zielanalyse

Unternehmungsorganisation trägt – wie gezeigt wurde – zur Erfüllung unternehmungs-politischer, strategischer und operativer Ziele der Führung durch Strukturierung bei. Mit einer Analyse der Organisationsziele wird eine wesentliche Voraussetzung für eine rationale Synthese geschaffen, indem die vorhandenen Aufgaben aus dem ökonomischen *Sachziel* (Produktion i. w. S. bestimmter Sachgüter und Dienstleistungen für den Markt) abgeleitet, die vorhandenen humanen und technischen Ressourcen quantitativ und qualitativ erfasst und die historisch gewachsenen Fähigkeiten und Grenzen zur Problemlösung definiert werden.

Ziele werden von Menschen gesetzt, und es hängt von den Macht- und Einflussstrukturen und damit von Verhandlungen ab, welche Ziele gesetzt werden und als Richtschnur für das Verhalten dienen sollen. In unsicheren, kritischen Zeiten ist es oft schwierig, einen Konsens bezüglich der angestrebten Ziele zu erreichen. Generell lassen sich *vier wichtige Zielbereiche* erkennen, die bei entsprechender Konkretisierung auch als Beurteilungskriterien und Maßstäbe für das resultierende Verhalten und die Leistungsergebnisse verwendet werden können. Diese sind:

1| *Erhöhung der Produktivität* (möglichst günstiges Verhältnis zwischen Input und Output)
   - Ausnutzung vorhandener Ressourcen
   - Vermeidung von Doppelspurigkeiten
   - Einheitliche Erfüllung von Routineaufgaben
   - Klare Aufgaben- und Kompetenzabgrenzung
   - Beschleunigung der Informationsverarbeitung und der Kommunikation
   - Reduktion von leistungshemmenden Kompetenzkonflikten

2| *Verbesserung der Flexibilität* (rasches Anpassen der Organisation an neue Situationen)
   - höhere Anpassungsfähigkeit an neue Entwicklungen in Markt und Technologie
   - einfachere, raschere Entscheidungsprozesse
   - markt- und kundenorientierte Organisation
   - kürzere Kommunikationswege
   - Abbau von Kommunikationsbarrieren
   - kurzfristige Schaffung oder Auflösung von organisatorischen Einheiten

3| *Integration* (Zusammenfassung der Teile zu zielorientierten, handlungsfähigen Ganzheiten)
   - Entwicklung von übergeordneten Werten und Zielen
   - Fördern einer entsprechenden Organisationskultur
   - bessere Voraussetzungen für abteilungsübergreifende Zusammenarbeit

- Kommunikation in allen Richtungen (durch «vernetzte» Kommunikationsstrukturen)
- integrierte Arbeitsabläufe (statt Einzel- und Insellösungen)

4 | *Mitarbeiterziele* (Befriedigung individueller und sozialer Bedürfnisse)
- größere Freiheits- und Handlungsspielräume
- Stimulierung der Leistungsmotivation
- höhere Arbeitszufriedenheit, zum Beispiel durch personenorientierte Stellenbildung
- größere Möglichkeiten zur Selbstkontrolle
- Erfassen von Aus- und Weiterbildungsmöglichkeiten

Diese Ziele stehen in wechselseitigen Beziehungen zueinander und spannen so eine Art «magisches Viereck» des organisatorischen Zielsystems auf. Aktuell und auf den Prüfstand gestellt werden die Organisationsziele insbesondere bei Reorganisationsprozessen, vor allem dann, wenn es darum geht, unterschiedliche organisatorische Lösungen zu beurteilen.

Je nach Situation und Kontext können die erwähnten Organisations- und Teilziele harmonisch, neutral oder in Konkurrenz zueinander stehen. Im Fall von Zielkonkurrenz – die bei schwierigen Vorhaben die Regel ist – lassen sich die anzustrebenden Ziele nicht «unter einen Hut bringen». Maßnahmen zur Erzielung einer größeren Flexibilität und rascheren Anpassung an neue Situationen stoßen beispielsweise auf Widerstand bei Mitarbeitern, die in erster Linie Stabilität und persönliche Sicherheit erwarten und ihr Verhalten entsprechend ausrichten wollen. Bei allen Organisationsvorhaben sind deshalb eine Gewichtung der Ziele und Teilziele sowie ein Setzen von Prioritäten notwendig.

Der Erfolg von Reorganisationsmaßnahmen hängt in hohem Maße davon ab, ob und wie in der verantwortlichen Führungsgruppe eine weitgehende Übereinstimmung bezüglich der anzustrebenden Ziele geschaffen werden kann (Zielidentifikation). Im Übrigen können klar formulierte Ziele im System des Managements by Objectives als Kriterien und Maßstab zur Beurteilung der Auswirkungen, das heißt zur Erfolgskontrolle verwendet werden.

3.1.2 Situationsanalyse

Bei der Gestaltung und Entwicklung einer Organisation sind eine Reihe nicht oder schwer veränderlicher Bedingungen zu berücksichtigen, die sowohl die Freiheit in der Zielsetzung als auch den Einsatz organisatorischer Instrumente und Methoden beschränken. Man spricht hier auch von der *Organisationssituation* und meint damit die Rahmenbedingungen und realen Einflussfaktoren, welche wesentlich am Erfolg oder Misserfolg eines Lösungsweges beteiligt sind. Manche Unternehmung ist in eine Krise geraten, weil sich ehemals günstige Umweltbedingungen gewandelt haben und die früher erfolgreiche organisatorische Lösung in der neuen Situation völlig fehl am Platz ist. In der folgenden Zusammenstellung werden wesentliche

Komponenten des situativen Kontextes der Unternehmung aufgelistet. Die Gegebenheiten der externen Umwelt können durch organisatorische Maßnahmen praktisch nur wenig verändert werden. Von den organisationsinternen Systemeigenschaften lassen sich einzelne mithilfe anderer betrieblicher Instrumente wandeln. So kann zum Beispiel ein heterogenes Sortiment eine Fertigungstechnik erfordern, die eine effiziente Aufgabengliederung und Spezialisierung weitgehend verhindert. Unter Umständen sind mit einer Sortimentsstraffung die Rahmenbedingungen so beeinflussbar, dass unter anderem durch eine Vereinfachung der Aufgaben eine höhere Produktivität zu erzielen ist.

1| *Eigenschaften der relevanten Umweltsituation*
- Gesamtwirtschaftliche Situation
- Konkurrenzverhältnisse
- Kundenstruktur
- Technologische Dynamiken
- Wirtschafts- und Steuerrecht
- Gesellschaftliche und kulturelle Bedingungen

2| *Eigenschaften der Unternehmung beziehungsweise des Systems*
- Größe der Unternehmung beziehungsweise des Betriebes
- Leistungs- und Angebotsprogramme
- Fertigungstechnologien
- Informationstechnologien
- Rechtsform
- Eigentumsverhältnisse
- Alter und Entwicklungsstadium der Unternehmung
- Geografische Lage beziehungsweise Streuung

3| *Personale Eigenschaften*
- Ausbildungsstand und fachliche Erfahrung
- Karriereorientierung
- Kooperationsbereitschaft und -erfahrungen
- Unternehmerisches Denken der Mitarbeiter und Bereitschaft zur Übernahme von Verantwortung
- Rollenflexibilität
- Bedürfnisse (sozialer Kontakt, Selbstverwirklichung, etc.)
- Bindung an die Unternehmung

3.2 Organisationssynthese

In der Synthese erfolgt die Auswahl der zu realisierenden Organisationsalternativen unter Beachtung des unternehmungspolitischen Gestaltungswillens, wobei durch die Art der Strukturierung ein Beitrag zur Erreichung der ökonomischen Formalziele (Optimierung von Ressourceneinsatz und Ergebnis) geleistet werden soll.

Ergebnis der Gestaltung von Verteilungs- und Arbeitsbeziehungen sind organisatorische Einheiten unterschiedlichen Aufgabeninhalts und unterschiedlicher Größe, die mit anderen Subsystemen durch spezifische Arbeitsbeziehungen verbunden sind. *Basissysteme* als unmittelbare und *Zwischensysteme*, die sich selbst aus einer Zusammenfügung mehrerer Basis- oder Zwischensysteme ergeben, als mittelbare Organisationseinheiten, lassen sich als Subsysteme des Systems Unternehmung unterscheiden. Der Systemsynthese auf differenten Ebenen sei sich in folgenden Ausführungen genähert.

3.2.1 Synthese von Basissystemen

Basissysteme werden in der Organisationspraxis als *Stellen* bezeichnet. Stellen entstehen durch die Zuordnung von Aufgaben, Personen und technischen Hilfsmitteln zu *kleinsten leistungsbereiten Organisationseinheiten.*

Durch die Verteilung von Aufgaben auf Personen erhalten Letztere den Charakter von *Aufgabenträgern*, die durch technische Hilfsmittel bei der Aufgabenerfüllung unterstützt werden. Während eine Zuordnung von Aktivitäten zur Aufgabenerfüllung auf technische Hilfsmittel lediglich technische Aktionseinheiten entstehen lässt, wird die Möglichkeit zielstrebiger Leistungsbereitschaft erst durch die Verteilung von Aufgaben auf Personen geschaffen.

Die Zuordnung von Aufgaben, Personen und technischen Hilfsmitteln zu Stellen kann in *Stellenbeschreibungen* dokumentiert werden. Mit ihnen erfolgt die explizite Eingliederung der Stelle mit den ihr zugewiesenen Aufgaben, Kompetenzen und Verantwortlichkeiten in die Organisationsstruktur.

Die wesentlichsten Funktionen der Stellenbeschreibung sind:

– Zielbestimmung der Stelle im Rahmen der Gesamtzielsetzung der Unternehmung

– Abgrenzung des Aufgabenbereichs einschließlich Kompetenz und Verantwortlichkeit

– Regelung der Über-, Gleich- und Unterordnungsverhältnisse (Verteilungsbeziehungen)

– Regelung der Arbeitsbeziehungen

– Bestimmung der aktiven und passiven Stellvertretung

– Unterstützung durch technische Hilfsmittel (Höhn, 1976)

Eine simultane Zuordnung der Elemente «Aufgaben», «Personen» und «technische Hilfsmittel» untereinander dürfte nur in den seltensten Fällen möglich sein. Der sach-rationale und der sozio-emotionale Zusammenhang erfährt daher durch die verschiedenen Ansatzpunkte der *sukzessiven* Elementzuordnung zu Basissystemen eine wesentliche Prägung. So gehen die *aufgabenorientierte Basissystemgestaltung (Organisation ad rem)* primär von den zu erfüllenden Aufgaben und die sachmittelorientierte von der Charakteristik der verwendeten technischen Hilfsmittel *(Organisation ad instrumentum)* aus und betonen damit den *sach-rationalen* Zusammenhang. Die *personenorientierte* Gestaltung von Basissystemen *(Organisation ad personam)* knüpft dagegen an spezifischen Fähigkeiten und Verhaltensweisen der zur Verfügung stehenden Personen an und stellt damit mehr den *sozio-emotionalen* Aspekt heraus.

Die Bindung eines Basissystems an eine oder mehrere gegebenen Personen hat zur Folge, dass seine qualitative und quantitative Dimensionierung von normalen, durch die allgemeine und berufsbezogene Ausbildung vermittelten Leistungsfähigkeiten und von einem durchschnittlichen Leistungswillen abweicht. Eine Veränderung der Eigenschaften dieser Person oder ihrer Positionierung in der Unternehmung macht eine organisatorische Anpassung an die neuen Bedingungen genauso notwendig wie die Veränderung von technischen Hilfsmitteln bei einer Organisation ad instrumentum. Werden diese Restriktionen beachtet, ergibt sich aus der Gesamtaufgabe der Unternehmung (d. h. dem Sachziel) für jedes Basissystem eine bestimmte *Art- und Mengenteilung* der Aufgaben, die als Aufgabenkomplex das Basissystem zwar personenbezogen, vom Personenwechsel jedoch unabhängig macht. Die *Artteilung* setzt an den zur Sachzielerfüllung notwendigen Verrichtungen und den zu bearbeitenden Objekten an. Als *Verrichtung* kommen daher die als Teilphasen von Handlungsprozessen unterscheidbaren spezifischen Aufgaben in Betracht. Objekte können materielle und immaterielle (Sachgüter), *Realobjekte* (z. B. Informationen) sowie *Nominalobjekte* (Finanzen) sein.

Die *Mengenteilung* hängt vom Wiederholungscharakter (von höchst repetitiven bis zu einmaligen Aufgaben) und dem Erfüllungsvolumen der Obliegenheiten, das heißt ihrem mengenmäßigen Anfall innerhalb der organisatorischen Planperiode, ab (Aufgabenteilung beispielsweise nach dem Alphabet der Kundennamen).

3.2.2 Synthese von Zwischensystemen

Zwischensysteme werden durch die organisatorische Zusammenfassung von Basissystemen oder von Zwischensystemen niederer Ordnung zu solchen höherer Ordnung gebildet: Es entstehen Arbeitsgruppen, Abteilungen, Geschäfts- und Unternehmungsbereiche.

Nach der Art der zusammengefassten Organisationseinheiten und der Qualität der zwischen ihnen bestehenden Arbeitsbeziehungen lassen sich primäre und sekundäre Zwischensysteme differenzieren.

1| *Primäre* Zwischensysteme werden durch die integrative Zusammenfassung von Basissystemen gebildet. Ein Beispiel ist etwa die Bildung einer Abteilung durch Zusammenfassung mehrerer Stellen unter Hinzufügung einer Instanz als Leitungsstelle. Solche primären Zwischensysteme zeichnen sich durch direkte, einstufige Arbeitsbeziehungen der zusammengefassten Basissysteme aus.

Die unmittelbare Kooperation in primären Zwischensystemen ist somit durch eine enge Fühlungsnahme der Aufgabenträger untereinander gekennzeichnet, die für Kleingruppen typisch ist. Damit wird das Problem der Größe, also die Zahl der in ein Zwischensystem unter Leitungsbeziehungen einzugliedernden Basissysteme, aufgegriffen. Für Abteilungen wird sie in der Literatur traditionell unter der Bezeichnung «Span of Control», «Leitungsspanne» oder «Subordinationsquote» diskutiert. Die Leitungsspanne umfasst die Zahl von direkt unterstellten Mitarbeitern, die ein Vorgesetzter im Rahmen seiner Leitungskapazität führen kann.

Als wichtigste Einflussfaktoren der optimalen Leitungsspanne werden im Allgemeinen die Fähigkeiten von Vorgesetzten und Untergebenen, Schwierigkeit und Unterschiedlichkeit der Aufgaben, die Systemebene, die Führungsform und die Unterstützung durch technische Hilfsmittel genannt. Die Bestimmung der Leitungsspanne beeinflusst nicht allein die Größe der einzelnen Organisationseinheiten, sondern erhält insofern eine besondere Bedeutung für die gesamte Organisationsstruktur, als von ihr ebenfalls die Anzahl der Leitungsebenen und damit auch die vertikale Untergliederung des Gesamtsystems abhängt.

Für Gruppen (Teams und Ausschüsse) ist die Frage nach einer für die Kommunikation optimalen Arbeitsgröße zu stellen. Bei ihnen kann Anzahl und Gewichtung der Einflussfaktoren stärker variieren. Hinzu tritt als ein zusätzliches Strukturierungsproblem die Kommunikationsstruktur, innerhalb welcher die Aufgabenerfüllung zu erfolgen hat. Je nachdem, ob sich die Kommunikation der Mitglieder in der Strukturform eines Sterns, Kreises oder vollständigen Netzes vollziehen soll, ergeben sich unterschiedliche optimale Arbeitsgrößen.

2| *Sekundäre* Zwischensysteme (z. B. Hauptabteilungen, Geschäfts- und Unternehmungsbereiche) werden durch die Zusammenfassung von (primären) Zwischensystemen (z. B. Abteilungen) zu größeren Organisationseinheiten über mehrere vertikale Ebenen hinweg gebildet. Sie ergeben sich aus dem organisatorischen Zusammenhang primärer und sekundärer Zwischensysteme unterschiedlicher Ordnung.

Die Art der Synthese der Zwischensysteme zu einem organisatorischen Gesamtsystem ist abhängig vom jeweils zur Anwendung kommenden *Organisationsmodell*, das seinerseits die Integration der Zwischensysteme zum Gesamtsystem Unternehmung beschreibt. Die auf Verteilungsbeziehungen aufbauende Synthese ist dabei jeweils durch die Gestaltung von Arbeitsbeziehungen zu ergänzen.

3.2.3 Zentralisation und Dezentralisation bei der Systemsynthese

Die Synthese von Elementen durch Beziehungsgestaltung zu Basis-, Zwischen- und dem Gesamtsystem der Unternehmung erfolgt durch eine *Zentralisation oder Dezentralisation* von Aufgaben, Stellen, Abteilungen und Gruppen. *Zentralisation* bedeutet eine Zusammenfassung, Dezentralisation eine Trennung merkmalsspezifischer Aufgaben oder Organisationseinheiten (Bleicher, 1971). Die Zentralisation nach einem bestimmten Merkmal ist somit gleich der Dezentralisation nach den übrigen Merkmalen. *Ziele* einer Zentralisation und Dezentralisation sind die durch eine Aufgabenverteilung entstehenden Organisationseinheiten. Als ihr *Ergebnis* stellt sich eine spezifische Form der *Arbeitseinteilung* ein.

3.2.3.1 Arten der Zentralisation und Dezentralisation

Folgende Arten der Zentralisation und Dezentralisation lassen sich von ihrem Aufgabencharakter her unterscheiden:

1| Sachliche Zentralisation und Dezentralisation

2| Formale Zentralisation und Dezentralisation

3| Persönliche Zentralisation und Dezentralisation

4| Mittelzentralisation und -dezentralisation

5| Raum- und Zeitzentralisation und -dezentralisation.

Diese Unterscheidung geht von einer Verteilung von Aufgabenelementen auf Verteilungsziele unter vorwiegender Betonung eines Merkmals (Sache = Prozess; Form = induzierte Aufgaben; Person = Aufgabenträger; Mittel = sachliche Hilfsmittel, Raum und Zeit) aus. Die Zentralisation und Dezentralisation der Aufgabenelemente erfolgt nach den angegebenen Organisationsmerkmalen bei den Organisationseinheiten der Unternehmung.

Jede gebildete Stellen- und Abteilungsaufgabe ist zusammengesetzter Natur und umschließt sowohl Sachaufgaben, wie Verrichtungs- und Objektaufgaben, als auch Formalaufgaben, wie Rang-, Phasen- und Zweckaufgaben. Trotz ihres zusammengesetzten Charakters ist der synthetischen Stellen- oder Abteilungsaufgabe jedoch zumeist das Prinzip ihrer Bildung anzusehen, das sich als Zentralisationsmerkmal der Aufgabensynthese ergibt. Die Bildung von Stellen- und Abteilungsaufgaben erfolgt unter vorherrschender Zentralisation einer bestimmten Aufgabenart, während andere Aufgabenarten im Verteilungsprozess dezentralisiert werden können.

1| *Sachliche Zentralisation und Dezentralisation*

Die sachliche Zentralisation und Dezentralisation von Aufgabenmerkmalen knüpft an den Arbeitsprozess an und stellt Zusammenfassungs- respektive Trennungsformen der Aufgaben dar, die sich auf die beiden Elementarteile eines jeden Prozesses – Verrichtung und Objekt – ausrichten.

a| Zentralisation von Verrichtungsaufgaben

Vorherrschendes Prinzip einer Bildung von Stellen- und Abteilungsaufgaben kann die sachliche Zentralisation von gleichartigen Verrichtungsteilaufgaben sein. Die zentrale Verteilung gleichartiger Verrichtungen stellt zugleich eine Dezentralisation gleicher Objektteilaufgaben auf verschiedene organisatorische Gliederungseinheiten dar. Eine Zentralisation von Verrichtungsaufgaben bedeutet, dass das Verrichtungsprinzip bei der synthetischen Aufgabenbildung und -verteilung über das Objektprinzip erhoben wird. Das sogenannte Werkstattprinzip in Industriebetrieben ist zum Beispiel eine derartige Zentralisation von Verrichtungsaufgaben. Die Werkstatt (z. B. eine Dreherei, Fräserei, Bohrerei) bearbeitet viele Objekte, nimmt jedoch nur eine Art oder Gruppe von Verrichtungen vor. Die Vertriebsabteilung fasst zum Beispiel alle Verrichtungen des Vertreibens zusammen, ganz gleichgültig, welche unterschiedlichen Objekte im Einzelnen vertrieben werden. Die verrichtungsorientierte Zentralisation führt zum Durchbruch aller mit einer größeren, insbesondere manuellen Einarbeitung verbundenen Vorteile, die sich in einer quantitativ größeren und qualitativ besseren Aufgabenerfüllung niederschlagen. Sie nutzt spezielle Kenntnisse eines Bearbeitungsvorganges. Hemmend stehen einer universellen Anwendung dieses Zentralisationsprinzips weitgehende Nachteile entgegen. Die verrichtungsorientierte Zentralisation führt zu verlängerten und komplizierten Transportwegen bei den Sachobjekten und entsprechenden Verkehrs- und Informationswegen bei den übrigen Objekten.

b | Zentralisation von Objektaufgaben

Als weiteres Prinzip der Aufgabenbildung ergibt sich die Zentralisation gleichartiger Objekte und ungleichartiger Verrichtungen in der synthetischen Stellen- oder Abteilungsaufgabe. Gleichartige Verrichtungen werden dezentral, gleichartige Objekte zentral verteilt. «Dabei kann es sich um zu bearbeitende Ausgangsobjekte (z. B. Rohstoffe, Werkstoffe, Vor- und Zwischenerzeugnisse sowie Handelswaren), um herzustellende Endobjekte (z. B. alle Stadien einer fortschreitenden Fertigung bis zum Verkaufserzeugnis) oder um Arbeitsmittel (die z. B. als Objekte der Verwaltung auftreten) handeln. Es kommen aber auch Gliedbetriebe, Personen (Lieferer, Abnehmer, Belegschaft), Absatzbezirke und Kreditarten (z. B. bei Banken) als Objekte von Aufgaben infrage» (Kosiol, 1962, S. 35). Dabei wird zumeist an eine Folge von Verrichtungen an Objekten angeknüpft und zum Beispiel ein bestimmter Fertigungsgang, bestehend aus mehreren Verrichtungen an einem Objekt, in der Stellen- und Abteilungsaufgabe zusammengefasst. Das Objektprinzip wird hier bei einer Aufgabenbildung über das Verrichtungsprinzip gestellt. Als Beispiel für eine objektorientierte Aufgabenbildung sei an die Zusammenfassung von verschiedenen Verrichtungsfolgen an einem Objekt in der Einzelfertigung («Wellenbearbeitung») oder bei Fließfertigung («Karosseriemontage») der industriellen Unternehmung gedacht. In einer Vertriebsabteilung «Haushaltgeräte» werden zum Beispiel alle Aufgaben des Verkaufens einer Objektgruppe zusammengefasst. Eine Versicherungsunternehmung fasst zum Beispiel verschiedene Verrichtungsfolgen nach einzelnen Versicherungsarten (= Arbeitsobjekte) zusammen: «Kraftverkehr, Rechtsschutz», «Haftpflicht und Vermögen», «Feuer, Leitungswasser, Sturm», «Einbruch-Diebstahl, Vertrauensschaden», «Tier, Hagel», «Glas», «Leben» usw. Die Vorteile der objektorientierten Zentralisation sind in der Nutzung spezieller Kenntnisse eines Bearbeitungsobjektes oder einer Gruppe ähnlicher Objekte zu sehen. Insbesondere bei nicht-materiellen Objekten, die ein Denken in größeren Zusammenhängen erfordern, wird dieser Form der Stellen- oder Abteilungsbildung der Vorzug zu geben sein. Dabei mag die

Beobachtung interessant sein, dass auch soziologisch das gleiche Objekt stärkere Bindungen schafft als eine gleiche Verrichtung. Der Prozess der Gruppenbildung wird durch eine objektorientierte Zentralisation gefördert. Da die Objektzentralisation eine zusammenhängende Folge von Verrichtungen an einem Objekt oder einer Objektgruppe zusammenfasst, werden Transport-, Informations- und Dienstwege auf ein Minimum beschränkt. Überall dort, wo Schnelligkeit der Ausführung oberster geschäftspolitischer Grundsatz ist (z. B. schnellstmögliche Belieferung der Kunden, schnellste Bearbeitung von Eingangsrechnungen zur vollen Nutzung von Lieferantenskonti), wird diese Form zu bevorzugen sein. Nachteile der objektorientierten Zentralisation von Aufgaben in Stellen und Abteilungen sind vor allem bei manuellen Betätigungen in der ungenügenden Nutzung der leistungssteigernden Wirkungen der Tätigkeitsspezialisierung durch Einarbeitung und routinierte Abwicklung zu sehen.

2 | *Formale Zentralisation und Dezentralisation*

Die formale Zentralisation und Dezentralisation von Aufgabenmerkmalen knüpft an die formalen Merkmale an, die sich beim Prozess der Aufgabeninduktion ergeben. Es handelt sich hierbei um die Gesichtspunkte des Ranges, der Phase und der Zweckbeziehung der Aufgaben.

a | Zentralisation und Dezentralisation von Rangaufgaben

Vorherrschendes Prinzip der Stellen- und Abteilungszentralisation und -dezentralisation ist hier die Zusammenfassung beziehungsweise Trennung der Entscheidungsaufgaben, die durch die Ranggliederung gewonnen werden. Die Frage, ob Entscheidungsaufgaben in einer Stelle oder Abteilung zusammenzufassen oder auf eine Mehrzahl von Stellen oder Abteilungen zu verteilen sind, bildet das Kernproblem der rangorientierten Aufgabenbildung und führt zur Entscheidungszentralisation oder -dezentralisation. Die Lösung dieser Frage ist in Abhängigkeit von der zugrundeliegenden Art sachlicher Aufgabenzentralisation und -dezentralisation des organisatorischen Leitungszusammenhanges und in Bezug zur Gestaltung zu sehen. Bei wenig differenzierter sachlicher Zentralisation wird ein großer Teil der Entscheidungsaufgaben bei den verrichtungs- oder objektgebundenen Ausführungsaufgaben liegen. Die Aufgabenträger werden selbst einen weitgehenden Teil der Entscheidungen als Selbstentscheidungen treffen. Mit der Differenzierung der sachlichen Zentralisation von Aufgaben werden mehr und mehr Entscheidungsaufgaben dezentralisiert, das heißt Stellen oder Abteilungen übertragen, die Entscheidungsaufgaben erhalten, die sie als Fremdentscheidungen arbeitsteilig für eine mehr oder weniger große Fülle differenzierter Verrichtungs- und Objektaufgaben fällen. Die Vorteile einer zentralen Zusammenfassung von Entscheidungsaufgaben sind in der einheitlichen Ausrichtung aller Vorgänge auf die unternehmungspolitische Zielsetzung zu sehen. Werden dezentrale Formen der Verteilung von Entscheidungsaufgaben trotz dieser Gesichtspunkte vorgezogen, um eine bessere Nutzung der Vorteile eines elastischeren Gleichgewichts zu sichern, so sind regelmäßig andere koordinierende Maßnahmen zu ergreifen, die zumeist in einer stärkeren Betonung und Verbreitung unternehmungspolitischer Grundsätze, einer zusammenfassenden Unternehmungsplanung und -kontrolle zu sehen sind. Dezentrale Anordnungsformen der Entscheidungsaufgaben bieten eine Möglichkeit zur Entlastung der obersten Leitung, der Verkürzung von Informationswegen durch Entscheidungen «am Ort» sowie der Verbesserung des Informationsinhaltes und seiner Übertragung.

b| Zentralisation und Dezentralisation von Phasenaufgaben
Vorherrschendes Prinzip der Aufgabenbildung von Stellen oder Abteilungen ist hier die Zentralisation beziehungsweise Dezentralisation der durch die Phasengliederung gewonnenen Planungs- und Kontrollaufgabe. Die Frage, ob Planungs- beziehungsweise Kontrollaufgaben in einer Stelle oder Abteilung zusammenzufassen oder jeweils auf eine Mehrzahl von Stellen oder Abteilungen zu verteilen sind, bildet das Kernproblem der phasenorientierten Aufgabenbildung und führt zur Planungs- und Kontrollzentralisation beziehungsweise -dezentralisation.

Für die Planung stellt sich die Frage, ob Planungsaufgaben in besonderen Planungsstellen beziehungsweise -abteilungen zusammengefasst (zentralisiert) oder im Zusammenhang mit den Sachaufgaben getrennt Stellen und Abteilungen dezentral zugeordnet werden sollen, die nach anderen Merkmalen gebildet werden. Die Planung der Fertigungsprozesse kann zum Beispiel in einer Abteilung Arbeitsvorbereitung zentralisiert sein. In besonderen Fällen empfiehlt es sich jedoch, die Planung der einzelnen Fertigungsoperationen dezentral den einzelnen Meistereien oder Fertigungsstätten zu überlassen. In gleicher Weise erhebt sich zum Beispiel die Frage der Zentralisation oder Dezentralisation der Verkaufsvorbereitung. Inzwischen hat sich das Lösen der «Absatzplanung» von der vertrieblichen Gestaltung der Absatzdurchführung in der Wirtschaftspraxis weitgehend eingebürgert.

Bei Betrachtung der Kontrolle erhebt sich in gleicher Weise die Frage, inwieweit Kontrollaufgaben in besonderen Kontrollstellen oder -abteilungen zusammengefasst (zentralisiert) beziehungsweise im Zusammenhang mit den Prozessaufgaben ungetrennt (dezentral) auf Stellen und Abteilungen verteilt werden sollen. In dezentraler Weise können Einzelkontrollen im Fertigungsprozess angeordnet werden. In zentraler Weise lassen sich diese Aufgaben zum Beispiel in einer Abteilung «Werkstätten-Prüfwesen» zusammenfassen. Die der Leitungsspitze unterstellte Revisionsabteilung bietet ein weiteres Anwendungsbeispiel der Zentralisation von Kontrollaufgaben.

Im Einzelfall ist abzuwägen, ob der zentralen oder dezentralen Anordnungsform von Planungs- und Kontrollaufgaben der Vorzug zu geben ist. Zu einer zentralen Planung führen Gesichtspunkte der Spezialisierung auf besondere Planungsfähigkeiten, die im gehobenen Teil der Leitungshierarchie zu einer Beiordnung als Stabsabteilungen Anlass geben. Neben der Nutzung von Spezialkenntnissen treten Gesichtspunkte einer Koordinierung vielseitiger betrieblicher Gesichtspunkte hervor, die beim Planen zu berücksichtigen sind und zu einer Zentralisierung von Planungsaufgaben in einer Stelle oder Abteilung führen. Die Zentralisation von Kontrollaufgaben stellt das Problem der Verkehrswege wieder in den Vordergrund. Eine Zusammenfassung von Kontrollaufgaben kann bei Sachgütern zu zusätzlichen Transportwegen, bei den übrigen Objekten zu zusätzlichen Informationswegen führen. Es ist zu prüfen, ob zum Beispiel der Facharbeiter im Betrieb über die nötige Sachkenntnis verfügt, ein von ihm fertiggestelltes Stück zu kontrollieren und die Notwendigkeit einer Nachbearbeitung, die er selbst vorzunehmen hat, festzustellen. Sind diese Voraussetzungen nicht erfüllt, kann eine Zentralisation der Kontrollaufgaben wirtschaftlich von Nutzen sein.

c | Zentralisation und Dezentralisation von Zweckaufgaben
Die Frage, ob Verwaltungsaufgaben in einer Stelle oder Abteilung zusammengefasst werden, bildet das Kernproblem der zweckorientierten Aufgabenbildung und führt zur Verwaltungszentralisation oder -dezentralisation.

Die Verwaltungsaufgaben, die sich mit jeder Tätigkeit verknüpfen, können in Spezialstellen zentralisiert werden, sodass der primäre Prozess einer Aufgabenerfüllung von der Erledigung von Verwaltungsarbeiten freigehalten wird. So können beispielsweise die sich mit der Personalführung verbindenden Personalverwaltungsaufgaben im Personalwesen zentralisiert werden.

Im Allgemeinen wird der Zentralisation von Verwaltungsaufgaben unter Nutzung der Vorteile der Spezialisierung der Vorzug zu geben sein. Von einer bestimmten Unternehmungsgröße ab scheinen jedoch auf den gehobeneren Ebenen des Stellen- und Abteilungsaufbaus einer derartigen Spezialisierung Hemmnisse entgegenzutreten. Hat der zentralisierte Verwaltungsapparat eine bestimmte Größe erreicht, kann sich die Verwaltung nach eigenen Gesetzlichkeiten vergrößern. Um bürokratischen Tendenzen, die sich als Zug zur Überorganisation und damit als Störung der Elastizität organisatorischen Gleichgewichts bemerkbar machen, entgegenzutreten, wird daher von Großunternehmungen häufig der Weg der dezentralen Verwaltungsanordnung auf den oberen Schichten der Abteilungshierarchien beschritten.

3 | *Persönliche Zentralisation und Dezentralisation*
Die Aufgabenbildung richtet sich hier auf bestimmte Personen aus. Es werden nicht Komplexaufgaben, die nach sachlichen oder formalen Gesichtspunkten gebildet wurden, nach Anwendung geeigneter Auswahlverfahren auf die passenden Aufgabenträger verteilt, sondern es wird das Bild einer bestimmten Person bereits bei der Bildung der Aufgabe zum dominierenden Faktor der Zentralisation von Teilaufgaben. Damit wird unter Vernachlässigung aller sachlichen Gegebenheiten die Stelle oder Abteilung auf die «beiden Augen» der Person gestellt, die sich aus einer Verknüpfung der Aufgaben nach den bereits dargestellten Prinzipien der Zentralisation und Dezentralisation ergeben. Mit Baumberger kann die wesentliche allgemeine Ursache für die personenorientierte Aufga-

benbildung in der Tatsache gesehen werden, «dass die Unternehmungen in der Regel den gegebenen Mitarbeiterstab nur langfristig verändern können. Unter diesen Verhältnissen muss vielfach die Aufgabenverteilung an die Individualität des schon vorhandenen oder möglicherweise verfügbaren Aufgabenträgers angepasst werden» (Baumberger, 1961, S. 42). Als Beispiel für die Schaffung eines Wirkungskreises für besonders befähigte Persönlichkeiten, deren Aufgaben nach ihrer Vorbildung, ihren Fähigkeiten und Neigungen um sie gruppiert (bei ihnen zentralisiert) werden, kann die Übertragung der Abwicklung von Versicherungs-, Grundstücks- und Steuerangelegenheiten an einen fähigen, in kaufmännischen Dingen erfahrenen Juristen zusätzlich zur Bewältigung reiner Rechtsfragen dienen.

Die Bildung von Aufgaben nach Personen führt vielfach dazu, dass logisch nicht zusammengehörige Aufgabenelemente in einer Stelle oder Abteilung zusammengefasst werden. Baumberger bezeichnet diesen Fall, wenn er zu einer Anpassung der Organaufgabe an überdurchschnittliche individuelle Fähigkeiten führt, als positiv-personenorientierte Aufgabenverteilung. Eine negativ-personenorientierte Aufgabenverteilung liegt dann vor, wenn logisch zusammengehörige Aufgaben auseinandergerissen werden müssen, weil eine Person mit entsprechender Qualifikation zur Lösung dieser Aufgaben nicht vorhanden ist (Baumberger, 1961, S. 43).

Die Vorteile einer personengebundenen Aufgaben- und Stellenbildung liegen in der straffen Koordinierung ihrer Tätigkeit und der bestmöglichen Nutzung der besonderen Fähigkeiten der vorhandenen Aufgabenträger nach dem Prinzip der Zweckmäßigkeit. Dynamische Persönlichkeiten pflegen eine Organisation, die nach diesem Prinzip an ihrer Person orientiert wurde, mit allen Finessen und großer Geschicklichkeit zu «intonieren». Damit wird häufig ein sehr elastisches Gleichgewicht der Organisation erreicht, das sich insbesondere im Hinblick auf die aktive Erhaltung der Unternehmung durch große Vorzüge auszeichnet. Mit dem Ausscheiden einer derartigen Persönlichkeit verliert jedoch der Stellen- und Abteilungsaufbau seinen Sinn. Durch das Fehlen der starken Hand entsteht eine Organisationskrise in der Weise, dass alles so weiter läuft, als wäre der «Chef» noch an seinem Platz. Dies hat zur Folge, dass durch das Fehlen seiner Initiative und Aktivität die Arbeit langsam erstarrt oder sich die vielgearteten sachlichen Beziehungen Bahn zu brechen versuchen, was zu Überschneidungen, Doppelarbeiten, unklaren Kompetenzabgrenzungen, zur Aufweichung der Instanzengliederung, zum persönlichen Annektieren anderer Arbeitsbereiche, kurz, zu einer Zersetzung der bestehenden Organisation ohne konstruktive Neugestaltung führt. Wird der Aufgabenbildung nach persönlichen Gesichtspunkten der Vorzug gegeben, muss die Möglichkeit und Notwendigkeit der Reorganisation bei Veränderungen in der Besetzung immer ins Auge gefasst werden. Das sehr elastische Gleichgewicht der Organisation beruht auf der leitenden Persönlichkeit und erweist sich langfristig als nicht stabil genug, um die Erhaltung der Unternehmung sicherstellen zu können. Nach dem Ausscheiden der leitenden Persönlichkeiten muss ein neues Gleichgewicht gefunden werden, das so stabil ist, dass es eine Kontinuität der Organisationsregeln gewährleistet. Dabei verschiebt sich nur zu häufig die aktive Erhaltung der Unternehmung zu einer reaktiven und schließlich zu einer passiven Erhaltung.

4 | *Mittelzentralisation und -dezentralisation*
Die Aufgabenbildung vollzieht sich im Hinblick auf Hilfsmittel, die für die Durchführung eines Aufgabenkreises bestimmend sind. Damit verbindet sich die Festlegung eines besonderen Arbeitsverfahrens. Die Entwicklung der elektronischen Datenverarbeitung und die damit intensivierten Bestrebungen, zur automatischen Abwicklung von Arbeitsprozessen zu gelangen, bedingen häufig wesentliche Einflüsse auf die Bildung der Stellen- oder Abteilungsaufgaben. Zum Wesen der Automation gehört es ebenfalls, dass sie komplexe Arbeitsprozesse, die aus verschiedenen Teilverrichtungen zusammengesetzt sind, selbsttätig ausführen und dabei auch Steuerungs-, Transport- und Überwachungsaufgaben übernehmen (Baumberger, 1961, S. 44). Ausgeprägt sind die Möglichkeiten für die technische Verkoppelung verschiedenster Teilaufgaben vor allem an Bearbeitungsobjekten, deren Handhabung relativ leicht ist (Schwerkraft-, Pumpenförderung), deren physikalische Eigenschaften (Temperatur, Druck, Abflussgeschwindigkeit usw.) durch Instrumente gemessen und reguliert werden können und eine Auswertung der Rückkoppelung (Feedback) erlauben. Da die Anwendung hochautomatisierter Anlagen häufig recht kostspielig ist, muss versucht werden, sie voll auszulasten. Dies bedingt nach dem Zweckmäßigkeitsprinzip, dass der Maschine Aufgaben, die sich in den Zielsetzungen völlig unterscheiden, deren Technik der Erledigung sich jedoch ähnelt, übertragen werden. Für die Aufgabengliederung bedeutet das, dass nicht mehr die normalerweise differenzierte Zielsetzung den Ausschlag bei der Aufgabengliederung gibt, sondern die technische Ähnlichkeit ihrer Durchführung im Hinblick auf die Konfiguration der Anlage.

Eine Aufgabenbildung durch Zentralisation artverschiedener Aufgaben im Hinblick auf ein Hilfsmittel kann dem Prinzip der Zweckmäßigkeit entsprechen. Das Arbeitspotenzial eines Hilfsmittels kann auf diese Weise besser genutzt werden. Insofern verbindet sich eine derartige Zentralisationsform mit deutlich errechenbaren wirtschaftlichen Vorteilen. Genau wie bei der personenorientierten Aufgabenbildung und Aufgabenverteilung gilt hier jedoch der *Zwang zur Reorganisation* im Hinblick auf das Ausscheiden veralteter Hilfsmittel und ihren Ersatz durch technologisch hochwertigere Geräte. Der Stand der technologischen Entwicklung und die Rate ihrer Veränderung, die sich im Hilfsmittel ausdrückt, prägen die organisatorische Arbeit und ihr Ergebnis. Mit zunehmender Mechanisierung und Automatisierung ergibt sich hier ein wachsender Einfluss der Aufgabenzentralisation vom Mittel her, der die logische Aufgabenzentralisation nach sachlichen und formalen Gesichtspunkten im Hinblick auf die Eigenheiten des Mittels durchbricht. Nicht nur die mittelorientierte organisatorische «Systemarbeit» (systems analysis), sondern auch der Zwang zu Reorganisationen, die allein durch das Mittel hervorgerufen werden, gewinnen zusehends an

Boden und erfordern neuartige Methoden organisatorischer Zusammenarbeit, die sich durch eine große Flexibilität auszeichnen müssen.

5 | *Raumzentralisation und -dezentralisation*
Die Aufgabenbildung vollzieht sich nach räumlichen Gesichtspunkten. Unterschiedliche Aufgabenelemente werden entweder an getrennten Orten (Raumdezentralisation) oder an einem Ort (Raumzentralisation) zusammengefasst. Dies kann sich sowohl innerhalb einer geschlossenen betrieblichen Raumeinheit vollziehen (Zusammenfassung von Aufgaben z. B. nach Stockwerken, Hallen usw.) als auch für getrennte Raumeinheiten einer Unternehmung (Zweigwerke, Filialen, Vertriebsbüros, Auslieferungslager usw.) der Fall sein.

Die Bildung komplexer Aufgaben innerhalb geschlossener betrieblicher Raumeinheiten geschieht zumeist unter dem Gesichtspunkt besserer physischer Überwachungsmöglichkeit. Im Falle der Aufgabendezentralisation nach dem Merkmal des Raumes ergeben sich im Hinblick auf die physische Kontrolle häufig weitgehende Schwierigkeiten. Die Bildung von identischen Stellen oder Abteilungen in genauer Entsprechung zur Zentralisation einer gleichen Anzahl gleichartiger Aufgaben an verschiedenen Orten (z. B. Kettenläden, Vertriebsbüros, Kaufhäuser) bietet hier eine praktische Lösungsmöglichkeit. Es handelt sich hierbei um die Anwendung des Gliederungsprinzips der Mengenteilung bei einer strategischen Anwendung des Multiplikatorenprinzips (z. B. McDonald's, Benetton) (Schramm, 1936, S. 7). Eine derartige Zentralisation beziehungsweise Dezentralisation von Aufgaben kann einen Stellen- oder Abteilungsvergleich als Kontrollinstrument lediglich vorbereiten, bietet selbst jedoch keine Anhaltspunkte für eine Kontrolle, da rationelle Maßgrößen durch die Organisation selbst nicht vermittelt werden.

6 | *Zeitzentralisation und -dezentralisation*
Die Zentralisation und Dezentralisation von Aufgaben kann sich nach zeitlichen Gesichtspunkten vollziehen. Hier kann es sich zum Beispiel um das Motiv der Inanspruchnahme der einen Stelle durch eine andere Stelle beim Erfüllungsprozess von Aufgaben handeln, die nach dem Prinzip der Zweckmäßigkeit zu einer Zusammenfassung beider Aufgaben in der übergeordneten Abteilungsaufgabe führt. Die Telefonzentrale kann beispielsweise dem Vertrieb angeschlossen werden, da die meisten Anrufe die Vertriebsabteilung betreffen und die Vertriebsabteilung die Telefonzentrale entsprechend zeitlich am stärksten auslastet. Die Zusammenfassung von Reparaturstellen und Fertigungsstellen nach dem Gesichtspunkt der Inanspruchnahme bietet ein weiteres Beispiel für eine zeitlich orientierte Zentralisation von Aufgaben. Auch hier handelt es sich um eine spezielle Aussage des Prinzips der Zweckmäßigkeit.

Fast immer verbindet sich mit der zeitlichen Zentralisation von Aufgaben eine prozessmäßige Verknüpfung unterschiedlicher Verrichtungsaufgaben durch gemeinsame oder ähnliche Objekte. Das zeitliche Merkmal ist daher häufig nur sekundär.

3.2.3.2 Formen der Arbeitsteilung

Als Ergebnis der Zentralisation und Dezentralisation ergeben sich Formen der Arbeitsteilung. Sie lassen sich im Hinblick auf ihre *horizontale* und *vertikale* Ausprägung unterscheiden. Während sich die *horizontale* Arbeitsteilung auf die laterale Abwicklung von Arbeitsprozessen mit dem Ziel der unmittelbaren Aufgabenerfüllung richtet, knüpft die *vertikale* Arbeitsteilung an die hierarchische Gliederung der Organisation und damit an die vertikal verlaufenden mittelbaren Entscheidungs- und Informationsprozesse an. Rolf Bühner (1986, S. 88) stellt die wesentlichen Vor- und Nachteile der Spezialisierung zusammen.

Die wesentlichen wirtschaftlichen und sozialen *Vorteile* der Spezialisierung sind:

- Ersparnis von Zeit, Senkung von Einsatzmengen und Kosten durch
    - Größeneffekte (Betriebsgrößen- und Losgrößenersparnisse),
    - Übung, Erfahrung und Lernen im Zeitablauf.
- Verringerung der Anforderungen der Aufgabe an die Mitarbeiter mit der Möglichkeit
    - eines eignungsgerechten Einsatzes der Mitarbeiter,
    - eines Einsatzes von Mitarbeitern, deren Qualifikation und Berufsbildung gering ist,
    - eines aufgabenadäquaten, kostengünstigen Sachmitteleinsatzes (Einzweck-Maschinen).

Nachteile der Spezialisierung aufgrund einer zu weitgehenden Aufgabenteilung sind:

- Wirtschaftliche Nachteile:
    - Zunahme der Zahl der Ablaufabschnitte für den Transport und die Förderung von Arbeitsgegenständen
    - Komplizierung der Übermittlung von Informationen zwischen den arbeitsteiligen Einheiten
    - sinkende Arbeits- und Leistungsbereitschaft seitens der Mitarbeiter aufgrund steigender Arbeitsunzufriedenheit
- Soziale Nachteile:
    - wachsende Monotonie der Arbeit
    - zunehmende Entfremdung von der Arbeit
    - Arbeitsunzufriedenheit und Geringschätzung der Arbeit, was die Arbeits- und Leistungsbereitschaft der Mitarbeiter hemmt

Als Folge horizontaler und vertikaler Arbeitsteilung ergeben sich *Schnittstellen* zwischen Stellen und Abteilungen, die nicht nur sachliche Verzerrungen, sondern auch zeitliche Verzögerungen bei der prozessorientierten Aufgabenerledigung mit sich bringen können. Unter dem Druck der wachsenden Komplexität, die einer weiteren

Arbeitsteilung und Spezialisierung – und damit einer Schnittstellenvermehrung – förderlich ist, und einer steigenden Dynamik wird damit das Schnittstellenmanagement zu einem Kernproblem jeder Koordination durch die Leitung. Letztlich dürfte es jedoch der Weg einer Integration sein, der die Arbeitsteiligkeit moderner Organisationsformen und -modelle abbaut, der zu einer Verminderung von Schnittstellen führt und der über eine Generalisierung von Aufgaben beobachtbare Dysfunktionalitäten hochkomplexer Organisationen vor der Herausforderung einer gestiegenen Dynamik zu bewältigen und abzubauen hilft.

4 Dimensionierung als Gestalt der Organisationsstruktur

Die Organisationsstrukturierung folgt weitgehend Modellvorstellungen von einer zweckgerechten Gestaltung sozialer Systeme, welche der Begrenztheit menschlicher Komplexitätsverarbeitung durch eine arbeitsteilige *Gliederung* gerecht werden und dabei die Einheitlichkeit der Zielverfolgung durch Konzepte der *Integration* ermöglichen. Da sich jedoch wesentliche Unterstellungen im Hinblick auf die ökonomische, technologische und soziale Komplexität und Dynamik in einem ständigen Wandlungsprozess befinden, müssen sich auch die Lösungskonzepte einer zweckgerechten organisatorischen Gestaltung ändern.

4.1 Dimensionierung der Gestalt der Organisation

Im Sinne einer grundsätzlichen Dimensionierung der Organisation in Verfolgung des strategischen Programms, das für die überwiegende Mehrzahl von realen Strukturierungsproblemen wesentliche Entscheidungen einer Organisationsgestaltung markiert, ist je nach den kontextualen und situativen Erfordernissen eine Skalierung und Profilierung in der Ausprägung eines Dimensionierungsrasters vorzunehmen und zu erläutern.

Dabei ist auf die Rekursivität der Gestaltung hinzuweisen: Das vorgestellte Raster ist auf der jeweiligen Ebene der Abteilungs-, Bereichs- und Unternehmungsorganisation differenziert anzuwenden, um den jeweiligen Umfeldbedingungen der Organisation gerecht werden zu können.

Im *Dimensionierungsraster* der Unternehmungsorganisation werden folgende Gestaltungsdimensionen zur strategieorientierten Skalierung gestellt. Ausgehend von der Element- und Beziehungsorientierung der Strukturierung sind der Regelungscharakter und die Konfiguration der Organisation zu bestimmen. Die Strukturierungsrichtung schließlich gibt die Art einer Anpassung an Veränderungen der Umwelt wieder. Diese Elemente können folgendermaßen weiter differenziert werden:

I| Element- und Beziehungsorientierung

1| Sach- versus Personalorientierung

2| Formalisierung versus Symbolorientierung

II| Regelungscharakter

  3| Programmierte Einzelregelung versus zweckbezogene Rahmenregelungen

  4| Organisation auf Dauer versus Organisation auf Zeit

III| Konfiguration

  5| Monolithische versus polyzentrische Konfiguration

  6| Steile versus flache Konfiguration

IV| Strukturierungsrichtung

  7| Endogene versus exogene Orientierung

  8| Fremdgestaltung im Prozessverbund versus Eigengestaltung mit Teilautonomie

Unternimmt man eine generelle Betrachtung der verschiedenen Dimensionen der Organisationskonfiguration, bietet sich also die oben angeführte Unterscheidung an, welche im Folgenden näher spezifiziert werden soll.

  I| *Elementorientierung und Beziehungsmuster der Organisation*

  1| *Sach- (Organisation «ad rem») versus personenorientierte (Organisation «ad personam») Strukturierung*
  Eine Profilierung der strategischen Strukturierung kann im Spannungsfeld einer sach- (Organisation «ad rem») versus personenorientierten (Organisation «ad personam») Gestaltung erfolgen. Die Sachorientierung folgt dem Muster der Aufgabengliederung gemäß einem Anforderungsprofil der geeigneten Aufgabengliederung. Für analytisch gegliederte und synthetisch kombinierte Stellenaufgaben wird gemäß einem Anforderungsprofil der geeignete Aufgabenträger gesucht. Der Sachzwang technischer Verfahren (Organisation «ad instrumentum») wirkt dabei auf die Strukturierung des Aufgabenbildes ein. Dem steht ein entgegengesetzter Weg der Strukturierung gegenüber: Den Qualifikationen einzelner Mitarbeiter entsprechend wird ein Aufgabenkomplex gebildet, der es gestattet, die Motivation und Fähigkeiten von Personen bestmöglich zum Tragen zu bringen.

  2| *Formalisierung versus Symbolorientierung*
  Der Tendenz zur expliziten Formalisierung über eine schriftliche Fixierung organisatorischer Regelungen (Pugh, 1968, S. 65ff.; Kieser, 1974, S. 309ff.; Hoffmann, 1980, S. 352ff., 384ff.) und ihrer Dokumentation ist die Symbolisierung durch implizite Verhaltensnormen, wie Leitbild- und Normenbefolgung, Gewohnheiten und Tabus gegenüber zu stellen. Werden beide Dimensionen miteinander kombiniert, entstehen zwei typologische Grundmuster, das einer *aufgabengebundenen Technostruktur* und das einer personengebundenen Soziostruktur:

   – Die *Technostruktur* ist darauf ausgerichtet, komplexe Aufgaben optimal zu erfüllen, indem diese nach funktionalen Gesichtspunkten gegliedert und einzelnen Bereichen zur getrennten Bearbeitung zugewiesen werden, wobei die korrekte Aufgabenerfüllung durch einen hohen Regelungscharakter gewährleistet werden soll.

- Im Gegensatz dazu orientiert sich die *Soziostruktur* in erster Linie am Mitarbeiter und strebt danach, diesen durch eine seinen Neigungen entsprechende Aufgabe zu motivieren und dadurch dessen Loyalität zur Unternehmung zu stärken.

II| *Regelungscharakter der Organisation*

3| *Programmierte Einzelregelung versus zweckbezogene Rahmenregelung*
Der Regelungscharakter der Organisation kann von programmierten Einzelregelungen oder zweckbezogenen Rahmenregelungen geprägt sein. Im ersten Fall werden Teilaufgaben aus Teilzielen abgeleitet und einzelne Schritte zu ihrer Erfüllung definiert. Dies führt zur Programmierung von Routineprozessen, die auf festgelegte Signale hin abzuwickeln sind. Der Freiheitsgrad zu ihrer Variation ist gering. Auf dem Wege derartig eindeutiger Regelung wird versucht, einen Beitrag zur Effizienz der Aufgabenerfüllung zu leisten. Im zweiten Fall werden zweckbezogene Aufgabenkomplexe gebildet, die sich durch eine weitgehende Offenheit der Regelung im Hinblick auf die Definition der Teilaufgaben und die Festlegung der Prozesse, welche zur Aufgabenerfüllung führen, auszeichnen. Der Freiheitsgrad zur Anpassung an unterschiedliche Situationen ist hoch. Auf dem Wege derartiger offener und unbestimmter Regelungen wird versucht, einen Beitrag zur Effektivität der Aufgabenerfüllung zu leisten.

4| *Organisation auf Dauer versus Organisation auf Zeit*
Die organisatorische Regelung kann sich auf präsituativ gestaltete Organisationsstrukturen ohne zeitliche Befristung oder auf Strukturen ausrichten, deren zeitliche Begrenzung vorhersehbar ist.

- Verbindet man das Muster einer programmierten Einzelregelung mit einer die Organisationseinheiten auf Dauer bindenden Strukturierung, so ergibt sich eine mechanistische Aufbaustruktur.
- Ihr steht im anderen Extrem die auf einer zweckbezogenen Rahmenregelung beruhende *organische Prozessorganisation* der einzelfallspezifischen, zeitlich befristeten Problemlösung gegenüber.

III| *Konfigurationsmuster*

Henry Mintzberg (1979) hat einen besonders interessanten Beitrag zur Gestaltung der Konfiguration von Organisationsstrukturen geleistet, indem er fünf Konfigurationselemente unterscheidet:

- Die *strategische Spitze*, die als oberste Führungsebene die Zielbestimmung zur Aufgabe hat,
- das *mittlere Linienmanagement*, das eine Zielspezifizierung in der Weise vornimmt, dass es relativ globale Oberziele in operationale Unterziele zerlegt, und

– den *operativen Kern*.

Diese werden ergänzt durch:

– eine *Technostruktur*, die die Aufgabenerfüllung der übrigen Teile standardisiert und damit der Integration von arbeitsteiligen Prozessen des Gesamtsystems dient, und von

– *unterstützenden Einheiten*, die – in sich häufig heterogen – dem gemeinsamen Zweck dienen, allen übrigen Teilen bei ihrer Aufgabenerfüllung Unterstützung zu gewähren.

Je nach dem Kontext, in dem sich eine Unternehmung bewegt, lassen sich als Ergebnis organisatorischer Gestaltung mit Mintzberg fünf *Basiskonfigurationen* unterscheiden. Diese seien im folgenden Exkurs näher beschrieben.

a| Einfache Struktur

Diese Basiskonfiguration ist im Wesentlichen bei kleinen und mittleren Unternehmungen anzutreffen. Demzufolge begnügt sie sich mit der strategischen Spitze und einem ausgeprägten operativen Kern und verzichtet auf eine Vielzahl von hierarchischen Stufen und das dafür notwendige mittlere Linienmanagement. Aufgrund der relativ geringen Komplexität der Umwelt und der Probleme, mit denen sich solche Unternehmungen konfrontiert sehen, aber auch aufgrund der nur begrenzt zur Verfügung stehenden finanziellen und personellen Ressourcen, muss auf eine explizite Technostruktur und eigentliche Hilfsstäbe verzichtet werden.

Für spezifische Probleme, die das Know-how der Unternehmungsführung überfordern, wird die Klein- und Mittelunternehmung auf externe Berater zurückgreifen. Der wesentlichste Vorteil dieser Konfigurationsform liegt daher in der großen Marktnähe, einer Flexibilität, auf Änderungen zu reagieren, und der Chance, durch einen Verzicht auf «Overheads» kostengünstig arbeiten zu können. Nachteilig ist die Tatsache, dass nur in begrenztem Maße Beratungs-Know-how in der Unternehmung angesammelt werden kann und ständig eine Überlastung der Unternehmungsspitze, die sich mit einer Vielzahl von Problemen zu beschäftigen hat, droht. Darüber hinaus stößt eine solche Konfiguration der Organisation bei einem Wachstum der Unternehmung aufgrund der begrenzten Leitungsspanne früher oder später an ihre Grenzen, was eine Reorganisation und Neustrukturierung notwendig macht.

b| Industrielle Bürokratie

Besonderes Kennzeichen dieser Konfiguration ist, dass neben der strategischen Spitze und dem operativen Kern ein mehrere Hierarchiestufen übergreifendes mittleres Linienmanagement, eine Vielzahl von Hilfsstäben und eine ausgeprägte Technostruktur vorzufinden sind. Eine industrielle Bürokratie hat sich in einer Unternehmung in der Regel über Jahrzehnte entwickelt, indem bei einer Zunahme der Zahl der Mitarbeiter jeweils ein Überschreiten der Leitungsspanne der Führungskräfte durch die Einfügung neuer Hierarchiestufen im Range des mittleren Managements verhindert wurde. Gleichzeitig wurden

Stäbe und technische Hilfsstrukturen aufgebaut, um die zunehmenden Informationsbedürfnisse auf den verschiedensten Ebenen zu decken und einen Hilfsmechanismus zur Verfügung zu stellen, um die zunehmende Komplexität der Organisation zu bewältigen. Die Vorteile dieser Konfiguration liegen in der Möglichkeit, sehr große Unternehmungen mit vielen Tausend Mitarbeitern zu strukturieren. Der wichtigste Nachteil liegt in der Gefahr, dass durch den Aufbau einer Vielzahl von hierarchischen Ebenen die strategische Führung zunehmend von den Märkten und Produkten der Unternehmung entfernt wird und dadurch eine Reaktion auf Veränderungen der Umwelt nur spät oder gar nicht erfolgen kann, da der Informationsfluss und die Weitergabe der getroffenen Entscheidungen durch eine Vielzahl von involvierten Stellen behindert oder sogar verfälscht wird. Dass eine industrielle Bürokratie durch den unkontrollierten Aufbau von Stabs-, Hilfs- und Mittelmanagementstellen die latente Gefahr der Ineffizienz in sich trägt, ist offensichtlich.

c| Expertokratie

Die Konfigurationsform der Expertokratie ist dadurch gekennzeichnet, dass neben der strategischen Spitze und dem operativen Kern das mittlere Linienmanagement und die Technokratie nur sehr schwach ausgeprägt sind, während den Hilfsstäben eine sehr große Bedeutung zukommt. Es hängt vom konkreten Einzelfall ab, ob das in den Stäben angesammelte Human-Potential und Know-how als funktional, wie dies zum Beispiel in einer Beratungsunternehmung denkbar sein könnte, oder dysfunktional zu betrachten sind, wenn kein konkreter Bedarf nach den von den Stäben gebotenen Dienstleistungen besteht. In der Praxis lässt sich feststellen, dass in der Regel Stabsabteilungen viel zu groß sind und aufgrund eines sich entwickelnden Eigenlebens die Tendenz zeigen, sich weiter zu vergrößern. Die Folge sind nicht nur steigende Overhead-Kosten, die sich negativ auf die Rentabilität der Unternehmung auswirken, sondern auch die Gefahr, dass von marktnahen Stäben falsche Impulse für die Unternehmungsentwicklung gegeben werden.

d| Divisionalisierung

Diese Basiskonfiguration versucht, die Vorteile der einfachen Struktur zu nutzen und die Nachteile der industriellen Bürokratie bei einer wachsenden Unternehmung zu vermeiden. Anstelle einer Gesamtkonfiguration für die Gesamtunternehmung werden Divisionen nach der Konfiguration der einfachen Struktur gebildet. Zur Koordination dieser Teileinheiten benötigt die strategische Spitze in der Folge nur noch ein sehr gering ausgeprägtes mittleres Management und kleine, effiziente Stäbe und Technostrukturen.

Die offensichtlichen Vorteile dieser Konfiguration liegen einerseits darin, dass auch eine große Unternehmung marktnah mit kurzen Entscheidungswegen geführt werden kann und den Divisionen ein großer Entscheidungsspielraum gegeben werden kann. Andererseits gelingt es, unproduktive Stäbe und das mittlere Linienmanagement auf das unabdingbar notwendige Maß zu reduzieren und dadurch ein kosteneffizientes Arbeiten sicherzustellen.

e | Adhocratie
Diese Basiskonfiguration unterscheidet sich deutlich von den vier vorgehend dargestellten Konfigurationen, da sie keine festen Strukturen besitzt. Vielmehr handelt es sich um eine fließende Struktur, in der sich die Kräfte permanent verschieben und eine Koordination der verschiedenartigen Aktivitäten im Wesentlichen durch Kollegien, Projektorganisationen und informelle Kommunikation erreicht wird. Ein wesentlicher Vorteil, der sich aus dieser Organisationsform ergibt, liegt in der Tatsache, dass durch das Fehlen von festen Strukturen eine ständige Anpassung an neue Gegebenheiten und Notwendigkeiten möglich ist. Es besteht dadurch nicht die Gefahr, dass sich einige Strukturen verfestigen und verselbstständigen. Nachteilig könnte sich die Tendenz auswirken, dass in einer Organisation, in der im Wesentlichen festgefügte Strukturen und Hierarchien fehlen, die Koordination der verschiedensten Aktivitäten deutlich erschwert wird, weshalb diese Form der Organisation auf absehbare Zeit wohl nur für kleinere, innovative Unternehmungen infrage kommt.

5 | *Monolytische versus polyzentrische Konfiguration*
In der Konfiguration der Organisation ergibt sich ein Spannungsfeld von monolytischer und polyzentrischer Organisationsauffassung.

Monolytische Konfigurationen entstehen als Folge des Strebens nach Synergien, die zu einer weitgehenden Zentralisation von Funktionen an oder in der Nähe der Spitze führen.

Dem stehen *polyzentrische* Strukturen gegenüber, die unter weitgehendem Verzicht auf Synergien eine breite, anpassungsfähige und mit ihren speziellen Umwelten vernetzte Basisstruktur vorsehen. Sie stellen die Dezentralisation von Verantwortlichkeit auf der Ebene höchstmöglicher Sachkompetenz in den Mittelpunkt strategischer Organisationsgestaltung.

6 | *Steile versus flache Konfiguration*
Steile Konfigurationen sind zumeist Folge einer hochgradigen Arbeitsteilung in Organisationen, die nach dem Prinzip beschränkter Leitungsspannen vielfache Lagen ranghierarchischer Leitung zur Interpretation und Koordination der spezialisierten Gliederungseinheiten über die operative Basis der Organisation stülpen.

Flache Konfigurationen versuchen die darin liegenden Nachteile verzögerter und verzerrter Informations- und Entscheidungsströme, die zu einer mangelnden strategischen Anpassungsfähigkeit der Organisation führen, zu vermeiden.

Werden beide Dimensionen wiederum zu typologischen Mustern verbunden, ergeben sich die Profilprägungen von:

– Hierarchien als Ergebnis einer monolytischen Strukturierung steiler Organisationskonfiguration und

– Netzen als erstrebter Folge polyzentrischer Strukturierung flacher Organisationskonfiguration.

IV | *Strukturierungsrichtung*

7 | *Endogene versus exogene Strukturorientierung*
Die Struktur kann vor allem – abgeleitet vom Konstrukt einer zu gliedernden und arbeitsteilig zu übertragenden Betriebsaufgabe – auf die endogene Gestaltung der Zusammenarbeitsverhältnisse ausgerichtet sein. Aus Sicht der effizienten Gestaltung der internen Prozesse der Aufgabenerfüllung wird der Aspekt des Erreichens von Synergien im Innenverhältnis der Unternehmung betont.

Als Gegenprofil zu dieser innenweltorientierten Strukturierung ergibt sich eine exogene Strukturierung, die, abgeleitet von den Erwartungen und Veränderungen relevanter Umweltsegmente, subsystemische Strukturen an diese anzupassen versucht (kundenorientierte Organisationsgestaltung in Form eines Key-Account-Managements als Beispiel). Dabei steht die Effektivität einer Vernetzung mit relevanten, dynamischen Umweltsegmenten im Außenverhältnis der Unternehmung im Mittelpunkt organisatorischer Strukturierung.

8 | *Fremdgestaltung im Prozessverbund versus Eigengestaltung mit Teilautonomie*
Die Organisationsentwicklung kann sich im Spannungsfeld von fremdbestimmter Organisationsanpassung – vor allem nach dem «Bombenwurf»-Prinzip (Kirsch/Esser/Gabele, 1978, S. 180) – oder durch die Eigenanpassung der Betroffenen vollziehen, die dadurch zu Beteiligten des Organisationsprozesses werden. Der Top-down-Gestaltung der Struktur im Prozessverbund ist damit die Bottom-up-Strukturierung mit hoher Autonomie der kleinsten Einheiten gegenüberzustellen.

Werden beide Dimensionen nahe ihrer Extrempunkte gestalterisch miteinander verbunden, ergeben sich die typologischen Muster einer auf dem Prinzip der

– einheitlichen Fremdgestaltung beruhenden Fremdorganisation sowie

– exogen geprägten Eigenentwicklung verpflichteten *Selbstorganisation* (Probst, 1987)

4.2 Profilierung der Organisationsphilosophie

Eine Gegenüberstellung von zwei extremen Konfigurationsmustern lässt unterschiedliche Strukturierungsphilosophien bei der organisatorischen Gestaltung erkennen: die einer auf *Stabilisierung* ausgerichteten, formalen Beziehungsgestaltung mit einem Menschenbild des «rational man» und die einer auf Veränderung abstellenden, informalen Beziehungsgestaltung mit einem Menschenbild des «complex man». Da die Präferenzen für eine der beiden Organisationsphilosophien in den verborgenen «basic assumptions» (Schein, 1984) des Kulturgutes einer Unternehmung angelegt sind, die in diesem Fall die Einstellung zum Mitarbeiter betreffen, kann auch verkürzt von einer Strukturierungsphilosophie der Misstrauens- und der Vertrauensorganisation gesprochen werden.

4.2.1 Profil einer stabilisierenden, formalen Misstrauensorganisation

Das Muster einer *stabilisierenden* organisatorischen Gestaltung stellt die formalisierte, regelgebundene, effizienzorientierte Aufgabenorientierung in den Mittelpunkt. Die Organisation gewinnt damit *mechanistische* Züge. Eine steile Organisationsfigur versucht Synergien durch eine strikte Ressourcenbeherrschung monolytisch zu sichern. Dies führt zu einer vertikalen Strukturierung der Beziehungen zwischen einzelnen organisatorischen Einheiten aus Sicht einer binnenorientierten, endogenen Strukturoptimierung. Auf diesem Wege entsteht eine Einheitsorganisation mit architektonisch klaren Gliederungs- und Berichtslinien. Um dieses Ziel zu erreichen, bedarf es beim Organisationsentwurf und seiner Implementation einer Organisationsgestaltung von oben nach unten – also einer Fremdorganisation. Das Muster einer auf Stabilisierung ausgerichteten Unternehmungsorganisation enthält gleichsam als organisationsphilosophische Grundlage den Charakter einer Misstrauensorganisation (Bleicher, 1982, S. 400ff.). Sie will menschliche Schwächen durch eine mechanistisch-technokratische Strukturierung überbrücken, die einer monistischen ökonomischen Zweckerfüllung dient.

Das organisations-philosophische Profil einer derartigen Misstrauensorganisation deckt sich weitgehend mit den idealtypischen Vorstellungen eines Bürokratiemodells, wie es von Max Weber in die organisationstheoretische Diskussion eingebracht wurde. «Als die Zeit dafür reif war, machte die Industrie zwangsläufig die Bürokratie zu ihrem Managementsystem, da in dieser Phase Stabilität Grundvoraussetzung für Wachstum war ...» (Burns, 1966, S. 105). Die Umsetzung der bürokratischen Ranghierarchie auf Unternehmungen gestattet dem Unternehmer die Durchsetzung seines Willens von der Spitze bis zur Basis. Schriftliche, formal gebundene Kommunikation und ein strikt vertikaler Aufbau mit zentralisierten Entscheidungen an der Spitze schaffen klare Strukturen der Über- und Unterordnung und einer standardisierten Prozessgestaltung mittels hocharbeitsteilig differenzierter Aufgabenzuweisung. Mit der dieser Modellvorstellung inhärenten Tendenz zur *Überorganisation* wird das rationalistisch-mechanistische Menschenbild eines normierbaren «Funktionärs» und Aufgabenträgers in die Realität des organisatorischen Erlebbaren umgesetzt. Unter Dominanz der sachgebundenen rationalistischen Systemarchitektur bildet sich eine Misstrauensorganisation aus, die der organisatorischen Gestaltung die Funktion eines «Lückenbüßers» und eines Sicherheitsnetzes für die angenommene menschliche Unzulänglichkeit zumisst.

Diese Grundvorstellung ist im weiteren Verlauf dieses Jahrhunderts in vielfacher Weise modifiziert worden. Anlass war dazu eine zunehmend kritische Auseinandersetzung mit den Voraussetzungen und Merkmalen bürokratischer Organisationsgestaltung, die da sind:

1| Eine Arbeitsteilung, die auf funktioneller Spezialisierung beruht.

2| Eine genau fixierte Autoritätshierarchie.

3| Ein System von Regeln, das die Rechte und Pflichten der Positionsinhaber festlegt.

4| Ein System von Verfahrensweisen zur Bewältigung von Arbeitssituationen.
5| Unpersönlichkeit der zwischenmenschlichen Beziehungen.
6| Beförderung und Auslese, die auf fachlicher Kompetenz beruhen.

Von dieser Art organisatorischer Regelung erhoffte man sich folgende dargestellten Harmonisierungsleistungen (Neuberger, 1977, S. 47)

1| Sicherung ziel- und normenkonformen Verhaltens

2| Koordination der Aktivitäten mehrerer Positionen

3| Kontinuität der Handlungsstrategien durch Entlastung von Machtkämpfen

4| Transparenz der Organisation durch eindimensionale Strukturierung

5| Kanalisierung der Informationen, Abkürzungen der Zielfindungs- und Konfliktlösungsprozesse

6| Konzentration der Mitgliedermotivation auf bestimmte Kernbereiche (Unterordnung, Aufstiegsstreben, Konkurrenz, Sicherheit)

Vor dem Hintergrund einer zunehmenden Dynamik verwandeln sich jedoch viele der erkannten Funktionalitäten in Hemmnisse bei einer Bewältigung des Wandels. Dies liegt zum einen an der Veränderung der Zielvorstellungen von einer erstrebten gleichgewichtigen Stabilität zu einer Ungleichgewichte suchenden und nutzenden Veränderung. Zum anderen jedoch kanalisieren bürokratische Strukturlösungen selbst menschliche Verhaltensweisen in eine dysfunktionale Richtung, worauf Horst Janowsky (1969, S. 326) hingewiesen hat, der folgende Kritikpunkte bürokratischen Managements in Abhängigkeit von Funktionen formulierte.

Funktion	Kritik
Präzision	Pedanterie
Stetigkeit	Tendenz zur Macht
Disziplin	Gläubiger Gehorsam
Straffheit	Starke Kontrollen
Verlässlichkeit	Rädchen in der Maschine
Gerechtigkeit	Versagen im Einzelfall
Eindeutigkeit	Schablonen
Aktenkundigkeit	«Von der Wiege bis zur Bahre: Formulare»
Diskretion	Vertuschungsgefahr
Straffe Unterordnung	Untertanengeist
Technische Überlegenheit	Perfektionismus
Unabhängigkeit	Überheblichkeit
Rationalität	Entpersönlichung

Tabelle 1: Kritikpunkte bürokratischen Managements

Diese Entwicklung zog die folgenden dargestellten dysfunktionalen Resultate nach sich (Bosetzky, 1976, S. 281):

1| Tendenz zur Vermehrung des Personals und der Dienststellen

2| Fortbestehen von an sich funktionslos gewordenen Stellen und Untersystemen

3| Doppelte Ausführung bestimmter Arbeiten

4| Übermaß an Vorschriften

5| Überflüssiger Perfektionismus

6| Zu viel gegenseitige Kontrolle

7| Überbetonen der Regelbefolgung

8| Tendenz zur schriftlichen Fixierung aller Informationen und Entscheidungen

9| Schwerfälligkeit von Entscheidungen durch Überlastung der Vorgesetzten

10| Abschieben von Verantwortung

4.2.2 Profil einer sich anpassenden, informalen Vertrauensorganisation

Seit der Mitte dieses Jahrhunderts machen sich Gegenkonzepte bemerkbar, auf die ich unter Verweisung auf die Innovationsnotwendigkeit von Strukturen in einer Zeit sich abzeichnender Beschleunigung des Wandels unter dem Stichwort der Entwicklung eines zukünftigen *systemorientierten Organisations- und Führungsmodells* frühzeitig aufmerksam gemacht habe (Bleicher, 1971). Peter Röthig (1982, S. 311) hat es in verdienstvoller Weise übernommen, die damalige Prognose aus gegenwärtiger Perspektive auf den Prüfstand einer Ex-post-Beurteilung zu stellen. Inzwischen sind vielfältige neuartige Konzepte hinzugekommen, welche die damaligen Anklänge weiter ausgeformt sowie Fragen der Sinnfindung und der Symbolik in Organisationen, der Selbstorganisation und Organisationsentwicklung aufgegriffen haben.

Eine auf Veränderung ausgerichtete organisatorische Gestaltung geht von den Erwartungen und Eignungen der Mitglieder und Teilnehmer aus. Sie erhält damit ein eher sozial-organisches Gepräge, das sich an Effektivitäts-Überlegungen ausrichtet. Statt sich an formalen, expliziten Gestaltungsinstrumenten zu orientieren, beachten die Mitarbeiter eher Symbole, die ihnen implizit Verhaltenshinweise vermitteln. Eine flache Organisationsfigur führt zu einer polyzentrischen Verteilung von Ressourcen und der Kontrolle über sie, um auf diesem Wege der Vielfältigkeit differenzierter Interessen besser entsprechen zu können. Damit ergeben sich horizontal-laterale Beziehungsmuster organisatorischer Einheiten, die im Direktverkehr miteinander und in enger Verkoppelung mit ihren externen Partnern ihren Verpflichtungen gegenüber relevanten Umweltsegmenten gerecht werden. Vom Prinzip der Gestaltung her ist die Ausrichtung der organisatorischen Strukturierung daher eher als exogen zu kennzeichnen. Dies führt, da die organisatorische Gestaltung weitgehend vom Gedanken der Selbstorganisation getragen wird und die von ihr Betroffenen zu Beteiligten macht, zu einer Aufgabe an Einheitlichkeit des Gliederungs- und Integrationsmusters in der Organisation. Eine Mischorganisation ist die Folge.

Dieser auf Veränderung ausgerichteten, stärker informale Beziehungen zwischen Organisationsmitgliedern betonenden Gestaltung liegt das erwähnte Menschenbild eines «complex man» (Whyte, 1956) zugrunde. Eine verpflichtende Hinwendung zum Mitarbeiter und seine Einbindung in die sozialen Strukturen der Unternehmung stehen bei ihr im Mittelpunkt ihrer Gestaltungsstrategie, um auf diesem Wege einer komplexen Zweckerfüllung des Gesamtsystems entsprechen zu können. Für diese Organisationsphilosophie erscheint die Bezeichnung als *Vertrauensorganisation* angebracht.

4.2.3 Tendenzen auf dem Wege zu einer Vertrauensorganisation
Für die Organisationsgestaltung in der Praxis sind derzeit eine Reihe von Entwicklungen erkennbar, die den eingeschlagenen Weg zu einer auf Veränderungen abstellenden Gestaltung signalisieren und damit zu einer Profilveränderung führen.

I| *Entbürokratisierung und Personenorientierung der Organisationsstrukturen*
Im Zuge der anstehenden Reformierung traditionell gewachsener Strukturmuster von Unternehmungen ist ein erster, gewichtiger Schritt zur Entbürokratisierung der Organisation vollzogen worden.

Das Kreativität, Initiative und Leistungswillen erdrückende Übermaß an Regelungen sowie ihre überflüssige Präzision (Regelungs-Overkill) sind unter Anwendung von Methoden wie beispielsweise des Zero Base Budgeting und der Gemeinkosten-Wertanalyse teilweise abgebaut worden. Tiefer setzt dagegen der Ersatz formaler organisatorischer Regelungen durch informale Strukturen an, der zu einer Veränderung im organisations-kulturellen Bewusstsein (Agthe, 1976, S. 434ff.) geführt hat.

Zugleich ist eine Steigerung der Regelungsqualität zu verzeichnen, da eine alleinige Reduktion der Regelungsdichte nicht ausreicht: Die Kompetenz der Mitarbeiter zur Eigenregelung und Autonomie ist tendenziell erhöht worden (Grün, 1981, S. 23ff.). Damit tritt die implizite Steuerung an die Stelle explizit formulierter Vorgaben.

Letztlich führt dieses Maßnahmenbündel zu einer Reduktion des Spezifikationsgrades organisatorischer Regelungen, die nur noch den rahmengebundenen Wirkungsgrad einer «lex generalis» erreichen können: Auch dann ist vom gegenwärtig zumeist verfolgten Prinzip der Unsterblichkeit organisatorischer Regelungen abzugehen und es sind quasi «Selbstvernichtungsknöpfe» in die organisatorischen Regelungen einzubauen (Grün, 1981, S. 23ff.). Entbürokratisierung verlangt funktional den Systembau und die Systempflege aus einer Hand.

Hand in Hand gehen diese Maßnahmen mit einer stärkeren Personenorientierung von Organisationen. Es vollzieht sich bei Führungspositionen ein Wandel von einer Organisation ad rem zu einer Organisation ad personam. Dies geht in einigen Unternehmungen so weit, dass die Organisation nicht nur in Abhängigkeit von der gegenwärtigen Qualifikation eines Kaders von Führungspersönlichkeiten gesehen wird, sondern auch als Mittel der Persönlichkeitsentwicklung. Den Erfolgreichen werden größere Verantwortlichkeiten in Form der Unterstellung weiterer Abteilungen gegeben, den weniger Erfolgreichen die Verantwortung durch die Wegnahme von Abteilungen gekürzt. Dies etwa dann, wenn mangelnde Erfahrung einer Führungskraft auf einem bestimmten Gebiet nicht etwa dazu führt, dass ihr dieser Aufgabenbereich nicht übertragen wird, sondern ganz im Gegenteil in ihren Verantwortungsbereich einbezogen, damit ihr Engagement über die Verantwortlichkeit geschärft wird – sie dazu zwingt, sich mit dem Unbekannten auseinanderzusetzen, zu lernen und ein eigenes Erfahrungspotenzial aufzubauen. Nicht mehr die richtige Besetzung für eine vakante Stelle wird gesucht, sondern umgekehrt eine Ordnung von Bereichen angestrebt, die situativ der Führungskraft Förderung und Entwicklungsmöglichkeit gibt.

Günstigstenfalls entsteht damit eine Persönlichkeitsorientierung der Organisation, wenn diese Führungskräfte selbst einen kooperativen Stil prägen, der auch den anderen Mitarbeitern persönliche Freiräume in der Organisation einräumt. Langfristig kann auf diesem Weg unter anderem eine Unternehmungskultur geprägt werden, die ein Klima vertrauensvoller Zusammenarbeit schafft. Ungünstigenfalls wird dieser Freiraum einer persönlichkeitsorientierten Organisation zu autoritären Stilprägungen dann missbraucht, wenn Führungskräfte ihren Freiraum dazu benutzen, andere zu dominieren und ihnen die Autonomie zu nehmen. Hier fehlt das Korrektiv eines organisatorischen Sicherheitsnetzes. Seine Funktion muss teilweise durch eine intensive Personalentwicklung und eine bezüglich des Führungsverhaltens äußerst kritische Personalselektion übernommen werden. Der verbleibende – immer noch recht bedeutende – Rest an Organisation umreißt die Grenzen der Freiräume einzelner Bereiche, definiert die Form ihrer Zusammenarbeit und regelt Routinen.

II| *Schaffung überschaubarer, flexibler Geschäftseinheiten*
Die organisatorisch bedingte Schwerfälligkeit vieler größerer Unternehmungen in der Anpassung an technologische und marktliche Veränderungen lässt sich vor allem durch eine konsequentere *Dezentralisation* überwinden.

Zentralisation

Führungsphilosophie: konstruktivistisch
«Es ist alles machbar», ein «Machen» aus der Zentrale schafft Schlagkräftigkeit und Synergie.

Gefahren:
- «Kamineffekt»: Operative Tagesfragen werden zur Spitze gesogen, die, als Schiedsinstanz überlastet, nicht zur strategischen Führung kommt.
- Einheitlichkeit und Standardisierung können zum «Overkill» *von* Regelungen führen.

Folgen:
Mangelnde Anpassungsfähigkeit der Operationen an ihre besonderen Bedingungen. Verlust an Flexibilität und Innovationsfähigkeit.
- Immanenter Parkinsonismus: Verwaltungswachstum durch zentrale Vorbehalte und Eigenabstimmung
- Operationsferne
- Bürokratische Motivation

Dezentralisation

Führungsphilosophie: evolutorisch
Die Komplexität und Dynamik bei begrenzter menschlicher Fähigkeit verhindert, dass rationale Ordnungen entstehen können. Stattdessen entstehen Anpassung und Synergie durch «Pflege einer spontanen Ordnung».

Möglichkeiten:
- Befreiung der Spitze *von* operativer Überforderung und Ausrichtung auf die Unternehmungsentwicklung und strategischen Vorhaben
- Entformalisierung und Differenzierung des Vorgehens: Marktnahe Innovation und Produktgestaltung
- Direkte «Abnehmer»-orientierte Beurteilung auch *von* Verwaltungsleistungen schränkt deren Wachstum ein. Kommunikation erfolgt unmittelbar und schnell.
- Operationsnähe
- Unternehmerische Motivation

Tabelle 2: Zentralisation und Dezentralisation

Eine konsequente Dezentralisation führt nun zur Bildung *teilautonomer* Einheiten, die relativ selbstständig bestimmte Geschäftszweige betreiben. Der erste «Großversuch» zur Dezentralisation kann in den USA auf das Ende der 1950er-Jahre zurückgeführt werden. Er erreichte Europa mit einem «time lag» von fast einem Jahrzehnt und führte in vielen Unternehmungen unter der Devise der Divisionalisierung zur Bildung von Sparten, Geschäfts- und Unternehmungsbereichen, denen regelmäßig starke Zentralbereiche zur Nutzung sogenannter Synergieeffekte zumeist unter Experteneinsatz und zum Erreichen einer unternehmungseinheitlichen, integrierten und koordinierten Vorgehensweise gegenübergestellt wurden.

Die Verwirklichung dieses Konzeptes stieß in den meisten Unternehmungen allerdings von Anfang an auf erhebliche Schwierigkeiten, da sich insbesondere die gewachsenen Fertigungs- und Vertriebsstrukturen nicht eindeutig den neu gebildeten Divisionen zuordnen ließen. Kompromisslösungen führten zu problematischen Zuordnungen und Mängeln: Die Kundenorientierung wurde zugunsten der systembildenden Produktorientierung vernachlässigt, der Spartenegoismus nahm zu und die Koordinationserfordernisse führten zur Aufblähung von Zentral- und Stabsbereichen.

Es nimmt nach diesen Erfahrungen nicht wunder, dass in der Organisationspraxis längst ein zweiter Großversuch zur Dezentralisation mittels einer Teilautonomisierung von Einheiten eingesetzt hat. Dieser steht unter der Devise «small is beautiful» – also der Erkenntnis, dass Systeme über die Stärkung ihrer Feinstruktur an Elastizität gewinnen.

«Creating a small business atmosphere within a large organization», «Management by walking around» oder die Devise «interface with people» deuten diese Tendenz an: Es werden überschaubare mittelständische Organisationsformen gesucht, die das Kreativitäts- und Innovationsklima fördern und ein selbstständiges, unternehmerisches Denken und Handeln der Mitarbeiter auch in großen Unternehmungen ermöglichen sollen. Die gesamte Unternehmung ist dann in ihrer Struktur völlig produkt-/marktmäßig orientiert. Sie kann in (relativ) selbstständige, klar umrissene Produkt-/Marktsegmente aufgelöst werden, die ohne gegenseitige Verkoppelung agieren und sich ebenso ihre eigenständige logistische Kernstruktur aufbauen. Der – zumeist weltweit agierenden – Unternehmungszentrale verbleiben dann lediglich ressourcensteuernde Aufgaben im finanziellen und personellen Bereich.

III| *Kleine, teil-autonome, innovative Produkt-/Marktinseln im Verbund mit großen logistischen Kernbereichen*
Statt von einer Dualität dezentraler Geschäftseinheiten und zentraler Steuerungseinheiten geht ein weiterer Ansatz von der Bipolarität dezentraler, unter Umständen zeitlich beschränkter Einheiten zur Bewältigung des marktlichen und technologischen Wandels einerseits und zentraler logistischer Kerneinheiten auf Dauer andererseits aus. Ist es Sache der flexiblen, auf den Wandel eingestellten Einheiten, marktliche und technologische Chancen frühzeitig zu erkennen und unternehmerisch zu nutzen, obliegt es dem logistischen Kern, für die Bewältigung dieser Aufgaben auf Dauer Ressourcen bereitzustellen und diese manageriell in ihren Kapazitäten und ihrer Beschäftigung so zu harmonisieren, dass ihr Einsatz möglichst effizient wird. Dies verlangt im flexiblen Bereich kleinerer teilautonomer Einheiten die weitgehende Aufgabe der bislang in der Organisation vorherrschenden Arbeitsteilung. Diese kann jedoch für den logistischen Kernbereich nach wie vor charakteristisch bleiben.

Kleine Gruppen beschäftigen sich so zunächst mit der Entwicklung eines neuen Erzeugnisses im Ausgleich von technologischen und marktlichen Möglichkeiten und Forderungen, wobei sie Dienstleistungen einer zentralen Forschung und Entwicklung auftragsweise in Anspruch nehmen. Das Entwicklungsergebnis wird von ihnen zugleich im Markt eingeführt, und es entsteht ein aufstrebender Mini-Geschäftsbereich, der seine Erzeugnisse durch die Zentrale Fertigung und Logistik herstellen und vertreiben lässt. Eine derartige Aufgabentrennung eröffnet zugleich die Möglichkeit, beispielsweise die Fertigung so auszulegen, dass unter Berücksichtigung aller Aufträge aus den unterschiedlichen Geschäftsbereichen eine weitgehende Nutzung von Erfahrungskurven-Effekten einsetzen kann.

Mit Ausnahme der Produktion gilt dies auch für viele junge Unternehmungen der Spitzentechnologie in den USA. In letzter Konsequenz führt diese Entwicklung zu einer mehrdimensionalen Organisationsstruktur, bei der entspezialisierte, wenig arbeitsteilige Geschäftseinheiten mit spezialisierten und arbeitsteilig organisierten logistischen Kerneinheiten verkoppelt werden müssen – mit allen bekannten Problemen einer labilen Konflikthandhabung in derartigen komplizierten Strukturen.

Neben eine auf Stabilität ausgelegte «Palastorganisation» tritt eine flexible «Zeltorganisation»: Die Grenzsysteme hängen in labiler Weise von den kurzfristigeren Lebenszyklen der Produkt-/Marktkombinationen und technologischen Veränderungen ab. Sie nutzen Ungleichgewichtslagen im Umfeld der Unternehmung und schaffen Ungleichgewicht zwischen neuen Konzepten und tradierten Strukturen in den Kernbereichen. Nach Beendigung des jeweiligen Lebenszyklus lösen sich die Grenzsysteme auf. Laufend entstehen neue Grenzsysteme zur Bewältigung neuer unternehmerischer Aufgaben (Perich, 1988, S. 109f.; Hedberg, 1984, S. 13ff.).

IV| *«Back to basics» – Man lebt von der kundengerechten Problemlösung und nicht von esoterischen Problemanalysen*

Der eingetretene Marktwandel verlangt vom Management veränderte Verhaltensweisen. Von der extensiven Stabsarbeit – «Paralyse durch Analyse» heißt häufig der kritische Befund – verlagern sich die Gewichte auf die Basisoperationen: «back to basics» ist nach wie vor ein viel zitierter Ausdruck. Viele Unternehmungen beginnen unter diesem Motto ihre Stäbe drastisch auszukämmen.

Gefordert und verwirklicht wird eine Art *«Subsidiaritätsprinzip»* für die Stabsarbeit: Statt «stratosphärischer» Stabsarbeit an der Unternehmungsspitze operationsnahe Einbindung der Dienstleistungen dort, wo sie tatsächlich gebraucht werden. Damit wird zugleich eine bessere Verteilung der Stabsarbeit über die verschiedenen Organisationseinheiten erreicht.

Ein personelles Großreinemachen in schwierigen wirtschaftlichen Zeiten ist an sich nichts Neues. Früher begnügten sich jedoch die meisten Unternehmungen mit Ausgabenkürzungen durch die Entlassung von Mitarbeitern und bei der Werbung und Öffentlichkeitsarbeit.

In wirklich schlechten Zeiten wurden den einzelnen Abteilungen Personalkürzungen von einigen Prozenten auferlegt. Davon waren jedoch die Stäbe und Zentralabteilungen nicht betroffen, sodass sich die Kennzahl von Beschäftigten, die unmittelbare Aufgaben erfüllten, gegenüber denjenigen, die mit mittelbaren Führungs- und Verwaltungsaufgaben betraut waren, laufend zugunsten der letzten Gruppen verschob – was nicht gerade zur Schlagkräftigkeit einer Organisation beitrug. Dies aber bedeutet den langsamen Tod einer Unternehmung im heutigen Umfeld hoher Wettbewerbsintensität.

Forscht man nach den Ursachen, die zur Personalaufblähung bei der Führung und Verwaltung – insbesondere bei den Stäben und Zentralabteilungen – geführt haben, zeigt sich, dass sich dieses Phänomen in den USA durch die Überbetonung eines «professionalisierten Managements» erklären lässt: Übertrieben häufige Versetzungen («Rotation») professioneller Führungskräfte und die damit einhergehende mangelnde Vertrautheit mit den zu leitenden Geschäftsbereichen fördern den unterstützenden Aufbau von Stäben und ihren Einfluss gegenüber der Linie. Tiefere Ursache ist auch hier wieder das mangelnde Vertrauen in die Tätigkeit der mittleren und unteren Organisationsebenen. Stäbe und Zentralbereiche tendieren dazu, ihre formal eingeschränkte Leistungsmacht mit eigenen Methoden zu vergrößern. Dabei können sie im Ergebnis häufig stärker ihre eigenen Interessen als die der Unternehmung im Auge haben.

Literatur Kapitel I

Agthe, K. (1976): Aktuelle Probleme der Führungsorganisation internationaler Unternehmungen. In: Zeitschrift für Organisation, Jg. 45, S. 434–442.

Baumberger, H. U. (1961): Die Entwicklung der Organisationsstruktur in wachsenden Unternehmungen. Bern.

Bleicher, K. (1982):Vor dem Ende der Mißtrauensorganisation? In: Office Management, Jg. 4, S. 400–404.

Bleicher, K. (1971): Perspektiven für Organisation und Führung von Unternehmungen. Baden-Baden/Bad Homburg.

Bosetzky, H. (1976): Zur Erzeugung von Eigenkomplexität in Großorganisationen. In: Zeitschrift für Organisation, Jg. 45, S. 279–285.

Bühner, R. (1986): Betriebswirtschaftliche Organisationslehre. München/Wien.

Burns, T./Stalker, G. M. (1966): The Management of Innovation. 2. Aufl., London.

Grün, O. (1981): Entbürokratisierung als Gestaltungsziel des Organisierens. In: Frese, v. E./Schmitz, P./Szyperski, N. (Hrsg.): Organisation, Planung, Informationssysteme. Stuttgart, S. 23–36.

Hedberg S. (1984): Über die Schwierigkeit, Organisationen flexibel zu gestalten. In Hinterhuber, H./Laske, S. (Hrsg.): Zukunftsorientierte Unternehmenspolitik. Freiburg i. Br., S. 13–47.

Hoffmann, F. (1980): Führungsorganisation, Bd. I: Stand der Forschung und Konzeption. Tübingen.

Höhn, R. (1976): Stellenbeschreibung und Führungsanweisung. 9. Aufl., Bad Homburg.

Janowsky, B. (1969): Bürokratie. In: Grochla, E. (Hrsg.): Handwörterbuch der Organisation. 1. Aufl., Stuttgart, Sp. 324-328.

Kieser, E. (1974): Der Einfluss der Umwelt auf die Organisationsstruktur der Unternehmung. Zeitschrift für Organisation, Jg. 43, S. 302-314.

Kirsch, W./Esser, W. M./Gabele, E. (1978): Management des geplanten organisatorischen Wandels. Stuttgart.

Kosiol, E. (1962): Organisation der Unternehmung. Wiesbaden.

Krähe, W. (1957): Unternehmungsorganisation, Aufgaben und Abteilungsgliederung in der industriellen Unternehmung. Köln.

Mintzberg, H. (1979): The Structuring of Organizations. Englewood Cliffs, New Jersey.

Mintzberg, H. (1981): Organization Design: Fashion or Fit? In: Harvard Business Review, Jg. 59, Nr. 1, S. 103-116.

Neuberger, O. (1977): Organisation und Führung. Stuttgart.

Perich, R. (1988): Organisation. St. Gallen.

Probst, G. (1987): Selbstorganisation. Hamburg/Berlin.

Pugh, D.-S. et al. (1968): Dimensions of Organization Structure. In: Administrative Science Quarterly, Jg. 13, S. 65-105.

Röthig, P. (1982): Perspektiven für Organisation und Führung von Unternehmungen. In: Seidel, E./Wagner, D. (Hrsg.): Organisation - Evolutionäre Interdependenzen von Kultur und Struktur der Unternehmung. Wiesbaden, S. 311-324.

Schanz, G. (1982): Organisationsgestaltung - Struktur und Verhalten, München.

Schein, E. (1984): Coming to a New Awareness of Organizational Culture. In: Sloan Management Review, Winter, S. 3-16.

Schramm, W. (1936): Die betrieblichen Funktionen und ihre Organisation. Berlin/Leipzig.

Whyte, W. F. (1956): The Organization Man. New York.

KAPITEL II
Systemische Orientierung durch Organisationsleitbilder
Knut Bleicher, erschienen im Jahr 1991

Da der Organisationsprozess von vielen Stellen und Mitarbeitern beeinflusst wird, bedarf es einer grundsätzlichen Orientierung über die bei Organisationsmaßnahmen zu verfolgende Richtung. Hierzu können Organisationsleitbilder hilfreich sein.

1 Leitbilder dienen als Orientierungsgrundlage

Organisationsleitbilder leiten sich aus allgemeinen Unternehmungsleitbildern ab. «Das Unternehmungsleitbild» enthält die grundsätzlichsten und damit allgemeingültigsten, gleichzeitig aber auch abstraktesten Vorstellungen über angestrebte Ziele und Verhaltensweisen der Unternehmung. Es ist ein «realistisches Idealbild», ein «Leitsystem», an dem sich alle unternehmerischen Tätigkeiten orientieren (oder auch orientieren sollten) (Brauchlin, 1984, S. 313). Eine schriftliche Fassung derartiger Leitbilder weist in diesem Zusammenhang folgend dargestellte Vor- und Nachteile auf (Bleicher, 1971, S. 179):

Vorteile:

- Sie schafft einen Zwang zu genauerem, präzisem Denken.
- Das Problembewusstsein wird aktiviert.
- Eine höhere Verbindlichkeit und Beständigkeit wird durch das Festlegen von Normen erreicht.
- Die Kommunikation wird erleichtert.

Nachteile:

- Die nicht unbegründete Meinung, dass persönliches Vorbild genügt.
- Inhärente Tendenz zur Formalisierung.
- Verlust an Flexibilität gegenüber abweichenden Entwicklungen.
- Formulierungsprobleme beschäftigen häufig mehr als Inhalte.
- Preisgabe von Firmengeheimnissen.

Bei der Erstellung und Umsetzung von Leitbildern sind hierbei folgende Gesichtspunkte zu beachten. Es empfiehlt sich:

- gemeinsam Erarbeitetes schriftlich zu fixieren,
- gemeinsam Erarbeitetes vorzustellen und sich bei Gelegenheit darauf zu beziehen,
- Einstellungstraining und fortlaufender Einbezug in Bildungsveranstaltungen, dabei
- Konkretisierung an gedachten und erlebten «incidents»
- vorbildliches, weil leitliniengerechtes Lösen von Problemen und Verhalten bei täglich auftretenden «life incidents»,
- die Einrichtung eines «Ombudsmanns» als Ansprechpartner für Beschwerden über nicht normengerechtes Verhalten.

2 Leitbilder für die Gestaltung von Organisationsstrukturen und von Managementsystemen

Organisationsstrukturen und Managementsysteme lassen sich ähnlich wie unternehmungspolitische Grundsätze in Form von Leitbildern zur Orientierung der Mitarbeiter über zu beachtende Prinzipien und Wege der Gestaltung verwenden. Dies wird insbesondere bei einer stärkeren Hinwendung zur Selbstorganisation wesentlich, die voraussetzt, dass gewisse einheitliche Prinzipien und Rahmenbedingungen eingehalten und berücksichtigt werden sollten, um die Führbarkeit der Gesamtunternehmung zu ermöglichen.

2.1 Organisations- und Systemleitbilder im Spannungsfeld von Stabilisierung und Veränderung

Die Formulierung von Leitbildern für die Gestaltung von Organisationsstrukturen und Managementsystemen steht im Spannungsfeld einer von den Strategien vorgegebenen *Stabilisierungs- oder Veränderungsrichtung.*

Die folgenden Beispiele geben in roher Form eine Vorstellung von unterschiedlichen Aussagen eines Organisations- und Management-Leitbildes für diese beiden Fälle.

Präambel
Unser Umfeld zeichnet sich durch eine hohe Stabilität und Kontinuität in den Kundenerfordernissen und der Technologie aus. Vor diesem Hintergrund ist es möglich, alle Rationalisierungsvorteile, die eine Organisation bietet, voll auszuschöpfen. Dazu bedarf es der Unterstützung durch Managementsysteme, die geeignet sind, Tendenzen zum Verlassen des Effizienzpfades frühzeitig zu entdecken. Die folgen-

den Grundsätze sollen allen an unseren Organisationsüberlegungen Beteiligten und von ihnen Betroffenen einen Orientierungsrahmen für ihre Überlegungen bieten und damit einen Beitrag zur Wirtschaftlichkeit leisten.

Gestaltungsgrundsätze:

Aufgabenorientiert organisieren
Grundsätzlich soll bei der organisatorischen Gestaltung von den zu lösenden Aufgaben ausgegangen werden. Nur auf diesem Wege lässt sich in der Gesamtunternehmung Transparenz und Führbarkeit als Voraussetzung der Effizienz und eine vernünftige Zusammenarbeit aller Organisationseinheiten herstellen.

Standardisierte Regelungen sind Ausdruck effizienter Aufgabenerledigung
Ohne ein System formaler Regelungen entsteht Chaos statt Ordnung. Vielfältige Anstrengungen bleiben sinn- und nutzlos, weil sie nicht auf die strategischen Ziele, wie sie sich in der Aufgabenstruktur niederschlagen, ausgerichtet sind. Das System von Organisationsreglements und Anweisungen zu den Führungssystemen ist daher verbindlich und sollte die Arbeit aller Stellen und Abteilungen der Unternehmung anleiten.

Standardisierte Regelungen sind Ausdruck effizienter Aufgabenerledigung
In unserem System versuchen wir, Ermessensentscheidungen auf ein absolutes Minimum zu reduzieren. Wir haben daher für unsere Abläufe Standardprozeduren entwickelt, die es gestatten, auch hochkomplexe Vorgänge beherrschbar zu machen und effizient abzuwickeln.

Organisationsstrukturen und Managementsysteme zeichnen sich durch ihre Dauerhaftigkeit aus
Da sich unsere Aufgaben für absehbare Zeit wenig verändern, gelten organisatorische Regelungen und Systemanweisungen zeitlich unbegrenzt. Unvorhersehbare Problemfälle werden, wenn sie nicht Anlass zu neuen Dauerregelungen geben, im Ermessensspielraum der Leitung gelöst.

Zentrale Strukturen sichern die Einheitlichkeit und Schlagkraft des Vorgehens
Um eine Einheitlichkeit des Vorgehens und Schlagkraft beim Konzipieren und Realisieren von strategischen Programmen zu erreichen, bedarf es zentral ausgelegter Strukturen, bei denen alle grundlegenden Entscheidungen aus ganzheitlicher Unternehmensbetrachtung an der Spitze erwachsen. Zur Entlastung der Spitze unterstützen hochqualifizierte Stäbe deren Entscheidungsbildung und Zentralabteilungen sorgen in fachlicher Hinsicht für die Einheitlichkeit des Vorgehens innerhalb der Organisation.

Eine hierarchische Leitungsorganisation sichert die Durchsetzung des unternehmungspolitischen Kurses
Die zentrale Auslegung von Organisationsstrukturen und Managementsystemen erfordert eine gegliederte Leitungsorganisation, die auf allen Stufen mit überschaubaren Leitungsspannen die Durchsetzung der Unternehmungspolitik gewährleistet.

Sie bildet zugleich die Grundlage des Informationssystems, das vertikal nach dem Dienstwegprinzip gestaltet ist.

Organisationsstrukturen und Managementsysteme haben die Stabilisierung der inneren Ordnung zum Ziel
Bei allen unseren Überlegungen zur Gestaltung von Organisationsstrukturen und Managementsystemen steht die Gewährleistung einer effizienten inneren Ordnung im Mittelpunkt. Ohne Kohäsion ist Schlagkraft nach außen nicht erreichbar. Diejenigen Mitarbeiter, die an der Peripherie der Unternehmung gegenüber der wirtschaftlichen und gesellschaftlichen Umwelt tätig sind, nehmen eine wichtige Scharnierfunktion wahr, indem sie die Leistungen unserer in sich geschlossenen Unternehmung anderen Systemen verdeutlichen.

Aufgabenerfüllung nach Vorgabe
Unsere Arbeitsorganisation weist jedem Mitarbeiter gemäß Stellenbeschreibung ein klar definiertes Funktionsspektrum zu, in dem er sich gemäß Arbeitsaufträgen und Führungsanweisungen zu bewegen hat. Die Kontrolle seiner Tätigkeit ist im Rahmen von Informationssystemen zur Sicherung sachlich und zeitlich integrierter Arbeitsabläufe unabdingbar. Ein Ausbrechen einzelner Aufgabenträger aus dem Systemzusammenhang bringt erhebliche Störungen von Abläufen mit sich und bedarf daher der Sanktionierung. Beurteilungs- und Anreizsysteme sind daher auf eine regelgebundene Befolgung von Vorschriften und Vorgaben bezogen.

Präambel

Unser Umfeld ist durch einen ständigen Wandel geprägt. Unsere Kunden, unsere Märkte und die für uns relevante Technik stellen in immer rascherem Wandel neue Anforderungen an die Unternehmung. Diese Entwicklung so weit wie möglich selbst aktiv mitzugestalten, ist ein zentrales Anliegen unserer Unternehmenspolitik. Unsere Schrittmacherrolle werden wir nur dann erfolgreich beibehalten können, wenn wir uns in allen Bereichen den sich wandelnden Herausforderungen stellen. Hierzu gehört auch die Anpassung unserer Organisationsstrukturen und Managementsysteme. Die folgenden Grundsätze sollen allen Mitarbeitern verdeutlichen, welchen Beitrag sie zur Weiterentwicklung unserer Organisationsstrukturen und Managementsysteme leisten können, die dabei nie zum Selbstzweck erstarren dürfen. Letztlich sind sie Mittel zum Zweck, Überleben und Entwicklung der Unternehmung über einen Ausgleich von wirtschaftlichen und sozialen Notwendigkeiten zu gewährleisten.

Gestaltungsgrundsätze:

Der Mitarbeiter als Mittelpunkt organisatorischer Gestaltung
Die Kreativität unserer hochqualifizierten Mitarbeiter bedarf eines Ausgleichs von Aufgabenzuschnitt und persönlichen Eigenschaften und Fähigkeiten. Dies gilt insbesondere für alle diejenigen Stellen, in denen unternehmerische und innovative

Aufgaben zu erledigen sind, welche eine problem- und projektorientierte Behandlung verlangen. Der uns auferlegte Wandel verlangt Visionen und zukunftsführende Konzepte zu dessen Bewältigung, ganz gleich, woher und von wem sie kommen.

Unsere Strukturen und Systeme legen dem Mitarbeiter möglichst wenige Beschränkungen auf
Wir erstreben eine weitgehende Entformalisierung unserer Organisations- und Führungsbeziehungen. Vorhandene Regelungen sind in regelmäßigen Abständen auf ihre Notwendigkeit hin zu überprüfen. Neue Regelungen sollen nur eingeführt werden, wenn dies nach sorgfältiger Prüfung des Regelungsbedarfs unabdingbar erscheint. Der informellen Zusammenarbeit wird in jedem Fall der Vorzug gegeben.

Probleme lösen geht vor eine Erfüllung von formalisierten Aufgaben
Die Vielfalt und weitgehende Einmaligkeit zu lösender Probleme verbietet in vielen unserer Betätigungsfelder die Vorgabe standardisierter Strukturen und Prozesse der Aufgabenerfüllung. Die Mitarbeiter sollten sich daher der Problemlösung widmen und nicht einem «Dienst nach Vorschrift» gemäß einer Stellenbeschreibung und eines Führungsreglements nachgehen. Dabei sind wir uns bewusst, dass ein derartiges Vorgehen das Management vor höchste Anforderungen stellt, denen es nur gerecht werden kann, wenn es auf allen Ebenen die unmittelbare Kooperationsbereitschaft der Beteiligten fördert.

Jede Verfestigung von Organisationsstrukturen und Managementsystemen vermindert unsere Anpassungsfähigkeit
Der Problembezug unserer Arbeit verhindert Strukturen und Systeme, die auf eine dauerhafte Wiederholung ausgelegt sind. Unsere typische Arbeitsform ist daher die zeitlich auf die Problemlösung beschränkte Projektgruppe.

Dezentrale Entscheidungen in kleinen, überschaubaren Einheiten sichern unternehmerisches Verhalten auf breiter Ebene
Im Sinne des Subsidiaritätsprinzips sollten Entscheidungen grundsätzlich auf der niedrigsten denkbaren Organisationsebene getroffen werden, die insbesondere dort, wo die größte projektbezogene Markt- und Produktkenntnis vorhanden ist, vorliegt. Nach Möglichkeit werden problembezogene Organisationseinheiten nach dem Objektprinzip gebildet, wodurch eine Vielzahl generalisierter Aufgaben mit wenigen Schnittstellen entsteht. Damit soll unternehmerisches Denken und Handeln auf breiter Front der Organisation ermöglicht und durch Managementsysteme gefördert und belohnt werden.

Eine flache Organisationspyramide ermöglicht schnelle Entscheidungen und ein flexibles Agieren
Mit der Dezentralisation wird eine flache Organisationskonfiguration mit einem Minimum an Leitungsebenen möglich. Zur Bewältigung der Zukunftsaufgaben wird damit die laterale Zusammenarbeit innerhalb der Gruppe und über die Gruppen- und Bereichsgrenzen hinaus zunehmend bedeutsam und möglich. Die Interdisziplinarität der Problemlösung wird seitens des Managements bewusst gefördert.

Organisationsstrukturen und Managementsysteme haben die pionierhafte Bewältigung des äußeren Wandels zum Ziel
Organisationsstrukturen und Managementsysteme dienen letztlich dazu, es den Mitarbeitern zu ermöglichen, durch ihre Problemlösungen vor allem dem Kunden einen möglichst hohen Nutzen zu bieten. Während es Aufgabe der Organisationsstruktur ist, ein Ordnungsmuster bereitzustellen, das es gestattet, die vorhandene Fachkompetenz zur Problemlösung zur rechten Zeit am richtigen Ort mit einem Minimum an sachlichen und sozialen Friktionen zu lenken, dienen unsere Managementsysteme dazu, diese Funktion wirtschaftlich effizient und sozial effektiv zu gestalten.

Eigengestaltung in Autonomieräumen wird Ausdruck von Kreativität, Flexibilität und Humanität
Unsere Organisationsstrukturen und Managementsysteme sind dem Prinzip der Selbstorganisation verpflichtet. Indem weitgehend Freiräume der Autonomie gewährleistet werden, sind die Voraussetzungen für eine weitgehende Freisetzung von Kreativität gegeben. Im Ergebnis zeigen sich sowohl Flexibilität als auch Humanität in der Arbeit.

2.2 Praxisbeispiel eines Organisationsleitbildes

Abschließend soll zu weiteren Illustrationszwecken ein vollständiges Organisationsleitbild einer Unternehmung wiedergegeben werden. Diesem liegt folgende Struktur zu Grunde:

A| Präambel

B| Ziele, Kriterien und angestrebte Wirkungen der Organisationsgrundsätze

C| Unsere Organisationsgrundsätze

D| Handlungsnotwendigkeiten aufgrund der Organisationsgrundsätze

E| Organisation – von Leitlinien zur Wirklichkeit

Organisationsgrundsätze
Welchen strukturellen Rahmenbedingungen unterstellen wir unser Handeln?

A| Präambel

Unser Umfeld ist durch einen ständigen Wandel geprägt. Unsere Kunden, unsere Märkte und die für uns relevante Technik stellen in immer rascherem Wechsel neue Anforderungen an die Unternehmung. Die Art unserer Leistungserstellung wird durch diese Faktoren und durch neue, intelligente Sachmittel verändert werden. Diese Entwicklungen so weit wie möglich selber aktiv mitzugestalten ist eine der wichtigsten Aufgaben unserer Unternehmung. Unsere Unternehmung wird ihre Schrittmacherrolle nur erfolgreich beibehalten können, wenn wir uns in allen Bereichen unserer Tätigkeit der daraus resultierenden Herausforderung stellen. Hierzu gehört auch die Organisation.

Die folgenden Grundsätze, die wir aus unseren Führungsleitlinien ableiten, sollen allen an Organisationsüberlegungen Beteiligten und von ihnen Betroffenen einen Orientierungsrahmen für ihre Organisationsüberlegungen bieten. Die Organisation kann als Rahmenbedingung für unser Handeln nur einen Beitrag zur besseren Erreichung unserer Unternehmungsziele leisten und darf nie Selbstzweck sein.

Durch unsere formalisierte Organisation sollen Aufbau und Abläufe komplexer Zusammenhänge transparent gemacht und Verlässlichkeit im Verhalten von Mitarbeitern untereinander erreicht werden. Diese Funktion kann die Organisation nur erfüllen, wenn sie für alle überschaubar und begreifbar bleibt. Dessen sollten sich alle am Regelungswerk der Unternehmung Beteiligten stets bewusst sein.

Abweichungen von den folgenden Grundsätzen sollten zu Überlegungen Anlass geben, ob diese zu rechtfertigen sind. Ein Verlassen des durch die Grundsätze vorgezeigten Weges stellt die Geschlossenheit und Zielorientierung unseres Wollens infrage.

B | *Ziele, Kriterien und angestrebte Wirkungen der Organisationsgrundsätze*

Ziele der Organisationsgrundsätze
Indem sie das Verhalten aller an Organisationsüberlegungen Beteiligten und von ihnen Betroffenen in eine angegebene Richtung lenken, wollen die Organisationsgrundsätze einen *Beitrag zur Wirtschaftlichkeit* und ihrer *sozialen Verträglichkeit* in der Unternehmung leisten.

Mit unseren Organisationsgrundsätzen erstreben wir eine transparente Struktur, die allen Mitarbeitern ihren Platz in der Unternehmung zeigt und Orientierung schafft. Damit sollten eine Verminderung notwendiger Koordinationsanstrengungen und eine Erhöhung der Führbarkeit bei der Definition und Verwirklichung von strategischen und operativen Zielen einhergehen. Schließlich sollte auf diesem Wege eine hohe Identifizierung der Mitarbeiter mit der Unternehmung, Aufgabe und Leistung möglich werden.

Kriterien der Organisationsgrundsätze
Unsere Organisationsgrundsätze müssen sich an vier Kriterien messen lassen, die ihren Beitrag zur Erreichung der wirtschaftlichen und sozialen Ziele bestimmen. Sie sollen

1 | eine hohe Qualität der Aufgabenerledigung und eine große Mitarbeiter-Zufriedenheit sicherstellen. Unzufriedenheit unserer Kunden, Mängelrügen und Nachbearbeitungskosten wie ein «Job-Denken», hohe Abwesenheits- und Fluktuationsraten und ein «Dienst nach Vorschrift» wären bedrohliche Anzeichen für eine Fehlentwicklung unserer Organisation.

2 | Flexibilität und Anpassungsfähigkeit der Unternehmung an den beachtlichen gesellschaftlichen, ökonomischen und technologischen Wandel möglich machen. Dies kann neben den strukturellen Rahmenbedingungen nur durch eine initiative, kreative und dynamische Einstellung unserer Mitarbeiter

gelingen. Stellen wir eine bürokratische Erstarrung unserer Strukturen und ein ausgesprochenes «Kästchendenken» und Absicherungsverhalten («don't stick your neck out») bei unseren Mitarbeitern fest, dann befindet sich unsere Organisation auf dem falschen Weg.

3| eindeutige Zuständigkeiten im Rahmen einer transparenten Organisation schaffen, denn Sicherheit und Gerechtigkeit sind Voraussetzungen jeglicher Leistungsbereitschaft und Verantwortungsübernahme. Wird die Unternehmung durch Verteilungskämpfe bei unklaren Zuständigkeitsverhältnissen und unbestimmter Verantwortungsregelung politisiert, bilden sich in der Mitarbeiterschaft Unsicherheit und ein Gefühl von Willkür und ungerechter Behandlung aus.

4| in einer immer komplexer werdenden Welt, die von einer zunehmenden Aufgaben- und Rollendifferenzierung getragen wird, dazu beitragen, dass über einen offenen Austausch von sachlichen Argumenten eine hochwertige Anerkenntnis der Qualität der Beiträge anderer Organisationsmitglieder und eine gegenseitige Wertschätzung entsteht, die Grundlage einer ökonomisch wie sozial-effizienten Kooperation ist. Werden dagegen an kritischen Schnittstellen Eigeninteressen verfolgt, Konflikte nicht sachlich, sondern persönlich ausgetragen und entsteht ein überproportionaler Aufwand zur Koordination von Abteilungsegoismen, dann ist die Organisation falsch strukturiert.

C| *Unsere Organisationsgrundsätze*

1| Die unterschiedlichen Bedürfnisse der Bereiche sind organisatorisch zu berücksichtigen
Unsere Organisation muss sowohl der Unterschiedlichkeit von Strategien und Aufgaben als auch von Produkt- und Funktionsbereichen über eine angemessene Differenzierung Rechnung tragen.

Erläuterung:
In unserer Unternehmung gibt es sowohl Bereiche, die einen hohen Organisationsgrad erforderlich machen, als auch andere, bei denen eine zu strikte Reglementierung eher störend wirkt. Ein hoher Organisationsgrad wird vor allem bei solchen Organisationseinheiten erforderlich sein, die vorausschaubare, standardisierte Wiederholungsvorgänge abzuwickeln haben. Das ist insbesondere in der Konstruktion und in der Fertigung, aber auch in den administrativen Sektoren der Fall. Dagegen ist ein geringeres Maß an Reglementierung und Organisation dort erforderlich, wo Dynamik, Kreativität und Individualität bei der Leistungserstellung im Vordergrund stehen. Das gilt vor allem für die Bereiche der Produktdefinition, aber auch für Teilbereiche unseres Vertriebs.

Eine organisatorische «Einheitsarchitektur» genügt unseren Anforderungen nicht. Die Reduzierung der Unterschiedlichkeit einzelner Bereiche auf ein organisatorisches Standardschema erhöht zwar die Einheitlichkeit des Ganzen, ist jedoch der Effizienz der Aufgabenerfüllung im Einzelnen nicht dienlich. Dort, wo schnelle Beweglichkeit gegenüber markt- oder technologischer Entwicklung entscheidend für den Geschäftserfolg ist, lässt das Standardschema der Organisation nur bürokratisch abgestimmte Reaktionen zu. Der Bedarf an organisatorischer Gestaltung kann von Produktgruppe zu Produktgruppe, von Funktionsbereich zu Funktionsbereich unterschiedlich sein.

Grundsätzlich gilt: Die Organisation soll die Bereiche in ihrer differenzierten Antwort auf die jeweiligen Bedürfnisse bei einer möglichst effizienten Wahrnehmung ihrer Aufgaben unterstützen.

Um angesichts der daraus resultierenden Vielfalt die Führbarkeit der Gesamtunternehmung, eine einheitliche Willensbildung und ein Auftreten nach außen als Ganzes zu gewährleisten, ist es Aufgabe der Geschäftsführung und der Zentralbereiche, in der Zielvereinbarung, in Planung und Kontrolle, im Berichtswesen sowohl im Sachlichen wie im Personellen auf eine hinreichende Einheitlichkeit zu achten.

2 | Entscheidungen auf der niedrigst denkbaren Ebene ermöglichen
Im Sinne des Subsidaritätsprinzips sollten Entscheidungen grundsätzlich auf niederen Organisationsebenen getroffen werden, dies insbesondere dort, wo die größte Markt- und Produktkenntnis vorhanden ist.

Erläuterung:
Werden Entscheidungen grundsätzlich dort getroffen, wo die beste Sachkenntnis vorhanden ist, lässt sich das Gesamtsystem von aufwendigen, vielstufigen Informations-, Entscheidungs- und Koordinationsprozessen entlasten. Eine sinnvolle Dezentralisation wird damit zur Grundrichtung organisatorischer Gestaltung. Sie muss einhergehen mit einer Führungshaltung der Delegation von Aufgaben und Verantwortung.

3 | Unternehmerisches Verhalten installieren
Der Weg in die Zukunft verlangt unternehmerisches Denken und Handeln auch in unserer Großorganisation. Statt hochgradiger Arbeitsteilung bedarf es hierzu der Generalisierung von Aufgaben an den Schnittstellen technologischer und marktlicher Entwicklung mit vergrößerten Freiräumen und der bewussten Installierung kleinerer, flexibler Einheiten neben den bestehenden Stellen, Abteilungen und Bereichen.

Erläuterung:
Unternehmertum eröffnet Zukunftschancen durch die Öffnung von Märkten, über die Entwicklung neuer Produkte unter Nutzung neuester Technologien. In großen Organisationseinheiten droht es auf wenige Ausnahmepositionen beschränkt zu werden. Die Bildung kleinerer unternehmerischer Einheiten außerhalb und innerhalb der Unternehmungsgruppen ist der konsequente, weiterführende Weg, um dieser Gefahr zu begegnen.

Aufgabe für unsere organisatorische Weiterentwicklung ist es daher, durch Zusammenfassung von Aufgaben und entsprechender Kompetenzen die Entscheidungs- und Handlungsfähigkeit auf niedrigem Leistungsniveau zu verstärken.

Innerhalb des vorgegebenen Rahmens wird damit in Konkretisierung des Organisationsgrundsatzes 2 eine Dezentralisierung geschäftsbedingter Entscheidungen angestrebt, die zugleich ein Minimum an bürokratischen Eingriffen und Verhaltensweisen mit sich bringt. Ein Ansatzpunkt für die Bildung derartiger kleinerer Unternehmungseinheiten liegt in einer entsprechenden Aufgabenzuweisung an die Produktbereiche. Die organisatorischen Maßnahmen zur Installierung unternehmerischen Verhaltens in der Unternehmung sind durch die Haltung der Führung gegenüber weiterführenden Ideen, aber auch gegenüber Fehlern, die bei ihrer Realisierung auftreten können, zu unterstützen.

4 | Kreativität fördern

In allen Bereichen einschließlich unserer notwendigen Administration, vor allem jedoch in der Produktentwicklung, soll ein Klima der Kreativität gezielt gefördert werden. Hierfür müssen auch die Mittel der Organisation unterstützend eingesetzt werden.

Erläuterung:
Für innovative Problemlösungen ist eine auf die Lösung von wiederkehrenden Aufgaben ausgerichtete Organisation nur bedingt geeignet. Innovatives Verhalten sollte durch zusätzliche organisatorische Freiräume und durch interdisziplinär zusammengesetzte Gruppen mit einem zeitlich befristeten Auftrag gefördert werden. Solche Gruppen sind möglichst hoch in die Linienorganisation einzubinden.

Ihre Mitglieder sollen auf Zeit abgestellt sein. Sie dürfen gegenüber den Aufgabenträgern von Linien- und Stabsfunktionen zumindest nicht benachteiligt werden. In der Weiterentwicklung unserer Unternehmungsorganisation wird angestrebt, derartigen Organisationsformen einen breiteren Raum zu geben, um sie zu einem akzeptierten Bestandteil organisatorischer Gestaltung werden zu lassen. Für sie ist eine zweckgerechte Führung von größerer Bedeutung als organisatorische Regelungen.

5 | Aufgabenorientiert organisieren

Grundsätzlich soll bei der Organisation von den zu lösenden Aufgaben ausgegangen werden. Dabei sind jedoch die besonderen Fähigkeiten einzelner Personen zu berücksichtigen. Dies gilt insbesondere für Stellen, in denen unternehmerischen und kreativen Begabungen eine besondere Bedeutung für die Erledigung von Aufgaben zukommt.

Erläuterung:
Für uns steht als Regel-Organisationsform die aufgaben- oder problemorientierte Lösung im Mittelpunkt. Nur so lassen sich in der Gesamtunternehmung die organisatorische Transparenz und die Führbarkeit sicherstellen. Darüber hinaus erleichtert eine solche Organisation die Regelung komplexer Abläufe und dementsprechend die Zusammenarbeit unserer Organisationseinheiten.

Es kann jedoch im Einzelfall für eine bessere Zielerreichung erforderlich sein, den spezifischen Fähigkeiten einer fachlich oder führungsmäßig herausragenden Einzelpersönlichkeit durch eine Organisation gerecht zu werden, die unserer traditionellen Aufgabengliederung widerspricht. Diese Möglichkeiten wollen wir uns gerade für unsere innovativen Bereiche bewusst offen halten.

Ein Abweichen vom Grundsatz aufgabenorientierter Organisation erfährt dort seine Grenzen, wo die Führbarkeit der Unternehmung durch unübersehbare Verantwortlichkeiten infrage gestellt wird.

6 | Möglichst wenig Leitungsebenen einrichten
Die heutige flache Organisationsstruktur mit wenigen Leitungsebenen soll erhalten bleiben.

Erläuterung:
Für einen sachlich und zeitlich effektiven Informationsfluss zwischen Spitze und Basis und für schnelle Entscheidungen ist eine flache Organisationsfigur erforderlich. Dem Bemühen, zusätzlich zu den bestehenden Leitungsebenen weitere Stufen einzuziehen, ist daher entschieden entgegenzutreten.

Die Gliederung der Unternehmung ist derart zu gestalten, dass auf jeder Ebene einerseits die Kapazität besteht, um Führungsaufgaben sach- und zeitgerecht wahrnehmen zu können, andererseits aber auch die Führungskapazität voll genutzt wird. Für Gruppen, die besondere Aufgaben innovativ lösen müssen, soll weitgehend auf hierarchisierte Leitungsebenen verzichtet werden.

Zur Unterstützung der Linie können Stabsstellen dann eingerichtet werden, wenn diese zur Erhöhung der Qualität der Leitung beitragen. Stabsstellen sollen grundsätzlich dort angebunden werden, wo ihre Leistungen direkt nutzbar sind. Anzahl und Größe von Stabsstellen sind bei Anlegung strengster Maßstäbe auf das erforderliche Minimum zu beschränken.

7 | Ausgewogenheit von Produkt- und Funktionsverantwortung sichern
Die Matrixorganisation ist die für unsere Unternehmung mit ihrer Produktvielfalt einerseits und dem erforderlichen Spezialistentum andererseits angemessene Organisationsform. Gemäß Grundsatz ist die Ausgestaltung dieser Organisationsform in den einzelnen Bereichen unterschiedlich.

Erläuterung:
Auch in Zukunft bietet die Matrixorganisation mit ihrer spezifischen Aufgabenteilung zwischen Produkt und Funktionen die beste Gewähr für eine angemessene Aufgabenerledigung. Die verschiedenen Dimensionen (Produktorientierung/Funktionsverantwortung) werden dabei grundsätzlich gleichgewichtig organisatorisch verankert: Meinungsverschiedenheiten, die bei der Problemlösung auftreten, sollen unter Abwägung zielführender Argumente bereinigt und im Sinne einer statusfreien Arbeit und nicht unter dem Aspekt der Macht ausgetragen werden.

8 | **Laterale Zusammenarbeit ausbauen**
Zur Bewältigung der Zukunftsaufgaben wird die laterale Zusammenarbeit innerhalb der Gruppe und über die Gruppe hinaus über Abteilungs- und Bereichsgrenzen hinweg zunehmend bedeutsam. Die Organisation lebt von der Freizügigkeit des Informationsflusses. Die Interdisziplinarität von Problemlösungen wird bewusst gefördert.

Erläuterung:
Ziel- und Ergebnisinformationen werden vertikal auf dem «Dienstweg» befördert, während alle zur Problemlösung notwendigen Informationen zwischen den Beteiligten direkt ausgetauscht werden. Für die Bereiche, die sich um die innovatorische Weiterentwicklung der Unternehmung bemühen, ist ein offener und lateraler Informationsaustausch von besonderer Bedeutung. Das «Dienstweg-Denken» soll durch ein Klima interdisziplinärer Kooperation weitestgehend abgelöst werden. In kreativen Problemlösungsteams soll auf Hierarchie und Arbeitsteilung so weit als möglich verzichtet werden.

9 | **Einfach und unbürokratisch organisieren**
Alte Regelungen sind in regelmäßigen Abständen auf ihre Notwendigkeit hin zu überprüfen. Neue, zusätzliche organisatorische Regelungen sollen nur eingeführt werden, wenn dies nach sorgfältiger Prüfung des Regelungsbedarfs unabdingbar erscheint.

Erläuterung:
Bei allen organisatorischen Regelungen besteht die grundsätzliche Gefahr, dass sie die für die Weiterentwicklung notwendige Autonomie von Mitarbeitern einschränken. Neue, unerlässliche Regelungen, die zusätzlich zu bereits bestehenden eingreifen, unterliegen einem Rechtfertigungszwang. Jeder Bereich soll die Notwendigkeit bestehender Regelungen von Zeit zu Zeit mit dem Ziel überprüfen, sich ausbreitenden Wildwuchs zu stoppen.

10 | **Zukunftsbezogen organisieren**
Einmal optimal eingestellte Organisationsstrukturen werden beim Wandel ihrer Bedingungen zunehmend ineffizient. Unsere Organisation können wir daher nicht als etwas Statisches verstehen, das den Anspruch auf dauerhaften Bestand erhebt. Wir müssen vielmehr in regelmäßigen Abständen prüfen, ob unsere Organisation noch für die von uns verfolgte Strategie angemessen ist. Bei der Suche nach neuen Lösungen müssen wir uns stets bewusst sein, dass erfolgreiche Lösungen der Vergangenheit in diesem Umfeld nicht notwendig auch in Zukunft erfolgreich sein müssen.

Erläuterung:
Bei dem schnellen Wandel, dem wir uns heute in Gesellschaft, Wirtschaft und Technik gegenübersehen, können wir nicht mehr mit dem Anspruch organisieren, dass das, was wir gegenwärtig als richtig erkannt haben, für alle Ewigkeit Gültigkeit beanspruchen kann. Es wird vielmehr immer wichtiger, dass wir rechtzeitig organisatorische Impulse in eine strategisch bedeutsame Richtung setzen. Nachdem die erwünschten Effekte eingetreten sind, müssen

wir bereit sein, zu korrigieren, um dann zu erwartende unerwünschte Wirkungen abfangen zu können.

D | *Handlungsnotwendigkeiten aufgrund der Organisationsgrundsätze*

Unsere Organisationsgrundsätze müssen, wenn sie strukturell den Weg in die Zukunft weisen wollen, über den gegenwärtigen Ist-Zustand der Organisation hinausgreifen. Um den organisatorisch Beteiligten und Betroffenen Hinweise für eine Diagnose möglicher Abweichungen der Ist-Organisation von der mit den Organisationsgrundsätzen erstrebten Soll-Organisation zu geben, werden nachfolgend einige typische Symptome organisatorischer Fehlentwicklung aufgelistet. Diese werden um Hinweise ergänzt, wie der erkannte Handlungsbedarf in weitere, korrigierende Überlegungen umgesetzt werden kann.

Grundsatz 1: Differenzierung der Organisation
Ein Handlungsbedarf besteht, wenn organisatorische Regelungen

1 | überdimensioniert sind, das heißt Entscheidungsspielräume und Handlungsabläufe zu stark reglementieren;

2 | unzureichend differenziert auf die besonderen Gegebenheiten des Einzelfalls eingehen. Einengende und nicht voll den Bedürfnissen der Handlungserfordernisse gerecht werdende organisatorische Regelungen werden anhand der folgenden Fragen erkennbar:

- Werden die organisatorischen Regelungen als einengend und übertrieben empfunden?
- Trägt die Organisation der betroffenen Organisationseinheit den unterschiedlichen Zielen/Strategien/Aufgaben der Organisationseinheit Rechnung?
- Entspricht der Grad der Arbeitsteilung und Spezialisierung den besonderen Bedürfnissen der Organisationseinheit?
- Besteht ein bereichsspezifisches Verhältnis der Standardisierung von Strukturen und Prozessen zu nur rahmengebundenen organisierten Freiräumen für situative Selbstgestaltung?
- Ist die Organisationsform (funktional, objekt-, projektorientiert; eindimensional/mehrdimensional) auf der jeweils sinnvollen Gliederungsebene gewählt worden?

Wird ein Handlungsbedarf in Richtung weniger standardisierter und mehr differenzierter Organisationsstrukturen festgestellt, sind im Zusammenhang mit den folgenden Organisationsgrundsätzen entsprechende Maßnahmen zu ergreifen.

Grundsatz 2: Subsidiarität
Ein Handlungsbedarf besteht, wenn

- ein Übermaß von Entscheidungen durch übergeordnete Leitungsstellen gefällt wird, was zu erhöhten Informationsbedarf und nicht zu sachgerechten, weil praxisfernen und zeitlich verzögerten Entscheidungen führt,

- Mitarbeiter sich als «Zuträger» für die Entscheidungen Hochrangiger mit abnehmender Motivation zur Eigeninitiative fühlen,
- ein ausgeprägtes Antrags-, Begründungs- und Rückfragewesen entsteht.

Verletzungen des Subsidiaritätsprinzips und sich daraus ergebende Handlungsmöglichkeiten werden über die Beantwortung der folgenden Fragen erkennbar:

- Sind Entscheidungen durch den jeweiligen Know-how-Träger direkt am Ort des Handelns möglich?
- Stimmen Entscheidungskompetenzen mit den Informationsknoten in der Organisation überein?
- Üben höhere Leitungsstellen Entscheidungsvorbehalte aus, die nicht (mehr) gerechtfertigt sind?
- Werden Entscheidungen zu spät an fernen Orten gefällt, wo nicht die beste Kenntnis der Bedingungen gegeben ist?
- Sind Unterstützungseinheiten in unmittelbarer Nähe der Stellen angehängt, die ihre Dienstleistungen empfangen und diese beurteilen können?
- Sind die Organisationseinheiten in der Regel so ausgestattet, dass sie eine Aufgabe komplett erledigen können?
- Sind die Fälle, in denen eine Arbeitsteilung zwischen Planung, Realisierung und Kontrolle notwendig ist, auf ein Minimum beschränkt?
- Ist sichergestellt, dass Synergieeffekte für die Organisationseinheit selbst nicht an anderer Stelle einen mehrfachen Aufwand auslösen?

Grundsatz 3: Unternehmertum in der Unternehmung
Ein Handlungsbedarf besteht, wenn

- Markt- und Technologieerfolge der Vergangenheit ausgebeutet werden, ohne dass neue Zukunftspotenziale erschlossen werden;
- das innerbetriebliche Kräftespiel wichtiger wird als das Eingehen auf Kundenwünsche und den Wandel im Markt;
- die Entwicklung von neuen Produkten an Widerständen scheitert;
- die Einführung neuer Technologien auf unüberwindliche Akzeptanzwiderstände stößt;
- unternehmerische, initiative Organisationsinseln von der Leitung nicht unterstützt und ausgehungert werden.

Hinweise auf mögliche Schritte zur Überwindung mangelnder unternehmerischer Ausrichtung der Organisation geben die folgenden Fragen:

- Ermöglichen Organisationsstruktur und Organisationsabläufe Ihnen und Ihren Mitarbeitern unternehmerisches Handeln?

- Schränkt die Ausgestaltung der Stellen mit Aufgaben, Kompetenzen und Verantwortung am normalen Geschäftsverlauf die Möglichkeiten für eigeninitiatives unternehmerisches Verhalten ein?
- Erlaubt die Generalisierung der Aufgabenstellung ein entsprechendes unternehmerisches Tätigwerden?
- Werden Markt- und Technologieorientierung der Aufgabe aus einer Hand gesteuert?
- Ermöglicht die Organisation die Bildung von Kooperationen und das Eingehen von Beteiligungen?
- Ermöglicht die Organisation eine der jeweiligen Situation angepasste Situationsanalyse, Strategie, Steuerung, Ausführung, Kontrolle, um unternehmerische Vorhaben zu verwirklichen?
- Ist in Grenzen ein Wettbewerb zwischen teil-autonomen Einheiten zur Verstärkung initiativen unternehmerischen Verhaltens denkbar und im Gange?
- Sind Freiräume für die Einrichtung von «Suborganisationen» zur Abwicklung von unternehmerischen Projekten vorgesehen?
- Sind Anreizsysteme auf eine Belohnung unternehmerischen Verhaltens ausgerichtet?
- Wird die Stellenbesetzung nach unternehmerischen Kriterien vorgenommen?

Grundsatz 4: Kreativitätsförderung
Ein Handlungsbedarf besteht, wenn
- Aufbau und Abläufe es den Mitarbeitern nicht erlauben, kreative Beiträge zur aktuellen Aufgabenerledigung oder zum Aufgreifen neuer oder veränderter Konzepte für die Zukunftsgestaltung zu leisten;
- das, was gestern wesentlich und richtig war, das Handeln und Verhalten der Mitarbeiter beherrscht statt das, was für morgen wesentlich und richtig ist;
- die Anpassungsfähigkeit der Unternehmung an Entwicklungen von Märkten und Technologien durch den Verlust von Marktanteilen und ein Nachhinken gegenüber neueren technologischen Entwicklungen sinkt;
- das Übliche, allgemein Akzeptierte gegenüber dem Unüblichen, Neuen, aber vielleicht auch Unbequemen die Kultur der Unternehmung prägt;
- dynamische, qualifizierte Mitarbeiter, die an Aufgaben wachsen wollen, durch eine bürokratische Unternehmungskultur weder angezogen noch gehalten werden.

Die folgenden Fragen geben Hinweise auf Ansatzpunkte für eine Verbesserung des kreativen Klimas in der Organisation:
- Gibt es ausreichend Freiräume für das Agieren kreativer Gruppen?

- Ermöglichen Organisationsstruktur und Organisationsabläufe den Mitarbeitern die Möglichkeit der fachlichen und personellen Entfaltung?
- Sind Routineprogramme gegenüber den Möglichkeiten, nach Veränderungen zu suchen, dominant?
- Gibt die Organisationsform interdisziplinäre Anstöße für den Austausch von Ideen und Erfahrungen?
- Können Ergebnisse kreativer Veränderung den Mitarbeitern zugeordnet und sichtbar gemacht werden?
- Bestehen Anreize für kreative Tätigkeiten und werden diese gesondert belohnt?
- Ist die Verwaltung auf das Nötigste beschränkt?

Grundsatz 5: Aufgabenorientierung
Ein Handlungsbedarf entsteht, wenn

- eine Unterforderung oder Überforderung von Mitarbeitern eintritt, die beide für die Sozialverträglichkeit der Organisation gleich schädlich wie für ihre ökonomische Effizienz sind;
- ein Abweichen vom Grundsatz aufgabenorientierter Organisation ihre Transparenz erschwert und damit die Führbarkeit infrage stellt;
- eine persönlichkeitsorientierte Organisation, die bei jedem Positionswechsel eine Reorganisation des bisherigen Aufgabenbereichs notwendig macht, zu laufender Beschäftigung mit organisatorischen Änderungen führt;
- umgekehrt in den unternehmerischen und kreativen Bereichen unseres Geschäftes diese Folgen nicht bewusst in Kauf genommen werden, um Fähigkeiten und Kenntnisse besonders begabter Personen für unsere Unternehmung voll zu nutzen.

Je nachdem, ob es sich mehr um Routine- oder um Innovationsbereiche der Unternehmung handelt, ergeben sich andere Hinweise auf organisatorische Lösungen.

1| Handelt es sich mehr um einen Routinebereich, bei dem unternehmerische und kreative Fähigkeiten eine geringe Rolle spielen? Wenn ja, dann:
   - Können für die Organisationseinheit klare und eindeutige Ziele formuliert werden?
   - Stimmen die Haupttätigkeiten/-funktionen mit den Zielen überein?
   - Sind notwendiges Fachwissen, Ressourcen und Informationen direkt verfügbar?
   - Sind Doppelarbeiten vermieden und vorhandene Ressourcen rationell eingesetzt?
   - Können die Aufgaben mit wenig Administration abgewickelt werden?

- Ist sichergestellt, dass bei geringfügigen qualitativen/quantitativen Änderungen des Umfeldes und beim personellen Wechsel nicht neu organisiert werden muss?
- Sind – im Hinblick auf das Erreichen kritischer Massen – Ministellen vermieden worden?

2| Handelt es sich um einen Bereich, bei dem unternehmerische und kreative Fähigkeiten eine besondere Rolle spielen? Wenn ja, dann:
- Entspricht der Aufgabenzuschnitt den besonderen Fähigkeiten, Kenntnissen und Fertigkeiten der wesentlichen Aufgabenträger?
- Ist dabei der Nachteil einer notwendigen Umorganisation nach deren Positionswechsel erkannt und bewusst in Kauf genommen worden?
- Bietet die Organisation darüber hinaus derartigen Persönlichkeiten Möglichkeiten der Entwicklung und Entfaltung?
- Können Sie «Top-Fachleute» in der beabsichtigten Organisation halten?

Grundsatz 6: Flache Organisationsfigur
Ein Handlungsbedarf entsteht, wenn

- erkennbar wird, dass das Dienstwegprinzip derart überzogen wird, dass Informationen verzerrt und Entscheidungen verzögert werden;
- selbst in Krisensituationen «schnelle Weisungen» von oben auf Widerstände stoßen;
- ein vertikales Hin- und Herschieben von unpopulären Entscheidungen zu verzeichnen ist;
- überzogene Informationsbedürfnisse zentraler Einheiten, insbesondere von Stäben, beklagt werden;
- innovative Projekte am mangelnden Engagement höherer Leitungsebenen ersticken;
- die Leitungsebenen mit der Behandlung von Tagesfragen überfordert werden, während Leitungsebenen, die sich zunehmend mit Grundsatzfragen beschäftigen, eher unterfordert sind;
- das Stabswesen zulasten der Linie wuchert;
- zunehmendes Status- und Dienstrangdenken der Mitarbeiter um sich greift.

Die folgenden Fragen geben Hinweise auf denkbare Möglichkeiten, über ein Korrigieren des Handelns eine flache Organisationsfigur zu erreichen:

- Sind übergeordnete Stellen nur dort gebildet, wo es die Aufgabenentwicklung verlangt?
- Wurden bei der Zahl der Unterstellungen die Unterschiedlichkeit von Aufgaben, der räumlichen Verteilung der Stellen und die Führungsfähigkeit des Vorgesetzten berücksichtigt?

- Kann der Vorgesetzte durch Delegation von Aufgaben und Kompetenzen an die Aufgabenträger entlastet werden?
- Ist berücksichtigt, dass durch den Einsatz von modernen Organisationsmitteln der Informationsverarbeitung eine größere Leitungsspanne verkraftet werden kann?
- Haben Rationalisierungs- und Mechanisierungsvorhaben der Vergangenheit zu einer Anpassung der Leitungsspannen geführt?
- Erfüllen Stabsabteilungen tatsächlich die ihnen zugewiesenen Unterstützungsleistungen oder haben sich diese im Laufe der Zeit andere Aufgaben gesucht?
- Sind diese Stabsabteilungen in ausreichender Nähe zu den Abteilungen angesiedelt, die deren Unterstützung bedürfen?

Grundsatz 7: Ausgewogenheit der Matrixorganisation
Ein Handlungsbedarf entsteht, wenn

- einseitige Durchsetzungstendenzen von Zentral- oder Unternehmungsbereichen erkennbar werden;
- es zu machtmäßigen Konfliktlösungen ohne Sachargumentation kommt, die jeweils aus einer Dimension heraus entschieden werden;
- eine Paralyse im Gleichgewicht beider Dimensionen eintritt: Argumentationen kommen nie zu einem zielführenden Ende;
- die übergeordnete Matrixleitung mit Schlichtungsersuchen überhäuft wird;
- sich ein übertriebener Formalismus an den Schnittstellen der Matrix ergibt: Für alle denkbaren oder erfahrenen Konfliktfälle gibt es Regelungen;
- eine Praxis des «Austricksens» der jeweils anderen Dimension erkennbar wird.

Hinweise auf Maßnahmen, die zu einer größeren Ausgewogenheit der Matrixorganisation führen können, geben die folgenden Fragen:

- Ist die Aufgabenteilung zwischen Produkt- und Fachfunktionen für die Aufgabenerledigung hinreichend und ausgeglichen?
- Sind Kompetenzen und Verantwortung für Fach- und Produktverantwortung klar festgelegt?
- Gibt es für beide Dimensionen eine abgestimmte und verbindliche Zielvorgabe?
- Ist die hierarchische Einordnung, sind Status und Berufserfahrungen der Vertreter beider Dimensionen in etwa gleich?
- Sind die Informationsflüsse hinreichend ausgebaut, um unnötige Sachkonflikte an den Schnittstellen der Matrix zu vermeiden?
- Können die Betroffenen bei der Problemlösung direkt miteinander «hierarchiefrei und gleichberechtigt» arbeiten?

- Können die Mitarbeiter beider «Matrixseiten» die Produktgestaltung mitbestimmen?
- Sind bei Zielkonflikten, die eine Eskalation von Entscheidungen notwendig machen, entsprechende Wege und Verfahren praktikabel festgelegt?
- Ist die Matrixkultur hinreichend auf Teamgeist und interdisziplinäre Zusammenarbeit ausgerichtet?
- Sind Techniken der Zusammenarbeit bekannt und eingeübt?

Grundsatz 8: Laterale Kooperation
Ein Handlungsbedarf entsteht, wenn

- Abteilungsgrenzen zu unüberwindlichen Hürden für den Informationsfluss und die Zusammenarbeit werden;
- Abteilungsegoismus und Scheuklappendenken Zentrifugalkräfte in der Organisation freisetzen;
- dominierende Abteilungsinteressen, die zulasten der Interessen der Gesamtunternehmung gehen, die Art abteilungsübergreifender Zusammenarbeit politisieren;
- die Gesamtintegration einen übersteigerten Koordinationsaufwand erfordert oder wenn sie überhaupt nicht möglich ist.

Die folgenden Fragen geben Hinweise auf mögliche Maßnahmen zur Verbesserung der lateralen Kooperation in der Unternehmung:

- Bestehen zur Problemlösung abteilungsübergreifende Informations- und Zusammenarbeitsverfahren?
- Sind ausreichende Freiheitsgrade gegeben, die es den Mitarbeitern erlauben, eigenständig über die Abteilungsgrenzen hinweg mit anderen Organisationseinheiten zusammenzuarbeiten?
- Ermuntert die Unternehmungs-/Abteilungskultur laterale Zusammenarbeitsformen, die weit größere Unsicherheiten als hierarchische Einordnungen mit sich bringen?
- Stören Machtstrukturen die Effizienz lateraler Zusammenarbeit?

Grundsatz 9: Entbürokratisieren
Ein Handlungsbedarf entsteht, wenn

- die Kreativität der Mitarbeiter sich mehr auf die Entwicklung neuer Planungs-, Organisations-, Informations-, Koordinations-, Erfolgsmessungs-, Beurteilungs- und Kontrollsysteme richtet als auf die Erledigung von zukunftsweisenden Zweckaufgaben;
- die Form der Einhaltung von Regelungen wichtiger wird als ihre Inhalte;

Mitarbeiter mehr reagieren als agieren und über regelgerechtes Verhalten nach Sicherheit streben;

- das Misstrauen regiert, was sich über vielfältige Fremdkontrollen bemerkbar macht;
- die Gefahr eines Initiative-abblockenden Perfektionismus erkennbar wird;
- der sachliche Ergebnisbeitrag hinter dem Politisieren um Macht und Einfluss zurücktritt.

Hinweise auf mögliche Ansatzpunkte zur Entbürokratisierung geben die folgenden Fragen:

- Ist sichergestellt, dass die Aufgaben mit geringstmöglicher Reibung und kleinstmöglichem administrativem Aufwand erfüllt werden können?
- Steht die Sache und weniger die Form im Mittelpunkt aller Anstrengungen?
- Ist für alle Beteiligten transparent, welche Ziele mit welchen Aktivitäten durch wen und mit wessen Unterstützung verfolgt werden?
- Sind die formalen Verfahren angemessen im Verhältnis zu den Wirkungen, die sie bestenfalls erbringen können?
- Bestehen zu viele Regelungen für jeden denkbaren, wenn auch seltenen Konfliktfall?
- Wird das Regelungswerk von Zeit zu Zeit systematisch durchforstet und eine «Entsorgung» von Unnötigem und Unwirtschaftlichem durchgeführt?

Grundsatz 10: Zukunftsorientierung der Organisation
Ein Handlungsbedarf besteht, wenn

- Organisationsstrukturen ineffizient zu werden drohen. Sie werden dann zugleich sozial unverträglich: Sie stören die Identität der Mitarbeiter mit der Unternehmung, ihren Aufgaben und Leistungen. Mangelnde Motivation und Kohäsion führen zur sozialen Unverträglichkeit von Strukturen.
- diese Negativwirkungen über längere Zeit anhalten. Sie prägen die Unternehmungskulturen in einer Art, die die Überlebensfähigkeit der Unternehmung nicht nur ökonomisch, sondern auch sozial infrage stellt.

Deshalb sollten sich die an organisatorischem Handeln Beteiligten und von ihm Betroffenen fragen, ob

- Strukturen und Prozesse laufend daraufhin überprüft werden, ob sie noch den sich wandelnden Bedingungen entsprechen?
- Regelungen zeitlich für eine Geltungsdauer zu befristen sind?
- ausreichende Freiräume für eine selbstorganisatorische Anpassung vorhanden sind?

E| *Organisation – von Leitlinien zur Wirklichkeit*

Die Organisationsleitlinien stecken den Kurs für die zukünftige Organisationsentwicklung ab. Innerhalb der rahmen- und fachgebundenen Entwicklung der

Organisationsstruktur vollzieht sich die Anpassung der Organisation an veränderte Bedingungen und Anforderungen als Teil der Führungsaufgabe der Vorgesetzten. Im Dialog mit den Beteiligten wird vor Ort ein wesentlicher Teil der organisatorischen Entwicklungsarbeit in detaillierter Kenntnis der besonderen Bedingungen geleistet. Die zuständigen Organisations- und Personalabteilungen bringen dabei ihr besonderes Wissen und ihre Methodenkenntnis in den Organisationsprozess ein.

Literatur Kapitel II
Bleicher, K. (1971): Perspektiven für Organisation und Führung von Unternehmungen. Baden-Baden/Bad Homburg.
Brauchlin, E. (1984): Schaffen auch Sie ein Unternehmungsleitbild. In: io Management Zeitschrift, Jg. 53, Nr. 7-8, S. 313-317.

KAPITEL III

Perspektiven für die Gestaltung von Managementsystemen

1 Organisationsplanung
Knut Bleicher, verfasst im Jahr 1983, bisher unveröffentlicht

1.1 Wesen, Gegenstand und Ziele der Organisationsplanung

Der Organisationsplanung wird zunehmend in Theorie und Praxis Beachtung geschenkt (Acker, 1961; Agthe, 1961; Danert, 1961; Bailey, 1964; Danie1, 1966; Hahn, 1967 u. 1976; Baumberger, 1968; Bleicher, 1968 u. 1976; Köster, 1969; Kubicek, 1972; Grochla/Förster, 1977). Sie kann charakterisiert werden als die Entwicklung einer Zuordnung von Aufgaben, Personen und Sachmitteln und der damit verbundenen Arbeitsbeziehungen für die Zukunft ökonomischer, sozio-technischer Systeme, um durch eine derartige integrative Strukturierung deren Ziele – auch bei Anpassung an Umsystemänderungen – bestmöglich oder entsprechend dem Anspruchsniveau erfüllen zu können. In Unternehmungen legt die Organisationsplanung die zielorientierte Potenzial- und Aktionsstruktur für eine längere Geltungsdauer fest, ihr Inhalt ist die Gestaltung der zukünftigen Aufbau- und Ablauforganisation.

Organisationsplanungen werden bereits bei der Errichtung von Unternehmungen oder von Unternehmungsbereichen (Gliedbetrieben) als sogenannte Erstorganisation notwendig (Szyperski/Nathusius, 1977), die sich auf das gesamte System mit allen Subsystem bezieht. Organisationsplanungen werden aber vor allem im Laufe der Existenz einer bestehenden Unternehmung als sogenannte Reorganisationen erforderlich (Rohner, 1976).

Reorganisationen per se müssen bei grundlegenden Änderungen der Ziele im Rahmen der Unternehmungsentwicklung und der für sie vorhandenen oder vorgesehenen Kapazitäten sowie Strategien und Maßnahmen vorgenommen werden. Hierdurch wird deutlich, dass Organisationsplanung nur im Rahmen eines Gesamtplanungssystems sinnvoll erfolgen kann, zum Beispiel umfassend unter Miteinbeziehung einer (Hahn, 1974):

– generellen Zielplanung,

– strategischen Planung,

– operativen Planung und

– gesamtunternehmungsbezogenen Ergebnis- und Finanzplanung.

Bei den generellen Zielen handelt es sich um Wertziele (Umsatz-, Kosten-, Ergebnis-, Liquiditätsziele), Leistungs- beziehungsweise Produktziele und Sozialziele (Erhaltungs- und Entfaltungsziele) der Unternehmung. Sie gelten für die Ausrichtung des gesamten Unternehmungsgeschehens und damit auch für die Beurteilung von Organisationssystemen, wobei hierfür auch ergänzend spezifische Ziele formuliert werden können, zum Beispiel das Ziel der Anpassungsfähigkeit (Elastizität) der Organisation.

Zur strategischen Planung – interpretiert als Programm- und Potenzialplanung – gehören im Kern:

- die Geschäftsfeldplanung (Planung der Produkt-/Marktkombinationen mit erforderlichen Investitionen und Desinvestitionen),
- die Organisationsplanung,
- die Informationssystem- und Personalplanung und damit zusammenhängend
- die Rechtsform- und Rechtsformstrukturplanung.

Bei der strategischen Organisationsplanung handelt es sich um die Planung des grundlegenden Organisationsmodells der Unternehmung.

Ausgehend von der generellen Zielplanung und der Geschäftsfeldplanung ist im Planungsprozess festzulegen, ob ein eindimensionales Organisationsmodell (Verrichtungsmodell, Produkt- beziehungsweise Objekt- oder Divisionalmodell) oder ein mehrdimensionales Organisationsmodell (Matrix-Modell oder Tensormodell) (Bleicher, 1971) in spezifischer Ausprägung beibehalten oder eingeführt werden soll. Von der Ziel- und Geschäftsfeldplanung her sind hierbei insbesondere Unternehmungsgröße, Produktprogrammstruktur, Standortstruktur und auch angestrebte Sozialziele Hauptdeterminanten für das zu wählende Organisationsmodell.

Zur operativen Planung – interpretiert als Programm- und Aktionsplanung – gehören die Programm- und Funktionsbereichsplanungen sowie die Projektplanungen auf der Basis der Resultate der generellen Zielplanung und der strategischen Planung. Bei der operativen Organisationsplanung handelt es sich um die Planung spezifischer Organisationsformen innerhalb des durch die strategische Planung festgelegten Organisationsmodells. Hierzu zählt insbesondere die Bestimmung von Projektorganisationseinheiten, aber auch von kleineren Veränderungen innerhalb der gegebenen Aufbau- und Ablauforganisation. Die operative Organisationsplanung ist ebenfalls von Bedeutung für die Vermögens- und/oder Erfolgsentwicklung; sie kann jedoch innerhalb eines Ressorts oder einer Abteilung und auch oft ohne Beteiligung der oberen Führungsebene erfolgen (Dezentralisation der Organisationsplanungsaufgaben).

Im Rahmen der mehrperiodigen Ergebnis- und Finanzplanung schlägt sich das geplante Geschehen in der Unternehmung wertmäßig nieder. Dies gilt gleichermaßen für die Wirkungen der geplanten Organisationen, auch wenn sich Ergebnisänderungen aufgrund von Organisationsänderungen oft nur schwer (isoliert) prognostizieren und diagnostizieren lassen (Hoffmann/Bühner, 1976). Gerade diesen Problemen ist aber neben der Formulierung der Ziele und Organisationsalternativen bei den vorbereitenden Arbeiten in Stabsstellen, Zentralabteilungen, Ausschüssen und Projektgruppen – gegebenenfalls unter Hinzuziehung externer Berater – besondere Bedeutung zu schenken.

1.2 Prozess der Organisationsplanung

Wird aufgrund der generellen Zielplanung, der Geschäftsfeldplanung oder der Entwicklung spezifischer Indikatoren eine Entscheidung für die Auslösung eines Prozesses der Organisationsplanung getroffen, so schließen sich folgende Aktivitäten an:

- Definition des zu planenden betriebswirtschaftlich-organisatorischen Tatbestandes,
- Definition zu beachtender Restriktionen aus anderen Planungsbereichen,
- Ableitung arbeitsteiliger Planungsaufträge und
- Bereitstellung von Ressourcen für die Planungsaufträge.

Bevor im Rahmen der Organisationsplanung eine Sollkonzeption erarbeitet werden kann, müssen systematisch Daten über den Ist-Zustand und die Notwendigkeiten seiner zukünftigen Korrektur erfasst und gegebenenfalls durch eigene Untersuchungen erhoben werden (vgl. auch Organisationsmethodik). Hierzu zählen die:

- Erfassung des gegenwärtigen organisatorischen Ist-Zustandes,
- Untersuchung des gegenwärtigen organisatorischen Ist-Zustandes,
- Ermittlung von problemrelevanten Zielen/Anforderungen an den zukünftigen organisatorischen Soll-Zustand,
- kritische Überprüfung des Ist-Zustandes im Hinblick auf das Abstellen von Anpassungsmängeln.

Der Prozess der Organisationsplanung kann in den Schritten des allgemeinen Planungsprozesses erfolgen (Griem, 1968; Hahn, 1974; Wild, 1974): Es sind im Hinblick auf formulierte Ziele relevante Organisationsalternativen (spezifische Organisationsmodelle beziehungsweise Organisationsformen) zu erarbeiten und deren Beiträge zur Zielerreichung zu ermitteln.

Als Ziele kommen die generellen Ziele der Unternehmung oder hieraus abgeleitete problemrelevante Ziele in Betracht. Die Organisationsalternativen beziehen sich je nach Problemfall auf ein spezifisches Bezugssystem (Gesamt-, Zwischen- oder Basissystem). Hierbei sind die Alternativen durch kommentierte Organisationspläne (Aufbaustruktur- und oft auch Ablaufpläne) und entsprechende Personalbesetzungsvorschläge darzustellen.

Bei Beachtung mehrerer Ziele ist die Entscheidungsmatrix ein leistungsfähiges formales Hilfsinstrument. In die Entscheidungsmatrix sind die quantifizierbaren und die nicht oder nur schwer quantifizierbaren Ziele jeweils mit gegebenenfalls dazugehörigen Zielgewichtungsfaktoren, die Alternativen und die prognostizierten Wirkungen der Alternativen auf die relevanten Ziele einzutragen.

Kritisch ist zur Anwendung dieser Entscheidungsmatrix anzumerken, dass neben der Schwierigkeit der Ermittlung der Zielwirkungen der Alternativen mehrfach – theoretisch wenig befriedigend – subjektive Bewertungen in den Planungsprozess einfließen. Dennoch erscheint die Anwendung des Konzepts der Nutzwertanalyse (Schneeweiß, 1966; Menges, 1969; Gäfgen, 1974; Hahn, 1974 und 1976; Zangemeister, 1976) im Hinblick auf praktische Belange wegen fehlender Alternativen vertretbar.

Vor der Entscheidung über die zu realisierende Organisationsalternative erfolgt in der Praxis häufig eine Dokumentation der Planungsaktivitäten und eine Präsentation der Planungsergebnisse.

Beim Fällen einer Entscheidung über die bewerteten Organisationsalternativen ergeben sich dann keine Probleme, wenn sich die Entscheidungsträger mit den Zielformulierungen, den untersuchten Alternativen, den Prognosen der Wirkungen der Alternativen sowie den Bewertungen der Wirkungen und Ziele einverstanden erklären beziehungsweise identifizieren.

Ist dies nicht der Fall, so ist in einem Verhandlungsprozess entweder nach einem Kompromiss oder nach einer Durchsetzungsmöglichkeit der eigenen Auffassung als Fach- und/oder Machtpromotor zu suchen (Witte, 1968).

Verabschiedete Organisationspläne bedürfen ihrer Implementation, wobei Instruktions- (Bleicher, 1976) und Installationsprobleme der neuen oder revidierten Organisation auftreten und so Realisations- und Kontrollprozesse hemmen. Dabei stellen sich Probleme der zeitlichen Geltungsdauer für die realisierten Organisationspläne und ihres Ersatzzeitpunktes unter Berücksichtigung der Planungs- und Implementationszeiten, die eine Reorganisation erfordern (optimaler Planungszeitpunkt).

1.3 Optimale Geltungsdauer realisierter Organisationspläne

Die optimale Geltungsdauer realisierter Organisationspläne, das heißt «die Dauer der Gültigkeit einer Regelung» (Kreikebaum, 1971) ergibt sich einerseits aus dem Zusammenhang der durch die Organisationsplanung zu regelnden Sachzusammenhänge und andererseits durch die Regelungseffizienz der Organisationsplanung selbst im Zeitablauf (Bleicher, 1976).

a| Vonseiten der Sachzusammenhänge ist das wesentliche Moment die Unternehmungsentwicklung; je weniger unvorhergesehene Störungen von der Organisationsplanung absorbiert und kompensiert werden müssen, desto mehr darf eine längere Geltungsdauer erwartet werden. Während die Unternehmungsentwicklung sich über die Qualität und Quantität der zu erfüllenden Aufgaben auf die anderen Organisationselemente auswirkt, gehen von den Elementen – Personen und Sachmitteln – aufgrund der Veränderungen von Faktoren der Umsysteme die auf sie einwirken, eigenständige Einflüsse aus, welche die Gestaltungsdauer organisatorischer Regelungen auch dann tendenziell beschränken, wenn sich die Unternehmung weder expansiv noch kontraktiv entwickelt. Veränderungen humaner Ansprüche als Reflex veränderter Motivationsbasen und der Sachmitteltechnologien als Ausdruck der Umsystemvarianz machen realisierte organisatorische Strukturen im Zeitablauf zunehmend obsolet. Mit Kreikebaum (1971) kommen wir zu der Schlussfolgerung, dass die organisatorische Regelungseffizienz nach Einführung neuer organisatorischer Spielregeln zunächst aufgrund des Lernerhaltens der von ihnen betroffenen Aufgabenträger zunimmt und dann «sowohl durch die Regelung selbst als auch durch das Verhalten der Regelungsempfänger» entweder kontinuierlich oder diskontinuierlich im Verlaufe ihrer Nutzung abgebaut wird.

b| Die Geltungsdauer organisatorischer Pläne wird wesentlich durch die Flexibilität beziehungsweise Elastizität der organisatorischen Strukturen beeinflusst (Köster, 1969; Schulz, 1970; Schwarz, 1974). Dabei kann der zeitliche Verlauf der abnehmenden Regelungseffizienz als Determinante der Geltungsdauer herangezogen werden; dieser Bestimmungsfaktor konkretisiert sich dadurch, dass der Erfüllungsgrad eines oder mehrerer Wertziele sinkt. Unter Wirtschaftlichkeitsgesichtspunkten ist die kritische Abbaugrenze der Regelungseffizienz dann erreicht, wenn die Effizienz einer neuen Regelung unter Berücksichtigung der Kosten der Regelungsänderung die Effizienz der gültigen Regelung übersteigt (Kreikebaum, 1971). Entsprechend den Einflussgrößen kann zwischen einem endogenen (systemintern-) und exogenen (systemextern-bedingten) Effizienzabbau unterschieden werden.

Um die optimale Geltungsdauer organisatorischer Regelungen bestimmen zu können, bedarf es demgemäß einer Prognose der inter- und intrasystemischen Veränderungen, um den kritischen Punkt der abnehmenden Effizienz erkennen zu können, ab dem organisationsplanerisch nach Strukturierungsalternativen gesucht werden kann. In der Vergangenheit hat die Organisationspraxis, wahrscheinlich in Kenntnis der Schwierigkeiten, die sich mit einer derartigen Prognose insbesondere der Veränderungen bei den Organisationselementen – Personen und Sachmitteln – ergeben, weitgehend darauf verzichtet, die Geltungsdauer der Organisationspläne zu limitieren. Damit ergibt sich allerdings die grundsätzliche Gefahr – die Organisation, verstanden als «Dauerregelung», enthält sie häufig implizit – eines zeitlichen Überziehens der Geltungsdauer im Bereich relativer Ineffizienz.

Neben einer systematischen Organisationskontrolle erscheint die Forderung nach einer grundsätzlichen Befristung der Organisationspläne geeignet zu sein, dieser Tendenz entgegenzuwirken. So wie jedes Planungssystem zu einem bestimmten Zeitpunkt eine Festlegung von Planungszeitpunkten durch organisatorische Veranlassung («organizational causation» – Le Breton/Henning, 1964; Bleicher, 1971) vornimmt, stellt die Zeitbezogenheit einer Planung – zum Beispiel eine Zehn-Jahres-Planung – auf eine begrenzte Geltungsdauer der in ihr enthaltenen Vorab-Entscheidungen ab. Die Organisationsplanung sollte aus diesem zeitlichen Rahmen der Unternehmungsplanung nicht isoliert werden.

1.4 Optimaler Planungszeitpunkt für die Reorganisation

Wenn die Organisationsplanung dieser Forderung nachkommt, ist es in der betrieblichen Praxis jedoch nicht damit getan, dass die optimale Geltungsdauer ermittelt und festgelegt wird. Den mit der Organisationsplanung betrauten Aufgabenträgern stellt sich vielmehr das schwierige Problem, die optimale Geltungsdauer organisatorischer Regelungen unter Berücksichtigung des bestmöglichen Zeitpunktes der Initiierung der Organisationsplanung zu bestimmen. Hierzu ist es erforderlich, von dem Ersatzzeitpunkt der bestehenden organisatorischen Struktur durch eine neue, die den sich wandelnden Verhältnissen relativ besser entspricht, diejenige Zeitdauer abzuziehen, die eine rationale und systematische Planung benötigt.

Der Ersatzzeitpunkt leitet sich von den Bedürfnissen der übrigen Unternehmungsplanung ab. Praxiorientiert wird der Begriff des optimalen Planungszeitpunktes nicht zu eng formuliert werden können, da in der Planung eine Vielfalt unsicherer Informationen verarbeitet werden müssen. Realiter werden sich nur optimale Zeiträume der Organisationsplanung ermitteln lassen.

> *«Während noch vor einem Jahrzehnt neue organisatorische Konzeptionen von den Unternehmensleitungen relativ autonom verfügt und ohne großen Aufwand durchgesetzt werden konnten, ist dazu heute ein langwieriger Informations- und Willensbildungsprozess nötig, in den eine Vielzahl von Mitarbeitern einbezogen ist.»* (Pausenberger, 1973)

Der optimale Planungszeitpunkt der Organisation ist dann erreicht, wenn der Zeitpunkt, zu dem eine organisatorische Anpassung realisiert wird, mit dem sich aus der Unternehmungsentwicklung ergebenden Zeitpunkt übereinstimmt, zu dem eine Umstrukturierung notwendig wird. Hierbei ist zu beachten, dass das Problem des optimalen Zeitpunktes der Organisationsplanung nur im Rahmen einer strategischen Organisationsplanung auftreten kann, die als aktiv-adaptive Strategie genügend Zeit zur Durchführung dieser planerischen Aktivitäten besitzt und bei der die Unternehmungsführung selbst innerhalb relativ weiter Grenzen den Zeitpunkt bestimmen kann, zu dem die intrasystemisch produzierte Veränderung (zum Beispiel eine Produktprogrammänderung) intersystemisch wirksam werden soll. An dieser Stelle sei auf die Gefahren aufmerksam gemacht, die einem Prozess der Organisationsplanung widerfahren können, der unter Zeitdruck ablaufen muss.

> *«Aus der knappen Entscheidungszeit ergibt sich zum Beispiel a) eine Bevorzugung des schon Bekannten, b) der eingefahrenen Denkbahnen, c) eine Bevorzugung der Informationen, die man hat, vor denen, die man erst suchen muss, d) eine Bevorzugung der Kommunikationspartner, mit denen man sich rasch verständigen kann, vor solchen, mit denen zeitraubende Verhandlungen erforderlich wären – alles in allem eine Tendenz zur Entscheidung aus dem Inneren des Systems heraus.»* (Luhmann, 1968)

Zur Ermittlung des optimalen Planungsbeginns sind für die einzelnen Phasen der

- Organisationsrealisation,

- Organisationsimplementation und

- Organisationsplanung mit ihren Subphasen

Zeiten zu ermitteln. Die strategische Organisationsplanung sollte dabei jeweils eine optimistische, realistische und pessimistische Zeitschätzung vornehmen.

Jede Abweichung von dem zu definierenden idealen Ersatzzeitpunkt bedeutet eine Abwendung vom Optimum. Da dieses Optimum in der Realität, angesichts des jeweils beschränkten Wissens, nicht ohne Weiteres als bekannt unterstellt werden darf, trägt dieses ideale Optimum für die Aufgabenträger mehr den Charakter eines (nur durch Zufall erreichbaren) Optimum optimorum.

Literatur zu Abschnitt 1: Organisationsplanung

Acker, H. B. (1961): Die Untersuchung der Organisation. In: Schnaufer, E./Agthe, K. (Hrsg.): Organisation, 1FB-Handbuchreihe, Bd. 1, Berlin/Baden-Baden.

Agthe, K. (1961): Unternehmenswachstum und Unternehmensorganisation. In: Schnaufer, E./Agthe, K. (Hrsg.): Organisation, 1FB-Handbuchreihe, Bd. 1, Berlin/Baden-Baden.

Bailey, J. K. (1964): Organization Planning: Whose Responsibility? In: Academy of Management Journal, 7. Jg. 1964.

Baumberger, H. U. (1968): Die Entwicklung der Organisationsstruktur in wachsenden Unternehmungen. 2. Aufl., Bern/Stuttgart.

Bleicher, K. (1968): Probleme langfristiger Organisationsplanung. In: ZfO, 37. Jg. 1968.

Bleicher, K. (1971): Perspektiven für Organisation und Führung von Unternehmungen. Baden-Baden/Bad Homburg.

Bleicher, K. (1976): Unternehmungsentwicklung und Organisationsplanung. In: ZfO, 45. Jg. 1976.

Danert, G. (1961): Planung der optimalen Unternehmensorganisation. In: Schnaufer, E./Agthe, K. (Hrsg.): Organisation, 1FB-Handbuchreihe, Bd. 1. Berlin/Baden-Baden.

Daniel, D. R. (1966): Reorganizing for Results In: Harv. Bus. Rev., 44. Jg. 1966.

Gäfgen, G. (1974): Theorie der wirtschaftlichen Entscheidung. 3. Aufl., Tübingen.

Griem, H. (1968): Der Prozess der Unternehmungsentscheidung bei unvollkommener Information. Berlin.

Grochla, E./Förster G. (1977): Organisationsplanung und Organisationsentwicklung – Theorie und Praxis. Dortmund.

Hahn, D. (1967): Planung als Instrument der Unternehmensführung. In: Stöhr, R. W. (Hrsg.): Unternehmensführung auf neuen Wegen. Wiesbaden.

Hahn, D. (1974): Planungs- und Kontrollrechnung. Wiesbaden.

Hahn, D. (1976): Organisationsplanung und Planungsprozess. In: ZfO, 45. Jg. 1976.

Hoffmann, F./Bühner, R. (1976): Organisationsgestaltung. Wiesbaden.

Köster, J. (1969): Die Organisation und ihre Planung. Bern/Stuttgart.

Kreikebaum, H. (1971): Überlegungen zur Geltungsdauer organisatorischer Regelungen. In: ZfO, 40. Jg. 1971.

Kubicek, Th. I. (1972): Organization Planning. T. l: The Organizational Audit. In: Cast and Management, 46. Jg. 1972, H. 1, S. 33–41; T. 2: Designing the «Good Fit». In: Cast and Management, 46. Jg. 1972, H. 2.

Le Breton, P. P./Henning, D. A. (1964): Planning Theory. 2. Aufl., Engelwood Cliffs.
Luhmann, N. (1968): Die Knappheit der Zeit und die Vordringlichkeit der Befristeten. In: Die Verwaltung, Zeitschrift für Verwaltungswissenschaft, 1. Jg. 1968.
Menges, G. (1969): Grundmodelle wirtschaftlicher Entscheidungen. Köln/Opladen.
Pausenberger, E. (1973): Kritik und Weiterentwicklung der hierarchischen Organisation. In: Hamburger Jahrbuch für Wirtschafts- und Gesellschaftspolitik, 18. Jg. 1973.
Rohner, J. (1976): Reorganisation industrieller Unternehmungen. Bern/Stuttgart.
Schneeweiß, H. (1966): Das Grundmodell der Entscheidungstheorie. In: Statistische Hefte, 7. Jg. 1966.
Schulz, D. (1970): Unternehmungsgröße, Wachstum und Reorganisation. Berlin.
Schwarz, H. (und Mitarbeiter) (1974): Betriebsorganisation als Führungsaufgabe. 7. Aufl., München.
Szyperski, N./Nathusius, K. (1977): Probleme der Unternehmungsgründung. Stuttgart.
Wild, J. (1974): Grundlagen der Unternehmungsplanung. Reinbek b. Hamburg.
Witte, E. (1968): Phasentheorem und Organisation komplexer Entscheidungsverläufe. In: ZfbF, 20. Jg. 1968.
Zangemeister, Ch. (1976): Nutzwertanalyse in der Systemtechnik. 4. Aufl., München.

2 Subordinationsquote

Knut Bleicher, erschienen im Jahr 1975

2.1 Begriff

Für den arbeitsteiligen Erfüllungsprozess der Gesamtaufgabe einer Unternehmung werden durch die organisatorische Aufbaugestaltung Gliederungseinheiten geschaffen. Die fortschreitende Arbeitsteilung im sozio-technischen System Unternehmung verlangt seine Differenzierung in Subsystemen, die Teile der Gesamtaufgabe der Unternehmung erfüllen. Die Systemdifferenzierung lässt Organisationseinheiten unterschiedlicher Gliederungstiefe entstehen. Die kleinste Organisationseinheit ist die Stelle verstanden als personenbezogener, jedoch vom Personenwechsel unabhängiger Aufgabenkomplex. Sie stellt als kleinste leistungsbereite Organisationseinheit das Basissystem organisatorischer Strukturierung dar. Größere Einheiten entstehen durch die Zusammenfassung derartiger Basissysteme (Stellen). Neben der Möglichkeit, derartige Zwischensysteme durch andere system-technische Integrationsmethoden (ablauforientierte Leistungsprogrammierung, Teamstrukturierung etc.) zu bilden, gewinnt ihre Synthese auf dem Wege der Leitungsintegration besondere Bedeutung. In diesem Fall werden Zwischensysteme aus Basis- oder selbst aus Zwischensystemen unter Hinzufügung einer Leitungsstelle (Instanz) gebildet, wobei man

Kapitel III – Perspektiven für die Gestaltung von Managementsystemen   121

hier von einer Abteilungsbildung spricht. Je nach Synthesestufe wird eine primäre (Basissysteme werden leitungsmäßig zu Zwischensystemen integriert), sekundäre, tertiäre etc. (Zwischensysteme selbst werden leitungsmäßig zu Zwischensystemen unterschiedlich hoher Ordnung integriert) Abteilungsbildung unterschieden. Bei der Abteilungsbildung ergibt sich die Frage nach dem Umfang einer Abteilung. Dieser lässt sich als die Anzahl der Organisationseinheiten (Stellen und Abteilungen), die jeweils unter direkter einheitlicher Leitung zusammengefasst sind, umschreiben. Die Beantwortung der Frage, wie viele Stellen oder Abteilungen einer Leitungsstelle untergeordnet werden können, wird in der Organisationsliteratur in unterschiedlicher Weise vorgenommen. Zu einer einheitlichen Begriffsbildung ist es dabei bis jetzt nach wie vor noch nicht gekommen.

Im angelsächsischen Schrifttum findet sich am häufigsten die Bezeichnung «span of control» (Urwick, 1938; Moore, 1962; Stieglitz, 1962; Suojanen, 1957; Thompson, 1964). Weniger gebräuchlich sind «span of supervision» oder «range of supervision». In der Übersetzung wird neben dem Ausdruck «Kontrollspanne» (Gutenberg, 1962; Lohmann, 1964; Ulrich, 1961) – weniger «Kontrollbereich, Kontrollbreite, Aufsichtsbereich, Überwachungsspanne» – im deutschen Schrifttum weitgehend der Ausdruck «Leitungsspanne» (Nordsieck, 1955; Kosiol, 1962; Heinen, 1972) verwendet. In der amerikanischen Literatur geht man zunehmend zu dem klareren Ausdruck «span of management» (Fisch, 1963; Koontz/O'Donnell, 1955) über. In den Bezeichnungen «Subordinationsquote» (Gaugler, 1966; Pankoke, 1964; Köster, 1969) und «Subordinationsbereich» (Schneider, 1972) kommt explizit das Über- und Unterordnungsverhältnis zum Ausdruck. Weitere Bezeichnungen sind «span of responsibility» (Brech, 1957) und «Beherrschbarkeit durch den Abteilungsleiter» (Schmalenbach, 1959).

Den einzelnen Begriffsbezeichnungen liegen unterschiedliche Inhalte zugrunde – insbesondere hinsichtlich der vom Vorgesetzten gegenüber den Untergebenen zu erfüllenden Aufgaben und in Bezug auf die Limitierung der subordinierten Elemente (Schneider, 1972).

Im Folgenden wird unter der Subordinationsquote die Zahl der einer Leitungsstelle direkt nachgeordneten Organisationseinheiten verstanden und die Bezeichnung «Leitungsspanne» synonym verwendet.

2.2 Kapazitätsbedingung von Leitungsstellen

Bei der Lösung des aufbauorganisatorischen Problems, eine optimale Aufgabenverteilung zu erreichen, ist eine Reihe von Nebenbedingungen zu beachten. In diesem Zusammenhang wird als eine derartige Restriktion die Kapazitätsbedingung formuliert. Sie muss vom Stelleninhaber quantitativ und qualitativ erfüllt werden.

Mit der quantitativen Kapazitätsbedingung verbindet sich die Forderung: Die von einer Stelle zu bewältigende Aufgabe darf nicht mehr Zeit beanspruchen, als ihr nach ihrem Zeitplan zur Verfügung steht (Gutenberg, 1962). Die qualitativen Anforderungen, die eine Aufgabe an die Leistungsfähigkeit einer organisatorischen Einheit stellt, insbesondere in Bezug auf die Wissenskapazität (Wissensgrenze), sollen mit der qualitativen Kapazitätsbedingung erfasst werden. Sie wird von Gutenberg (1962) als «Qualitätsbedingung» formuliert.

Eine Nichteinhaltung der Kapazitätsbedingung bei einer Leitungsstelle im Sinne einer Überschreitung kann sich entweder auf den qualitativen, auf den quantitativen Aspekt oder auf beide zugleich auswirken:

1| Die Aufgaben, die eine leitende Stelle zu erfüllen hat, sind so kompliziert, sie erfordern so spezialisiertes Wissen, dass der leitende Aufgabenträger nicht mehr in der Lage ist, sie sachgerecht zu erfüllen. Die Nichteinhaltung der Kapazitätsbedingung führt zu einer qualitativen Überlastung des Leitenden.

2| Der Arbeitsumfang, den die Erfüllung der Aufgaben des Leitenden mit sich bringt, ist so groß geworden, dass er zeitlich nicht mehr alle Aufgaben erfüllen kann. Dies ist eine quantitative Überlastung des Leitenden.

3| Die Aufgaben sind so kompliziert und erfordern einen derartigen Arbeitsumfang, dass er sie sowohl sachlich als auch zeitlich nicht mehr erfüllen kann. Es liegt eine qualitative und quantitative Überlastung vor.

Kann die Kapazitätsbedingung nicht mehr eingehalten werden, so sind Überlastungserscheinungen die Folge. Sie sollen durch eine Begrenzung der Leitungsspanne vermieden werden.

2.3 Bestimmung der Subordinationsquote

Die quantitativen und qualitativen Kapazitätsbeschränkungen der Instanzeninhaber sind der Ansatzpunkt für die Formulierung von Regeln über die optimale Subordinationsquote. Insbesondere in der «klassischen» Organisationsliteratur nimmt dieses Problem eine dominierende Stellung ein. Die Diskussion beschränkte sich aber allein auf den quantitativen Nachweis zulässiger maximaler Leitungsspannen. Die Ansichten über die Zahl der einem Vorgesetzten zu unterstellenden Personen gehen weit auseinander. Es wird zum Beispiel festgestellt, dass ein Leiter nicht mehr als fünf bis sechs (Urwick, 1943), drei bis vier (Hamilton, 1921), drei bis sechs (Gillmore, 1948) Untergebene beaufsichtigen und führen kann. Für Leiter oberer Instanzen wird häufig die Zahl vier als Maximum angesehen, für die unteren Ebenen 15 bis 25 Untergebene.

Angeregt durch Urwick hat sich vor allem Graicunas (1947) bemüht, einen quantitativen Nachweis für die zulässige Leitungsspanne zu finden. Zu diesem Zweck unterscheidet er bestimmte Beziehungen zwischen Vorgesetzten und Untergebenen und bestimmt die jeweils minimale und maximale Anzahl von Beziehungen in einer hierarchisch strukturierten Gruppe. Dabei zeigt sich, dass die Summe aller Beziehungen mit der Zahl der Untergebenen stark proportional ansteigt.

Graicunas (1947) kommt so zu dem Ergebnis, dass aufgrund des progressiven Ansteigens der Summe der Beziehungen die Leitungsspanne an vier bis höchstens fünf Untergebene zu begrenzen sei.

Ulrich (1961) erhebt mit Recht die Frage, ob die Beziehungen für den Vorgesetzten wirklich alle wesentlich sind und seine Zeit beanspruchen.

Urwick (1943) lässt deshalb seine «Grundsätze» über die Leitungsspanne nur gelten, wenn die Arbeiten «ineinandergreifen», weil eben nur dann die Beziehungen zwischen den Untergebenen für die Aufgabenlösung und damit für den Vorgesetzten wesentlich sind.

Erst in neueren organisatorischen Betrachtungen zum Problem der Leitungsspanne verzichtet man auf konkrete Zahlenangaben. Dazu kommt die Verschiebung der Überlegungen von der horizontalen auf die vertikale Gliederung beziehungsweise auf den optimalen Gliederungsaufbau (Gasser, 1952), durch den eine Abstimmung von Leitungsbreite (horizontale Gliederung) und Leitungstiefe (vertikale Gliederung) erreicht werden soll.

Neben den Versuchen, aufgrund von Praxiserfahrungen oder in Auswertungen literarischer Vorlagen die zulässige - im Sinne von optimaler - Leitungsspanne quantitativ zu formulieren, liegen auch empirische Untersuchungen vor, insbesondere aus dem angelsächsischen Raum (Dale, 1952; Entwisle/Walton, 1960; Udell, 1967; Davis, 1941; Woodward, 1964; Stieglitz, 1962) sowie im deutschsprachigen Raum Fisch (1963) und Gaugler (1966). Ein Vergleich der Ergebnisse stößt jedoch auf erhebliche Schwierigkeiten, da die empirischen Studien hinsichtlich ihres Untersuchungszieles und der betrachteten Unternehmungen sehr stark divergieren (Schneider, 1972).

2.4 Determinanten der Subordinationsquote

Die bisherigen Aussagen über die Quote der Subordination sind für die Organisationstheorie und -praxis kaum brauchbar. Welche Größen bestimmen die Kapazitätsbedingung von Leitungsstellen und über diese die Zahl der in einem leitungsmäßig integrierten Zwischensystem zusammengefassten Organisationseinheiten niederer Ordnung? Als wichtigstes Merkmal für die Beurteilung der Leitungsspanne ist die Frage anzusehen, inwieweit mögliche Beziehungen zwischen Vorgesetzten und Untergebenen frequentiert werden. Die Häufigkeit ist von den Faktoren Aufgabencharakter, Art der Führung, persönliche Qualifikation sowie dem Einsatz von Hilfsmitteln abhängig.

Aufgabencharakter
Unter diesem Gesichtspunkt sind die Aufgaben der Vorgesetzten und die der Untergebenen zu unterscheiden. Bei Vorgesetzten interessiert insbesondere der Anteil an Ausführungsaufgaben, deren Erfüllung sie sich vorbehalten haben, die die für eine Leitung der Untergebenen zur Verfügung stehende Zeit beschränken kann. So behalten sich Vorgesetzte in der Unternehmungsspitze häufig zum Beispiel Repräsentationsaufgaben vor, deren Erfüllung erhebliche Zeit in Anspruch nehmen kann und die Kapazität zur Leitung der Untergebenen begrenzt. Die Folge ist eine Beschränkung der Leitungsspanne. Die Aufgabenstruktur der nachgeordneten Stellen ist ein weiterer wesentlicher Faktor. Sie lässt sich durch folgende Kriterien kennzeichnen:

Wiederholungshäufigkeit, Schwierigkeit, Entscheidungsspielraum, Ausgliederung bestimmter Teile der Leitungsaufgabe.

a| *Wiederholungshäufigkeit der Aufgaben*

Sie wird einerseits durch eine Gleichartigkeit bestimmter Aufgabenmerkmale gekennzeichnet und führt hier zu einer geringeren Frequentierung der Beziehungen als ungleichartige Aufgaben. Bei völlig gleichartigen Aufgaben der Untergebenen kann die Leitungsspanne sehr groß werden, sind die Aufgaben dagegen in ihren Merkmalsausprägungen verschiedenartig, so wird die Leitungsspanne klein sein. Andererseits beeinflusst die Konstanz der Aufgaben die Leitungsspanne. Werden bestimmte Aufgaben jeweils mit den gleichen Anforderungen über längere Zeit erfüllt, lässt sich die Leitungsspanne größer halten, als wenn sich die Anforderungen der Aufgabenerfüllung ständig ändern. Dabei ist unterstellt, dass durch jeden Aufgabenwechsel Leitungsbeziehungen stark frequentiert werden (Neueinweisung in die Aufgabe mit Möglichkeiten der intensivierten Rückkoppelung über Rückfragen und intensivierter Kontrolle) und eine Entlastung der Frequentierung von Leitungsbeziehungen über Lerneffekte bei der Aufgabenerfüllung kaum zu verzeichnen ist.

b| *Schwierigkeit der Aufgaben*

Die sich mit der Aufgabenerfüllung verbindende Schwierigkeit ist ein weiterer Grund, der zu einer stärkeren oder schwächeren Frequentierung der Beziehungen führt. Relativ mechanische und schematische Tätigkeiten können mit relativ großen Leitungsspannen abgewickelt werden, da sich hier die Ansprüche der Untergebenen an Regelungsleistungen der Vorgesetzten auf ein Minimum beschränken dürften.

c| *Entscheidungsspielraum*

Der für die Aufgabenerfüllung offene Entscheidungsspielraum beeinflusst ebenfalls die Häufigkeit der Frequentierung von Leitungsbeziehungen. Über den Ermessensspielraum der Untergebenen, der sich aus der Gewichtung organisatorischer und dispositiver Gestaltungsregeln herleitet, ergibt sich eine wesentliche Bestimmungskomponente der Leitungsspanne.

d| *Ausgliederung bestimmter Teile der Leitungsaufgabe*

Eine wirksame organisatorische Maßnahme zur Erhöhung der Leitungsspanne besteht darin, Teile der Leitungsaufgaben auf Stabsstellen zu übertragen, insbesondere Aufgabenelemente der Entscheidungsvorbereitung, des Entscheidungsvollzugs sowie der Vollzugskontrolle. Sind in größerem Umfang Teile der Leitungsaufgaben durch horizontale Zentralisation ausgegliedert und an Stabsstellen übertragen worden, so kann über fachliche Arbeitsbeziehungen, die direkt zwischen den Stabsstellen und untergeordneten Stellen eingerichtet werden, eine starke Einschränkung der Frequentierung von Beziehungen mit dem Vorgesetzten eintreten. Im Grenzfall handelt die Leitungsinstanz nur noch als zielsetzendes und erfolgskontrollierendes Organ.

Auch die Ausgliederung und Übertragung von Leitungsaufgaben an Ausschüsse (Kollegien) macht eine Erweiterung der Leitungsspanne möglich. Weiter können Aufgabenelemente von Leitungsstellen auch an unterstellte Aufgabenträger delegiert werden. Eine derartige Lösung (vertikale Delegation) führt zur Verringerung der Beziehungen mit dem Vorgesetzten und bietet die Möglichkeit, die Leitungsspanne zu erhöhen (Führungsdelegation).

Art der Führung

Die aufgabenbezogene, situations- und personenspezifische Ausübung von Führungsfunktionen durch einen Vorgesetzten hat einen wesentlichen Einfluss auf die Häufigkeit der Beziehungen. Spezifische Formen lassen sich anhand bestimmter Ausprägungen von Führungs- und Organisationselement darstellen. Tendenziell sind mit autokratischen Führungsformen enge Leitungsspannen und mit kooperativen Führungsformen breite Leitungsspannen verbunden. Autokratische Führungsformen gehen in der Regel von einer weitgehenden Zentralisation der Entscheidungen aus. Dies bringt eine hohe Frequentierung der Leitungsbeziehungen mit sich und verkleinert die Subordinationsquote. Kooperative Führungsformen gehen von einer weitgehenden Dezentralisation («Delegation von Verantwortung», Höhn, 1961) aus, wobei die Frequentierung der verbleibenden Leitungsbeziehungen auf Probleme grundsätzlicher Art eingeschränkt wird. Als Ergebnis ist eine Vergrößerung der Subordinationsquote zu erwarten.

Persönliche Qualifikation

Leistungsvermögen und Leistungsbereitschaft, die in der Person des Vorgesetzten und der Untergebenen begründet liegen, können beim Vorgesetzten die Zahl der Untergebenen limitieren und bei den Untergebenen den erforderlichen Grad an Führung durch den Vorgesetzten bestimmen. Die Fähigkeit des Vorgesetzten zur Führung kann in bestimmten Eigenschaften gesehen werden, die sich durch mehrere partielle Begrenzungsspannen beschreiben lassen (Meyer, 1968). Andererseits wird der Aufwand des Vorgesetzten zur Führung seiner direkt Untergebenen umso geringer sein, je besser die Ausbildung und je größer die Fähigkeiten der Untergebenen sind. Durch gezielte Maßnahmen lässt sich das Fähigkeitspotential sowohl des Vorgesetzten als auch der Untergebenen erhöhen (personnel development).

Einsatz von Hilfsmitteln

Der Einsatz von Hilfsmitteln kann die Leitung bei der Erfüllung ihrer Aufgaben unterstützen und tendenziell höhere Subordinationsquoten ermöglichen. Insbesondere die Möglichkeiten des Einsatzes von elektronischen Datenverarbeitungsanlagen zur Programmierung wiederkehrender Entscheidungen, zur Durchführung von Routineaufgaben sowie zur Übernahme formaler Leitungsaufgaben der Entscheidungsvorbereitung (Mensch-Maschine-Kommunikation) zeigen eine entlastende Wirkung auf die Frequentierung von Leitungsbeziehungen.

Neben diesen dargestellten Determinanten werden in der Literatur noch andere explizit herausgestellt: Stellung in der Hierarchie, Größe der Unternehmung, Breite des Absatzprogrammes. Diese Faktoren lassen sich unter die aufgezeigten Determinanten subsumieren.

Basierend auf: Bleicher, K. (1975): Subordinationsquote. In: Gaugler, E. (Hrsg.): Handwörterbuch des Personalwesens, S. 1893ff.

Literatur zu Abschnitt 2: Subordinationsquote

Brech, E. F. L. (1957): Organisation: the Framework of Management. London.
Dale, F. (1952): Planning and Developing the Company Organization Structure. New York.
Davis, K. C. (1941): The Influence of the Unit of Supervision and the Span of Executive on the Economy of Line Organization Structure. Bureau of Business Research, Ohio State University, Research Monograph No. 26. Columbus. Ohio.
Entwisle, D. K./Walton, J. (1960): Observations on the Span of Control. In: ASQ, 1960/61, S. 522ff.
Fisch, G. G. (1963): Stretching the Span of Management. In: HBR, Bd. 41, Nr. 5, September–Oktober 1963, S. 74ff.
Gasser, O. (1952): Die optimale Organisationsstruktur. In: Ind. Org., Jg. 21, 1952, S. 325–332.
Gaugler, F. (1966): Instanzenbildung als Problem der betrieblichen Führungsorganisation. Berlin.
Gillmore, R. F. (1948): A Practical Manual of Organization. New York.
Graicunas, V. A. (1947): Relationship in Organization. In: Gulick, v. L./Urwick, L. (Hrsg.): Papers on the Science of Administration. New York. S. 183ff.
Gutenberg, E. (1962): Unternehmensführung. Organisation und Entscheidungen. Wiesbaden.
Hamilton, I. (1921): The Soul and Body of an Army. London.
Heinen, F. (1972): Einführung in die Betriebswirtschaftslehre. 4. Aufl., Wiesbaden.
Höhn, R. (1961): Die Führung mit Stäben in der Wirtschaft. Bad Harzburg.
Koontz, H./O'Donnell, C. (1955): Principles of Management. New York u. a.
Kosiol, F. (1962): Organisation der Unternehmung. Wiesbaden.
Köster, J. (1969): Die Organisation und ihre Planung. Bern/Stuttgart.
Lohmann, M. (1964): Einführung in die Betriebswirtschaftslehre. 4. Aufl., Tübingen.
Meyer, F. (1968): Bestimmungsfaktoren der Leitungsspanne. In: ZfO, Jg. 37, 1968, S. 121ff.
Moore, W. F. (1962): The Conduct of the Corporation. New York.
Nordsieck, F. (1955): Rationalisierung der Betriebsorganisation. 2. Aufl., Stuttgart.
Pankoke, W. (1964): Die Anpassung der Führungsorganisation an wachsende Betriebsaufgaben. Zürich.
Schmalenbach, E. (1959): Oberdienststellengliederung im Großbetriebe. Köln/Opladen.
Schneider, P. (1972): Kriterien der Subordinationsspanne. Das Problem der Abteilungsgröße unter organisatorischen Aspekten. Berlin.

Stieglitz, H. (1962): Optimizing Span of Control. In: Management Record, 1962, S. 25ff.
Suojanen, W. W. (1957): The Span of Control – Fact or Fable? In: Advanced Management, Bd. 22, Nr. 9, 1957, S. 17.
Thompson, K. F. (1964): Span of Control – Conceptions and Misconceptions. In: Business Horizons, Bd. VII, 1964, S. 49ff.
Udell, J. C. (1967): An Empirical Test of Hypotheses Relating to Span of Control. In: ASQ, 1967, S. 420ff.
Ulrich, H. (1961): Kontrollspanne und Instanzenaufbau. In: Organisation, TFB-Handbuchreihe, Bd. I, Berlin/Baden-Baden. S. 267ff.
Urwick, L. F. (1938): Scientific Principles and Organization. New York.
Urwick, L. F. (1943): The Elements of Administration. New York/London.
Woodward, J. (1964): Management and Technology. London.

3 Möglichkeiten und Grenzen der Selbstorganisation: Organisation als Erfolgsfaktor

Knut Bleicher, verfasst im Jahr 1999, bisher unveröffentlicht

Eine der vielen vom Management zu beherrschenden Paradoxien ist das Feld der Fremd- und Selbstorganisation. Die aktuelle Umstrukturierungswelle hat gerade die Selbstorganisation ins Zentrum der Diskussion gerückt. Was aber bedeutet sie im Unternehmungsalltag wirklich? Knut Bleicher analysiert das paradoxe Spannungsverhältnis von Fremd- und Selbstorganisation und zeigt Wege zu einer schöpferischen Synthese.

Derzeitige Vorstellungen einer zukunftsführenden Organisationsgestaltung zielen auf weitgehend eigenständige Veränderungsprozesse, um eine schnelle und sachgerechte Anpassung an sich schnell wandelnde Märkte und Technologien zu erreichen. Für diesen Trend ist es symptomatisch, dass Ansätze der Führung und Organisation, die früher durch das Vorwort «Fremd-» gekennzeichnet waren, neuerdings zunehmend ein «Selbst-» erhalten, um eine Hinwendung zum Eigenständigen erfolgreich vollzogener Wandlungsprozesse auszudrücken.

3.1 Vordringen evolutorischer Vorstellungen im Management

Bei aller grundsätzlichen Bejahung eines Strebens, Fremd-Entscheidungen, -Planungen, -Kontrollen und -Verantwortung durch Prozesse der Selbst-Lenkung und -Gestaltung zu ersetzen, bleibt dennoch die Frage, ob unter allen kontextuellen und situativen Umständen dieser Weg allein Erfolg versprechend ist, oder ob es nicht sinnvoller sei, unter besonderen Anwendungsbedingungen statt der Selbst- auch die Fremd-Verantwortung nicht aus dem Auge zu verlieren. Eine Überprüfung dieses Zusammenhangs enthüllt, dass es sich bei dieser Frage um eine der vielen vom Management zu bewältigenden Paradoxien handelt.

«Die Entdeckung, dass es in der Gesellschaft Ordnungen anderer Art gibt, Ordnungen, die nicht vom Menschen entworfen worden sind, sondern aus der Tätigkeit der Individuen ohne ihre Absicht resultieren, ist die Errungenschaft der Sozialtheorie – oder besser gesagt, diese Entdeckung war es, die gezeigt hat, dass es einen Gegenstand für die Sozialtheorie gibt.» (Hayek, 1969)

Der Nobelpreisträger Friedrich August von Hayek weist damit darauf hin, dass es viele erfolgreiche Ordnungen gibt, die durch das Zusammenwirken Vieler entstanden sind und entstehen. Sie sind in der Regel nicht das Ergebnis bewusster menschlicher Planung, aber immer das Ergebnis menschlichen Handelns. Daraus leiten sich Bezeichnungen wie «spontane» oder «polyzentrische» Ordnungen her (Hayek, 1969). Ihnen entsprechen die Begriffe «Selbstorganisation», «Selbsttransformation» und die «Autopoiesis» der Systemtheorie. Konzepte der Selbstorganisation hängen eng mit der Beobachtung zusammen, dass Organisationen und andere soziale Systeme als komplexeste und höchstentwickelte Systeme die Fähigkeit besitzen, sich selbst umzustrukturieren. Dies kann aufgrund exogener oder endogener Impulse geschehen. Es handelt sich um eine Kernfähigkeit, welche auf Dauer Lebensfähigkeit und Entwicklung gewährleistet.

«Selbsttransformation umfasst wesentliche Veränderungen von Struktur, Kultur und Aktivitäten, die über die Zeit letztlich auch zu einer neuen Identität führen können.» (Schwaninger, 1994)

3.2 Das paradoxe Spannungsverhältnis

«Oft wird der Eindruck erweckt, angesichts der spontanen Ordnungen wären die bewusst gemachten gar nicht mehr erforderlich. Die Beziehung zwischen den beiden Arten von Ordnung ist aber nicht eine substitutive, sondern eine komplementäre. Nur zum Teil steuert Absicht das Unternehmensgeschehen. Strukturen und Prozesse sind gemeinsames Produkt von Entwurf und Entstehung. Dabei können spontane Ordnungen einen wesentlich höheren Grad an struktureller Komplexität generieren als die gemachten. Aufgrund solcher Überlegungen kann Selbstorganisation in diesem Zusammenhang bezeichnet werden als die Emergenz (also das Entstehen, quasi ‹wie von selbst›) von Strukturen und Ablaufmustern aus dem Zusammenwirken von vielen.» (Hayek, 1969/Schwaninger, 1994).

Die Frage nach Selbst- und Fremdorganisation stellt sich als ein für das Management typisches Dilemma dar, das zu Paradoxien führt. Unternehmungen werden im sogenannten «Organizational paradox»-Ansatz als Spannungsfelder konfligierender Herausforderungen und Handlungsalternativen begriffen, die durch das Management dynamisch zum Ausgleich gebracht werden müssen. Damit rücken Unternehmungen in dieser Betrachtung in die Nähe der von Prigogine (1980) vertretenen naturwissenschaftlichen Konzeption «dissipativer Strukturen». Sie verkörpern ein nicht-

Kapitel III – Perspektiven für die Gestaltung von Managementsystemen

lineares, kontinuierlich fluktuierendes System, bei dem jeweils prinzipiell polar entgegengerichtete Wirkungseinflüsse simultan miteinander agieren. Aus dieser permanenten Verknüpfung entsteht ein inhärentes dynamisches Spannungsverhältnis. (Perich, 1992)

> «A frontier concern is with building responsiveness, adaption, and learning into the organization. These imply maintaining a state of constructive tension within the firms.»
> (Evans, 1989)

Entgegengerichtete Wirkungseinflüsse verändern in sozialen Systemen und in deren Beziehungen zur Umwelt laufend ihr Gewicht. Sie entwickeln – einmal außer Kontrolle geraten – durchaus eine Eigendynamik, welche die Überlebensfähigkeit eines Systems gefährden kann. Dies ist vor allem darauf zurückzuführen, dass das durchaus als fließend zu betrachtende Gleichgewicht, das eine Erfolg versprechende Wirkung ermöglicht, nicht mehr gegeben ist.

Gemäß dem Modell dissipativer Strukturen hängt die optimale Wirkungsentfaltung einzelner Strukturkomponenten davon ab, dass sich die gegensätzlichen Prinzipien und Ansprüche in einer kritischen Balance halten. Sobald sich eine bestimmte Gestaltungsphilosophie allzu einseitig in der Unternehmungsstruktur durchsetzt oder ein bestimmtes Muster an Strukturierungsprinzipien absolute Gültigkeit für sich beansprucht, wird diese Balance gefährdet und dysfunktionale Komponenten beginnen immer ausgeprägter überhand zu nehmen. (Perich, 1992)

3.3 Evolutorische Dynamik der Fremd- und Selbstorganisation

Die sich in Paradoxien ausdrückenden Spannungsverhältnisse werden pathologisch, wenn sich eine Entwicklung auf der ihnen eigenen Spannungsreihe einem Extrempunkt nähert. Pascale (1991) kennzeichnet diesen Prozess als «maximising». Watzlawick spricht von einem «Mehr-desselben-Prinzip» und verweist als Beispiel auf die Konstruktion eines der größten Gebäude der Welt, des «Cape Kennedy Space Center».

Hier wurde die Bauweise eines Flugzeughangars für eine Unterbringung von Raketen maximiert. Dasselbe Prinzip, nur eben alles viel größer. Die Halle entwickelte in der Folge ein eigenes Klima mit statischen Entladungen und Regengüssen. Dies führte damit gerade zu jenen Bedingungen, vor denen ihr Bau eigentlich hätte schützen sollen. Der Supertankerbau folgt zuweilen einem ähnlichen «Mehr-desselben-Prinzip» mit der Folge, dass durch die Eigenschwingungen des Schiffskörpers dieser bei stürmischer See einfach auseinanderriss, ohne dass die Mannschaft eine Chance gehabt hätte, einen SOS-Notruf abzusetzen.

Das dargestellte Phänomen eines Umgangs mit Paradoxien bietet in Unterstützung von Kiesers Argumenten (Kieser, 1994) einen deutlichen Beleg für die Notwendigkeit der gestalterischen Eingrenzung selbstorganisatorischer Entwicklungsprozesse. Dies aus zwei Gründen:

– entweder ein System verharrt in seiner Entwicklung in Apathie, Desinteresse, Arroganz und Selbstzufriedenheit,

– oder es läuft in ständiger Selbstverstärkung eines aus der Vergangenheit heraus bewahrten Erfolgsrezeptes voll in eine Extremsituation mit pathologischen Merkmalen hinein. Das von Miller (Miller, 1987) auf die Unternehmungsentwicklung umgesetzte «Ikarus-Paradox» gibt ein gutes Beispiel für die Kräfte ab, die aus einem Erfolg heraus einen Misserfolg produzieren: «Nothing fails like success!» Bekanntlich nutzte Ikarus die von Daedalus erfundene Innovation der wachsbestrichenen Flügel zu immer größeren Höhenflügen. Als er in großer Höhe der Sonne zu nahe kam, schmolz das Wachs, und er stürzte ab.

In beiden Fällen bedarf es einer Fremdsteuerung durch das Management im rahmenbesetzenden, gestalterischen Sinn, um

– im ersten Fall Impulse zur Erzeugung von Spannungen zu geben, damit Entwicklungsprozesse stattfinden, wobei weiter die Richtung der Spannungsreihe, in der diese Entwicklung verlaufen soll, zu bestimmen ist, und

– im zweiten Fall diese Entwicklung durch lenkende Eingriffe und die Gestaltung extrem anderer Erfolgsbedingungen abzufangen und umzukehren.

An dieser Stelle wird der visionäre, spannungserzeugende und die Wende vollziehende Unternehmer, der die alte, pathologisch zu werden drohende paradoxe Dynamik rechtzeitig abstoppt, wesentlich.

Ein visionärer Unternehmer ist jener, der vorausschauend die sich entwickelnde Ungleichgewichtssituation erkennt, das Alte im Sinne Schumpeters «schöpferisch zerstört» und Impulse für eine neue Richtung unter möglicher Synthese von Altem und Neuem einschlägt. Erreicht eine Entwicklung einen pathologischen Zustand, ist zumeist ein Krisenmanagement gefragt. Sollten Unternehmungen bewusst das in einer Krise enthaltene Erneuerungspotential für einen (radikalen) Wandlungsprozess nutzen, oder sind eher Krisen vermeidende Gestaltungsansätze zu verfolgen? Dies ist für viele Unternehmungen in schwierigen Konjunktur- und Strukturlagen eine hochbrisante Frage geworden.

– Für eine Nutzung der Krise zur Erneuerung (die sog. «crisis before change theory») sprechen Argumente eines allgemeinen Anpassungsbewusstseins, von dem angenommen wird, dass es alte in der Unternehmungsstruktur abgespeicherte Perzeptionen und Präferenzen spontan infrage stellt.

– Gegen eine bewusste Herbeiführung einer Krisendramatik sprechen andere Gründe. Zum einen ist zu vermuten, dass die Motivation eines wesentlichen Teils der Systemmitglieder sich in einer Krise von risikoreichen Innovationsprozessen, die viele Fehler haben können, abwendet und sich auf ein «Überlebenstraining» unter Aktivierung von Sicherheitsbedürfnissen in einer schrumpfenden Unternehmung konzentriert. Zum anderen ist auf die hohen sozialen Kosten eines derartigen Vorgehens zu verweisen. In einer Krise vollzieht sich zudem ein fataler Abbau von Handlungsoptionen im Sachlichen wie im Zeitlichen, der auch von dorther die Überlebensfähigkeit einer Unternehmung infrage stellen kann.

«Selbstorganisation wurde lange weitgehend mit informeller, paralleler oder sekundärer Organisation abgetan und höchstens als zu duldende und/oder ignorierende, meist aber als störende Erscheinung aufgefasst.»

3.4 Auf der Suche nach einer schöpferischen Synthese

Die Lösung paradoxer Spannungsverhältnisse sollte zu einer Synthese beider Entwicklungskonzepte führen. Dies steht im Gegensatz zu einem einseitigen «maximizing», das Fremd- und Selbstorganisation antithetisch begreift und zumeist zu dysfunktionalen Entspannungsmustern eines Verdrängens, Herumkurierens an Symptomen, der Lösung definierter Probleme und zu fehlgeleiteten Revolutionen führt.

Pascale wählt für den gegenteiligen Weg die Bezeichnung «metamizing» (Pascale, 1991). Ein derartiges «metamizing» setzt die Synthese von Gegensätzlichkeiten entlang einer Spannungsreihe, also deren schöpferische Kombination, voraus. Sie führt letztlich zu hybriden Strukturen eines «Sowohl-als-auch». Das innovative Element liegt dabei weniger in der Selektion hybrider Elemente als vielmehr in ihrer beziehungsmäßigen Kombination. Die Verflechtungen zwischen hybriden Elementen, wie sie in neuzeitlichen Strukturen erkennbar werden, werfen allerdings andersartige «Schnitt-» oder besser «Nahtstellenprobleme» auf, die zu neuen Formen einer schöpferischen prozessorientierten Beziehungsgestaltung Anlass geben.

Eine schöpferische Synthese ist langfristig aber auch durch zeitübergreifendes organisationales Lernen zu erreichen. Im Umgang mit den dargestellten Spannungsverhältnissen, dem Auf und Ab ihrer Entwicklung, den erfolgreichen und weniger erfolgreichen Versuchen, über Steuerungsimpulse negative Entwicklungen durch übertriebene Steuerungseingriffe zu vermeiden, und vor allem über die Erkenntnis der Zeitlichkeit der evolutorischen Entwicklung und des Wirkungsverlaufs eigener Steuerungseingriffe entsteht ein organisationales Wissen, das letztlich zu einer Glättung sinushafter Entwicklungsverläufe führt.

Dies ist vielleicht – langfristig gesehen – die eigentliche Kernkompetenz eines entwicklungsorientierten Managements. Der gestalterische Aspekt eines «Management of Change» richtet sich daher auf das Schaffen von Rahmenbedingungen aus, die für ein derartiges organisationales Lernen förderlich sind. Da organisationalen Lernprozessen eine starke selbstorganisatorische Entwicklung eigen ist, wird der derzeitige Trend, zu selbstorganisatorischen Prozessen zu gelangen, verständlich. Dabei sollte jedoch nicht übersehen werden, dass der Gestaltungsrahmen, der sie ermöglichen und fordern soll, weiterhin wohl teilweise eher fremdorganisatorische Züge tragen wird. Dies dürfte so lange gelten, bis die dargestellten «Meta»-Lernprozesse eine derartige Reife erreicht haben, dass auch radikale Trendbrüche partizipativ erkannt und ohne unternehmerische Steuerungsbegriffe eigen-evolutorisch bewältigbar sind.

Literatur zu Abschnitt 3: Möglichkeiten und Grenzen der Selbstorganisation

Evans, P. (1989): The Dualistic Organization, In: Evans, P./Ooz, Y./Laurant A. (Hrsg.): Human Resource Management in International Firms, Chance, Globalization, Innovation. London.

Hayek, F. A. (1969): Arten der Ordnung. In: Hayek, F. A. (Hrsg.): Freiburger Studien. Tübingen.

Kieser, A. (1994): Fremdorganisation, Selbstorganisation und evolutionäres Management. In: abt 3/1994, S. 199–228.

Miller, O. (1987): The Genesis of Configuration. In: Academy of Management Review 4/1987, S. 686–701.

Pascale, B. (1991): Managing on the Edge. How Successful Companies Use Conflict to Stay Ahead. London.

Perich, R. (1992): Unternehmungsdynamik. Bern/Stuttgart.

Prigogine, I. (1980): From Being to Becoming. San Francisco.

Schwaninger, M. (1994): Managementsysteme, Frankfurt/New York.

KAPITEL IV

Gestaltung des Gesamtsystems Konzern bei fortschreitender Diversifizierung

Knut Bleicher, erschienen im Jahr 1979, überarbeitete Fassung

1 Entwicklung der Konzerngestaltung im historischen Abriss

In der Entwicklung bedeutender industrieller Unternehmungen nach dem Ersten Weltkrieg lassen sich zwei deutlich zu unterscheidende Wachstumsphasen nachweisen:

Die anfängliche Progressionsperiode wurde im Wesentlichen durch die aufgestaute Inlandsnachfrage nach Gütern in der Folge der Kriegs- und Nachkriegsereignisse getragen. In dieser Phase der Größenentwicklung vieler Unternehmungen legten diese das Gewicht unternehmungspolitischer Überlegungen zunächst auf die Investitionen für den Fertigungsbereich mit ihren notwendigen finanziellen Absicherungen, dann zunehmend auf die Ausgestaltung des Absatzbereiches über eine Intensivierung des Einsatzes absatzpolitischer Instrumente und mit zunehmender Marktsättigung auf die Qualifizierung der gegebenen Produkte.

Mit steigenden Sättigungstendenzen der Inlandsnachfrage ging die Entwicklung mit einer Phase vermehrter Internationalisierung des unternehmungspolitischen Kalküls weiter, um auf diesem Wege die Lebenszyklen der gegebenen Produkte durch die Ausweitung auf andere Länder zu beeinflussen. Die Internationalisierung wurde aber auch getragen durch eine zunehmende Instabilität im ökonomischen und soziokulturellen Kontext, einen beschleunigten Wandel in den Technologien und eine alle Bereiche durchdringende, verstärkte staatliche Regelung, die das Problem der Risikostreuung neben das der Wachstumssicherung stellte. Die reine Verlängerung der Lebenszyklen der gegebenen Produktprogramme stieß jedoch gerade durch die im Gefolge der Internationalisierung auftretenden Diffusion des Know-hows über niedrigere und mittlere Technologien, die durch Kostenunterschiede im internationalen Feld beschleunigt wurde, auf erkennbare und beachtliche Grenzen. Damit tritt die Suche nach neuen Produkten und Märkten im innovativen Bereich hoher Technologien im Sinne einer fortschreitenden Diversifikation in den Mittelpunkt unternehmungspolitischer und strategischer Überlegungen der Zukunftssicherung.

Grundlegende unternehmungspolitische Überlegungen müssen von strukturellen Planungen begleitet sein. Seit Chandlers These (1991) «structure follows strategy», die besagt, dass eine bestimmte Strategie Strukturüberlegungen nach sich ziehe, und der Gegenthese, dass eine gegebene Struktur eine ganz bestimmte strategische Denk- und Verhaltensrichtung impliziere (Rumelt, 1986), ist die enge Verkoppelung beider Gestaltungsbereiche auch literarisch deutlich geworden.

Für die organisatorische Strukturierung unserer Unternehmungen, die eine Bewältigung der qualifizierten Wachstumsaufgaben in den 1980er Jahren ermöglichen sollte, stellte sich die Frage, ob die Anwendung bislang praktizierter Organisationsmodelle einer derartigen Entwicklung der fortschreitenden Internationalisierung und Produktdiversifikation bei sich erschwerenden ökonomischen, sozio-kulturellen, technologischen und politisch-gesetzlichen Kontextbedingungen förderlich wäre. Zweifel schienen vor allem im Hinblick auf zwei Aspekte angebracht zu sein:

a| Durch den Ausbau bestehender organisatorischer Einheiten und die Bildung rechtlich unselbstständiger oder selbstständiger Gliedbetriebe als Formen interner Unternehmungsvergrößerung, den Erwerb von Anteilsrechten an bestehenden rechtlich selbstständigen sowie den Erwerb von rechtlich unselbstständigen Einheiten als externe Unternehmungsvergrößerung (Hahn, 1999) waren Großgebilde entstanden, deren organisatorisches und führungsmäßiges Erscheinungsbild mit dem des öffentlichen Verwaltungsapparats zunehmende Ähnlichkeiten aufweist. Die damit verbundene Bürokratisierung der Strukturen bringt nicht nur eine tendenziell feststellbare Schwerfälligkeit durch verwaltungsmäßig geprägte Routine mit sich, sondern beeinflusst auch die Verhaltensweisen der Mitarbeiter – von unternehmerischen weg, hin zu einem Risiken vermeidenden Handeln. Die Tatsache, dass sich damit die Dynamik und Verantwortungsbereitschaft trotz des Größenwachstums auf einige wenige, hoch motivierte Führungskräfte konzentriert, wurde bereits von Schmalenbach (1948) beklagt.

b| Mit der Erstarrung der Strukturen verringert sich aber auch immer die überlebenskritische Anpassungsfähigkeit großer Unternehmungen durch Innovation, die nur teilweise auf dem Umweg über die Kapitalkraft durch Akquisitionen – teils verspätet – erreicht werden kann. Dieses Problem – die Sicherung der Kreativitätsfähigkeit und der Innovationsbereitschaft großer Systeme bei gleichzeitiger Notwendigkeit der Erhaltung des Zusammenhangs durch ausgebaute Controlling-Routinen – scheint nach wie vor weit von einer Lösung entfernt zu sein.

In dem Bemühen der Großgebilde, diese organisatorischen Existenzprobleme zu lösen, konnte nur in geringem Umfang auf Aussagen der Betriebswirtschaftlichen Organisationslehre zurückgegriffen werden. Insbesondere im Feld der kombiniert rechtlich-organisatorischen Gestaltung der Konzernorganisation geht der Inhalt von Veröffentlichungen kaum über den Rahmen der Publikation des Arbeitskreises von Professor Dr. Krähe der Schmalenbach-Gesellschaft «Konzernorganisation» aus dem Jahre 1952 hinaus.

Die folgenden Gedanken zur Gestaltung der Konzernorganisation bei fortschreitender Diversifizierung gliedern sich in die Darstellung der «Bausteine» des Konzerns, die gesellschaftsrechtlich- beziehungsweise organisatorisch-akzentuierte Verknüpfung der «Bausteine» zu Strukturmodellen, die Ausgestaltung der Konzernspitze in

Abhängigkeit von verschiedenen Konzernmodellen und die abschließende Darstellung einiger strukturkritischer Determinanten, deren Einfluss auf die Konzernorganisation sowohl in statischer als auch dynamischer Betrachtung – von besonderem Interesse ist hier die Anpassung der Konzernstrukturen an die Konzernentwicklung – skizziert wird.

2 Organisationsmodelle des Konzerns

Die Organisationsgestaltung der Wirtschaftspraxis orientiert sich an Modellen, wie sie von der Theorie zur Lösung gesamtorganisatorischer Systemprobleme konzipiert oder in mehr oder weniger modifizierter Form in der Praxis realisiert werden. Derartige Organisationsmodelle lassen sich im Wesentlichen aus dem Harmonisierungstenor der in einem Konzern relevanten Verrichtungen, Objekte und Regionen ableiten, die je nach dem Kontext des Konzerns eine unterschiedliche relative Bedeutung besitzen und über Zentralisation und Dezentralisation der mit ihnen verbundenen Aufgaben strukturdeterminierend wirken.

Im Rahmen einer kontextbestimmten Grundstruktur ergeben sich vielfältige organisatorische Teilgestaltungsprobleme (zum Beispiel Zentralisation oder Dezentralisation von Teilfunktionen, Eingliederung von Zwischenebenen zur Sicherung von partiellen Harmonisierungsproblemen, Organisation der Konzern-Leitung und ihrer Ausstattung mit Personal- und Sachmitteln usw.), die letztlich die Konfiguration des organisatorischen Aufbaus bestimmen. Diesen Teilproblemen wird im weiteren Verlauf – nach Darstellung der grundsätzlichen Organisationsmodelle des Konzerns – mit zunehmender Konkretisierung der Aussagen nachgegangen werden.

2.1 Bausteine der Konzernorganisation

Jede Konzernorganisation lässt sich nach den Ebenen ihres Operierens in Bausteine zerlegen. Dabei sind mindestens zwei Ebenen derartiger Subsysteme Voraussetzung für das Entstehen eines Konzerns und zwar:

a| Grundeinheiten als Hauptglieder, die «durch die Erfüllung von Sachaufgaben, wie Beschaffung, Produktion und Absatz, der konkreten Leistungserstellung dienen» (Kormann, 1969).
Die Definition des §18 des deutschen AktG setzt zwar eine rechtliche Selbstständigkeit der Grundeinheiten voraus; die Organisationspraxis zeigt allerdings weitgehend Zwischenformen von rechtlich selbstständigen Tochtergesellschaften und als Betriebsabteilungen unselbstständig operierenden Unternehmungsbeziehungsweise Geschäftsbereichen oder Sparten.

b| Spitzeneinheiten, die die Führung des Konstruktes übernehmen. Unter der Spitzeneinheit werden Konzern-Leitung und Konzern-Hauptverwaltung subsumiert, die entweder als rechtlich selbstständige Holding (im Sinne einer «geschäftsführenden», seltener in jenem einer «reinen» Holding) oder als rechtlich unselbstständiger Teil der beherrschenden Unternehmung (das heißt in die Muttergesellschaft eingebettet) ausgeprägt sein kann.

c| Daneben kann es auf einer weiteren Harmonisierungsebene zu einer Zusammenfassung von Grundeinheiten in Zwischeneinheiten kommen. Werden diese rechtlich verselbstständigt, wird im Schrifttum eine reine von einer gemischten Holding differenziert, wobei von Letzterer neben «... dem Erwerb und der Verwaltung von Anteilen der angeschlossenen Konzernunternehmen» (Hertz-Eichenrode, 1973) auch Leitungs- und Ausführungsfunktionen wahrgenommen werden. Werden Zwischeneinheiten hingegen nicht rechtlich verselbstständigt, so wird zumeist von Gruppenverwaltungen gesprochen, die als Zwischeninstanzen etwa mehrere Töchter gleicher wirtschaftlicher Tätigkeit oder gleichen Standorts (Krähe, 1952) zusammenfassen.

Die Organisationsprobleme eines Verbunds sind nur zu einem Teil davon abhängig, ob die Glieder selbstständig sind (Konzernunternehmungsverbund) oder ob der «Verbund» die Form einer einheitlichen Unternehmung mit dezentralisierter Gliederung der Betriebe (Betriebsverbund) hat (Blohm, 1969). Im Sinne des von der formal-rechtlichen Selbstständigkeit der Einheiten abgeleiteten Konzernbegriffs lassen sich die rechtlich selbst- und unselbstständigen «Bausteine» eines Konzerns in unterschiedlicher Weise mischen. Dabei können jeweils eigene Probleme der Harmonisierung (qualitativ, quantitativ, räumlich und zeitlich) entstehen, die im Rahmen einer Analyse der Konzernorganisation von Interesse sind.

2.2 Gesellschaftsrechtliche Kombination der Bausteine in der Konzernorganisation

Die drei Arten von «Bausteinen» einer Konzernorganisation lassen sich gesellschaftsrechtlich in unterschiedlicher Weise kombinieren. Als typische Modellvarianten sind folgende zwei Fälle zu differenzieren:

Modell I: Segregierter Konzerntyp (Albrecht, 1970): Der «Stammhaus»-Subordinationskonzern

Dieser Typ entspricht in etwa dem Unterordnungskonzern, wie er in § 18 des deutschen AktG geregelt ist. Um die Spitzeneinheit der Muttergesellschaft insbesondere dann von der Harmonisierungsfunktion zu entlasten, wenn die Anzahl von Verschiedenartigkeiten der Grundeinheiten (nach Verrichtungen, Objekten, Regionen) kritische Schwellen für den bestehenden Aufbau überschreitet, können – unter Beibehaltung der Dominanz der Muttergesellschaft – Zwischeneinheiten in den rechtlich unselbstständigen Formen einer «Abteilung Beteiligungen» beziehungsweise einer «Gruppenverwaltung» oder in den rechtlich selbstständigen Formen einer «reinen» beziehungsweise «gemischten Holding» in den Aufbau eingegliedert werden.

Modell II: Integrierter Konzerntyp (Hertz-Eichenrode, 1973): Äquiordinationskonzern

Im Äquiordinationskonzern wird bei abnehmender Bedeutung der Muttergesellschaft und relativem Bedeutungsgewinn der Grundeinheiten ein Zustand zunehmender Gleichgewichtigkeit angestrebt, indem die Doppelfunktion der Spitzeneinheit zugleich als Spitze des Konzerns und der Muttergesellschaft aufgelöst, die Spitzeneinheit des Konzerns als eigenständige Einheit etabliert und die «ehemalige» Muttergesellschaft intendiert gleichgewichtig in den Aufbau integriert werden. Dieser Typ kann dem Gleichordnungskonzern, wie er in § 18 Abs. 2 des deutschen AktG geregelt wird, entsprechen.

Auch im Fall dieses integrierten Typs kann auf Zwischeneinheiten verzichtet werden. Dieser Fall soll jedoch nicht weiter verfolgt werden. Beim Einbau von Zwischeneinheiten sind zwei Fälle wesentlich, die sich durch die gesellschaftsrechtliche Trennlinie zwischen Spitzen- und Zwischeneinheit unterscheiden:

Fall A | mit rechtlich selbstständigen Zwischeneinheiten und

Fall B | mit rechtlich unselbstständigen Zwischeneinheiten

Fall A wählt die Trennlinie zwischen Spitzeneinheit und Zwischeneinheit, wie sie realiter in der Form rechtlich selbstständiger Holdings («rein» beziehungsweise «gemischt») anzutreffen ist. Fall B hingegen wählt die gesellschaftsrechtliche Trennlinie unterhalb der Zwischeneinheiten. Die rechtlich unselbstständigen Zwischeneinheiten, die mit der Spitzeneinheit eine rechtliche Einheit bilden, harmonisieren die Grundeinheiten, wobei sich die Harmonisierung auf die Verrichtungen, die Objekte und/oder die Regionen erstrecken kann. Beide Fälle implizieren jeweils eine andere Organisationsproblematik.

Letztlich wird die Entscheidung eines Integrationskonzerns für Fall A oder B von den Interaktionen zwischen den Zwischeneinheiten abhängig sein, die durch eine Affinitätsanalyse festzustellen sind. Sind die Interaktionen zwischen den Zwischeneinheiten relativ gering (zum Beispiel bei einem Mischkonzern), dürfte Fall A zur Anwendung gelangen, sind dagegen die Interaktionen der Zwischeneinheiten sehr umfangreich, wird die Konzernspitze eine Harmonisierung im Sinne des Falles B strukturell bewirken müssen.

Aus gesellschaftsrechtlicher Perspektive ist prinzipiell weder der segregierte dem integrierten Konzerntyp, noch umgekehrt vorzuziehen. Zudem bieten sich durch die Gestaltung von Beherrschungskontrakten, Betriebsführungs-, -pacht- und -überlassungsverträgen vielfältige rechtliche Formen an, die im Rahmen der formal-organisatorischen Struktur führungsmäßig den Gegensatz zwischen den beiden Formen mildern (oder verschärfen) können. Allein aus dem konkret-historischen, konzernindividuellen Kontext heraus wird die Antwort nach der zu präferierenden Form gefunden werden müssen, wobei das Wissen, dass in der Genese gesellschaftsrechtlichen Aufbaus von Konzernen der segregierte Konzerntyp häufig als die historische Übergangslösung für produkt- oder regionaldiversifizierende Konzerne Bedeutung erlangt hat, eine gewisse Hilfestellung geben kann.

Mit fortschreitender Internationalisierung und Diversifikation werden dann Schwellenwerte erreicht, jenseits derer der Gesamtkonzern sich zu einer «sauberen» und «eindeutigen» Regelung seiner Konzernverhältnisse gezwungen sieht.

2.3 Organisatorische Verknüpfung der Bausteine in der Konzernorganisation

Hinter der traditionellen Unterscheidung von horizontalen, wie bspw. «Zement-, Mühlen-, Brauerei-, Handels-, Bank-, Schifffahrtskonzerne usw.» (Hardach, 1964), vertikalen, «also Konzerne, welche zum Beispiel Kohlen- und Erzbergwerke, Hüttenwerke, Betriebe der Stahlverarbeitung sowie Handels- und Verkehrsgesellschaften umfassen» (Hardach, 1964) und gemischten (oder auch lateralen) Konzernen verbirgt sich eine Differenzierung der Aufgaben in Verrichtungs- und Objektbereiche. Die aktuell wesentlichere Differenzierung der Aufgaben im internationalen Kontext nach regionalen Schwerpunkten wird dagegen durch diese Unterscheidung nicht abgedeckt. In Abhängigkeit von der Gegenüberstellung segregierter und integrierter Konzerntypen sollen im Folgenden wesentliche organisatorische Modellalternativen der Konzerngestaltung nach Anwendung eines grundlegenden Zentralisationskriteriums – ohne zunächst deren Kontext zu beachten – herausgearbeitet und problematisiert werden.

Modell A: Verrichtungskonzern

Ausgehend vom Verrichtungsmodell organisatorischer Gestaltung liegt dann ein Verrichtungskonzern vor, wenn Aufgabendifferenzierungen in der Objekt- und Regionaldimension nicht weit fortgeschritten sind und das Problem der Kapazitäts- und Prozessharmonisierung im Mittelpunkt der Überlegungen der Konzern-Leitung steht. Das grundlegende Verrichtungsmodell lässt sich unter Anwendung bereits ausgeführter, rechtlicher Gestaltungsprinzipien in folgender Weise modifizieren:

a| Modell A I: Segregiertes Verrichtungs-Konzernorganisationsmodell
Mit einem segregierten Verrichtungs-Konzernorganisationsmodell verbindet sich folgende Problematik: Die Dominanz der Muttergesellschaft führt zu einer Reihe von Schwierigkeiten im Verhältnis von Mutter- und Tochtergesellschaften, wie mangelnde Neutralität in der Führung des Gesamtkonzerns (Belange der Muttergesellschaft erhalten auch im operativen Bereich eine höhere Priorität mit der Folge einer Demotivation von Führungskräften in den Tochtergesellschaften); zumeist verbunden mit der Überbetonung einer bestimmten Funktion und Doppelbelastung der Spitzeneinheit durch ihre Führungsaufgaben im Gesamtkonzern und der operativen Betriebsführung der Muttergesellschaft. Positiv für das segregierte Konzernmodell bei einer Verrichtungsorganisation werden dagegen ins Feld geführt, dass die Spitzeneinheit taktisches Feedback aus der operativen Ebene der Muttergesellschaften erhält (Realitätsnähe), tatsächliche bzw. vermeintliche Vorteile aus der Übernahme von Methoden und

Verfahren der Muttergesellschaft durch die Tochtergesellschaften entstehen und aus der zentralen Übernahme von Dienstleistungen durch die Muttergesellschaften «im Mandat» für den Gesamtkonzern Effizienzvorteile erwachsen können.

b| Modell A II: Integriertes Verrichtungs-Konzernorganisationsmodell
Auch hier wird das Verrichtungsmodell in der Bildung rechtlich unselbstständiger Zwischeneinheiten deutlich, welche die Harmonisierung der verrichtungsgleichen, rechtlich selbst- und unselbstständigen Grundeinheiten bewirken sollen. In einem integrierten Modell der Verrichtungs-Konzernorganisation werden Probleme der segregierten Konzernorganisation abgebaut. Da die Dominanz der Muttergesellschaft aufgehoben wird, dürfte es für die Spitzeneinheit leichter sein, eine ausgeglichene Konzernpolitik zu konzipieren und zu verwirklichen. Dabei kann sie allerdings an Operationsnähe verlieren und sich zunehmend eines bürokratischen Instrumentariums zur distanzierten Erfüllung ihrer Aufgaben bedienen. Übt sie in dieser Hinsicht Selbstbeschränkung, kann es ihr gelingen, über die diesem Modell immanente Dezentralisierungsneigung nicht nur Freiräume zu schaffen, die Verantwortungsbereitschaft und -freude bei den Führungskräften der Tochtergesellschaften auslösen, sondern auch eine erhöhte Flexibilität für das Gesamtsystem zu erreichen.

Modell B: Objektkonzern

Vom Objektmodell organisatorischer Gestaltung ausgehend, ist ein Objektkonzern dann auszumachen, wenn die Produktdiversifizierung der Gesamtunternehmung weit fortgeschritten ist und damit die Programmharmonisierung im Mittelpunkt der strategischen Überlegungen der Konzernleitung steht. Das grundlegende Objektmodell lässt sich unter Anwendung rechtlicher Gestaltungsprinzipien in folgender Weise konzernbezogen modifizieren:

a| Modell B I: Segregiertes Objekt-Konzernorganisationsmodell
In der vorliegenden Objektstrukturierung des Konzerns werden die rechtlich selbst- beziehungsweise unselbstständigen Grundeinheiten nach dem Objektprinzip in den objektdifferenzierten Zwischeneinheiten zu Objekt-Bereichen (Unternehmungs-Bereiche, Sparten, Divisionen ... beziehungsweise Holdings) zusammengefasst und harmonisiert.

Ein segregiert organisierter Objektkonzern schafft in ähnlicher Weise Dominanzprobleme der Muttergesellschaft, wie dies beim segregierten Verrichtungskonzern erörtert wurde und zwar insbesondere bezüglich des Produktprogramms, das die Muttergesellschaft vertritt. Da die Konzern-Leitung zugleich für die strategische Leitung des Gesamtkonzerns und die operative Leitung der Muttergesellschaft zuständig ist, verschieben sich bei besonderer Belastung der Spitze leicht die Gewichte zulasten der strategischen Unternehmungsführung (vgl. das sog. Gresham'sche Gesetz der Planung). Die zentrale Übernahme von Verrichtungsaufgaben durch die Muttergesellschaft, die diese für den gesamten

Konzern abwickelt, schafft bei größeren Konzernen zumeist ein undurchschaubares Geflecht von Querbeziehungen, das einer transparenten und schlagkräftigen Steuerung entgegenwirkt.

b| Modell B II: Integriertes Objekt-Konzernorganisationsmodell
Die integrierte Konzernstrukturierung vereint in einer «geschäftsführenden» Holdinggesellschaft die Konzern-Spitzeneinheit (Konzern-Leitung) und die rechtlich unselbstständigen, objektdifferenzierten Zwischeneinheiten (Objekt-Bereiche), die ihrerseits die objektgleichen Tochtergesellschaften harmonisieren. Die Grenzlinie kann jedoch auch in der Art differenzierter gezogen werden, dass sich ein dreistufiger Aufbau in Konzern-Holding, Zwischenholdings für einzelne größere Objektbereiche und Tochtergesellschaften ergibt. Die traditionelle Dominanz des Objekt-Bereichs beziehungsweise der Objekt-Bereiche der Muttergesellschaft im segregierten Konzerntyp wird im integrierten Konzern abgebaut. Der Gewinn an Neutralität der Konzern-Leitung gegenüber den Objekt-Bereichen muss bei diesem Modell jedoch mit dem Verlust an Möglichkeiten zur Bewährung aufgerechnet werden.

Eine Sonderproblematik ergibt sich dann, wenn einzelne Tochtergesellschaften zugleich mehreren Objekt-Bereichen unterstellt werden müssen. Dafür ergeben sich insgesamt gesehen jedoch vereinfachte Beziehungen zwischen zentralen Verrichtungen und dezentralen Objekten, welche die Steuerung erleichtern, die allerdings auch anfällig für eine Bildung formal-bürokratischer Behandlung des Verkehrs zwischen Mutter- und Tochtergesellschaften sind.

Wenngleich derzeit von eher unwesentlicher praktischer Bedeutung, ist eine mehrdimensionale, Verrichtungen und Objekte matrizenhaft verknüpfende, integrierte Konzernstruktur, in der sich Verrichtungs- und Objekt-Bereiche unter der Leitung der Spitzeneinheit harmonisieren, denkbar.

Modell C: Regionalkonzern

Ausgehend vom Regionalmodell organisatorischer Gestaltung ist ein Regionalkonzern dann zu betrachten, wenn die Regionaldifferenzierung im Gesamtunternehmungsverbund weit fortgeschritten ist und damit die Regionalharmonisierung im Mittelpunkt strategischer Überlegungen der Leitung steht. Das grundlegende Regionalmodell lässt sich unter Anwendung rechtlicher Gestaltungsprinzipien folgendermaßen modifizieren:

a| Modell C I: Segregiertes Regional-Konzernorganisationsmodell
In der segregierten Regionalstruktur des Konzerns werden die Aktivitäten der (zumeist) ausländischen Tochtergesellschaften in der «international division» (Albrecht, 1970) zusammengefasst und harmonisiert. Auch hier tritt die Dominanz der (inländischen) Muttergesellschaft, die sich in einer mangelnden Neutralität äußern kann, störend in Erscheinung. Dies trifft vor allem für die Bildung von Prioritäten bei der Belieferung des Inlandsmarkts gegenüber den Wünschen der Auslandstöchter zu. Neben der Doppelbelastung der Spitze und der damit

bedingten Verdrängungsneigung strategischer Gesamtüberlegungen, ergeben sich in diesem Modell eine Reihe von weiteren Problemen. So besitzt der Leiter der Internationalen Division Linienautorität über das gesamte Auslandsgeschäft. Auch liegen häufig Gestaltungsprobleme des Leistungsverkehrs zwischen Inlandsproduktion und Auslandsproduktion sowie -vertrieb vor. Bei Mehrproduktkonzernen dominiert zumeist das Produktmanagement gegenüber dem Regionalmanagement. Auch wird das Inlands- vom Auslandsmanagement zunehmend getrennt womit Probleme der Prioritätenbildung entstehen die durch interpersonelle und allokative Konflikte gekennzeichnet sind (Albrecht, 1970).

b| Modell C II: Integriertes Regional-Konzernorganisationsmodell
In der integrierten Regionalstrukturierung des Konzerns werden die Aktivitäten der regionalen Tochtergesellschaften in den entsprechenden Regional-Bereichen zusammengefasst und harmonisiert. Damit wird die organisatorische Trennung von Inlands- und Auslandsbereich aufgelöst und eine Gleichstellung der regionalen Aktivitäten bei Überwindung des nationalen Prioritätsdenkens sowie eine globale Perspektive der Führungskräfte ermöglicht.

Die Regional-Bereiche treten in der Form der rechtlichen Selbstständigkeit (i. d. R. als «geschäftsführende» Holdings) beziehungsweise Unselbstständigkeit (als «Regionale Divisionen», «Regionaldirektionen» ...) auf. Das organisatorische Problem der Harmonisierung gleicher Verrichtungen beziehungsweise gleicher Objekte muss strukturell gelöst werden.

Typisch für große internationale Konzerne ist die mehr oder weniger gegebene Gleichgewichtsproblematik zwischen Objekt- und Regionalaspekten bei der Gesamtharmonisierung. Als ein reiner Gleichgewichtsfall zwischen Objekten und Regionen würde sich bei einer mehrdimensionalen Anordnung der Tochtergesellschaften ein integrierter, mehrdimensionaler Strukturtyp ergeben.

Bezüglich der Entscheidung, ob einzelne Bausteine rechtlich selbstständig oder unselbstständig ausgewiesen werden sollen, arbeitet Everling (1977) u. a. folgende Kriterien heraus:

– Geringere Durchgriffsmöglichkeiten, besonders bei Beteiligungen unter 50 %

– Einflussnahme eines Pflichtaufsichtsrates

– Rücksichtnahme bei Leistungs- und Finanzierungsbeziehungen auf Mitgesellschafter und gesetzliche Regelungen

– Pflicht der Untergesellschaft zur selbstständigen handels- und steuerrechtlichen Bilanzierung

Eine rechtliche Selbstständigkeit der Glieder weist dabei folgende Vorteile auf:

– Führung einer eigenen Firma (wichtig bei Erwerb alteingeführter Unternehmungen)

– Bildung eines überschaubaren Führungs-, Verantwortungs- und Abrechnungsbereichs

– Gewährung größerer organisatorischer Selbstständigkeit

- «Abriegeln» eines risikoreichen Geschäfts vom Normalgeschäft der übrigen Unternehmung
- Rücksichtnahme auf die Kundschaft (wenn zum Beispiel Bezieher der Tochtergesellschaft mit der Muttergesellschaft im Wettbewerb stehen)
- Wahrnehmung steuerlicher Vorteile
- Nutzung selbstständiger Rechtsformen für bestimmte Funktionen (zum Beispiel Wohnungsbau, Altersversorgung)
- Schaffen einer Plattform für die Zusammenarbeit mit Dritten
- Rücksichtnahme auf regionale Gegebenheiten (zum Beispiel im Ausland)
- Heranziehen fremden Kapitals als Eigenkapital der Tochtergesellschaft

3 Organisation der Konzern-Leitung

Die gesellschaftsrechtliche und organisatorische Gestaltung der Konzernstruktur determiniert weitgehend die Verteilungs- und Arbeitsbeziehungen der Konzern-Leitung, die nunmehr zum Gegenstand der Betrachtung erhoben wird.

3.1 Funktionen der Konzern-Leitung

Unter Konzern-Leitung soll hierbei die jeweilige Spitzeneinheit eines Konzerns verstanden werden, der verschiedenste Funktionen zukommen können, die im Folgenden näher ausgeführt werden.

«Führungsfunktionen»

Die wesentliche unternehmungspolitische Entscheidungsfunktion an der Spitze (Harmonisation der Ziele des Konzerns mit den Zwecken der Umsysteme) stellt die Führungsfunktion (Konzern-Leitung i. e. S.) dar. Diese Primärfunktion der Konzernspitze kann bei gegebener politisch-gesetzlicher, ökonomischer, sozio-kultureller und technischer Komplexität zumeist nur in Zusammenarbeit mit einer Reihe von Sekundärfunktionen (siehe unten) wirkungsvoll erfüllt werden, die bei wenig differenzierter Sichtweise auch als Stabsfunktionen gekennzeichnet werden können (die Ausdeutungsvielfalt der Stabskonzeption gibt Anlass, auf diesen Begriff hier völlig zu verzichten).

«Beratungsfunktionen»

Das Überschreiten von qualitativen (sogenannte Stabsspezialisten) und quantitativen (sogenannte Stabsgeneralisten) Grenzen der Führenden führt zur Ausgliederung von Einheiten, welche die Spitzenführungsorgane bei der Erfüllung ihrer unternehmungspolitischen Funktionen unterstützen. Sie sind auf diese hingewendet und entfalten ihre Arbeitsbeziehungen in diese Richtung. Das Kriterium zur Beurteilung ihrer Bildung liegt in ihrem fachlichen Beitrag zur Entscheidungsbildung der Konzernspitze (qualitatives Kriterium) und der arbeitsmäßigen Entlastung von routinehaften Tätigkeiten, die sie den Spitzenorganen gewähren (quantitatives Kriterium), damit diese selbst effizienter operieren können.

«Servicefunktionen»

Die Spitzeneinheit kann an zentraler Stelle eine Reihe von Ausführungsfunktionen übernehmen, die dem gesamten Systemzusammenhang zugutekommen. Das Kriterium der Übernahme derartiger Ausführungsaufgaben (zum Beispiel Zentraleinkauf, zentrale Datenverarbeitung) durch die Spitzeneinheit ist die Wirtschaftlichkeit derartiger zentraler Erfüllungen von Ausführungsaufgaben gegenüber der dezentral gestreuten Verteilung der damit verbundenen Aufgaben auf mehrere Subsysteme, der geschlossenen Verteilung der damit verbundenen Aufgaben auf ein dezentrales Subsystem (Mandatssystem) sowie einer Externalisierung der damit verbundenen Aufgaben auf ein unabhängiges System (zum Beispiel Übertragung von Forschungsaufgaben auf ein Forschungsinstitut, Erledigung der Datenverarbeitung «außer Haus» usw.).

«Harmonisationsfunktionen»

Unter strenger Anwendung des Subsidiaritätsprinzips nimmt die Konzernleitung Harmonisationsfunktionen für verrichtungs-, objekt- und/oder regionalgleiche Aktivitäten wahr, wenn durch ein integriertes und koordiniertes Vorgehen potenzielle Einsparungen oder Marktchancen (zum Beispiel Harmonisation der Konzernkapazitätsauslastung, Harmonisation regionaldifferenzierter Marketingstrategien) realisiert werden können. Das Subsidiaritätsprinzip per se sagt aus, dass die Konzern-Leitung sich nur dann für eine Aufgabenerfüllung zuständig erklären kann, wenn sie den Nachweis tatsächlicher Bessererfüllung zu führen in der Lage ist.

«Eigenfunktion»

Die in der Spitzeneinheit anfallenden Arbeiten induzieren laufend eigene, mittelbare Aufgaben, die der rationellen Erfüllung ihrer übrigen Angelegenheiten dienen, zum Beispiel Personalabteilung für die Mitarbeiter der Hauptverwaltung, Eigenverwaltung usw. Die Wirtschaftlichkeit ihrer Ausgliederung ist unter dem Gesichtspunkt der Entlastung der übrigen Subsysteme der Spitzeneinheit von den mit ihnen verbundenen Verwaltungstätigkeiten zu beurteilen.

«Kopplungsfunktion»

Zur Einsparung organisatorischer Ebenen und als Beitrag zur Entbürokratisierung kann durch Multisystempositionierung von Führungskräften der Zwischen- oder Grundeinheiten in der Spitzeneinheit eine Verkopplung zwischen deren Operationsnähe und den gesamtheitlichen strategischen Belangen der Spitzeneinheit hergestellt werden. Die Nachteile einer integrierten Konzernbildung lassen sich damit teilweise aufheben, die Problematik verlagert sich aber von der Systemtechnik auf entsprechende Personen, die doppelten Anforderungen genügen müssen.

Die dargestellten Funktionen der Konzern-Leitung mit ihren unterschiedlichen Aufgabeninhalten können zu verschiedenen Organisationsformen der Spitzeneinheit verdichtet werden, die in Abhängigkeit vom zugrundeliegenden Organisationsmodell zu sehen sind.

Konzern-Leitung im Modell A: Verrichtungskonzern

Im Falle eines Verrichtungskonzerns sind je nach der Verrichtungs-, Objekt- und Regionaldifferenzierung die für die Gliederung der Spitzeneinheit wesentlichen Unterfälle zu unterscheiden:

1| Verrichtungskonzern mit homogenem Produktprogramm und nationalen Interessen

2| Verrichtungskonzern mit heterogenem Produktprogramm und nationalen Interessen

3| Verrichtungskonzern mit heterogenem Produktprogramm und internationalen Interessen.

Der Verrichtungskonzern mit homogenem Produktprogramm und überwiegend nationalen Interessen (Fall 1) lässt den Prozess der Leistungserstellung im Grenzfall bezogen auf nur ein Produkt beziehungsweise Produktprogramm nahezu ausschließlich auf dem nationalen Markt erfolgen. Fall 2 ist insofern modifiziert, als dass mehrere Produkte beziehungsweise Produktprogramme in einem nationalen Markt erstellt und veräußert werden, die Größe und Vielfalt des Produktprogramms jedoch eine Objektdifferenzierung noch nicht wirtschaftlich sinnvoll erscheinen lässt. Im Verrichtungskonzern mit heterogenem Produktprogramm und internationalen Interessen (Fall 3) vollzieht sich der Prozess der Leistungserstellung dauerhaft in verschiedenen politisch-gesetzlichen, ökonomischen, sozio-kulturellen und technologischen Umwelten, die geografisch weit voneinander getrennt liegen können.

Auffällig ist die geringe Bedeutung der Harmonisationsfunktionen bei einem Verrichtungskonzern mit homogenem Produktprogramm und nationalen Interessen. Dies ist vor allem darauf zurückzuführen, dass diese Funktionen im Führungsorgan, das zumeist funktional zusammengesetzt ist, kulminieren (sog. «Kamineffekt» der Verrichtungsorganisation). Bei entwickelteren Verhältnissen kann ein dezentrales Controlling (Hahn, 1979) hinzukommen, was im Rechnungswesen zur Ausbildung von Harmonisationsfunktionen führt usw. Durch die dezentral untergeordneten Objektbereiche entstehen im Fall des Verrichtungskonzerns mit heterogenem Produktprogramm und nationalen Interessen Notwendigkeiten einer Harmonisation der produktspezifischen Belange in der Spitzeneinheit. Bei einem Verrichtungskonzern mit internationalen Interessen tritt die Erfordernis hinzu, auch einzelne Regionen spezifisch zu harmonisieren. Insgesamt ergibt sich für die Fälle 2 und 3 eine Tendenz zur Abkehr von Minimalformen der Spitzeneinheit und eine Hinwendung zu Ausbauformen, die ein Produkt- (2) und Regionalmanagement (3) der Spitzeneinheit vorsehen.

Konzern-Leitung im Modell B: Objektkonzern

Im Falle einer auf der Ebene der Zwischeneinheiten beziehungsweise der Spitzeneinheit vorgenommenen Objektdifferenzierung des Konzerns sind für die Gliederung der Spitzeneinheit folgende Unterfälle zu untersuchen:

1| Objektkonzern mit geringen Interaktionen zwischen den Objekt-Bereichen und überwiegend nationalem Engagement,

2| Objekt-Konzern mit vielfältigen Interaktionen (Liefer- und Leistungsverflechtungen) zwischen den Objekt-Bereichen und überwiegend nationalem Engagement,

3| Objekt-Konzern mit vielfältigen Interaktionen zwischen den Objekt-Bereichen und internationalem Engagement.

Das Ausmaß des nationalen beziehungsweise internationalen Engagements des Objektkonzerns knüpft an den dauerhaften Vollzug (beziehungsweise die dauerhafte Integration) der Leistungserstellung auf den nationalen beziehungsweise internationalen Märkten an. Grundlage der Bildung der Objekt-Bereiche ist die Zusammenfassung von Produkten beziehungsweise Produktprogrammen zu Produktgruppen, die sich miteinander in hohem Maße affinitiv (Herold/Mahrt/Schneider, 1978), zu anderen Produktgruppen dagegen unterschieden verhalten. Im Fall des Objekt-Konzerns mit vielfältigen, seien es beschaffungs-, fertigungs-, absatzwirtschaftliche oder sonstige Interaktionen zwischen den Objekt-Bereichen, ist dieses Postulat nur ansatzweise zu verwirklichen. Mehrfachunterstellungen der Konzerngrundeinheiten unter differenzierte Zwischen- beziehungsweise Spitzeneinheiten sind daher die Folge. Um die latente Dysfunktionalität der Mehrfachunterstellungen (zum Beispiel Kompetenzkonflikte) zu beherrschen, ist die Konzernspitze zusätzlich zu ihrer eigentlichen Führungsaufgabe für die Erfüllung objektbereichs-übergreifender Integrations- und Koordinations-Aufgaben beziehungsweise deren Delegation und die langfristige Produktprogrammbereinigung gemäß des Affinitätspostulates verantwortlich.

Die Funktionsdifferenzierung der Spitzeneinheit zeigt in Abhängigkeit der vorliegenden Fälle folgendes Bild:

In allen drei Fällen werden die Führungs-, Beratungs- und Eigenfunktionen durch die Konzern-Leitung wahrgenommen. Grundlagenforschung und Zentrale Datenverarbeitung (Rechenzentrum) können im Fall 1 als Servicefunktionen der Konzern-

Leitung angegliedert werden; die Harmonisation der Verrichtungen beschränkt sich auf die Formulierung der jeweiligen Politiken und Verfahren. Um die vielfältigen Interaktionen zwischen den Objekt-Bereichen (Fall 2) zu beherrschen, wird in den Konzernaufbau eine zusätzliche Harmonisationsebene eingegliedert. Die Erfüllung von Verrichtungs- und Objekt-Harmonisationsfunktionen durch die Konzern-Leitung beschränkt sich auf Harmonisationserfordernisse, die nach der Harmonisation durch die objektdifferenzierten Zwischeneinheiten verbleiben. Darüber hinaus wird die Konzern-Leitung im Fall 2 ein umfangreicheres Serviceangebot (zum Beispiel im Rechnungs- und Finanzwesen) bereithalten. Im Fall 3 sind aufgrund der hohen Interaktionen zwischen den Objektbereichen und des dauerhaften internationalen Engagements neben den Verrichtungs- und Objekt-Harmonisationsfunktionen auch Aufgaben der Regionalharmonisation durch die Konzern-Leitung wahrzunehmen. Damit ergibt sich auch für den Objektkonzern die Tatsache, dass mit fortschreitender Lösung vom Fall 1 die Minimalform des Ausbaus der Spitzeneinheit zugunsten von Ausbauformen, die ein zentrales funktionelles und regionales Management vorsehen, verlassen wird.

Konzern-Leitung im Modell C: Regionalkonzern

Im Falle eines regional differenzierten Konzerns sind für die Gliederung der Spitzeneinheit folgende Unterfälle zu differenzieren:

1| Regionalkonzern mit homogenem Produktprogramm,

2| Regionalkonzern mit heterogenem Produktprogramm und geringen beschaffungs-, fertigungs-, absatzwirtschaftlichen oder sonstigen Interaktionen zwischen den Regional-Bereichen und

3| Regionalkonzern mit heterogenem Produktprogramm und vielfältigen Interaktionen zwischen den Regional-Bereichen.

In den Fällen 1 und 2 dürfte sich auch ein Regionalkonzern mit einer minimalen Ausstattung der Spitzeneinheit führen lassen. Im Fall 1 kann die Spitzeneinheit ähnlich wie bei einer Verrichtungsorganisation ausgestattet sein, im Fall 2 hingegen wie bei einer Objektorganisation, wobei in diesem Kontext bereits beschriebene Unterfälle und Modifikationen zu beachten sind. Der Regionalkonzern des Falles 3 verlangt einen weitgehenden Ausbau der Spitzeneinheit, um sowohl die funktionelle internationale Verkettung (zentrales Funktionsmanagement) als auch die Gestaltung eines international wirksamen Produktprogramms (zentrales Produktmanagement) zu ermöglichen.

3.2 Organisationsformen der Spitzeneinheit

In Verdichtung der Ausführungen zu den Funktionen der Spitzeneinheit bei unterschiedlichen Organisationsmodellen lassen sich nunmehr zusammenfassend einige charakteristische Organisationsformen der Spitzeneinheit darstellen.

Form 1 – Minimalform der Spitzeneinheit

Diese Minimalform, die bei Verrichtungskonzernen und bei Objekt- und Regionalkonzernen mit geringen Interaktionen zwischen den Objekten und Regionen anwendbar ist, geht von der Idee aus, dass die Spitzeneinheit neben der Führungsfunktion, für deren Erfüllung sie beratende Unterstützung benötigt, vor allem Servicefunktionen für die Zwischen- und Grundeinheiten übernimmt. Durch Dezentralisation einiger dieser Servicefunktionen nach dem Mandatsprinzip oder ihre Externalisierung können Aufgaben der Spitzeneinheit reduziert werden.

Diese dargestellte Minimalform ist faktisch nur bei integrierten Konzernmodellen denkbar. Die Spitzeneinheit sieht sich im Wesentlichen in der Rolle, Führungsfunktionen insbesondere der generellen Zielplanung und der gesamthaften strategischen Konzeption neutral wahrzunehmen und in geringem Maße Dienstleistungen für die Tochtergesellschaften bereitzustellen.

Form 2 – Ausbauform der Spitzeneinheit

Diese Ausbauform setzt entwickelte Größenverhältnisse mit zunehmender Funktionsvielfalt in den Zwischen- und Grundeinheiten (zum Beispiel im Rechnungswesen, in der EDV, etc.) und die Differenzierung in Objekte und/oder Regionen voraus.

Im Rahmen einer derartigen Ausbauform stellt sich zugleich im Sinne der Gestaltung von Arbeitsbeziehungen zwischen Spitzeneinheit und den Zwischen- und Grundeinheiten die Frage nach deren Verkürzungsmöglichkeit, welche bspw. dadurch zu erreichen ist, dass objekt- oder regionalorientierte Harmonisationsaufgaben von den gleichen Personen erfüllt werden, die einerseits Mitglieder dieser Subsysteme sind und andererseits den obersten Führungsorganen angehören. So kann zum Beispiel das Führungsorgan aus Verrichtungs-, Objekt- und Regionalspezialisten zusammengesetzt werden, die bei einem Subordinationskonzern jeweils über den Aufsichtsratsvorsitz und bei einem Äquiordinationskonzern über den Vorstandsvorsitz in den Zwischen- beziehungsweise Grundeinheiten führen (Harmonisation über Multisystempositionierung im Gegensatz zur systemtechnischen Harmonisation, die längere und umfangreiche Arbeitsbeziehungen voraussetzt). Dies stellt hohe Anforderungen an die Qualifikation der leitenden Mitarbeiter, die eine derartige Doppelfunktion – Vertretung von Bereichsinteressen einerseits und als Mitglied der Spitzeneinheit Denken und Handeln zum Wohle des Gesamtsystems andererseits – wahrzunehmen haben. Zugleich kann diese Verkoppelung aber auch als ein Versuch betrachtet werden, wesentliche Nachteile integrierter Konzernmodelle, wie bspw. die mangelnde Operationsnähe der Spitzeneinheit und Tendenzen zu ihrer Bürokratisierung, abbauen zu helfen.

4 Konzernorganisation und Konzernentwicklung

Wurden bislang Strukturierungsalternativen der Konzernorganisation abgeleitet, so stellt sich zum Abschluss der Überlegungen die Frage, vor welchem Hintergrund diese Modelle und Formen Anwendung finden können. Aus dem kontextualen Kreis möglicher Strukturdeterminanten sei hier von der im Rahmen der Konzernentwicklung erkennbaren Strategie- und Größenabhängigkeit ausgegangen. Die Evolution des Konzerns selbst vollzieht sich durch qualitative und quantitative Veränderungen im Bestand ökonomischer, humaner sowie technischer Potenziale.

4.1 Qualitative Veränderungen der Konzernstrategie

Qualitative Veränderungen der Konzernentwicklung stehen mit der Strategieabhängigkeit des organisatorischen Gestaltungsproblems in enger Korrelation. In diesem Kontext kommt insbesondere der Sachzielsetzung der Unternehmung eine entscheidende Rolle zu, welche das strategische Feld für das weitere Vorgehen basal umreißt. Aus organisatorischer Sicht sind insbesondere folgende strategischen Dimensionen von besonderer Bedeutung:

1| Die Veränderung der Produktionstiefe (Vorwärts- oder Rückwärtsintegration respektive -desintegration

2| Die Veränderung des Produktprogramms (Produktdiversifikation),

3| Die Veränderung der regionalen Bindung der Aktivitäten (räumliche Konzentration bzw. Dekonzentration).

Diese drei grundsätzlichen *interfunktionellen* strategischen Dimensionen können durch *intrafunktionelle* Strategien begleitet werden. Diese lassen sich folgendermaßen differenzieren und näher charakterisieren:

1| Absatzorientierte Strategien

   a| (De-)Intensivierung vorhandener Märkte,

   b| Veränderung von Kundengruppen (Kundengruppen-Er(Aus-)Schließung) und

   c| Veränderung der Anwendungsbreite der Produkte (Erschließung neuer, Ausschließung alter Anwendungsmöglichkeiten).

2| Produktionsorientierte Strategien

   a| (De-)Intensivierung bestehender Produktion (Nutzung der Erfahrungskurve),

   b| (De-)Standardisierung von Produkten und Teilen,

   c| (De-)Prozessualisierung (Ent- oder Verflechtung) der Produktionsoperationen im Material- und Teilebereich.

3| Beschaffungsorientierte Strategien im Material- und Teilebereich

   a| (De-)Intensivierung vorhandener Beschaffungsmärkte,

   b| Veränderung von Beschaffungsquellen (Beschaffungsquellenverbreiterung und -verengung),

   c| Veränderung der Substitutionsmöglichkeit von Ausgangsmaterialien und -teilen (ähnlich Strategien der Beschaffung von Sachmitteln und Personal; hier ergänzend: Personalentwicklungsstrategien).

4| Entwicklungsorientierte Strategien

   a| (De-)Intensivierung der Entwicklung auf der Grundlage einer bestimmten Technologie (negative oder positive Ausreifung einer Entwicklung),

   b| Veränderung von Technologien der Komponenten bei ähnlichen Ausgangsobjekten, ähnlicher Produktion und Verwendung des Endproduktes,

   c| Veränderung der Technologie für die Anwendung von Ausgangsobjekten, die Produktion und die Verwendung des Produktes.

5| Finanz- und ergebnisorientierte Strategien

Im praktischen Fall lassen sich intrafunktionelle Strategien mit grundlegenden interfunktionellen zu Strategiebündeln verbinden. Eine nähere Prüfung der Strategieabhängigkeit der organisatorischen Gestaltung enthüllt dabei folgende Zusammenhänge.

1| Im Bereich langfristiger Gestaltung von Organisationsmodellen besteht eine hohe Sensitivität der Organisationsentwicklung gegenüber erstmaligen Veränderungen der Strategie in Richtung auf eine Produkt- und Regional-Diversifikation. Wird rechtzeitig ein geeignetes Konzernmodell geplant, implementiert und realisiert, lassen sich weitere Produkte und Regionen ohne Modellwechsel integrieren.

2| Im Bereich mittelfristiger Entwicklung von Organisationsformen einzelner Einheiten wirkt sich eine Veränderung der Produktionstiefe in den Fertigungsbereichen, eine Veränderung der Anwendungs- oder Kundenorientierung in den Absatzbereichen aus, ohne das langfristige Konzernmodell zu tangieren.

3| Hinzuzufügen ist, dass die kurzfristige Organisationsausformung vor allem der detaillierten Anpassung an den Aufgabenwandel (Rationalisierung), an qualitative und quantitative Personalverschiebungen und veränderte Technologien im Produktions- und Informationsbereich dient und so auf Organisationsveränderungen in spezifischen Partialbereichen abstellt.

4| Eine Veränderung mittels Marktintensivierung bleibt ohne wesentliche Wirkung auf Konzernorganisationsmodelle und -formen.

4.2 Quantitative Veränderungen der Konzernstrategie

Quantitative Veränderungen in der Konzernentwicklung führen zu Größenverschiebungen, welche auf Strategien des Wachstums oder der Schrumpfung beruhen können, die durch veränderte Nutzung eigener Sach- und Human-Potenziale beziehungsweise durch den Erwerb oder die Veräußerung fremder Sach- und Human-Potenziale einschließlich der damit verbundenen finanziellen Mittel über die Nutzung der eigenen nominalen Potenz hervorgerufen werden.

Zwar ist der Betriebswirtschaftslehre bisher der Nachweis nicht gelungen, dass eine Art «optimale Betriebs- oder Unternehmensgröße beziehungsweise Konzerngröße» existiert – dennoch geht die Organisationspraxis weitgehend von der Vorstellung aus, dass bei gehobener Größenordnung eine zentrale Gesamtsteuerung sowohl zu aufwendig als auch zeitlich zu inflexibel wird.

Dies wird für den außenstehenden Beobachter an der Tendenz erkennbar, sich bei Erreichen individuell durchaus unterschiedlicher Größen des Prinzips der Innendifferenzierung zu bedienen, das heißt Zwischeneinheiten – seien es Abteilungen, Tochtergesellschaften oder Zwischen-Holdings – zu bilden, deren Größe in sich wieder beherrschbar(er) ist.

Die Komplexität des Gesamtbildes wird auf diesem Wege auf der Ebene der Zwischeneinheiten wieder beherrschbar gemacht, wobei mögliche organisatorische und führungsbezogene Nachteile der gehobenen Größe durch die Art und Weise des Organisationsverfahrens relativiert werden.

5 Rechtlich-strukturelle Entwicklungen und organisatorische Gestaltungen

Neben der auf die Zukunft zielenden Abhängigkeit des organisatorischen Gestaltungsproblems von qualitativen und quantitativen Veränderungen der Konzernentwicklung in der Organisationsplanung ist auf die Abhängigkeit des organisatorischen Gestaltungskontextes von rechtlich-strukturellen Vergangenheitsentwicklungen hinzuweisen.

Im Felde der Rechtsstrukturüberlegungen kann in der Vergangenheit entweder die Schaffung einer Einheitsgesellschaft sowie Ausgestaltung der Subsysteme als rechtlich unselbständige Abteilungen oder eine Konzernstrukturierung mit rechtlich selbständigen Tochtergesellschaften, welche in einer Holding zusammengefasst werden, deutlich bevorzugt worden sein.

Diese Entscheidung wird realiter von einer Vielzahl von Überlegungen wirtschaftlicher, steuerlicher, rechtlicher (v. a. mitbestimmungsrechtlicher) Überlegungen begleitet sein, die zum Beispiel im Falle der Reorganisation einer Unternehmung dazu führen können, dass aus mehreren rechtlichen Gesellschaften eine Einheitsgesellschaft gebildet wird. Auf der anderen Seite kann als Ergebnis different gelagerter Reorganisationsprozesse die Auflösung einer Einheitsgesellschaft in rechtlich selbständige Teileinheiten stehen. Die chemische Industrie scheint bspw. den Weg der Einheitsgesellschaft vorgezogen zu haben, während im Montanbereich – wesentlich über die historische Tradition von komplizierten Beteiligungsverhältnissen und Funktionen, die durch die Entflechtungsproblematik nach dem Zweiten Weltkrieg verstärkt wurde – der Weg der Konzernierung bevorzugt worden ist.

Eine fortschreitende Diversifizierung brachte jedoch allen denjenigen Unternehmungen, die zunächst vom Prinzip der Einheitsgesellschaft ausgingen, dann eine Durchbrechung des Prinzips, wenn sie teilweise ihr weiteres Wachstum auf der Akquisition von Unternehmungen aufbauten (zum Beispiel bei der BASF: Glasurit, Knoll u. a.; bei Hoechst: Herberts, Messer-Griesheim u. a.; bei Siemens: KWU, Osram u. a.). Neben eigene Geschäftsbereiche traten dann Tochtergesellschaften auf unterschiedlichen hierarchischen Ebenen, die die Gesamtunternehmung zu einem Konzern – mehr des segregierten Typs – werden ließen. In gleiche Richtung wirkt beim Ausgangspunkt des integrierten Konzerntyps eine zunehmende Internationalisierung. Da die ausländischen Betriebseinheiten nach den jeweiligen Landesgesetzen gebildet werden, vollzieht sich durch die Internationalisierung gleichfalls ein Konzernierungsprozess.

Bei den organisatorischen Überlegungen kommt es in der historischen Entwicklung weitgehend darauf an, welches Organisationsmodell in der Vergangenheit bevorzugt wurde. Je nachdem, ob ein Verrichtungs-, Objekt- oder Regionalmodell gewählt wurde, stellen sich andere strukturelle und damit auch verhaltensmäßig personelle, kontextuale Herausforderungen für eine Organisationsplanung, welchen die Konzernentwicklung folgt.

Es entspricht dem Thema, dass Konzernstrukturen nicht als isolierte Lösungen eines vorgegebenen Systems von Determinanten verstanden werden sollen, sondern unter Aufgabe der bislang ahistorischen Betrachtung eine evolutorisch-genetische Akzentuierung erfahren sollen. In diesem Sinne werden im Folgenden entlang des Grades fortschreitender Internationalisierung sowie fortschreitender Diversifikation teils historisch gewordene Konzernstrukturalternativen diskutiert.

6 Internationalisierung und Konzernorganisation

Mit der Stagnation der eigenen Märkte (home-markets) und vergleichsweise geringer Renditen erlangt die Internationalisierung der Konzernaktivitäten in dem Maße eine größere Bedeutung, wie das Marktpotenzial in den wachsenden Volkswirtschaften des Auslandes steigt und eine höhere Rendite der Auslandsinvestitionen erzielt werden kann. Entlang des Grades fortschreitender Internationalisierung lassen sich so entsprechend strukturelle Entwicklungen aufzeigen. Der überwiegend nationale Konzern (mit homogenem Produktprogramm) zentralisiert die Auslandsaktivitäten in den Exportabteilungen seiner Tochtergesellschaften, die ihrerseits unter der Verantwortung der jeweiligen Absatzabteilungen stehen. Um der Stagnation der Binnenmärkte zu begegnen und die Chancen der Auslandsmärkte zu nutzen, werden die Auslandsaktivitäten forciert. Die Besonderheiten des Auslandsgeschäfts sowie der Anstieg des Anteils des Auslandsumsatzes am Gesamtumsatz führt zu einem sukzessiven Effizienzverlust der bisherigen Lösung. Mit zunehmenden Restriktionen der ausländischen Absatzgebiete für den Import von Fertigerzeugnissen (zum Beispiel der Forderung nach nationalen Bestandteilquoten), greift die internationale Problematik vom reinen Auslandsabsatz auf andere Funktionsbereiche der Unternehmung über (zum Beispiel Lösung des Problems der nationalen Bestandteilquoten durch den Aufbau von Produktionsstätten im Ausland). Da die bestehende Organisation eine derartige interfunktionelle Problematik kaum lösen kann, kommt es zu einer ersten krisenhaften Erscheinung, die durch die sich internationalisierende Unternehmungsentwicklung bedingt ist.

Die Überwindung dieser Krise (Bleicher, 1978), die als Krise der Exportabteilung bezeichnet werden kann, führt zu einer Bündelung aller Auslandsaktivitäten innerhalb eines Bereichs, der Internationalen Division inklusive der für internationale Fragen zu schaffenden Stäbe («international staff», Albrecht, 1970).

Mit der zunehmenden Internationalisierung gleichen sich die Vorteile dieser Strukturierung (Spezialisierungsvorteile aus der zentralen Erfüllung von gleichartigen Auslandsaktivitäten) mit den Nachteilen (Isolierungstendenzen der Internationalen Division, Abtrennung des Inlandsmanagements vom Auslandsgeschäft, Abnahme der Austauschbarkeit der Führungskräfte usw.) aus (Albrecht, 1970), die Krise der Internationalen Division ist geboren. Bei Mehrproduktunternehmungen ist sie vor allem eine Autoritätskrise. Im Spannungsverhältnis von weltweiter Produktverantwortung im Produkt-Management und regionaler Gesamtverantwortung für einen Wirtschaftsraum bei der internationalen Division wird zumeist dem Produktaspekt die höhere Priorität eingeräumt. Dies kann zur Isolierung der internationalen Division und zur Frustration ihrer Mitarbeiter führen. Diese Krise wird als so bedeutsam angesehen, dass Albrecht (1970) die Internationale Division als eine ernsthafte Behinderung auf dem Wege zur Internationalisierung bewertet.

Um Zollmauern und Kontingentierungen der Auslandsmärkte zu überwinden, Beschränkungen in den Devisenbestimmungen und der Einfuhr zu umgehen, Wechselkursänderungen und dem damit möglicherweise verbundenen schlagartigen Verlust von Absatzmärkten zuvorzukommen, direkten Zugang zu den Rohstoffen zu erhalten, Arbeitskräftenachfrage in den Gastländern zu entwickeln usw. setzt sich die Internationalisierung qua rechtlicher Verselbständigung bisheriger Verkaufsniederlassungen und Produktionsstätten, der Neugründung von Tochtergesellschaften oder – sofern möglich – dem Erwerb von beziehungsweise der Beteiligung an ausländischen Gesellschaften fort. Das strategische Potenzial der Auslandsaktivitäten wird für das Gesamtsystem so bedeutsam, dass ihre Integration in der Form einer integrierten Regionalstruktur vorgenommen wird. Die Überwindung der organisatorischen Trennung von Inlands- und Auslandsgeschäft wertet zugleich die Auslandsaktivitäten entsprechend ihrem strategischen Potenzial auf, stellt sich dem Prioritätsdenken der Urgesellschaft entgegen und etabliert eine globale, perspektivische Orientierung der Führungskräfte der Spitzeneinheit für das Gesamtsystem. Ob eine und welche Krise in dieser Struktur latent verborgen ist, lässt sich nur schwer abschätzen. Wenn die Internationalisierung allerdings vor dem Hintergrund einer Monoproduktprogrammstruktur vorgenommen wird, so ist eine Krise des Produkts beziehungsweise des Produktprogramms gemäß des Produktlebenszyklus so gut wie sicher. Die Internationalisierung bietet gerade die Möglichkeit, mit einem – bezogen auf den «home market» – in der Reife- beziehungsweise Stagnationsphase befindlichen Produkt beziehungsweise Produktprogramm an dem allgemeinen Anstieg der Massenkaufkraft in den sich entwickelnden beziehungsweise industrialisierenden Volkswirtschaften des Auslands zu partizipieren, um somit eine Streuung des strategische Potenzials mit dem gleichen Produkt beziehungsweise Produktprogramm über verschiedene regionale Märkte herbeizuführen.

Wenn eine regional gleichgewichtige Streuung des strategischen Potenzials nicht möglich ist, wird für den Konzern eine Situation eintreten, in der er nach weiteren Anlagemöglichkeiten seines «cash» aus dem «home market» beziehungsweise vergleichbarer Märkte suchen wird. Anlagemöglichkeiten bieten sich dem Konzern innerhalb des strategischen Potenzials seines Produktprogramms, indem er sich in vertikaler beziehungsweise horizontaler Form ausbaut. Will die Konzernspitze jedoch das strategische Potenzial allgemein verbreitern, muss sie den Weg der Produktdiversifizierung einschlagen.

6.1 (Produkt-)Diversifizierung und Konzernorganisation

Mit dem Versuch, das strategische Potenzial des vorhandenen Produktprogramms durch eine Produkt- beziehungsweise Produktprogrammdiversifizierung zu erweitern, verbinden sich strukturelle Entwicklungen.

Die verrichtungsdifferenzierte Konzernorganisation tritt an die Schwelle zur Objekt-Differenzierung, wenn die Produkt- beziehungsweise Produktprogrammerweiterung jenes kritische Ausmaß erreicht hat, von dem ab eine zentrale Erfüllung gleicher Objektaufgaben effizienter erfolgt als eine von Vorteilen der Tätigkeitsspezialisierung begleitete zentrale Erfüllung der Verrichtungsaufgaben. Dieser Zustand sinkender struktureller Effizienz der Verrichtungsdifferenzierung und anlaufender struktureller Effizienz der Objektdifferenzierung kann als die Krise der Verrichtungsorganisation bezeichnet werden.

Sie drückt sich praktisch in einer Dominanz und Präferierung der tradierten Produkte, einer routinegebundenen Abstoßwirkung gegenüber neuen Produktideen und -innovationen sowie einer mangelnden Integration neuer Produkte über die häufig hierarchisch «abgeschotteten» Funktionsbereiche hinweg aus.

Mit der Objektdifferenzierung des Konzerns ist zugleich die strukturelle Voraussetzung für die weitere Produkt- und Produktprogrammdiversifikation gegeben, sodass sich das Bemühen um Diversifikation selbstinduzierend beschleunigt; denn es gilt, eine vorliegende Struktur mit Inhalt zu füllen. Gegen Ende dieser Diversifikationswelle muss eine Straffung des Produktprogramms erfolgen, denn die undifferenzierte Produktprogrammerweiterung führt zu krisenhaften Erscheinungen innerhalb und zwischen den Produktgruppen.

Nicht selten wird die Diversifizierung unter Unkenntnis der eigenen Stärken und Schwächen und in Unterschätzung der Risiken, die sich beim Eindringen in fremde Know-how-Bereiche ergeben, der Nicht-Berücksichtigung des begrenzten Bestands an erfahrener Management-Kapazität, die für die Bewältigung von Diversifizierungsvorhaben zur Verfügung steht, und der mangelnden Erkenntnis über Probleme, die sich bei der Überführung von historisch geprägten Organisationskulturen mit ihren eigenen sozio-emotionalen Normen und Verhaltensweisen akquirierter Unternehmungen oder Teileinheiten einstellen, zu weit getrieben.

Die Diversifizierungskrise führt bei ihrer Bewältigung zu einer Bereinigung des Produktprogramms und zu einer Konzentrierung aller vorhandenen Ressourcen. Sie ist häufig faktisch gekennzeichnet durch den Verkauf von Betriebsabteilungen, Tochtergesellschaften und Beteiligungen und wird nicht selten durch den Erwerb anderer Beteiligungen begleitet, die dem ursprünglichen Sachziel näherstehen.

Zunächst werden die Produktgruppen gemäß des Affinitätspostulats neu geordnet; innerhalb der Produktgruppen werden die einzelnen Grundeinheiten auf die Erzeugung beziehungsweise den Absatz nur eines Produkts umgestellt, sodass Mehrfachunterstellungen der Grundeinheiten so weit wie möglich vermieden werden können. Sind Mehrfachunterstellungen dennoch nicht zu vermeiden, weil bspw. vergleichsweise hohe Interaktionen zwischen den Objekt-Bereichen bestehen, werden Zwischeneinheiten in den Konzernaufbau als zusätzliche strukturelle Ebene zur Objekt- und Verrichtungs-Harmonisierung eingebaut. Diese Zwischeneinheiten können die Form rechtlich selbstständiger, «geschäftsführender» Holdings oder aber die Form rechtlich unselbstständiger Unternehmungs-Bereiche beziehungsweise Objekt-Bereiche annehmen.

Allerdings wird die Objektdifferenzierung des Konzerns mit Zwischeneinheiten auch von Krisen nicht frei sein. Mit dem Eintritt der Mehrzahl der Produkte eines Objekt-Bereichs in die Reife- beziehungsweise Stagnationsphase des Produktlebens-Zyklus wird sich die strategische Bedeutung zwischen den Objekt-Bereichen verschieben. Um diesem Verlust an strategischer Bedeutung entgegenzuwirken, werden die davon betroffenen Objekt-Bereiche in besonderem Maße nach der Ausweitung ihrer Aktivitäten in regionaler Hinsicht streben, um sich Wachstums- und Ertragschancen in anderen Märkten zu sichern.

Eine Krise des Produktprogramms zeichnet sich dann ab, wenn alle Erzeugnisse, die die Unternehmung anbietet, auch weltweit in eine Sättigungszone geraten. Dieser Zustand kann unter günstigeren Voraussetzungen bereits frühzeitig durch einen starken Aufbau des kumulativen «cash flow» signalisiert werden. Dramatisiert wird eine derartige Krise bei größeren Unternehmungen dann, wenn sich im Verlauf der Größenentwicklung bürokratische Strukturen in der Spitzeneinheit und ebensolche Verhaltensweisen beim Verkehr von Spitzen-, Zwischen- und Grundeinheiten durchgesetzt haben, welche die strategische Anpassungsfähigkeit des Konzerns weitgehend vermindern.

6.2 Anpassung von Konzernorganisation an Konzernentwicklung

Aufgabe der Organisationsplanung ist es, eine Harmonisation der Konzernorganisation mit der Konzernentwicklung herbeizuführen. Die Konzernentwicklung kann in aggregierter Form an der summierten Veränderung der ökonomischen, humanen und technischen Potenziale festgestellt werden, wobei sich gegenläufige Entwicklungen (Wachstum – Schrumpfung) miteinander ausgleichen können. In disaggregierter Form stellt sich Entwicklung eines Konzerns als die Veränderung der ökonomischen, humanen und technischen Potenziale seiner Einheiten dar, innerhalb derer faktisch die qualitativen und quantitativen Potenzialänderungen stattfinden. Hiervon unabhängig müssen für die qualitativen und/oder quantitativen Potenzialänderungen, die Gegenstand der strategischen Planung sind, geeignete Organisationsstrukturen bereitgestellt werden, damit sich die Konzernentwicklung wie konzernpolitisch bestimmt vollziehen kann.

Die Bereitstellung dieser Strukturen verlangt in besonderem Maße eine Planung; denn sie ist eine «Investition in Struktur», die eines besonders intensiven Planungsverlaufs sowie bedeutender Anstrengungen zur Überwindung nicht immer offen ausgetragener Widerstände bei ihrer Implementierung bedarf und häufig in ihrer Lebensdauer (Realisation) die der langlebigsten Sachinvestitionen übersteigt. Die Praxis sieht dennoch anders aus: Wesentliche Änderungen von weitreichender Wirkung werden einerseits ad hoc aus Gründen personalpolitischer Opportunität und ohne Abstimmung mit anderen Teilen der strategischen Planung veranlasst. Die Organisationsabteilungen werden andererseits in ihrer «laufenden» Organisationsarbeit mit Projekten untergeordneter Bedeutung überschwemmt, ohne dass es klare Prioritäten für die einzelnen Projekte gibt. Das sog. Gresham'sche Planungsgesetz gelangt zur vollen Wirksamkeit – Probleme geringer Bedeutung, aber hoher Dringlichkeit verdrängen die Lösungssuche für Probleme von hoher unternehmungspolitischer Bedeutung, aber (subjektiv und situativ gesehen) geringer Dringlichkeit.

Die Komplexitätsreduktion durch Innendifferenzierung, das heißt die vermehrte Bildung einfacherer, selbstständiger und überschaubarer Einheiten, wird in Anbetracht steigender Umweltkomplexität und problematischerer Konzernentwicklung zu einer überlebenskritischen Aufgabe. Umso mehr rechtfertigen die Fülle und das Änderungsniveau der Anpassungsprobleme eine systematische Einbindung der Organisationsplanung in die strategische Planung, damit diese ihren Beitrag zur Harmonisation von Konzernentwicklung und Konzernstruktur leisten kann.

Basierend auf: Bleicher, K. (1979): Gedanken zur Gestaltung der Konzernorganisation bei fortschreitender Diversifizierung. In: ZFO, 48. Jg, Heft 5, S. 243–251.

Literatur Kapitel IV

Albrecht, A. (1970): Die Organisationsstruktur multinationaler Unternehmungen. In: Der Betrieb, Heft 45, S. 2085–2089.

Arbeitskreis Dr. Krähe (1952): Konzern-Organisation. Köln.
Blohm, H. (1969): Organisation, Information und Überwachung. Wiesbaden.
Chandler, A. D. (1991): Strategy and Structure. Cambridge.
Everling, W. (1977): Betriebsabteilung oder Beteiligungsgesellschaft. In: BFuP, Jg. 29, Nummer 3, S. 281–287.
Bleicher, K. (1978): Organisationsplanung als vernachlässigter Teil der strategischen Planung. Referat zur Mitgliederversammlung der Gesellschaft für Unternehmungsplanung e.V., Frankfurt.
Hahn, D. (1979): Konzepte und Beispiele zur Organisation des Controlling in der Industrie. In: Zeitschrift für Organisation, Heft 1/1979, S. 4–24.
Hahn, D. (1999): Handbuch industrielles Beschaffungsmanagement. Wiesbaden.
Hertz-Eichenrode, D. (1973): Politik und Landwirtschaft in Ostpreußen 1919–1930. Opladen.
Hardach, F. W. (1964): Konzernorganisation. (o.A.).
Herold, H. H./Mahrt, R./Schneider, F. (1978): Die Affinitätenanalyse als Entscheidungshilfe für die Organisation von Industrieunternehmen. In: Zeitschrift für Organisation, Heft 7/1978, S. 387–391.
Kormann, H. (1969): Die Steuerpolitik der internationalen Unternehmung. Düsseldorf.
Rumelt, R. P. (1986): Strategy, Structure and Economic Performance. Boston.
Schmalenbach, E. (1948): Pretiale Wirtschaftslenkung. Bremen.

KAPITEL V
Der Weg zu virtuellen Managementsystemen

1 Auf der Suche nach zukunftsgerichteten Organisationsstrukturen
Knut Bleicher, verfasst im Jahr 2002, bisher unveröffentlicht

Die Unternehmungen in unserem Land sind heute zweifach gefordert. Zum einen müssen sie ökonomisch die Rezession meistern und zum anderen eine Sinnkrise bewältigen. Das Unternehmungsverständnis erleidet derzeit einen gewissen Strukturbruch. Es gab in der jüngsten Vergangenheit keine Periode, in der so viele Dinge infrage gestellt wurden wie heute. Viele Dinge, die wir bisher bewährt eingesetzt haben, sind aktuell mit einem dicken Fragezeichen zu versehen.

Müssen wir umlernen, sind wir mit unserem ganzen Erfahrungsgut am Ende eines Art Lebenszyklus angekommen? In einer solchen Phase der Verunsicherung und Neuorientierung sprechen wir im wissenschaftlichen Bereich von einer Zeit eines Paradigmenwechsels. Ein Paradigma ist ein Weltbild, das wir alle unbewusst in uns tragen – häufig auch über Generationen hinweg. Wenn wir junge Leute einstellen, geben wir es unreflektiert weiter.

Viele Führungskräfte glauben auf einem sicheren Boden zu stehen und die strategischen Erfolgspotenziale für die Zukunft zu angeln. Plötzlich, durch irgendein Ereignis, durch eine Restrukturierungsnotwendigkeit, beginnen sie unter sich zu schauen und entdecken Fürchterliches. Alles, was bisher stabil, fest, vertraut war, ist plötzlich nicht mehr da. Sie wissen, wie man «angelt», sie haben Kurse besucht, und sie haben sich die beste Angelrute, das beste Führungsinstrumentarium erarbeitet, plötzlich entdecken sie, dass dieses nicht mehr greift. Wenn sie unter sich schauen, kommen sie zu dem Resultat: Man hätte nicht angeln lernen sollen, sondern vielmehr schwimmen und tauchen. Und eine Angelrute kann dabei relativ wenig Unterstützung bieten. Dieses Bild vermittelt – in eine populäre Form eingekleidet – den Kern des eigentlichen Problems.

Wir haben in vielen Bereichen rezessive Entwicklungen. Wir hoffen, dass es aufwärts geht, aber sicher ist das nicht.

1.1 Die Rezession produziert Sieger und Verlierer

In dieser Situation haben viele Branchen erhebliche Probleme. In der Massengüterindustrie, besonders dramatisch im deutschen Maschinenbau, herrscht deutliche

Rezession. Daneben gibt es aber auch Branchen mit erheblichen Wachstumsraten. Es boomen jene Bereiche, die von der Verunsicherung der Führungskräfte leben. Es ist dies zum einen das Beratungswesen. Diese Branche hatte durch die Treuhandanstalt eine Sonderkonjunktur.

Eine zweite Wachstumsbranche ist der Verkauf von «Erfolgsbüchern» im Bereich Management. Es fing an mit Lee Iacocca, dann kamen Peters/Waterman (1983) mit «Auf der Suche nach Spitzenleistungen». Das Problem solcher Erfolgsbücher ist, dass sie nur einen knappen inhaltlichen Aussagetext haben, aber sehr viele Erfolgsbeispiele aus der Praxis. In Zeiten eines Paradigmenwechsels ist es jedoch sehr schwierig, die Linie zu halten. Wenn die zweite Auflage kommt, sind vielleicht schon drei oder vier Firmen gar nicht mehr da, zwei arbeiten unter «chapter eleven» des amerikanischen Konkursrechts und einige sind fusioniert.

Früher war das anders: Es gab einmal ein Buch über Unternehmungsorganisation von Heinrich Acker (1973). Darin stellte der Autor fest, dass es einst 30 Jahre gedauert hat, bis eine Organisation, die man in die Landschaft gesetzt hat, revisionsfähig war. Später stellte er einen 15-jährigen Rhythmus fest. Als ich mein umfangreiches Organisationsbuch herausgebracht habe, war ich schon beim Umbruch, als ich drei Beispiele erneuern musste, weil Firmen wie die IBM, die Schweizer Bankgesellschaft und die Hoechst AG gerade zu diesem Zeitpunkt wieder reorganisiert hatten. Man hat heute manchmal den Eindruck, dass viele Firmen bereits eine Früh- und eine Abendausgabe des Organigramms nötig haben.

In einer Zeit des Paradigmenwechsels verändern sich die Anforderungen an Strukturen und Kultur einer Organisation. Wir haben in der Zeit nach dem Zweiten Weltkrieg eine relativ lange Periode der Kontinuität gehabt. Viele Firmen haben immer nur die Wachstumsraten fortgeschrieben, die notwendigen Investitionen getätigt und sind weiter gewachsen. Die ersten vorsichtigen Signale einer Diskontinuität kamen von OPEC 1 und OPEC 2. Über Nacht brach die große Gläubigkeit an extrapolierende, langfristige Planungen zusammen. In Amerika wurde der Satz geprägt: «The short happy life of the long term planers». Es musste etwas Neues her, das war strategische Planung und strategische Unternehmungsführung.

1.2 Auswirkungen der Diskontinuität

Wir müssen vom Gedanken der Kontinuität Abschied nehmen und auch unser Managementinstrumentarium auf eine Zeit der Diskontinuität ausrichten. Das ist nicht einfach, denn wir haben nur gelernt, mit kontinuierlichen Verhältnissen umzugehen. Dabei registrieren wir heute in der regionalen, wirtschaftlichen, gesellschaftlichen, rechtlichen Umwelt eine fast exponentiell steigende Komplexität, die wir bewältigen müssen.

Wir machen dies nach einem ganz simplen Prinzip: Wir versuchen, diese Komplexität, die der Einzelne nicht mehr tragen kann, durch weitergehende Arbeitsteilung und Spezialisierung in den Griff zu bekommen. Dadurch ist das Aufgabenspektrum jedes einzelnen Mitarbeiters immer kleiner geworden. Wir haben dabei aber auch Geschäftsprozesse zerstückelt und in Verantwortungsbereiche zerlegt. So sind Schnittstellen entstanden und diese Schnittstellen sind in jeder Organisation Verlustquellen auf verschiedenen Ebenen. Schnittstellen berühren nicht nur die organisatorische Ebene, sondern auch die Sinnebene. Sie versperren den tieferen Einblick, verhindern den Überblick und bauen «Sinn» und damit Motivation ab. Man spricht heute sehr gerne von der Eurosklerose und meint damit den schleichenden Verfall der europäischen Wirtschaftskraft. Wir haben zwar viele Innovationen, bringen sie aber oft nicht rechtzeitig auf den Markt.

Beratungsinstitute haben festgestellt, dass bei gut geführten Unternehmungen produktive Tätigkeiten bei Produktentwicklungsprozessen bis zur Marktreife maximal nur 5 % der Gesamtentwicklungszeit in Anspruch nehmen. Der Rest wird für Abstimmungszeiten, Rückverweisungen, Anträge, Berichte etc. verbraucht. Das heißt: Schnittstellen führen zu Verzögerungen, im heutigen Zeitwettbewerb führen sie zu existenzbedrohenden Positionierungsproblemen im Wettbewerb.

1.3 Strukturfragen zur Komplexitätsbeherrschung

Zu Beginn des 20. Jahrhunderts wurde uns noch eine sehr lange Anpassungszeit gewährt, wir hatten sozusagen einen Anpassungsüberschuss. Es waren die Zeiten, in denen nach Ende des Geschäftsjahrs ein Dreivierteljahr später die Bilanz fertig war. Dann hat der Vorstand dem Aufsichtsrat vorgetragen und der hat, ohne Fragen zu stellen, das Gehörte zur Kenntnis genommen.

Diese Zeiten sind vorbei. Wir wurden immer kurzfristiger in unserem Denken, die Bilanz und die Gewinn- und Verlustrechnung, als langfristige Jahresrechnung betrachtet, wurde in den 1930er-Jahren durch die erste Kernspaltung unseres Rechnungswesens, die Kosten-Leistungs-Rechnung, revolutioniert. Dann kamen Planelemente und später die US-amerikanische Budget-Methode hinzu.

Wir sind heute an einen kritischen Punkt gelangt. Die Beschleunigung ist so groß geworden, dass wir mit diesen Managementinstrumenten nicht mehr so recht hinkommen. Sie sind zu starr und kreieren so einen bürokratischen, regelverfolgenden Geist. Aus diesen Gründen ist es absolut unabdingbar nach neuen Antworten zu suchen.

Heute müssen wir uns auf das flexibelste Instrument unseres Systems besinnen, auf das menschliche Improvisationsvermögen, das in unserer genetischen Vorprogrammierung über Millionen Jahre eine entscheidende Rolle gespielt hat. Dieses Vermögen haben wir jedoch jahrelang in unserem Streben nach einer Einbindung des Menschen in eine regelhafte Ordnung unterdrückt.

So wird aktuell die Anforderung an das Human Resources Management gestellt, das menschliche Improvisationsvermögen zu «reanimieren» und auf diese Art und Weise die Kreativität für zukunftsbezogene Problemlösungen freizusetzen. Insbesondere «Personalentwicklung» und «Personalförderung» sind dabei gefordert. Im Grunde genommen haben wir in der Zeit des Wachstums vom kleinen Betrieb zur größeren Unternehmung immer mehr Anpassungszeit aufgebaut. Insofern ergibt sich hier eine beachtliche Zeitschere und damit eine Anpassungslücke, die es zu überwinden gilt. In der krisenhaften Situation aufgrund der Rezession wird uns die Anpassungslücke plötzlich schmerzhaft deutlich.

Nach dem Jahrzehnt der Managementtechniken steht nun die Unternehmungskultur, nämlich das Selbstverständnis einer Unternehmung, im Mittelpunkt. Der Trend geht weg von den harten, materiellen Fakten. Wir kommen immer mehr zur Entdeckung der weichen Faktoren und dies auch in Hochburgen der Finanzwelt, dem Bankenbereich.

Was wird denn dort als Zukunftsgeschäft diskutiert: Wie können wir den Kunden noch besser beraten? Wie können wir eine Vertrauensbasis – beispielsweise durch «relationship marketing» oder Ähnlichem – aufbauen?

Das Management der Humanressourcen wird zum kritischen Erfolgsfaktor der Zukunft. Wir haben heute die indirekten, impliziten, weichen Faktoren zu berücksichtigen, über die man eben nicht spricht und die in keinem Reglement stehen wie die expliziten harten Größen.

Wir haben heute einen Gegensatz von einer traditionell technokratischen, sehr stark von Amerika geprägten und von uns kopierten Unternehmungsphilosophie und dem Aufkeimen einer anderen, vielleicht noch nicht erprobten neuen, humanorientierten Managementphilosophie. Dies ist uns durch den Kulturvergleich zwischen Amerika und Japan deutlich geworden. Deutschland steht in der Mitte: freies Unternehmertum, aber mit sozialer Verantwortung. Es könnte passieren, dass wir jetzt einen Schlenker machen mit unserer zunehmenden Kostenorientierung hin auf ein amerikanisches Paradigma, das selbst die Amerikaner in vielen Firmen in große Schwierigkeiten gebracht hat. Ich plädiere daher für ein ausgeglichenes Verhältnis zwischen Kosten- und Nutzenorientierung.

Die Hierarchien werden verflacht und die Führung setzt sich zunehmend in eine eher lateral orientierte Kooperationskultur um. Neuartige Organigramme machen deutlich: Die ganze Organisation dient dazu, die Leute, die an der Front stehen, die Kundenberater und Kundenbetreuer, zu unterstützen. Früher hatte sich die Weisheit beim Chef konzentriert, und der verließ sich auf ein paar Stäbe, die ihn unterstützten. Anforderungen der heutigen Zeit werfen jedoch Fragen nach anderen Strukturen auf. Einige ausgewählte wesentliche Antworten seien untenstehend angeführt:

1| Kundenorientierung
   Die größte Selbstverständlichkeit, die eine große Organisation heute wieder aufzubieten hat.

2| Mitarbeiterorientierung
   Sie darf auch unter den gegenwärtig harten Zeiten nicht unter die Räder kommen.

3| Innovationsorientierung
   Wir alle machen gerne immer wieder das Gleiche; das entlastet, schafft Routine, da braucht man nicht groß nachzudenken. Routinen, die entlasten können, sind aber gefährlich, da man den Wandel nicht mehr begreift und ihn nicht mehr im System umsetzen kann.

4 | Integrationsorientierung
Ein Punkt, der mir besonders am Herzen liegt. Viele Leute in unseren Unternehmungen versäumen es, in Zusammenhängen zu denken. Da ist der Manager mit einem Problem, das er nach der üblichen Entscheidungsmethode singulär gelöst hat. Wenn er in drei Jahren von einer ganzen Barriere von Dominosteinen erschlagen wird, wird er sagen, die Ereignisse waren stärker. Er wird es nie darauf zurückführen, dass er in dem vernetzten System einer Unternehmung etwas ausgelöst hat, was später eine andere Bedeutung für ihn gewonnen hat.

1.4 Systemanpassungen an neue Strategien

Integration bedeutet aber auch, dass es keinen Sinn macht, eine Organisationsstruktur zu gestalten, wenn man nicht weiß, wie die Strategie für die Zukunft aussehen soll. Es hat auch keinen Nutzen, eine Strategie einzusetzen, wenn die Werte und Normen in einer Unternehmung, die Unternehmungskultur, die das Verhalten der Mitarbeiter prägt, der Strategie absolut entgegenstehen.

Sehr viele Strategieübungen sind daran in der Praxis gescheitert. Zumeist wird mit einer Strategieübung begonnen. Das geht relativ schnell, in sechs Wochen steht die neue Strategie, ein paar Teams wurden gebildet, Beratungsfirmen wurden engagiert. Die neue Strategie wird dann in einer Unternehmungskonferenz verkündet und im Mitteilungsblatt für die Mitarbeiter vorgestellt. Man glaubt, es läuft, doch weit gefehlt! Leider wurde vergessen, die Organisationsstrukturen und Managementsysteme an die neuen Strategien anzupassen.

Weiter muss man feststellen, dass die Unternehmungskultur aus der Tradition des Hauses heraus ganz anders eingestellt ist. Die Mitarbeiter können die neue Strategie nicht nachvollziehen. Dann haben Sie nur zwei Möglichkeiten: Entweder Sie setzen überall neue Kulturträger ein, das ist ein revolutionärer Wandel, der bei uns aufgrund der Mitbestimmungssituation nur schwer zu verwirklichen ist. Amerikaner machen das mit radikaler Konsequenz.

Der ehemalige Chef von General Electric, Jack Welsh, hat einmal den Satz geprägt: «Loyality to a corporation, what a nonsense.» – Loyalität zur Unternehmung ist Unsinn. Das bedeutet, ich praktiziere «hire and fire», ich brauche keine Loyalität zu meinen Mitarbeitern, ich verlange aber auch von meinen Mitarbeitern keine zu mir. Das ist ein reines Vertragsverhältnis: Leistung gegen Bezahlung, sonst nichts. Ich hätte Angst, wenn diese Kulturprägung bei uns einsetzen würde. Dem steht für uns als tragende Alternative eine evolutionäre Kulturveränderung gegenüber. Diese verlangt ein humanistisch-soziales Unternehmungsverständnis und eine konsequente Entwicklung unserer Mitarbeiter.

Zu erreichen, dass die Kultur die Strategien trägt, ist die große Schwierigkeit deren Bewältigung sich evolutorisch – und das heißt leider langsam – vollziehen muss. Kurzfristiges Denken («Oh! You want to sell me a new corporate culture, give me one by monday») ist völlig fehl am Platz. Vielmehr gilt es einen Entwicklungsprozess zu evozieren, der per se aus zwei essentiellen Schritten besteht: So müssen Mitarbeiter zum einen die alten Verhaltensweisen «verlernen» und die neuen «erlernen».

Kontrolle ist gut, Vertrauen ist dabei besser. Es lohnt sich nicht, 85 bis 90 % der Mitarbeiter dafür zu bestrafen, dass sich 10 oder 15 % derselben des Vertrauens nicht würdig erweisen. Klaus Merten (1998) hat das sehr schön ausgedrückt:

> «Misstrauische Vorgesetzte werden es immer erleben, dass Mitarbeiter das Misstrauen, das ihnen entgegengebracht wird, durch ihr Verhalten nachträglich rechtfertigen.»

Weiteres wesentliches Erfolgsmoment ist der richtige Umgang mit der Innen-Außen-Orientierung. Unternehmungen bewegen sich in einem Koordinatenkreuz der Achsen «Zeit» und «Raum». Orientierung gibt der Blick nach vorne in die Zukunft und die Rückschau nach hinten, die eine Kultur prägt. Im Raum findet eine Orientierung nach innen («Wir lösen Probleme innerhalb unseres Hauses.») und nach draußen («Wir nehmen die leichtesten tektonischen Veränderungen in der Umwelt wahr.») statt. Wir besitzen viele alte Traditionsunternehmen mit einer großen Vergangenheit. Sie waren früher Technologieführer und schauen so gerne und vorzugsweise zurück, machen Hundertjahrfeiern, bauen Jahrhunderthallen, veröffentlichen Chroniken ...

Die große Gefahr des Rückblickens besteht darin, dass man nicht mehr ausreichend nach vorne schaut und der Blick in den Rückspiegel einen Art kompensatorischen Akt darstellt. Hermann Lübbe (1998), Philosoph in Zürich, hat das auf die kurze Formel eines musealen Trends in unserer Gesellschaft gebracht. Es gab noch nie so viele Museumsneugründungen und so viele Museumsbesucher wie heute. Lübbe sagt, die Leute haben immer mehr Angst vor der Zukunft, daher schauen sie zurück auf die sichere Vergangenheit, die sie erlebt haben und jetzt geistig vergolden. Wenn das in Unternehmungen stattfindet, ist das äußerst gefährlich.

In einer Zeit eines Paradigmenwechsels kommt Neues auf uns zu. Eine neue Welt entsteht: Wir müssen versuchen, zu gestalten, zu lenken und zu entwickeln. Die große Kunst der Führung liegt darin, einerseits zu erkennen, in welchem Bereich unserer Unternehmung das Alte noch gilt. Wenn wir das bewahren und weiterentwickeln, schaffen wir auch für die Mitarbeiter etwas dringend Notwendiges, wir schaffen Sicherheit, sonst ziehen sie sich alle vor den dramatischen Veränderungen ins Schneckenhaus zurück. Andererseits müssen Führungskräfte erkennen, in welchen Bereichen der Wandel Veränderungen erforderlich macht.

Wir arbeiten in Strukturen von gestern mit Methoden von heute hoffentlich an Strategien für morgen vorwiegend mit Menschen, die in den Kulturen von vorgestern die Strukturen von gestern gebaut haben und das übermorgen nicht mehr erleben werden – das ist die Schwierigkeit. Der amerikanische Philosoph Alfred North Whitehead (1987) hat das auf eine Kurzformel gebracht:

> «Die Kunst des Fortschritts besteht darin, inmitten des Wechsels Ordnung zu halten. Und inmitten der Ordnung den Wechsel aufrecht zu erhalten, das ist es, was wir noch deutlicher lernen müssen.»

Literatur zu Abschnitt 1: Auf der Suche nach zukunftsgerichteten Organisationsstrukturen

Acker, H. (1973) Organisationsanalyse. 7. Aufl. Baden-Baden.
Iacocca, L. (1988): Mein amerikanischer Traum. Talking straight. Düsseldorf.
Lübbe, H. (1998): Zwischen Herkunft und Zukunft. Wien.
Merten, K. (1998): Das Handbuch der Unternehmenskommunikation. Neuwied.
Peters, T. J./Waterman, R. H. (1983): Auf der Suche nach Spitzenleistungen. 2. Aufl., Landsberg am Lech.
Whitehead, A. (1987): Prozess und Realität. Entwurf einer Kosmologie. 1. Aufl., Frankfurt am Main.

2 Neuere Entwicklungen in der Organisationspraxis
Knut Bleicher, verfasst im Jahr 1995, bisher unveröffentlicht

2.1 Fehlende Beweglichkeit in Traditionsunternehmungen

Die erfolgreiche Bewältigung von Innovationen erfordert ein Überdenken überkommener Strukturkonzepte und eine Anpassung der Führungssysteme. Dies verlangt aber ein Aufgeben von in der Vergangenheit erfolgreichen Regelungen, die den Mitarbeitern Sicherheit zu versprechen scheinen. Es stellt sich die Frage, ob sich denn das Alte bisher nicht gut bewährt habe. Die Erfahrung zeigt, dass ein Großteil möglicher Innovationen an dieser Frage scheitert. Der verbleibende Rest trifft in Traditionsunternehmungen auf häufig erstarrte Strukturen, die den Durchsetzungsprozess weiter verzögern. In der Anpassung von Organisationsstrukturen wird der Zeitfaktor kritisch: Es reicht nicht aus, die Herausforderung an sich innovativ zu bewältigen, sondern es kommt darauf an, dies in möglichst kurzer Zeit zu tun, um die wirtschaftlichen Möglichkeiten einer Marktführerschaft nutzen zu können. Junge mittelständische Unternehmungen besitzen häufig die erforderliche zeitliche Beweglichkeit, während in größeren Traditionsunternehmen eine aufwendige Hierarchie des Analysierens, Abstimmens, Genehmigens, Beginnens und Überwachens in Bewegung gesetzt werden muss.

Dies erklärt, weshalb es vor allem die in der Vergangenheit marktlich und technologisch besonders erfolgreich gewesenen Unternehmungen sind, die an diesen Innovationsschwellen scheitern. Bei Umbrüchen entsteht dann häufig ein gänzlich neues Feld von Anbietern, die den etablierten Traditionsunternehmen das Heft dauerhaft aus der Hand nehmen können. Allerdings gibt es neuere Entwicklungen in der Organisationspraxis, die die Bewältigung von Innovationsherausforderungen fördern.

Daher sind rechtzeitig Überlegungen zur Umgestaltung und Ausrichtung der Unternehmungsstrukturen auf die überlebenskritischen Herausforderungen der

Zukunft anzustellen und neue Praxiskonzepte auf ihre Tauglichkeit hin zu überprüfen. Diesen Notwendigkeiten widmen sich folgende Ausführungen (siehe hierzu und im Folgenden auch 4.2.3).

2.2 Umgestaltung von Unternehmungsstrukturen

Im Zuge der anstehenden Reformierung traditionell gewachsener Strukturmuster unserer Unternehmungen muss ein erster, gewichtiger Schritt zur Entbürokratisierung vollzogen werden. Das Kreativität, Initiative und Leistungswillen erdrückende Übermaß an Regelungen sowie ihre überflüssige Präzision («Regelungs-Overkill») sind abzubauen. Zumeist werden hier Methoden wie Zerobase-Budgeting, ABC-Analyse oder Gemeinkostenwertanalyse angewandt.

Grundsätzlich müssen aber auch formale Regelungen durch informelle Strukturen ersetzt werden. Dazu gilt es die Kompetenz der Mitarbeiter zur Eigenregelung und Autonomie drastisch zu erhöhen.

Letztlich führt solch ein Maßnahmenbündel zu allgemeiner formulierten organisatorischen Regelungen. Aber auch dann müssen wir vom Prinzip der «Unsterblichkeit» organisatorischer Regelungen abgehen und quasi «Selbstvernichtungsknöpfe» für organisatorische Direktionen einbauen.

Hand in Hand gehen diese Maßnahmen mit einer stärkeren Personenorientierung von Organisationen. Es vollzieht sich bei Führungspositionen ein Wandel der Organisation ad rem (auf die Sache bezogen) zu einer Organisation ad personam (auf die Person bezogen).

In einigen Unternehmungen wird die Organisation inzwischen nicht mehr nur in Abhängigkeit von der gegenwärtigen Qualifikation von Führungspersönlichkeiten gesehen. Bislang werden den Erfolgreichen größere Verantwortlichkeiten durch Unterstellung weiterer Abteilungen gegeben, den weniger Erfolgreichen die Verantwortung durch die Wegnahme von Abteilungen gekürzt. Organisation ist aber auch ein Mittel der Personalentwicklung. Mangelnde Erfahrung einer Führungskraft auf einem bestimmten Gebiet kann etwa bewusster Anlass sein, dass ihr dieser Aufgabenbereich übertragen wird. Das Engagement – über die Verantwortlichkeit geschärft – zwingt dann dazu, sich mit dem Unbekannten auseinanderzusetzen, zu lernen und ein eigenes Erfahrungspotenzial zu bilden. Nicht mehr die richtige Besetzung für eine vakante Stelle wird gesucht, sondern umgekehrt eine Ordnung von Bereichen erreicht, die situativ der Führungskraft Förderung und Entwicklungsmöglichkeit gibt.

Die Schwerfälligkeit vieler größerer Unternehmungen lässt sich vor allem durch eine konsequentere Dezentralisation überwinden. Sie führt zur Bildung teilautonomer Einheiten, die relativ selbstständig bestimmte Geschäftszweige betreiben.

Der erste «Großversuch» zur Dezentralisation kann in den USA auf das Ende der 1950er-Jahre zurückgeführt werden. Er erreichte Europa mit einem «time lag» von fast einem Jahrzehnt und führte in vielen Unternehmungen unter der Devise der Divisionalisierung zur Bildung von Sparten, Geschäfts- und Unternehmungsbereichen. Ihnen wurden zum Erreichen einer unternehmungseinheitlichen, integrierten und koordinierten Vorgehensweise regelmäßig starke Zentralbereiche gegenübergestellt.

Die Verwirklichung dieses Konzepts stieß in den meisten Unternehmungen allerdings von Anfang an auf erhebliche Schwierigkeiten: Die gewachsene Fertigungsstruktur ließ sich nicht eindeutig auf die neu gebildeten Divisionen zuordnen. Kompromisslösungen mussten her. Damit wurde den Teilbereichsleitungen mehr oder weniger der Durchgriff auf die Herstellkosten und auch die Vertriebskosten verwehrt, da der Vertriebsapparat der in- und ausländischen Verkaufsniederlassungen in der Regel für mehrere oder alle Geschäftsbereiche tätig war.

«Small is beautiful»

Es nimmt nach diesen Erfahrungen nicht wunder, dass in der Organisationspraxis längst ein zweiter Großversuch zur Dezentralisation eingesetzt hat. Dieser steht unter der Devise «small is beautiful»: Es werden überschaubare mittelständische Organisationsformen gesucht, die das Kreativitäts- und Innovationsklima fördern und ein selbstständiges, unternehmerisches Denken und Handeln der Mitarbeiter auch in großen Unternehmungen ermöglichen sollen. Die gesamte Unternehmung ist dann in (relativ) selbstständige, klar umrissene Produkt-/Marktsegmente aufgelöst, die ohne gegenseitige Verkopplung agieren und sich ebenso ihre eigenständige logistische Kernstruktur aufbauen. Der – zumeist weltweit agierenden – Unternehmungszentrale verbleiben dann lediglich ressourcensteuernde Aufgaben im finanziellen und personellen Bereich.

Innovative «Produkt-Markt-Inseln» neben logistischen Kernbereichen

Eine weitere Möglichkeit zur Bewältigung des marktlichen und technologischen Wandels ist darin zu sehen, dass es einerseits zentrale logistische Kerneinheiten auf Dauer gibt, andererseits flexible, auf den Wandel eingestellte «Produkt-Markt-Inseln», die Chancen frühzeitig erkennen und unternehmerisch nutzen sollen. Dem logistischen Kern obliegt die Bereitstellung und der effiziente Einsatz von Ressourcen. Kleine Gruppen («Produkt-Markt-Inseln») beschäftigen sich zunächst mit der Entwicklung eines neuen Erzeugnisses, wobei sie Dienstleistungen von Zentralbereichen auftragsweise in Anspruch nehmen. Das Entwicklungsergebnis wird von ihnen zugleich im Markt eingeführt, und es entsteht ein aufstrebender Mini-Geschäftsbereich, der seine Erzeugnisse durch die zentrale Fertigungslogistik herstellen und die Vertriebslogistik vertreiben lässt.

«Palastorganisation» und «Zeltorganisation»

Neben eine auf Stabilität ausgelegte «Palastorganisation» tritt damit eine flexible «Zeltorganisation». Die Mini-Geschäftsbereiche hängen von den kurzfristigen Lebenszyklen der Märkte und von technologischen Veränderungen ab, sie nutzen Ungleichgewichtslagen im Umfeld der Unternehmung und schaffen Ungleichgewichte zwischen neuen Konzepten und tradierten Strukturen in den Kernbereichen. Nach Beendigung des jeweiligen Lebenszyklus lösen sich die Mini-Geschäftsbereiche auf – es entstehen also laufend neue Produkt-Markt-Inseln zur Bewältigung neuer unternehmerischer Aufgaben.

«back to basics»

Der eingetretene Marktwandel verlangt vom Management veränderte Verhaltensweisen. Von der extensiven Stabsarbeit – «Paralyse durch Analyse» heißt häufig der kritische Befund – verlagern sich die Gewichte auf die Basisoperationen: «back to basics» ist heute in den USA ein vielzitierter Ausdruck. Viele Unternehmungen beginnen, ihre Stäbe drastisch auszukämmen. Gefordert wird eine Art «Subsidiaritätsprinzip» für die Stabsarbeit: Statt «stratosphärischer» Stabsaktivitäten an der Unternehmungsspitze operationsnahe Einbindung der Dienstleistungen dort, wo sie tatsächlich gebraucht werden.

Ein personelles Großreinemachen in schwierigen wirtschaftlichen Zeiten ist an sich nichts Neues. Früher begnügten sich jedoch die meisten Unternehmungen mit Ausgabenkürzungen bei der Werbung und Öffentlichkeitsarbeit und durch die Entlassung von Mitarbeitern. In wirklich schlechten Zeiten wurden den einzelnen Abteilungen Personalkürzungen von einigen Prozent auferlegt. Davon waren jedoch die Stäbe und Zentralabteilungen nicht betroffen, sodass sich die Kennzahl von Beschäftigten, die unmittelbare Aufgaben erfüllten, gegenüber denjenigen, die mit mittelbaren Führungs- und Verwaltungsaufgaben betraut waren, laufend zugunsten der letzten Gruppen verschob – was nicht gerade zur Schlagkräftigkeit der Organisation beitrug.

«Ursachen des Verwaltungswachstums»

Forscht man nach den Ursachen, die zur Personalaufblähung bei der Führung und Verwaltung – insbesondere bei den Stäben und Zentralabteilungen – geführt haben, zeigt sich, dass übertrieben häufige Versetzungen («Rotating») «professioneller» Führungskräfte der Linie zu einer mangelnden Vertrautheit mit den zu leitenden Geschäftsbereichen führen. Dies fördert den unterstützenden Aufbau von Stäben und deren Einfluss gegenüber der Linie. Tiefere Ursache ist auch hier wieder das mangelnde Vertrauen in die Tätigkeit der mittleren und unteren Organisationsebenen.

Stäbe und Zentralbereiche tendieren ferner dazu, ihre formal eingeschränkte Leitungsmacht mit eigenen Methoden zu vergrößern. Dabei können sie im Ergebnis häufig stärker ihre eigenen Interessen als die der Unternehmung im Auge haben.

«Structure follows strategy»?

Die Untersuchungen des Wirtschaftshistorikers Alfred D. Chandler (1991) führten zu dem Ergebnis, dass die Organisationsstruktur amerikanischer Unternehmungen im Regelfall strategischen Änderungen in der Unternehmungspolitik mit einem größeren Zeitabstand folgt, also – «structure follows strategy». Erst wenn die Realisierung einer neuen Strategie gefährdet ist, erst dann, wenn es wirklich «klemmt», besinnt man sich im Nachhinein auf die Tatsache, dass in der Planung vergessen worden ist, sich die organisatorischen Voraussetzungen für eine strategische Änderung zu schaffen.

Die nachträgliche Korrektur der «structure» pflegt dann allerdings viel Geld zu kosten: Verlorene Aufträge, eine unbeabsichtigte und unbezifferbare Stärkung der Konkurrenz, unter Umständen sogar der Verlust der Marktführerschaft können aufgrund mangelnder organisatorischer Vorkehrungen strategischen Erfolg vereiteln.

«Strategy follows structure»?

Wäre es hier nicht wirksamer zu erkennen, dass eigentlich die Strategie der Struktur folgen müsste, also – «strategy follows structure». Denn gerade die Struktur prägt das Verhalten der Mitarbeiter und hier im Besonderen das der Führungskräfte – also auch deren strategisches Verhalten. Muss nicht jede fehleingestellte Struktur auch ein fehlgelenktes strategisches Verhalten hervorbringen?

Die Bandbreite strategischen Verhaltens, das durch die Organisationsstruktur «provoziert» wird, ist in der Tat groß. Eine bürokratische Organisation erzeugt zum Beispiel Perfektionierung des Gewohnten und Bewährten. Funktionale Organisationen bevorzugen ein Streben nach professionellem Perfektionismus im Technischen, Vertrieblichen und Administrativen. Ein Defizit liegt dann im gesamtunternehmerischen Denken und Handeln mit negativen Folgen auch bei der Nachfolgeregelung für Spitzenpositionen. Divisionale Geschäftsbereichsorganisationen kultivieren (bereichs-)unternehmerisches Denken, das nicht selten zum divisionalen Bereichsegoismus hochstilisiert wird.

Es sind rechtzeitig Strukturen bereitzustellen, die den besonderen Problemen prosperierender Entwicklungsphasen gerecht werden. Die Nutzung neuer technologischer und marktlicher Möglichkeiten dürfte dabei im Mittelpunkt sachrationaler Überlegungen stehen, während es im sozio-emotionalen Bereich die Belohnung risikofreudigen Verhaltens eines «hands-on-managements» ist, das sich wenig regelgebunden den operativen Möglichkeiten und Tageserfordernissen wie den strategischen Erfordernissen stellt.

Literatur zu Abschnitt 2: Neuere Entwicklungen in der Organisationspraxis
Chandler, A. D. (1991): Strategy and Structure. Cambridge.

3 Organisation der Zukunft
Knut Bleicher, erschienen im Jahr 1995

Eine Wendezeit im Übergang zu einem veränderten Managementverständnis erfordert ein grundlegendes Überdenken unseres so vertrauten und in der Vergangenheit bewährten Paradigmas. Der sich beschleunigende Wandel zwingt uns zu der Erkenntnis, dass es weniger die perfektionierte Lösung von Koordinations- und Integrationsproblemen ist, die zum Erfolg führt, sondern das zeitgerechte, schnelle, wenn vielleicht auch nicht ganz perfekte und probierende Herangehen an die Bewältigung der Zukunft.

Die Organisation von ihrer Innenorientierung auf eine Außenorientierung – zum Kunden und zum Markt – auszurichten, heißt nichts anderes, als dass eine benutzerfreundliche Peripherie der Organisation gestaltet werden muss. Denn: Der «Neue Kunde» ist nicht mehr bereit, einen Teil der organisatorisch bedingten Abstimmungslast im Inneren von Organisationen mitzutragen.

3.1 Unterwegs zur Netzwerkorganisation

Unter dem Einfluss der Transformation der Umsysteme haben viele Organisationen bereits einen beachtlichen Wandel vollzogen – von der traditionellen «Palastorganisation», der Anwendung einheitlicher Prinzipien und Regelungen auf Dauer hin zu einer teilweisen Miteinbeziehung von Mustern einer flexiblen «Zeltorganisation» auf Zeit mit informellen Arbeits- und Projektgruppen und Task-Forces. Weitere Entwicklungstrends weisen in Richtung einer prozessorientierten Netzwerk-Organisation, die eine wachsende Konzentration von Fachkompetenz zur Problemlösung erlaubt, bis hin zum Konzept einer «virtuellen Organisation», deren Konturen im internorganisatorischen Zusammenhang von Arbeitsgemeinschaften, Ventures, Allianzen und Bezugsgruppen-Partnerschaften verschwimmen.

Mit dieser Entwicklung verbindet sich eine neue Offenheit der Unternehmung in einem partnerschaftlichen Wettbewerb. Die Öffnung gegenüber Bezugsgruppen wird zur entscheidenden Voraussetzung für die Bewahrung von Autonomie und Entwicklungsfähigkeit einer Unternehmung. Eine grenzüberschreitende Kooperation in Netzwerken schafft strategisch neue Wettbewerbsbedingungen. Eine strukturelle und kulturelle Öffnung für einen marktwirtschaftlichen Verkehr unternehmerischer Einheiten in einem Umfeld des Vertrauens erschließt neue Möglichkeiten, bringt jedoch auch neue Probleme mit sich.

3.1.1 Chaotische Märkte verlangen ein neues Management-Verständnis

Der sich um uns vollziehende Wandel scheint zu chaotischen Entwicklungen zu führen, denen sich das Management von Unternehmungen zu stellen hat. Chaotische Entwicklungen sind vor allem auf den Märkten erkennbar: Die Voraussagbarkeit von Marktentwicklungen hat stark abgenommen und «die hochgradige Vernetzung

Kapitel V – Der Weg zu virtuellen Managementsystemen

und Interdependenz führt dazu, dass kleine Veränderungen immense Auswirkungen nach sich ziehen.» (Heitiger, 1991)

Unser bisheriges Managementverständnis ist jedoch weitgehend technokratisch geprägt. Mit einer die Komplexität reduzierenden Systemgestaltung soll es dem einzelnen spezialisierten Mitarbeiter ermöglicht werden, mehr oder weniger vorgegebene Ziele arbeitsteilig zu erfüllen und damit einen Beitrag zur Entwicklung der Unternehmung zu leisten. Die exponentiell gestiegene Komplexität, der sich eine neuzeitliche Unternehmung in allen Bereichen der Gesellschaft, Wirtschaft und Technologie gegenübersieht, gibt jedoch dazu Anlass, dieses Bild des Managements grundsätzlich zu überdenken.

Die fortschreitende Spezialisierung und Arbeitsteilung hat nach außen hin und im Inneren der Unternehmung eine Vermehrung von Schnittstellen zur Folge, die zu suboptimalem Verhalten eines Abteilungs-, Bereichs- und Ressortegoismus geführt hat. Die dabei vor allem auftretenden Verhaltensgrenzen bei der Zusammenarbeit mit externen Partnern, wie Kunden und Lieferanten, aber auch gegenüber internen Leistungsempfängern können kaum noch durch immer neue Managementsysteme oder eine häufig überforderte Führung überwunden werden.

3.1.2 Auf dem Weg zu einer neuen Offenheit

Eine «Wendezeit» im Übergang zu einem veränderten Managementverständnis bringt notwendigerweise ein grundlegendes Überdenken unseres so vertrauten – und in der Vergangenheit bewährten – Paradigmas mit sich. Letztlich ist es auch hier der sich beschleunigende Wandel, der uns zur Erkenntnis zwingt, dass es weniger die perfektionierte Lösung von Koordinations- und Integrationsproblemen ist, die zum Erfolg führt, sondern das zeitgerechte, zum Beispiel schnelle, wenn vielleicht auch nicht ganz perfekte und probierende Herangehen an die Bewältigung der Zukunft. Dies aber verlangt im Denken und Handeln der Mitarbeiter eine «neue, grenzüberschreitende Offenheit», die durch ein konsequent auf die Entwicklung von Erfolgspotenzialen ausgerichtetes, strategisches Management, eine flexible und vernetzte Gestaltung struktureller Rahmenbedingungen und eine auf organisationales Lernen ausgerichtete Unternehmungskultur getragen wird.

Das erforderliche neue Denken im Management macht also auch vor der Gestaltung von Organisationsstrukturen nicht halt. Robert Perich (1992) skizziert Entwicklungen in der Strukturgestaltung mittels sechs, hypothetischen Evolutionsstufen:

1| Von der instrumentellen Strukturgestaltung zum umfassenden Ordnungsmanagement.

2| Vom starren «organisatorischen Konservatismus» zum flexiblen «Wahren aller Chancen».

3| Von der nach innen gerichteten operativen Effizienz zur außenorientierten strategischen Effektivität.

4| Von der reduktionistischen Vereinheitlichung zum Management der Vielfalt.

5| Von der formalen Unpersönlichkeit zur human-sozialen Kulturorientierung.

6| Von der herrschaftsorientierten Subordination zur partizipativen Kooperation. Maximen der praktischen Organisationsgestaltung, die sich daraus ableiten lassen, sind:

- Strategiefokus: Differenzierte Strategiekonzepte machen neben einem Streben nach «economies of scale» durch Nutzung der Rationalisierungsmöglichkeiten standardisierbarer Prozesse die Fokussierung auf spezifische Marktsegmente bis hin zur Erbringung eines individuellen Kundennutzens erforderlich. Die organisatorische Konsequenz weist von undifferenzierten, einheitlich strukturierten zu differenzierten, teil-autonomen, miteinander mehrdimensional vernetzten «Zeltorganisationen».

- Organisationsfokus: Die «neue Offenheit» zur interorganisatorischen partnerschaftlichen Zusammenarbeit in einem System effizient funktionierender zwischenbetrieblicher Kollaboration weist in die Richtung einer nahezu «grenzenlosen virtuellen Unternehmung», die ihre Problemlösungsintelligenz in unterschiedlichen Projekten und Allianzen zur Geltung bringt. An die Stelle einer traditionellen Beschäftigung mit Binnenproblemen der Koordinierung hoch arbeitsteiliger Leistungsbeiträge tritt eine Vernetzung mit externen Bezugsgruppen («Bezugsgruppen-Management»). Situative Problemlösungsstrukturen auf Zeit lösen Dauerstrukturen ab.

- Entwicklungsfokus: Die notwendige Problemlösungsintelligenz wird zur Kernkompetenz zukunftsführender Unternehmungen, die sich in einem Strategieumfeld der «economies of scope» bewegen. In ihnen verlagert sich die Bedeutung von den «harten», am Sachkapital orientierten, auf die «weichen», an das Humankapital gebundenen Erfolgsfaktoren, die für die Unternehmungsentwicklung kritisch werden. Damit rückt die Gestaltung von Rahmenbedingungen für das Sozialsystem der Unternehmung in den Mittelpunkt der Aufgaben des Managements. Traditionell an einer produktiven Stabilität ausgerichtete Unternehmungskulturen müssen Unternehmungskulturen Platz machen, die sich an Werten und Normen der Flexibilität orientieren, wenn der teils turbulente und zum Chaos neigende Wandel im Umfeld bewältigt werden will. Dies erfordert von den Mitarbeitern weniger ein erhaltendes, vertiefendes und individuelles Lernen, sondern akzentuiert Fragen des «organisationalen Lernens».

- Integrationsfokus: Mit der Öffnung der Unternehmung nach außen und der Abkehr von einer standardisierten Problembearbeitung kommt der Komplexitätsbewältigung als Aufgabe des Managements eine andere Qualität zu, die eine veränderte Ausformung des sich damit verändernden Managementparadigmas erforderlich macht. Von starkem Einfluss ist dabei der Aspekt des chancenreichen Aufgreifens von Veränderungen in einem dynamischen Umfeld. Das Verlassen des traditionellen Musters hochgradiger innerbetrieblicher Arbeitsteilung, die durch eine herrschaftsgeprägte Koordination harmonisiert wurde, und die Hinwendung zu generalisierten durch marktwirtschaftliche Mechanismen zu integrierenden Netzwerken machen den Wandel in der Bedeutung der Integrationsfunktion des Managements mehr als deutlich.

3.2 Die sich abzeichnende Netzwerkorganisation

Mit einem pluralistisch angelegten «Bezugsgruppen-Management» verbindet sich die Notwendigkeit einer erhöhten Frequentierung grenzüberschreitender Beziehungen zu anderen Systemen. Diese wurden bislang den Umsystemen zugeschrieben. Sie werden nunmehr in einigen ihrer Aktivitäten gleichsam internalisiert. Als Vision erscheint die «grenzenlose Unternehmung», die sich amöbengleich durch verschiedene Beziehungsnetzwerke bewegt und dabei ihre Stärken im Entwickeln und Nutzen intersystemischer Beziehungen mit hoher Flexibilität zur Erzielung eines überdurchschnittlichen Erfolgs einsetzt. So kennzeichnete der damalige CEO der amerikanischen General Electric Co., John Welch, seinen Traum im Geschäftsbericht des Jahres 1990 für das kommende Jahrzehnt:

> «Our dream for the 90s is a boundary-less company ... where we knock down the walls that seperate us from each other on the inside and from our key constituencies on the outside.»

Raymond E. Miles und Charles C. Snow (1986) kommen nach empirischen Untersuchungen zum Entstehen von Netzwerk-Organisationen zum Ergebnis:

> «Signs of the new organizational form – such as increased use of joint ventures, subcontracting and licensing activities occurring across international borders, and new business ventures spinning off from established companies – are already evident in several industries, so the realization of this new form simply awaits articulation and understanding ... we have chosen to call this form the dynamic network to suggest that its major components can be assembled and unassembled to meet complex and changing competitive conditions.»

Indem sie auf die grundsätzliche Veränderung der Wettbewerbssituation verweisen, die in den 1980er- und 1990er-Jahren zu einer Veränderung des Management-Denkens im Hinblick auf die Organisation von grenzüberschreitenden Beziehungen geführt haben, bemerken sie weiter:

> «These shifting alignments will create both competitive challenges and opportunities for managers and policy makers. The greatest barrier to success will be outmoded views of what an organization must look like and how it must be managed. Future forms will all feature some of the properties of the dynamic network form, particularly heavy reliance on self-managed work groups and a greater willingness to view organizational boundaries and membership as highly flexible.» (Miles/Snow, 1986)

Netzwerkorganisationen lassen sich sowohl in einer überbetrieblichen als auch in einer innerbetrieblichen Perspektive betrachten. Mit der fortschreitenden Entwicklung überbetrieblicher Vernetzung dringen auch in die Unternehmungen selbst Netzwerkstrukturen ein.

3.2.1 Überbetriebliche Vernetzung

«Erweiterung des Aktionsradius durch strategische Allianzen»

Eine Öffnung der Unternehmung nach außen beginnt typischerweise mit der zunehmenden Vernetzung in zwischenbetrieblichen Organisationsformen. Strategische Allianzen bieten die Möglichkeit, den durch das bestehende Know-how und die beschränkten Ressourcen gegebenen eigenen Aktionsradius zu erweitern. Die dabei erzielbare größere strategische Reichweite bezieht sich auf verschiedene Dimensionen:

- Produkt-/Markt-Kombinationen,
- regionale Positionierung,
- wirtschaftlich sinnvolle Aktivitäten in der Wertschöpfungskette,
- Sicherung existenznotwendiger Ressourcen und
- Entwicklung von nutzengenerierenden Kernfähigkeiten.

Dieser Gewinn an Reichweite bezieht sich auf Machbarkeiten, Risiken und Zeithorizonte. Mit dem gewonnenen Mehr an Reichweite kann sich gleichzeitig eine Konzentration der Kräfte auf die Nutzung und Pflege besonderer eigener Fähigkeitspotenziale verbinden, ohne das Ressourcenpotenzial der Unternehmung zu überfordern. Hier findet sich allerdings in der Management-Kapazität eine häufig übersehene Grenze.

Mit der partnerschaftlichen Kooperation gleich welcher Art wachsen nicht nur Aktionsradius und strategische Flexibilität der beteiligten Unternehmungen, sondern auch die Probleme, die sich einem Management stellen. Galten bislang in der eigenen Unternehmung die Direktionsrechte der Leitung, so verlagern sich nunmehr die Probleme auf die Konsenssuche unter Partnern, die sich unter unterschiedlichen Bedingungen und Situationen zusammenfinden.

«Die Öffnung schafft neue strategische Optionen»

Mit einer derartigen strategischen Öffnung ergeben sich die folgende Möglichkeiten:

- Es entstehen Allianzen, die zur Veränderung des Produktprogramms von Partnerunternehmungen führen. Die Richtung der Programmveränderung kann dabei sowohl auf eine Beschränkung als auch eine Ausweitung des Programms zielen. Im ersten Fall steht die Konzentration der eigenen Ressourcen auf Kerngebiete, die aufgrund der eigenen günstigen Wettbewerbspositionierung strategische Schlagkraft versprechen, im Mittelpunkt. Hier bietet es sich an, bisherige Programmteile zu veräußern («spin-offs») oder aber in eine Partnerschaft mit anderen Unternehmungen einzubringen, die ein verstärktes Interesse an diesem Geschäftszweig aufgrund einer anderen strategischen Positionierung aufweisen. Im umgekehrten Fall einer beabsichtigten Ausweitung der Programme wird gerade nach möglichen Partnern gesucht, die marktbezogenes oder technologisches Know-how besitzen, das zur Abrundung der eigenen strategischen Absichten als interessant erscheint.

- In gleicher Weise kann das Regionalprogramm einer Unternehmung, die Verteilung der Geschäftsaktivitäten auf verschiedene nationale und internationale Gebiete, zum Anlass eines Eingehens strategischer Partnerschaften werden. Im Zuge der fortschreitenden Internationalisierung der Geschäftstätigkeit sind es derzeit vor allem Bemühungen, einen Marktzutritt in andere Länder der Europäischen Gemeinschaft und in Länder des Ostens, des Pazifischen Beckens und Nordamerikas über den Weg strategischer Allianzen zu erreichen. Aber auch umgekehrte Trends sind erkennbar, wie ein Zurückziehen aus bisher allein geführten Regionalgeschäften in Südamerika und Südafrika zugunsten des Zusammenlegens verschiedener ähnlich gerichteter Aktivitäten mit Partnerunternehmungen zu einem gemeinsam betriebenen Kooperationsfeld.

- Die Reihe aufeinander aufbauender Funktionen, die in Unternehmungen eine Wertschöpfungskette ergeben, lässt sich gleichfalls strategisch nach beiden Richtungen hin verändern. Auf der Suche nach Synergien können Strategien zu einer Integration weiterer Aktivitäten Anlass für das Eingehen von Allianzen werden, die zu einer Ausweitung der Wertschöpfungskette führen. Umgekehrt kann es gerade die Absicht sein, in einer Welt funktionierender zwischenbetrieblicher Arbeitsteilung strategisch die Wertschöpfungskette auf diejenigen Funktionen zu reduzieren, die als «centers of excellence» einen Wettbewerbsvorteil der Aktivitätsbeherrschung versprechen. Alle übrigen Aktivitäten werden entweder aufgegeben oder in eine Partnerschaft mit anderen Unternehmungen eingebracht. Auf diesem Wege können Entwicklungs-, Beschaffungs-, Produktions-, Logistik-, Marketing-, Distributions- und Verwaltungskooperationen entstehen, die eine Reduktion der durch das Management zu bewältigenden Komplexität und eine erhöhte Effizienz für die Partnerunternehmungen versprechen.

- Strategische Allianzen können aber auch dem Ziel der Sicherung existenznotwendiger Ressourcen, wie relevanter Ausgangsstoffe, Human-Ressourcen etc., dienen.

- Die Entwicklung nutzengenerierender Kernfähigkeiten kann ebenfalls zur Bildung von strategischen Allianzen führen. Dies ist beispielsweise dann der Fall, wenn unterschiedliches technologisches Know-how von Partnerunternehmungen zur Entwicklung einer technologischen Synthese zusammengeführt wird.

Die anvisierte Wertsteigerung erfordert ein evolutorisches Vorgehen. In verdichteter Form geht es dabei um eine Wertsteigerung durch die Generierung von zusätzlichem Nutzen durch die Partnerschaft. Dabei sind es vor allem Markt- und Technologiepotenziale, auf die sich das partnerschaftliche Interesse richtet.

Die Öffnung zur Kooperation von selbstständigen Unternehmungen verlangt vom Management die Einsicht, dass es sich bei der Führung einer strategischen Allianz um einen fortlaufenden Prozess der Verhandlung und Konsensbildung mit vielen Unsicherheiten handelt, der nur bedingt plan- und beherrschbar ist. Jede Macher-Philosophie, die glaubt, den eigenen Willen gegen auftretende Widerstände zum eigenen Nutzen durchsetzen zu müssen, ist hier fehl am Platze. Ein evolutorisches Vorgehen ist vielmehr zu empfehlen.

3.2.2 Innerbetriebliche Vernetzung

«Kundenorientierung als Ausgangspunkt innerbetrieblicher Vernetzung»

Eine zunehmende innerbetriebliche Vernetzung zeichnet sich in der Organisationspraxis über die derzeit viel beachtete Kundenorientierung ab. Nicht nur die strategische, sondern auch die strukturelle Öffnung sollte auf den Kunden ausgerichtet sein. Die in der Vergangenheit vielfach vorherrschende Beschäftigung des Managements mit einer rationalen Systemgestaltung und der Lösung interner Koordinationsprobleme hat bestenfalls zu einer spartenbezogenen Produkt-, aber kaum zu einer Kundenorientierung der Organisation geführt. In der Folge organisatorischer Bemühungen, eine Öffnung zum Kunden hin zu erreichen, sind inzwischen in der Praxis vielfältige Anstrengungen zu verzeichnen, die statt der traditionellen, formalistischen Hierarchien letztlich zur Entwicklung von prozessorientierten Netzwerken auch mit Kunden führen.

Die Versorgung des Marktes mit Gütern verschafft letztlich jeder Unternehmung ihre Daseinsberechtigung. Insofern sollte die Kundenorientierung von Organisationen eine Selbstverständlichkeit sein. Dieser nahezu banalen Anforderung wurde aber unter dem Druck der innerorganisatorischen Notwendigkeiten zur Koordination und Integration arbeitsteiliger Glieder der Organisation mit zunehmendem Alter und wachsender Größe von Unternehmungen vermehrt zuwider gehandelt. Mit der Bürokratisierung von Organisationen verbindet sich fast zwangsläufig eine Abwendung vom externen Fokus der Aktivitäten und eine Hinwendung zu einer grenzschließenden internen Orientierung. Der Geist der Arbeitsteiligkeit unterstreicht diese Tendenz:

«Wir haben ja für den Kundenkontakt unsere Spezialisten, diese ‹Weltmeister im Verkauf› – wir gehen dagegen anderen Aufgaben nach, für die wir kompetent sind.»

Eine derartige Entwicklung führt mit einer gewissen Wahrscheinlichkeit zum nachhaltigen Vermindern der Anpassungsfähigkeit an die Bedürfnisse des Marktes, zur Senkung der Wettbewerbsfähigkeit und langfristig zur Gefährdung des eigenständigen Handelns einer Unternehmung. Die Rückgewinnung der Kundenorientierung ist daher für viele Unternehmungen eine überlebenskritische Herausforderung. Deren Notwendigkeit zeigt sich anhand folgender Entwicklungen:

- Das Anspruchsniveau der Kunden im Hinblick auf den Nutzen, den sie von einem Angebot erwarten, ist allgemein gestiegen. Hinzu kommt, dass

- sich die Kundenwünsche zunehmend differenzieren, was zur Folge hat, dass sich der Kreis der Kunden, die sich mit standardisierten Massenprodukten («commodities») zufriedenstellen lassen, verkleinert. Mit einer Individualisierung der Nachfrage geht einher

- eine Abwendung von einer rein kostenbedingten und damit preisorientierten Beurteilung des Angebots und eine verstärkte Berücksichtigung des Nutzenbeitrags, den das Angebot zur eigenen, individuellen Problemlösung zu leisten vermag. Damit wird

- das Angebot zugleich in einen größer werdenden Zusammenhang gebracht, der weniger einzelne Komponenten als vielmehr ein gesamtes System in den Mittelpunkt der Betrachtung stellt. Derjenige Anbieter, der es schafft, von einem Angebot an Elementen (Komponenten, Einzelprodukten etc.) zur Bereitstellung kundenspezifischer Systemlösungen vorzudringen, gewinnt gegenüber denjenigen, die dazu nicht in der Lage sind, an Position. Dies bedeutet aber zugleich, dass in vielen Bereichen

- die Bedeutung der sich in den traditionellen Angebotselementen ausdrückenden Hardware durch die der systemintegrierenden Software in Form von Entwicklungs- und Beratungsleistungen verdrängt wird und

- dass es dabei für den Kunden irrelevant ist, ob die einzelnen Elemente aus der Eigenproduktion des Anbieters oder durch Fremdbezug in die Systemlösung einbezogen werden.

- Der Beherrschung der Qualität des Gesamtangebotes und seiner – teilweise nur bedingt der eigenen Kontrolle unterliegenden fremdbezogenen – Elemente kommt für die Sicherung der Kundenzufriedenheit eine tragende Rolle zu.

- Die Beurteilung des angebotenen Systems durch den Kunden ist nicht mit seiner Bereitstellung und Inbetriebnahme beendet, sondern schließt die Leistung des Lieferanten zur Systempflege, Systemaufwertung – und neuerdings von zunehmender Bedeutung – auch zur Entsorgung und zum Recycling von Systemelementen ein.

Da sich auch hier im Einzelnen eine nur begrenzte Kompetenz zur Lösung aller damit verbundenen Fragestellungen zeigt, gilt es wiederum, diesen Anforderungen durch eine Vernetzung mit Kooperationspartnern gerecht zu werden.

«Neuausrichtung von Strukturen und Kulturen»

Dieser Trend stellt erheblich veränderte Anforderungen an Strukturen und Kulturen von Unternehmungen, da auf diesem Wege

- neben die traditionell an der Hardware orientierten Strukturen und Kulturen Teamstrukturen zur Entwicklung von Systemarchitekturen treten und

- durch die Hinwendung zum Systemgeschäft projekthafte «Zelt»-Strukturen in die Dauerorganisation eindringen, die ihre Aufgaben nur durch eine Querschnittsregelung gegenüber traditionellen «Linien»-Bereichen erfüllen können;

- statt vertikaler aufbauorganisatorischer Schichtenbildung die prozessabhängige «lateral»-horizontale Gestaltung wesentlich für den Erfolg einer Zusammenarbeit in Netzwerken wird.

Alle dargestellten Entwicklungstendenzen führen zu einem Anstieg der durch die Organisation zu bewältigenden Komplexität. Bürokratische Organisationsmuster benötigen hierzu entsprechend viel Zeit, um alle arbeitsteiligen Beiträge zur Problemlösung zusammenführen und abstimmen zu können. Dies ist aber heute und wohl erst recht in Zukunft nicht mehr möglich, denn die Zeitbewältigung selbst ist zu einem kritischen Wettbewerbsfaktor geworden. Der Kunde ist in einer «Zeit der Diskontinuitäten» weniger denn je in der Lage, Marktveränderungen langfristig vorauszusehen.

Dies bedingt – statt einer durch die Komplexitätserhöhung bedingten Zeitverlängerung der Befriedigung des Kundenwunschs – eine deutliche Zeitverkürzung im Verhalten gegenüber dem Kunden.

«Vernetzung und Überwindung von Schnittstellen»

Wenn festgehalten werden muss, dass die Kundenorientierung derzeit ein Haupterfordernis organisatorischer Anpassung geworden ist, dann gilt es, mit allen Mitteln die sachlich problematischen und zeitlich verzögernden Schnittstellen der arbeitsteiligen Gliederung zu vermindern. Dies bedeutet prinzipiell

- eine Neugruppierung aller Aktivitäten zur Reduzierung der Schnittstellen über eine
- Ausrichtung an den Bedürfnissen des Kunden und seinem Auftragsverhalten, was auch eine Berücksichtigung seiner Einkaufsorganisation mit einschließt durch
- eine vorrangige Orientierung am Objektprinzip statt an einer verrichtungsgebundenen Spezialisierung der Aktivitäten. Dabei verliert im Rahmen des Objektprinzips die Orientierung am Produkt an Bedeutung, während der Bezug zu einzelnen Kriterien, die eine Kundengruppe und ihr Kaufverhalten auszeichnen, wesentlich wird sowie
- die Durchdringung der gesamten Organisation mit dem Gedanken der Kundenorientierung über alle Ebenen und Bereiche hinweg im Gegensatz zu der Kompetenzzuweisung an institutionalisierte Funktionen wie Marketing und Vertrieb.

Die Notwendigkeit, die Organisation von ihrer Innenorientierung auf eine Außenorientierung hin zum Kunden und hin zum Markt auszurichten, heißt nichts anderes, als dass eine benutzerfreundliche Peripherie der Organisation gestaltet werden muss. Wenn es in Unternehmungen beispielsweise sieben Ebenen gibt, bis in kritischen Fragen vom Kunden bis zum Vorstand vorgestoßen werden kann, dann ist dies im Hinblick auf die Forderung nach Kundennähe ein unmögliches Strukturbild. Der «Neue Kunde» ist verwöhnt und, wie erwähnt, nicht mehr bereit, einen Teil der organisatorisch bedingten Abstimmungslast im Inneren von Organisationen mitzutragen. Dies bedeutet konkret, dass Produkte und Märkte verantwortlich aus einer Hand («one face to the customer») betreut werden müssen und ein neues Dienstleistungsdenken auch im Hinblick auf den Wandel des Kundenverhaltens einsetzen muss.

«Die kulturelle Öffnung für eine vertrauensvolle Zusammenarbeit»

Ein Wandel im Menschenbild und in der Rolle des Mitarbeiters in sozialen Organisationen ist also unverkennbar: vom mechanistischen Aufgabenträger, der vorwiegend eindimensional gesehen wurde, hin zum «complex man», der sich nur über eine vieldimensionale Betrachtung erschließen lässt. Dies verlangt eine Öffnung gegenüber dem Mitarbeiter und hat gravierende Konsequenzen für die Gestaltung unserer sozialen Organisationen. Statt zentraler Lenkung, Programmierung, Standardisierung und Normierung, wie einer Formalisierung von Arbeitsvollzügen mit intensiven Fremdkontrollen, ergibt sich ein Trend hin zur Aktivierung des Leistungs- und Erfolgsstrebens einer intelligenten Mitarbeiterschaft.

Dies bedeutet, dass statt Mehrfachkontrollen gleicher Sachverhalte und intensiver detaillierter Eingriffe in das betriebliche Geschehen eher die Gestaltung von Rahmenbedingungen in den Vordergrund rückt: Forderungen, Anreize und Entwicklungsmöglichkeiten müssen für die Mitarbeiter geboten werden. Die Organisation wird dann weniger in einer Lückenbüßerfunktion für menschliche Unzulänglichkeit gesehen als vielmehr als ein Mittel zur Kanalisierung und Gratifizierung des Mitarbeiterverhaltens im Hinblick auf den unternehmungspolitischen und strategischen Kurs, der in eine zwar ungewisse, aber erstrebte Zukunft führt.

Heute nun stellen wir mit einem zuweilen überraschten Erstaunen fest, dass unsere bisherige technokratische, auf die Stabilisierung von Gleichgewichten ausgerichtete, geschlossene Systemgestaltung wenig geeignet ist, Bewegung zu Neuem, Innovativem zu erzeugen. Damit setzt eine Wiederentdeckung des Unternehmerischen in unserer Gesellschaft ein. Dies erfolgt zum einen auf der Makroebene, indem die Rolle kleinerer, neuer Unternehmungen, die Förderung ihrer Gründung, die Unterstützung neuer Ventures («entrepreneurship») gefordert wird, aber auch zum anderen – und dies ist viel schwieriger zu bewirken – in der Durchsetzung unternehmerischen Denkens und Handelns in großen Traditionsunternehmungen («intrapreneurship»). Statt einer hiermit verbundenen subversiven Durchdringung stellt sich aber für uns heute das Problem einer Verankerung unternehmerischen Denkens und Handelns bei Führungskräften aller Ränge, insbesondere jedoch bei jenen in Bereichen der Produkt- und Marktgestaltung, die letztlich über das Schicksal einer Unternehmung am deutlichsten Auskunft gibt. Dies verlangt aber nicht nur ein Erkennen, Nutzen und Produzieren von Ungleichgewichten in Unternehmungen, sondern auch eine stark personifizierte Verantwortung im System.

Die Forderung nach Selbstorganisation und Selbstentwicklung von Systemen verlangt zugleich eine hohe Sensitivität für externe Veränderungen, die Bereitschaft zur flexiblen Anpassung und Mobilität des Personals. Wenn sich der Wert eines strategischen Potenzials zunehmend an seiner Flexibilität zeigt, dann sind dies Zukunftsgebote strategischer Unternehmungsführung. Voraussetzung hierfür ist jedoch, dass wir die betriebliche Arbeitswelt als ein Lernfeld der Anpassung für die Mitarbeiter begreifen: Eine der zentralen Aufgaben der Führungskraft ist es, Prozesse des Entlernens überholter Problemlösungen und Verhaltensweisen und des Erlernens zukunftsführender neuer Ansätze zu organisieren. Dies kann nur in einem Umfeld hoher Toleranz und gegenseitigen Vertrauens gelingen.

Die Führungskraft, die Verantwortung für die Zukunftsgestaltung einer Unternehmung übernommen hat, muss gegen die kulturelle Nostalgie im impliziten Wert- und Normengefüge angehen, indem sie eine vorwärtsgerichtete Bereitschaft zur Meisterung von hochkomplexen Aufgaben der Zukunft erzeugt. Eine breit gefächerte Suche nach einer zukunftsführenden Orientierung, nach neuen Strukturen und Systemen im Management, ja im Unternehmerischen, hat bereits eingesetzt, wie der Absatz von Erfolgsbüchern, die beachtlich gestiegene Nachfrage nach Beratungsdienstleistungen und ein exponentiell wachsendes Kurs- und Tagungswesen deutlich belegen. Bei allen diesen Versuchen, vorwärtsgerichtete neue Vorstellungen und Ansätze für Problemlösungen des Managements zu vermitteln, ist jedoch der dargestellte gegensätzliche Trend einer sich rückwärts orientierenden Kulturentwicklung zu bedenken. Die Perzeptionen und Präferenzen der Mitarbeiter als Träger einer Unternehmungskultur sind geprägt durch die Ereignisse der Vergangenheit, das Vorbild und Vorleben von Führungskräften, die in Unternehmungen Managementsysteme geschaffen und in ihnen agiert haben, und den Organisationsstrukturen, die ihr Verhalten kanalisiert und gratifiziert haben. Die dabei entstandenen Denkmuster sind weitgehend vor dem Hintergrund relativ stabiler und kontinuierlicher Entwicklungen gewachsen – Voraussetzungen, die derzeit deutlich infrage zu stellen sind. Ohne eine neuartige Sichtweise von Problemen und ihren Lösungen dürfte ein Management der sinnvollen Bewältigung von zukünftigen Herausforderungen kaum mehr gewachsen sein.

«Konsequenzen für die organisatorische Gestaltung»

Als Konsequenzen lassen sich für die organisatorische Gestaltung ableiten, dass

- Produkt-Markt-orientierte teilautonome Geschäftseinheiten als flexible Peripherie an der Systemgrenze der Organisation geschaffen werden, die das Geschäft mit Ergebnisverantwortung tragen und als organisch-strukturierte Einheiten vor allem der Anpassung durch Innovation dienen. In ihnen drückt sich die unternehmerische Rolle der Führung am deutlichsten aus. Für diese marktorientierte Peripherie einer Organisation gelten die vorausgegangenen Ausführungen eines neuen Organisationsverständnisses in besonderer Weise.

- Teilautonome Geschäftseinheiten greifen auf marktnahe, unternehmerische Einheiten, auf logistisch-funktionale Kerneinheiten, zurück, die zunehmend mit integrativen Steuerungs- und Ablauftechniken untereinander verbunden sind. Diese Kerneinheiten haben die Aufgabe, interne Dienstleistungen für die Marktperipherie zu erbringen. Dazu sind sie vor allem mit Kosten-, aber zunehmend auch mit Ergebnisverantwortung auszustatten. In ihnen vollzieht sich ein wesentlicher Teil der ökonomischen Rationalisierung. Für sie gelten viele der alten Organisationsregeln weitgehend weiter, denn sie haben es vor allem mit repetitiven Aufgaben zu tun, die «mechanistisch» organisiert sind. In ihnen wird unter dem Druck der «economies of scale» das bisher mehr technokratisch geprägte, professionelle Managementverständnis weiterhin – wenn auch mit abnehmender Tendenz – gelten.

- Als zukünftige Entwicklung sollen auch diese Einheiten in konsequenter organisatorischer Umsetzung strategischer Schwerpunktbildung auf eine die bisherige funktionale Struktur überlagernde und durchdringende Zentrenbildung hingeführt werden. Derartige «centers of excellence» können auf Stufen im Wertschöpfungsprozess, auf bestimmte Komponenten oder Integrationsmechanismen wie CAD, CAM oder Logistiksysteme ausgerichtet sein. Sie treten damit neben andere, mehr nach außen gerichtete Zentren, die nach Produkt- oder Marktgesichtspunkten an der Peripherie der Organisation gebildet werden (s. o.).

- Unter Nutzung von Möglichkeiten einer rechtlichen Ausgliederung dieser Geschäftseinheiten als Tochtergesellschaften gilt es eine generelle Flexibilisierung des Gesamtsystems im Hinblick auf die sich schnell verändernden Anforderungen anzustreben.

- Damit wird der einer modernen Großorganisation eigenen Pathologie mit typischen Merkmalen wie

    - Überlastung der Basis mit administrativen Anforderungen,

    - Unbeweglichkeit durch Genehmigungsvorbehalte mit häufig zu engen Wertgrenzen, die ein flexibles und kundennahes Handeln weitgehend ausschließen, und

    - Überlastung der Spitze mit dringlichen, aber strategisch unwichtigen Tagesfragen

    entgegengetreten.

Die reorganisatorische Konsequenz liegt daher vom Ansatz her im Suchen nach einer flachen Struktur zur Erleichterung des Informationsflusses, die zudem zu einer Vereinfachung und Beschleunigung von Entscheidungsprozessen und zur Erhöhung der Reagibilität einer Unternehmung führt. Die tiefere Ursache für das Entstehen kopflastiger Organisationen ist immer wieder das mangelnde Vertrauen in die Qualität des Operierens der Basiseinheiten. Zentrale Stäbe und Stellen sind besonders anfällig für einen Parkinsonismus. Bei Zentralstellen sollte überlegt werden, ob diese teilweise nach unten verlagert werden können, um basisnah operieren zu können. Wenn diese in die Ergebnisverantwortung des (mittleren) Linienmanagements fallen und nahe den Abnehmern ihrer Leistungen angesiedelt sind, können sie selbst am besten über die Zweckmäßigkeit und Qualität empfangener Leistungen entscheiden. Dies scheint auch zugleich einer darin implizierten Gefahr entgegenzuwirken: Ein üppig wucherndes Zentral- und Stabsstellenwesen prägt letztlich eine Unternehmungskultur steigender unternehmerischer Verantwortungslosigkeit, denn diese Stellen tendieren dazu, Einflüsse bis zum Produkt hin geltend zu machen, ohne selbst Verantwortung dafür zu tragen. Ein denkbarer Ausweg neben der Verfolgung des Subsidiaritätsprinzips ist die Verselbstständigung von dienstleistenden Zentraleinheiten in eigene Profit Center oder Tochtergesellschaften. Wenn diesen auch die Möglichkeit eingeräumt wird, für Dritte leisten zu dürfen, wird auch für sie eine Öffnung zum Markt und die Praktizierung unternehmerischen Verhaltens erreicht.

3.3 Erzeugt die Öffnung der Organisation in Netzwerken neue Probleme?

Die exponentiell gewachsene Komplexität und die damit verbundene Dynamik führen uns an Grenzen der Beherrschbarkeit von Systemen heran. Durch eine Öffnung nach außen wie nach innen, die andersartige strategische Überlegungen, strukturelle Gestaltungsmuster und eine auf lernende Anpassung ausgerichtete Entwicklung von Unternehmungskulturen erfordert, wird derzeit versucht, diese Grenzen zu überwinden. Diese Versuche stellen eine Art «Jahrhundert-Ereignis» dar, ja mehr noch, einen Jahrhunderte übergreifenden Entwicklungssprung in der Ablösung tradierter Gestaltungsmuster sozialer Organisationen, dessen Chancen und Risiken sowie gesellschaftliche und ökonomische Auswirkungen derzeit kaum überschaubar sind. Es wäre daher eine Illusion zu erwarten, dass diese Entwicklung ohne Konflikte und eine weltweite Umschichtung im Bestehen und Vergehen sozialer Organisationen und ihrer Beziehungen zueinander vollzogen wird. Aus der Sicht des Managements von Unternehmungen sollen daher einige bedenkenswerte Aspekte dieser problembehafteten Zukunftslandschaft angesprochen werden.

3.3.1 Problematiken verblassender Kulturen

Mit der zunehmenden Öffnung der Unternehmung nach außen wie nach innen und der vermehrten Frequentierung von grenzüberschreitenden Netzwerken verlieren sich die sachlichen und sozialen Konturen des Systems Unternehmung. In der Folge können sich zwei Probleme abzeichnen, die eine besondere Aufmerksamkeit des Managements verdienen:

1| Die Identität der geöffneten Unternehmung wird undeutlich.
 Eine in vielen strategischen Allianzen involvierte und tätige «X-Y-Holding» mag für viele Marktpartner eine anonyme Größe darstellen. Neu ausgebrachte autonome Tochtergesellschaften zur Öffnung für bestimmte Kundensegmente erhalten Fantasienamen, die noch keine Marktgeltung besitzen. Der Vermerk, dass es sich um ein Mitglied der «X-Y-Gruppe» handle, ist auch nur dann hilfreich, wenn es sich um einen tradierten und eingeführten Namen handelt. Mit der Suche nach einer «neuen Offenheit» verbindet sich daher logischerweise die beobachtbare Suche nach kompensatorischen Programmen zur Entwicklung und Stabilisierung einer Corporate Identity.

2| Die Identifikation mit der geöffneten Unternehmung wird problematisch.
 Bislang mag es üblich gewesen sein, die innere Kohäsion der Mitarbeiter «missionarisch» an einem Feindbild auszurichten und zu stärken, etwa nach der Devise «beat Xerox» (Canon), «encircle Caterpillar» (Komatsu) oder Ähnliches. Ein Eingehen von wechselseitigen Kooperationsverhältnissen durch strategische Allianzen muss nun aber Freundbilder der engen Kooperation erzeugen. Das offene Eingehen auf Kundenwünsche verwandelt weiter unter Umständen den eigenen Verkäufer oder Entwickler zum Anwalt des Kunden, der die Interessen der Unternehmung hintanstellt.

3.3.2 Integrationsproblematiken des Managements

Die zunehmende Öffnung der Unternehmung nach außen und die mit einer Dezentralisation der Aktivitäten in teil-autonome Einheiten verbundene Umkehr von vertikalen, die Leitung betonenden Kommunikationsströmen zur horizontalen, lateralen Kooperation und Kommunikation bringen – gewollt – erhebliche Zentrifugalkräfte auch im Inneren des Systems zum Tragen. Damit werden insgesamt die Aufgaben des Managements nicht erleichtert, denn Führung «aus einer Hand» kann größere Zielklarheit und Berechenbarkeit für die Mitarbeiter erbringen als multipersonale Konsensprozesse, die im Allgemeinen von politischen Interessenlagen der Beteiligten durchzogen werden. Nun gibt es aber wesentliche Gegengewichte zu einer derartigen Zentrifugalität zu beachten, die sich mit einer weitgehenden Öffnung der Unternehmung verbinden. Wirtschaften ist ja immer die Bewältigung der Knappheit von Ressourcen. Dies gilt auch für den Gesamtverband einer Unternehmung. Dabei sind es vor allem zwei kritische Ressourcen, die eine zu weit gehende Öffnung der Unternehmung infrage stellen:

1| Sach- und Finanzressourcen
Eine weitgehende Öffnung – unterstützt durch eine dezentrale organisatorische Gestaltung – führt leicht zu einer Duplizierung von Sachressourcen (jede teilautonome Einheit versucht die Kontrolle über eigene Sachressourcen sicherzustellen) und damit unter Umständen aus Sicht der Gesamtunternehmung zur Unwirtschaftlichkeit. So kann zugleich die finanzielle Decke der auch in dieser Dimension begrenzten Finanzierungsmöglichkeiten durchstoßen und unter Umständen die Überlebensfähigkeit des Systems gefährdet werden.

2| Human- und Wissensressourcen
In der Zukunft dürfte die humane Kapazität des Managements und von Fachexperten ebenfalls eine kritische Größe für die Entwicklungsfähigkeit einer Unternehmung darstellen. Letztlich geht es bei diesen Human-Ressourcen aber um ihr Können und Wissen zur Bewältigung kritischer Probleme der Unternehmung. Die Entwicklung und Sicherung dieses Know-hows dürfte zum wesentlichen Managementproblem der vor uns liegenden Jahrzehnte werden. Aus strategischer Sicht begegnen uns bereits Konzepte des strategischen Managements, die diese kritische Rolle – zulasten der bislang propagierten geschäftsfeldorientierten Produkt-Markt-Kombinationen als strategische Erfolgspositionen (Pümpin, 1990) – unter dem Titel der «Kernkompetenzen» einer Unternehmung betonen (Prahalad/Hamel, 1990). Diese wissensbasierten Problemdefinitions- und Lösungskompetenzen dürfen allerdings im Sinne des Bewahrens und Entwickelns von Wettbewerbspositionen wenig nach außen diffundieren (im Inneren des Systems wird dies als Teil des Konzeptes zur Generierung neuer Produkt-Markt-Kombinationen ausdrücklich angestrebt!). Ihre teil-autonome Einheiten überschreitende Funktion bringt aber wiederum eine zentralistisch-synergetische Gestaltung mit sich (Gomez, 1992).

Damit zeichnet sich der Umgang mit Paradoxien als Managementaufgabe der Zukunft ab. Vom Thema her bezieht sich dies auf die Öffnung oder Schließung der

Unternehmung nach außen und in ihrem Inneren. Nach der Devise «nothing fails like success» sind Übertreibungen sowohl in Richtung einer Öffnung als auch Schließung der Unternehmung – für die jeweils gute Argumente sprechen – zu vermeiden. Es ist das immer wieder durch das Management neu auszusteuernde dynamische Gleichgewicht, das eine Unternehmung letztlich auf einen «trajectory of success» führt.

Basierend auf: Bleicher, K. (1995): Unterwegs zur Netzwerk-Organisation. In: Balck, H. (Hrsg.): Networking und Praxisorientierung. Berlin, S. 59–71.

Literatur zu Abschnitt 3: Organisation der Zukunft

Gomez, P. (1992): Neue Trends in der Konzernorganisation. In: ZfO 3/92, S. 166ff.

Heitger, B. (1991): Chaotische Organisationen – organisiertes Chaos? In: Sattelberger, T. (Hrsg.): Der Beitrag des Managements zur lernenden Organisation. Die lernende Organisation. Wiesbaden.

Miles, R./Snow, C. (1986) Network Organizations: New Concepts for New Forms. In: The McKinsey Quarterly, Herbst, S. 53–66.

Perich, R. (1992): Unternehmungsdynamik – Zur Entwicklungsfähigkeit von Organisationen aus zeitlich-dynamischer Sicht. Bern/Stuttgart/Wien.

Prahalad, C. K./Hamel, G. (1990): Core Competence of the Corporation. In: Harvard Business Reviews 5/6, S. 79ff.

Pümpin, C. (1990): Management Strategischer Erfolgspositionen. 4. Aufl., Bern.

KAPITEL VI

Wandlungsprojekte: Von Strukturbrüchen zu polaren Organisationsformen

Henning Balck, erschienen im Jahr 2008

Strukturbrüche sind eine der Hauptursachen für die Schwierigkeiten vieler Unternehmen, ihre Organisationsform zu modernisieren und vor allem turbulenten Marktbedingungen anzupassen. Klassische Beispiele für Strukturbrüche finden sich in der Spaltung von Aufbau- und Ablauforganisation, der Spaltung von Produktion und Dienstleistung oder der Spaltung von Planung und Ausführung. Ein wirkungsvoller Ansatz zur Überwindung solcher Spaltungen ist eine Art Versöhnungsmuster: die *Polare Organisation*. Wesentliche Elemente dieser Organisationsform sind ihr Netzwerkcharakter, kooperatives Zusammenwirken, eine hohe Kommunikationsintensität sowie – als Kern – die polare Koppelung der kommunizierenden Partner oder, in abstrahierter Form, erfolgskritische Gegensätze, wie z. B. *Kosten* und *Qualität*.

1 Aufdecken von Strukturbrüchen – Ausgangspositionen für Wandlungsprojekte

Die Krise ist zum Normalzustand unserer Wirtschaft geworden. Wir sind Betroffene eines Wandels, der in globalen Ausmaßen die Fundamente einer Wirtschaftsweise erschüttert hat, die sich am Ende des letzten Jahrhunderts in Amerika etabliert und von dort über die ganze Welt ausgebreitet hat. Ein unvergleichlicher, weltweiter Wettbewerb zwingt zu permanenten Anpassungsleistungen an immer wieder neu entstehende Vorbilder. Die Reorganisation von Geschäftsprozessen und die Neuordnung von Geschäftsbereichen haben ihren revolutionären Charakter verloren. Change Management wird zur Daueraufgabe. Die Managementliteratur der 80er und 90er Jahre hat zu diesem Thema einen umfangreichen Fundus an konzeptionellem und praktischem Wissen hervorgebracht. Dennoch ist der Einfluss auf das tägliche Handeln der «Entscheider» gering geblieben. Einer der Gründe ist ihre Unfähigkeit, den *Wandel zu Denken*.

Diese Unfähigkeit benennt zugleich den härtesten Kern wirtschaftlicher Krisensituationen. Traditionelles Management ist rationalistisch, d. h. es ist ausgerichtet auf statische Ordnungskonzepte und nicht auf dynamische Muster. Das erklärt auch die paradoxe Situation, dass sich gerade dort, wo Verantwortungsträger an alten Ordnungen festhalten, chaotische Verhältnisse ausbreiten. Wenn Beharrungskräfte etablierte Ordnungsmuster gegen den Ansturm einer sich oft dramatisch verändernden Umwelt verteidigen, dann erzeugen sie oft das genaue Gegenteil. Die alte Ordnung treibt sich selbst in den Zerfall. Häufig enden solche Entwicklungen in Katastrophen: Unternehmen kollabieren. Die eigentliche Ursache sind aber weniger subjektive Fehlentscheidungen, sondern *hintergründige Muster*, die den Beteiligten nur selten bewusst sind.

Darüber ist seit Anfang der 8oer Jahre viel geschrieben und diskutiert worden. Ein Gesichtspunkt, von dessen Beachtung der Erfolg von Erneuerungsprozessen wesentlich abhängt, wird aber bis heute viel zu wenig beachtet: Die Organisationsformen der Moderne leiden an *Spaltungen* und *Brüchen*. Wer sich diesen Betrachtungsfokus zu eigen macht, erschließt Kernfragen des organisatorischen Wandels und ermöglicht die Definition strategischer Erfolgsfaktoren für das Projektmanagement von strukturellen Veränderungen:

- *Brüche* und *Spaltungen* sind der Kern von Organisationskrisen. Wenn es gelingt, sie herauszuarbeiten, dann lässt sich auch das Neue einer zukunftsfähigen Organisation darstellen. Bemerkenswerte Einblicke in das Spaltungs-Problem unserer Kultur finden sich bei: Pietschmann (1980) und Riedl (1985).

- In der Organisation «mit Zukunft» sind die traditionellen Spaltungen und Brüche überwunden. Solche Überwindung ist denkbar als *paradoxe Synthese* von bislang unversöhnlichen Parteien. In dieser Perspektive lassen sich *Visionen* formulieren – und, daraus abgeleitet, *Leitziele (Idealzustände)* definieren, die gleichermaßen für strategische Auftaktprojekte wie auch für eine Vielzahl von Umsetzungsprojekten zur Erfolgssicherung beitragen.

Die folgende Auflistung von Spaltungs- und Bruchmustern hat sich als eine Art geistiges Rüstzeug für Bestandsaufnahmen organisatorischer Ist-Zustände in der Anfangsphase von Wandlungsprojekten bewährt.

Spaltung von Aufbauorganisation und Ablauforganisation

Diese Aufteilung ist seit ihren Anfängen in den 20er Jahren des letzten Jahrhunderts ein fester Bestandteil der Organisationslehre. In einer festgefügten Unternehmenswelt war diese Trennung zweckmäßig und gilt daher als bewährt. Das Typische für Ablauforganisationen waren Prozess-Regelungen, die streng innerhalb von Abteilungsgrenzen bzw. Geschäftsbereichsgrenzen (Sparten) durchgeführt wurden. Eine fundamentale Kritik an der von Adam Smith im 18.Jahrhundert formulierten Fortschrittsfähigkeit durch «Arbeitsteilung» und eine daraus hergeleitete radikale Reorganisationsaufgabe als Überwindung dieses Teilungsprinzips haben Michael Hammer und James Champy 1993 in ihrem Bestseller «Reengineering the Corporation» vorgeschlagen. Bis heute ist diese Neuausrichtung der Organisationsarbeit erfolgreich und aktuell. In dem Maße, wie zunehmend Geschäftsprozesse Abteilungen und Sparten durchqueren, stößt das aktuelle Reengineering von Geschäftsprozessen auf eben die Grenzen von «abgeteilten» Abläufen. Die durch Ablauforganisationen zerrissenen Geschäftsprozesse sind durch vielfältige Bruchlinien markiert – verursacht durch die Grenzen der Aufbauorganisation.

Zu dieser horizontalen Zerrissenheit gibt es ein Gegenstück in der organisatorischen Vertikalen. Aufbauorganisationen sind geschichtet, von unten nach oben. Über der Basisschicht, wo die eigentliche Arbeit, und damit die Wertschöpfung realisiert wird, gab und gibt es in großen Unternehmen zahlreiche Leitungsebenen. Die wichtigste Funktion dieser Schichtung ist die Organisation der senkrecht durch diese Schichten verlaufenden Entscheidungsprozesse. Je mehr nun an der «Front» schnelle Entscheidungen zu treffen sind – weil dies durch immer wieder neue Anpassungen an wegdriftende bzw. neu entstehende Märkte oder an individuelle Kundenanforderungen erforderlich wird – umso mehr sind lange Entscheidungswege für den Unternehmenserfolg nachteilig. Es entstehen aber nicht nur Zeitverluste oder materielle und immaterielle Reibungsverluste. Fast noch gravierender ist das wachsende Risiko von Entscheidungen, die in großer Entfernung von der Basisschicht getroffen werden. Also lässt sich ein Ideal denken: Harmonisierung von horizontaler *Leistungsorganisation* und vertikaler *Entscheidungsorganisation*. Die inzwischen klassische Realisierung ist die «Flache Hierarchie».

Spaltung von Wertschöpfung und «unproduktiven Bereichen»
Parallel zu den immer schon zentral definierten Leitungsfunktionen wurden mit dem Entstehen der staatlichen wie industriellen Großorganisation Verwaltungsfunktionen zentral zusammengefasst. Dazu gehören die kaufmännischen Aufgabenbereiche, das Personalwesen und in historisch jüngerer Zeit Organisations- und DV-Abteilungen, Marketingabteilungen und dgl. Alles, was im zentralisierten Überbau geleistet wird, gehört zum Gemeinkostenblock. Dem gegenüber stehen die wertschöpfenden Geschäftsbereiche. Betrachten wir zunächst nur die Problematik, die aus der traditionellen Auftrennung *Wertschöpfung* und *Nicht-Wertschöpfung* erwächst.

– Die Eigendynamik von Verwaltungs- und Leitungseinheiten führt zu dem bekannten Phänomen bürokratischer Aufblähung.

– Abgeschottete Verwaltungseinheiten und Leitungstätigkeiten, die sich von der Basisschicht weit entfernt haben, operieren naturgemäß fern vom Kunden und damit fern von der erfolgsentscheidenden Sensibilität, mit der man ertragreich und ertragssteigernd wirtschaften kann.

– Es entsteht eine unselige Belastung im Selbstverständnis der Mitglieder einer Organisation. Diejenigen, die wertschöpfend mit direktem Blick auf einen Kundenauftrag tätig sind, missachten oder verachten den «Wasserkopf». Diejenigen, die in den Zentralbereichen tätig sind, fühlen sich auf der Seite der Mächtigen und verkennen oft die Gleichwertigkeit kundenorientierter Wertschöpfer.

– Also lässt sich ein Ideal denken: Harmonisierung von *Zentralmacht* und *Kundenmacht* – oder anders gewendet: eine Synchronisierung der Steigerung des *Unternehmenswertes* durch das Management und der Erhöhung vielfältigen *Kundennutzens* durch die Mitarbeiter.

Der Bruch zwischen System und Umwelt

Zentralistische Systeme sind problematisch geworden, weil sie ihre Grenzen rigide definieren. In der Gliederung nach innen wirken Grenzen als Abschottungen, Mauern und Gräben. Solche Metaphern signalisieren ein Dilemma, das einem mechanistischen Verständnis von Teilung entspringt. Danach sind Teile «gegeneinander gleichgültig», wenig interaktiv, wenig kommunikativ und vor allem nicht selbstbestimmt. Die Teile einer durchgängig zentralistischen Gliederungsordnung haben keinen legitimen eigenen Antrieb. Jeglicher Antrieb darf nur von außen, sprich von einer Zentrale erfolgen. Ähnliches geschieht in einer Maschine. Maschinenteile werden nur aktiv, wenn ihnen von außen Energie zugeführt wird und wenn ihre Operationen durch die «Maschinenführer» gesteuert werden. In einem zentralistischen Gebilde haben also die Zentralstellen gleichsam das Bewegungsmonopol. Deren Interesse ist aber nicht nur nach innen gerichtet, sondern hat immer auch eine Außenorientierung: Zentralistische Systeme haben als Ganzes die Tendenz zu expandieren, ihre Umwelt anzugreifen. Das heißt die Umwelt wird als feindlich verstanden, zu der das eigene System in einem latenten oder offenen Konflikt in Beziehung tritt. Diese Spaltung der Definition von Systemgrenzen – statische Abschottungsgrenzen nach innen und die tendenzielle Ausweitung der Grenzen nach außen – hat immer schon soziale Systeme ins Ungleichgewicht, in Zerstörungsprozesse bzw. in ungehemmtes Wachstum getrieben. Auch hier wird ein Widersinn offenbar: Rigide Ordnungen bringen ihr Gegenteil hervor. Traditionell organisierte Unternehmen befinden sich in einer Zwickmühle. Expansion und Wachstum gelingen immer weniger. Gewinneinbrüche und Umsatzrückgänge sind an der Tagesordnung. Die Binnenstruktur der «Abteilungen» kann sich an die neue Marktdynamik nicht anpassen, weil zentralistische Machtmonopole dies nicht zulassen. Andererseits sind Zentren überfordert, die äußere komplexe Dynamik in Form von «Anweisungen» vollständig nach innen umzusetzen. Also lässt sich ein Ideal denken: Mündige Mitarbeiter mit unternehmerischer Verantwortung – eingebunden in ein Management, das Führungsarbeit als Dienstleistung an den Kunden (nach außen) und an den Mitarbeitern (nach innen) versteht.

Spaltung von Planung und Ausführung

Im alten, immer noch weltweit vorkommenden Maschinenleitbild der Organisation, werden strenggenommen nur klar definierte Operationen und Funktionen als Bestimmungsstücke zugelassen. Danach ist eine Organisation sozusagen eine *Mensch-Maschine-Maschine.* Menschliche und technische Komponenten haben zu funktionieren und funktionierende Teile sind prinzipiell austauschbar. Insbesondere sind Menschen substituierbar durch Technik. Hinter dieser vordergründig klaren, widerspruchsfrei strukturierten Arbeitswelt wird aber etwas verborgen: das Subjekt. So wie wir im zweifelnden Rückblick auf die Grundprämissen wissenschaftlicher Rationalität wieder das «erkennende Subjekt» aus seinem Versteck und seiner Verbannung zurückholen (vgl. Foerster, 1985), so können wir auch fragen: Wo sind und wie agieren die geistigen Urheber organisatorischer Strukturen?

Seit fast 2000 Jahren kennen wir durch die Schriften Vitruvs (1964) die ingenieurwissenschaftliche *Unterscheidung* von *Planung* und *Ausführung*. In jedem Bauprojekt ist sie uns bis heute geläufig. Danach werden funktionsfähige technische Objekte (Gebäude, technische Anlagen, Geräte) zunächst in einem kreativen Prozess geistig vorweggenommen. Er mündet ein in *Anweisungen,* die in Form von Plänen und Leistungsbeschreibungen, mit vertraglicher Verbindlichkeit von Handwerkern oder Industrie-Firmen ausgeführt werden. Auch F. W. Taylor hat die Aufteilung von Planung und Ausführung in das Zentrum seines «Scientific Management» gesetzt und damit das planmäßige Funktionieren für ein Jahrhundert zum Grundstein des Industrie-Paradigmas gemacht (Ziehmann, 1996). Mit dem Ausklang der «Ära der Massenproduktion» (Woman et. al., 1996) tritt nun menschliche Kreativität mehr und mehr in den Mittelpunkt. Der Erfolgsfaktor *Technik* wird auf Rang 2 zurückgestuft, denn *Menschen* sind die einzigen Teile eines Mensch-Maschine-Systems, die organisatorischen Wandel gestalten können. Durch diese Umwertung ist die traditionelle Aufspaltung in einen verborgenen Teil *planenden* und gestaltenden Handelns (bislang exklusive Rolle einer kleinen Elite) und in einen maschinenhaft organisierten *Ausführungsteil* nicht mehr durchhaltbar. Die heutige Marktdynamik zwingt die Ausführenden ständig zu Dispositionsleistungen, zu geistiger Flexibilität, also zu all dem, was bisher nur Ausnahmecharakter hatte und in abgehobenen Zentralfunktionen durchgeführt wurde. So lange diese herkömmliche Aufspaltung im Unternehmen weiterhin besteht und mit entsprechendem Machtanspruch ausgestattet auch erzwungen wird, lassen sich Marktforderungen und Kundenwünsche nicht angemessen bedienen. Die Antwort auf die eingangs gestellte Frage lautet daher, formuliert als Leitziel: Die Akteure organisatorischen Wandels sind zugleich *Planende* und *Ausführende,* oder in einem psychologischen Sprachgebrauch des Management of Change zugleich *Täter* und *Opfer* – und das auf allen Ebenen der Organisation.

Aufspaltung durch Spezialisierung
Die klassische Arbeitsteilung folgt dem Maschinen-Ideal des Zusammenwirkens monofunktionaler Einheiten. Wie in einem Uhrwerk sollen Antriebsteile und Getriebeteile mit klar definierten und abgegrenzten Einzelfunktionen so ineinander greifen, so dass ein gewünschter Gesamteffekt erzielt wird. Die Ergebnisse dieses Leitbildes sind heute in technischen Erzeugnissen ebenso präsent wie in der Fabrik- und Bürowelt. Dieses Muster ist allgegenwärtig, so dass wir es kaum noch als solches wahrnehmen. Es ist uns *selbstverständlich.* Monofunktionale Differenzierung findet sich in fortschreitender und zunehmend schnellerer Verästelung in der Welt unserer Berufe ebenso wie in der Welt wissenschaftlicher Disziplinen. Das Spaltungsproblem der Fächerwelt ereilt uns auf Schritt und Tritt. Die Praxis verlangt aber immer häufiger, in vernetzten Zusammenhängen zu denken und zu handeln. Dies gilt bei der Gestaltung neuer Geschäftsprozesse, bei der Neuausrichtung von Unternehmen in sich verändernden Märkten, in fächerübergreifenden Forschungsinitiativen etc. Bei solchen Aufgaben geht es immer um die Organisation von Problemlösungsprozessen, in denen heterogene Fachkompetenzen zusammenwirken und zusammenspielen müssen.

Der Erfolg von Führungskräften, insbesondere von Projektmanagern, hängt also unmittelbar davon ab, inwieweit es ihnen gelingt, *Interdisziplinarität* zu verwirklichen. Sie werden aber daran gehindert, wenn starre Fächergrenzen weiter bestehen und wenn die kommunikative Undurchlässigkeit dieser Grenzen im bisherigen Kompetenzverständnis der Spezialisten verteidigt wird. Das ist leider der Regelfall. Tatsächlich sind frühe Versuche, fachliche Grenzüberschreitungen durch «Dilettieren» zu bewerkstelligen, fast immer gescheitert. Solche Versuche erwiesen sich nicht nur in methodischer Hinsicht als problematisch, sie waren auch häufig für die Akteure gefährlich. Denn wer sich willentlich in Verantwortungsbereiche eines anderen Fachgebietes begibt, hier aber keine Verantwortung übernehmen kann, wird von seinem Gegenüber mit Recht in seinen angestammten Kompetenzbereich zurückverwiesen. Solche verständlichen Beharrungskräfte der alten Fächer-Ordnung erzeugen wiederum das Gegenteil von dem, was das eigentliche Ziel der Verteidigungsanstrengungen ist. Probleme werden nicht gelöst, Verantwortung findet nicht statt. Der in Natur und Gesellschaft sich anhäufende Schaden durch nicht wahrgenommene *interfachliche Kompetenz* nimmt lawinenartig zu.

Brüche durch Schein-Integration
In den letzten Jahrzehnten hat in der Wirtschaft eine Welle von Fusionen Aufmerksamkeit erregt, die im Zeichen von propagierten *Synergieeffekten* begannen, aber oft nur wenig von diesem Anspruch realisierten. Was war geschehen und wiederholt sich immer wieder? Zum Beispiel wurden heterogene Unternehmen unter dem Dach einer Holding zusammengeschmiedet. Man nahm an, dass ein solches Dach die gewünschte *Integration* bewirken würde. Zwanghafte Integration erzeugt aber Widerstände. Das Ergebnis sind *Integrationsblockaden*, also das Gegenteil dessen, was angestrebt wurde. Sowohl das Zusammenfügen von zuvor getrennten Bereichen als auch das Einfügen neuer Bereiche in vorhandene Strukturen führt zu Dissonanzen, Unverträglichkeiten oder dauerhaften Belagerungszuständen. Und wieder sind die Beharrungskräfte des alten Ordnungsmusters kontraproduktiv. Weil die vom Markt her dringend gebotenen *Synthesen* nicht vollzogen werden, gerät die Gesamtordnung in einen Zustand der Instabilität und erzeugt in vielfacher Weise innere Reibungsverluste und wirtschaftliche Ineffizienz.

2 Krise des Inkrementalismus – Synergetik im Projektmanagement

Unsere Wirtschaft als Ganzes wäre längst zusammengebrochen, hätten Unternehmen und öffentliche Verwaltungsapparate zu den zuvor beschriebenen Schwächen keine Gegenmaßnahmen entwickeln können. Dazu gehört in der Managementlehre die seit langem bekannte pragmatische Auffassung des *Inkrementalismus*. Seit den 30er Jahren haben insbesondere Vordenker wie F.A. von Hayek und Karl R. Popper ein methodisches Konzept vorgeschlagen, nach dem in nicht verfahrensmäßig regulierbaren Prozessen dennoch Erfolg herbeigeführt werden kann, wenn man Planungshorizonte kurz und Planungsgegenstände möglichst klein hält. Popper spricht von der «Stückwerk-Technologie». Charakteristisch für die Arbeitsweise eines Inkrementalisten ist sein Vorgehen in kleinen Schritten und seine (oft radikale) Ablehnung von großen Ideen. Popper hat in seiner berühmten Schrift «Das Elend des Historizismus» (Popper, 1965) vor allem jede Art von utopischen Perspektiven verworfen. Mit Blick auf ideologisch geprägte Weltverbesserungs-Projekte – von den Kreuzzügen bis zur Errichtung sozialistischer und nationalsozialistischer Staatsformen – lehnt Popper in radikaler Weise «holistische» und «historische» Denkmuster ab. Mit besonderer Schärfe verurteilte er die marxistische Philosophie. Ein halbes Jahrhundert nach der Erstveröffentlichung dieser Schrift (1944/45) scheint ihm der weltweite Zusammenbruch sozialistischer Staaten und Befreiungsbewegungen in geradezu triumphaler Weise recht zu geben. Tatsächlich befindet sich aber auch der Inkrementalismus in einer tiefen Krise. Globale Umweltprobleme und ein ebenso globaler Wettbewerb verlangen die Bewältigung komplexer Zusammenhänge. Wer hier nur in «kleinen Schritten» agieren kann und sich den großen Herausforderungen unserer Zeit nicht mit angemessen strategischen Antworten stellt, erhöht das Risiko des Scheiterns unserer Kultur. Seit den ersten Alarmsignalen des Club of Rome sind wir aufgerufen, in *Systemen* zu denken und universale Prinzipien zu beachten, wie z. B. wie das Recycling zur verbindlichen Handlungsgrundlage in technologischen Ketten zu machen. Wie jeder beobachten kann, wächst dafür zunehmend die gesellschaftliche Akzeptanz. Zeitgleich hat der Begriff *ganzheitlich* eine wachsende Konjunktur. Starken Auftrieb erhielt das «ganzheitliche» oder «vernetzte» *Denken* im Management in Verbindung mit der sich verbreitenden Methode *Visionen* zu formulieren.

Unternehmen, die sich «radikalen Wandel» auf ihre Fahnen geschrieben haben, sind offenbar genau dann erfolgreich, wenn sie in ausgreifenden Zeithorizonten «große Entwürfe» verwirklichen. Dazu gibt es in der neueren Managementliteratur viele ernstzunehmende Fallbeschreibungen, in Verbindung mit entsprechenden methodischen Ansätzen. Folgt man insbesondere frühen Autoren wie Tom Peters (1988) oder Hammer/Champy (1993), dann kann man zu der Auffassung gelangen, dass erfolgreicher Strukturwandel in *großen Sprüngen* und nicht nur in *kleinen Schritten* möglich ist. Die Managementliteratur ist jedoch widersprüchlich. So lässt sich in vielen Darstellungen geradezu eine Renaissance der «Methode der kleinen Schritte» nachvollziehen. Sie reicht von der japanischen Arbeitsphilosophie des Kaizen bzw. KVP (Kontinuierlicher Verbesserungsprozess) bis zu philosophisch-kybernetisch orientierten Ansätzen der Systemischen Beratung (vgl. Fischer 1993). Die damit aufgeworfene Frage steht im Zentrum einer Methodendiskussion innerhalb des Projektmanagement, die der Autor 1986 angeregt hat und die seitdem zu verschiedenen theoretischen wie praktischen Positionen geführt hat (eine erste Übersicht und Zwischenbilanz in Balck, 1996). Die persönliche Antwort des Autors auf diese Frage war mehrere Jahre lang eine reine Arbeitshypothese: Verbinde beide Strategien, ohne einen Kompromiss einzugehen: *Bewirke sprunghafte Veränderungen durch viele kleine Schritte!* Inzwischen haben eigene Erfahrungen in umfangreichen Reengineering-Projekten – eingebunden in einem Netzwerk von Lernpartnerschaften – zu folgendem Resultat geführt:

- Fundamentaler Wandel lässt sich innerhalb eines innovativ ausgerichteten Organisationsprojektes herbeiführen. Eine sprunghafte Veränderung von Organisationsmustern ereignet sich im Zusammenwirken vieler kleiner Einzelaktivitäten bzw. Einzelprojekten, wenn es gelingt, das Zusammenspiel dieser «Prozess-Teile» in einem *synergetischen Zirkel* zu organisieren (als Anwendung der von Hermann Haken entwickelten «Synergetik», 1981/1991).
- Die (vielen kleinen) Teile folgen in einem zyklisch-rekursiven Prozess einem «Ordner», der im Management dem entspricht, was als Vision antizipiert wird. Der Ordner, bzw. die Vision, formt sich aus der Interaktion der Teile und umgekehrt: die Prozess-Teile, insbesondere in Form selbständiger Teilprojekte, finden ihre Ausrichtung durch Orientierung an dem sich konkretisierenden Ordnungsmuster. Am Ende dieses visionsgetriebenen, zirkulären Prozesses – in dem gleichermaßen *Top-down-* und *Bottom-up-Kräfte* wirksam sind – steht eine qualitativ neue Struktur (eine ausführliche Beschreibung dieser Vorgehensweise findet sich in Balck, 1994).

Das methodische Konzept dieses Management of Change, in dem das Verändern durch viele kleine Schritte mit dem synergetischen Prinzip plötzlicher Qualitätssprünge verbunden wird, wirft neues Licht auf die Definition von *Ausgangspositionen:*

- Die zuvor beschriebenen Spaltungen und Brüche im Hintergrundmuster unseres Wirtschaftslebens sind ausgezeichnete Wurzelpunkte für tiefgreifende Veränderungen.
- Wer an solchen Bruchstellen und Spaltungsmustern ansetzt, definiert Probleme, die bereits das Material ihrer Lösung beinhalten: Spaltungen und Brüche sind Negativ-Befunde an Grenzen. Sie sind bestimmbar als Konfrontation unverträglicher, feindlicher Gegensätze.
- Derart identifizierte Positionen und Antipositionen sind aber keineswegs Entscheidungsalternativen. Wer sich hier auf eine Seite schlagen will, verschärft den aufgedeckten Konflikt – und verspielt seine Chancen, ihn zu lösen.
- Die Spaltungsparteien sind für ein synergetisches Prozessverständnis unverzichtbare Quellkräfte für das Hervorbringen des neuen Organisationsmusters. Deswegen hat – ganz im Sinne des systemischen Beratungsansatzes – jede Seite im Prinzip recht.
- Die Kunst der Lösungsfindung – und das ist zugleich eine hohe Qualität von Projektmanagement – besteht nun in nichts weniger als der *Versöhnung* der jeweils berechtigten Geltungskerne der zerstrittenen Kontrahenten und das ist keineswegs ein realitätsfremder Anspruch, wie manche Pragmatiker und Inkrementalisten behaupten.

Die folgenden Beispiele entstammen überprüfbarer Praxis, teilweise der eigenen des Autors. Die beschriebenen Fälle sind *Syntheseformen.* Sie haben in verschiedenen Kombinationen ihren Ursprung in den zuvor dargestellten Spaltungs- und Bruchmustern. Doch handelt es sich in der jeweils vorgestellten Überwindung nicht um echte *Harmonien* – die gibt es nur als Ideal bzw. Leitziel. Die ursprüngliche Gegensätzlichkeit ist nicht verschwunden. Sie bleibt sogar in hohem Maße erhalten, allerdings in Form einer entscheidend neuen Beziehungsqualität: die zuvor feindlich geartete Konfrontation hat sich in eine *Streitkultur* gewandelt. Dies ist der Kern, des eingangs verwendeten Begriffes «Paradoxe Synthese». In der Begriffswelt der Synergetik Hermann Hakens ist solche Syntheseleistung als «Ordner» vorstellbar, der gleichsam die feindlichen Parteien an einen Tisch bringt und einen Kommunikationsprozess ermöglicht, dessen Verlaufsform ein kultivierter *Streit* und kein *Krieg* ist. Dessen Ende beinhaltet eine Konfliktlösung, die man sich wie in einer demokratischen Ordnung als *Konsens* zwischen unterschiedlichen Parteien vorstellen kann (vgl. die auch für Manager sehr anwendbare Lehre von Schmidt 2004). Wer solchen Wandel bewältigen will, definiert ein Projekt, bzw. viele und vernetzte Projekte. Das Management solcher Projekte beginnt mit klassischen Bestandsaufnahmen, in denen zunächst die Landschaft der vorhandenen und ausgeprägten Strukturbrüche untersucht wird. Wenn dies in ausreichender Tiefe und Umfänglichkeit geschieht, treten von selbst die Protagonisten und Antagonisten des Wandlungsprozesses auf den Plan. Die Kunst des Projektmanagements besteht nun darin, die ausgelöste Eigendynamik von Auseinandersetzungen bzw. die geweckten Erwartungshaltungen mobilisierter Akteure in die erfolgversprechenden Bahnen zu lenken. Wenn der Prozess gelingt, begegnen sich die zuvor isolierten und verschanzten Gegner wie autonome Mitgestalter in einem Jazz-Workshop, der Beteiligte wie Teilnehmende begeistert.

Leider gehört zu solchem Gelingen nicht nur viel Erfahrung, Einfühlungsvermögen und systemisches Führungsgeschick. Wie uns das Scheitern der New Economy oder der Absturz verfrühter Technologiekonzepte lehrt (z. B. UMTS), können auch «große Entwürfe», die mit breitem gesellschaftlichen Konsens implementiert wurden, im Kontext wirtschaftlicher Krisen untergehen – oder müssen in historischer Versenkung auf eine Renaissance warten.

3 Polare Organisation – ein Ansatz zur Neugestaltung von Unternehmensarchitekturen und Projektorganisationen

3.1 Die Grundproblematik

In der jüngeren Technikgeschichte hat sich mit der Herausbildung formalisierter Arbeitsweisen in Industrie und öffentlicher Verwaltung das Planen und Bauen in ähnlicher Weise in Spaltungsmustern verzerrt und verbogen, wie wir es oben allgemein beschrieben haben. Genehmigungsverfahren, Honorarordnungen, Branchenregularien und ein in den Köpfen der Fachleute verinnerlichtes Spezialistentum sind schon lange für jeden engagierten Planer und Gestalter eine Last. Großartige Schöpfungen wie das Schwarzwaldhaus, die traditionsreichen Bauformen oberitalienischer Städte oder bedeutende Designprodukte, wie z. B. formenreiche Barockmöbel, sind mit dem Eintritt in die Moderne einem immer größer werdenden Meer schnell hinfälliger, qualitätsarmer Machwerke gewichen. Die Kritik an diesem Qualitätsdilemma finden wir bereits bei Gottfried Semper, der als Zeuge der ersten großen Weltausstellung in London (1850) die qualitative Unterlegenheit der neuen industriellen Massenprodukte gegenüber den herkömmlichen Möglichkeiten des Handwerks präzise beobachtet hat (Semper, 1966). Erst jetzt, nachdem sich in der Automobilindustrie und vielen anderen Industriezweigen das Paradigma kundenorientierter Produktion etabliert hat, erwacht auch in der Bauindustrie ein Qualitätsbewusstsein, das sich auf verlorengegangene Traditionen des Handwerks zurückbesinnt (vgl. Balck, 2004). Auch dort gilt das japanische Vorbild: permanent ansteigende Qualität bei zeitgleich fallenden Kosten ist möglich! Einer der wichtigsten Gründe für dieses erstaunliche Phänomen ist die organisatorische Qualität in japanischen Unternehmen, die seit Ende der 80er Jahre zum Vorbild für alle Industrienationen wurde: ihr *Netzwerkcharakter*. Vernetzung erscheint als Grundmodus jeglicher Arbeit – zwischen Einzelpersonen, zwischen Teams, zwischen Abteilungen, zwischen Geschäftsbereichen und sogar zwischen ganzen Unternehmen. Vernetzung auf allen Ebenen findet aber nur statt, wenn zwischen durchlässigen und offenen Grenzen intensive Kommunikation möglich ist, wenn Hierarchieebenen kein Hindernis mehr darstellen und wenn die Qualität von Vernetzungsbeziehungen hohe Kontinuität auf der Grundlage echter Vertrauensverhältnisse aufweist.

Die in immer neuen Wellen stattfindende Umgestaltungsarbeit in amerikanischen, europäischen und immer mehr auch in asiatischen Unternehmen beweist, dass es sich hierbei nicht um Utopien und Fantasieprojektionen handelt. Solche Ziele sind handgreiflich und erreichbar. Leider wird aber in den zahlreich verfügbaren Erfolgsberichten über organisatorischen Wandel ein zentraler Gesichtspunkt völlig unzureichend behandelt:

- Wie kann eine intensive und fruchtbare Kommunikation zwischen Personen stattfinden, die völlig konträre Sichtweisen und Werthaltungen haben? Wie können z. B. *Ingenieure* und *Kaufleute* füreinander Interesse und Verständnis aufbringen, wenn sie doch in langen Zeitspannen gelernt haben, sich gegenseitig zu misstrauen und sich in entscheidenden Fragen die Kompetenz absprechen?

- Wie können vertrauensvolle, langlebige Beziehungen zwischen Personen, zwischen Unternehmenseinheiten und sogar ganzen Berufsgruppen entstehen und gepflegt werden, wenn es sich dabei um gegensätzlich orientierte Parteien handelt? Wie können z. B. *Künstler* und *Techniker* in einem innigen Dialog ein Produkt hervorbringen, das in jeder Hinsicht ihren naturgemäß wesensverschiedenen und oft konträren Anforderungsperspektiven genügt?

Aus den zuvor beschriebenen Gründen sind in typischen Bauprojekten oder industriellen Produktentwicklungen positive Antworten auf diese Fragen zumindest erschwert und i.d.R. nur mit erheblichen Kompromissen möglich. Auf der Basis einer abgeschotteten Fächerwelt können keine dialogischen Arbeitsformen entstehen, die wie in zurückliegenden Epochen «Spitzenleistungen» zum Ergebnis hatten.

Spitzenqualität in technischen Gestaltungsprozessen resultierte von jeher aus der Ganzheitlichkeit praktischen Könnens. Dieses Kernkriterium für *Meisterschaft*, muss wieder die Mitte der Arbeitskultur werden. Zum Glück gibt es nachahmenswerte Anfänge und Entwicklungen, in denen hinderliche Fächer-Brüche überwunden wurden. Die folgenden Beispiele gehören zur Praxis im Management of Change, die der Autor beobachtet, teilweise miterlebt beziehungsweise mitgestaltet hat. Ihr Hauptmerkmal ist jeweils eine Organisationsstruktur die sich in der Ausgangssituation in Grenzbereichen zwischen *Stabilität* und *Instabilität* befand und in der Lösungsform einen Status angenommen hat, die der Autor *Polare Organisation* nennt.

3.2 Polare Organisation in Design-Projekten

In der Produktgestaltung gibt es immer wieder Spitzenleistungen, die durch unübliche organisatorische Voraussetzungen ermöglicht wurden. Ein interessantes Beispiel ist die Entwicklung ergonomischer Bürosessel durch den italienischen Stardesigner Matteo Thun Anfang der 90er Jahre. Der Entwicklungsprozess verlief im Rahmen einer Polaren Organisation. Der künstlerisch arbeitende Designer akzeptierte eine gleichberechtigte Projekt-Partnerschaft mit einem innovativen Ingenieur. Dabei wurde als wichtigste Voraussetzung die geläufige Verfahrensweise mit fachlichem und zeitlichem Vorrang des Designentwurfs und einer zeitlich darauf folgenden Umsetzung in «technische Machbarkeit» außer Kraft gesetzt. Als Gegenregel verabredete man ein synchrones kooperatives Zusammenwirken. Daraus entspann sich ein Projektgeschehen, in dem tatsächlich Vernetzung praktiziert wurde. Das Ergebnis war ein qualitativer Sprung – ebenso ungewöhnlich wie der Prozess, der ihn ermöglicht hat. In diesem Fall darf «Vernetzung» aber nicht einfach als Zunahme von Beziehungen und Interaktionen angesehen werden. Das Beispiel, in dem ein *Künstler* und ein *Techniker* in einer ausgewogenen Beziehung zusammenwirken, zeigt uns wie ein höheres Maß an Vernetzung einhergeht mit einem reduzierten Maß an Organisiertheit. Aus einer einfachen Zweierbeziehung entfaltet sich kommunikativer Reichtum. Die Wurzel derartiger Systemkreativität liegt in der möglich gewordenen Einheit von gegensätzlichen Positionen, die sich traditionell auseinandergelebt hatten, eher auf Distanz gingen und dann notgedrungen in formalisierten Prozeduren eine Art «Schnittstellenmanagement» akzeptierten. Demgegenüber lehrt uns die angesprochene Kooperation etwas Anderes. Dort hat sich eine vitale Begegnung ereignet, in der eine traditionelle *Schnittstelle* in eine *Nahtstelle* verwandelt wurde (Womack, 1991). In Nahtstellen wird nach der von Paul Watzlawick erstmalig formulierten Regel «Lerne denken wie der andere denkt» kommuniziert. Dabei sind Grenzüberschreitungen erfolgsstiftend. Das bedeutet aber nicht etwa ein Dilettieren oder eine Einmischung in fachfremde Hoheitsgebiete. Gefragt ist die einfühlende und kongeniale Sicht auf den gemeinsamen Projektgegenstand durch wiederholten gegenseitigen Sichtwechsel. In einem derartig dialogischen Prozess entsteht ein Konsens, der von beiden Fachrichtungen akzeptiert und am Ende durch gemeinsame Erfolgskontrollen gesichert werden kann.

3.3 Polare Organisation in der Softwareentwicklung

Seit langem lesen wir in immer neuen Varianten von Krisen der Softwareentwicklung und -anwendung in den Fachzeitschriften der Computerbranche. Umfangreiche Analysen der amerikanischen Armee (Warnecke 1995), haben den ersten Jahrzehnten der Softwareentwicklung ein Armutszeugnis ausgestellt: Weniger als 20% der in Softwarehäusern entwickelten Individualsoftware ist tatsächlich auch zum Einsatz gekommen. Und davon waren es wiederum nur wenige Prozent, die genau so benutzt wurden, wie es der Auftraggeber gewollt hatte.

Der Kern dieser Problematik ist heute bekannt: die völlig unzulängliche Kommunikation zwischen Softwareentwicklern und Nutzern. Ähnlich wie in der zuvor beschriebenen linearen Abwicklung von Planungs- und Ausführungsprozessen in Bauvorhaben und technischen Projekten, wurde bislang auch Software produziert. Im Unterschied aber zu typischen Bauaufgaben, in denen sowohl das angestrebte Endergebnis als auch der Weg dahin weitgehend durch Nutzungsgewohnheiten und technische Standards geregelt ist, steht und fällt der Erfolg einer entwickelten Software mit der zutreffenden Definition des Kundennutzens. Solcher Nutzen ist immer individuell – auch dann, wenn es um die Entwicklung bzw. Einführung von Standard-Software geht. Immer wieder resultieren Mängel aus dem linearen Abwicklungsmuster der Projektarbeit (Schneider, 1990). Dabei wurden und werden die größten Fehler am Anfang gemacht: bei der Definition der Zielsetzung. Bis heute wird gebetsmühlenartig die Klage wiederholt, dass Projekte i.d.R. deswegen scheitern, weil sie am Anfang keine «klaren Ziele» gehabt hätten. Dies ist in mancher Hinsicht ein Irrglaube und ein Dogma, denn mit dieser Behauptung von Projektverantwortlichen wird der schwarze Peter an den Nutzer bzw. Auftraggeber weitergegeben. Tatsächlich kann ein Nutzer/Auftraggeber am Anfang einer Softwareentwicklung nur sehr ungenau sagen, was er eigentlich braucht. Wir müssen akzeptieren, dass dies keine Schwäche ist, aus der man Vorwürfe ableiten darf, sondern ein geradezu natürlicher Sachverhalt. Klare Ziele am Anfang eines Projektes sind die Ausnahme und ein Glücksfall. In aller Regel muss der angestrebte Kundennutzen durch mühsame und langwierige Entwicklungsprozeduren herausgearbeitet werden. Der wahre Kundennutzen eines Produktes, insbesondere einer neuen Software, zeigt sich nicht am Anfang, sondern am Ende eines Projektes (Weltz & Ortmann, 1992).

Also stellt sich die Frage, wie man ein Projekt «richtig» beginnen muss. Selbstverständlich stehen am Anfang eines Projektes Ziele – aber die sind fast immer grob und unscharf und unterliegen im Projektverlauf Änderungs- und Anpassungsprozessen. Die Frage nach den Zielen bewegt sich auf der methodischen Ebene der Projektarbeit und verdeckt daher den eigentlichen Anfang eines Projektgeschehens. Der liegt aber nicht in der *Methode*. Für den richtigen Anfang eines Projektes ist die Festlegung der *Projektorganisation* ausschlaggebend. Jedes Projekt hat seinen Ursprung in einem Subjekt, d. h. in einer Einzelperson oder einer Initiativgruppe. Das ist keineswegs selbstverständlich. Im Sinne der herrschenden Projektmanagement-Lehre wird die Frage «Wer macht was?» meistens erst dann beantwortet, wenn zuvor die Projektaufgaben in inhaltlicher und zeitlicher Bestimmung festgelegt wurden. Auch hier sind wir Opfer eines konsekutiven Denkens, das immer wieder in die Irre führt. Wenn es dagegen gelingt, diese eingespielte (scheinbar logische Folgerichtigkeit) umzukehren, dann eröffnet sich die Chance zur Bildung einer Projektorganisation mit zirkulären Arbeitsprozessen.

Die Entwicklung von Software ist dafür ein Musterbeispiel. Im Zentrum steht die Initiativgruppe in Form einer Institutionalisierung der *Entwickler-Nutzer-Beziehung*. Der am Anfang notwendige Dialog zwischen denjenigen, die Aufgaben, Anforderungen und Ziele definieren (Nutzer/Auftraggeber) und denjenigen, die daraufhin Wege und Mittel suchen (Entwickler) darf nicht – wie das häufig geschieht – nach relativ kurzer Zeit wieder abgebrochen werden. Systemische Entwickler sind nicht mehr damit zufrieden, wenn sie Kundenwünsche schwarz auf weiß nach Hause tragen können (z. B. als Lastenheft) und sie sind auch nicht mehr verärgert, wenn im Laufe des weiteren Dialoges ihre Kunden langsam herausfinden, was sie wirklich wollen und was sie wirklich brauchen können. Sie sind vielmehr bereit, das ursprüngliche Lastenheft im Maße dieses Erkenntnisfortschrittes immer wieder anzupassen. Umgekehrt gehen moderne Entwickler geradezu davon aus, dass sich der wahre Nutzen erst herausstellt, wenn die Inbetriebnahme der neu entwickelten bzw. in einem Customizing angepassten Software beginnt. In der Inbetriebnahmephase wird sogar ein ausgezeichnetes methodisches Potenzial gesehen, um Kundennutzen zu entdecken. Der ganze Prozess – von der Bedarfsmeldung bis zur Abnahme – wird zu einer Kette zeitlich kurzer Sequenzen, in denen zyklisch *Zielbestimmungen* und das *Entdecken des Machbaren* immer wieder durchlaufen werden. Aus diesem Grund wird auch die gesamte Philosophie des Projektablaufs verändert. Im Anschluss an die erste Fassung des Lastenheftes wird nicht länger «einsam entwickelt». Vielmehr wird bereits in frühen Entwicklungsstadien der Software im Sinne eines Rapid Prototyping durch Nutzung der experimentellen Arbeitsweise zusammen mit kompetenten Kunden das Produkt genau so entwickelt, dass es überprüfbar Nutzen stiftet. Diese zyklisch orientierte Methode ist seit Mitte der 90er Jahre bekannt und seitdem auf dem Vormarsch. Vor allem hat sie die Modularisierung begünstigt. Das Ziel der Entwickler sind flexible Software-Bausteine, die sich für die beschriebene dialogische Form der kundennahen Anpassungsarbeit gut eignen. *Customizing* wird damit zu einer Arbeitsform, die durch und durch den Charakter einer polarer Organisation hat.

Kundennutzen muss immer *explorativ* und *experimentell* herausgefunden werden. Bei der Entwicklung einer Standard-Software werden dafür Voraussetzungen geschaffen. In der Customizingphase stehen sie gleichsam auf einem *evolutionären Prüfstand*. Das beinhaltet aber eine gänzlich andere Wertung der Auftraggeber-Auftragnehmer-Beziehung. Hierin sind die einen nicht länger Personen, die etwas verkaufen wollen. Die anderen sind nicht länger ewig misstrauische Konsumenten, die bei geringsten Zweifeln den Rechtsweg beschreiten oder enttäuscht die Pferde wechseln. Zwischen *Entwicklern* und *Kunden* spielt sich vielmehr eine neue Beziehungsqualität ein in beide Seiten Teilhaber und Mitgestalter in einem *synergetischen Prozess* sind und das Auf und Ab gruppendynamischer Prozesse gemeinsam erfahren, bewerten und auch ertragen müssen.

Solche Partnerschaft ist ihrem Wesen nach ein Weg, in dem alte Gegensätzlichkeiten aufeinander bezogen und schließlich, bei glücklichem Verlauf, zum *Konsens* geführt werden. In einem derartigen Verlauf ist die übliche Spaltung der Rollen von Auftraggeber und Auftragnehmer aber nicht gänzlich verschwunden und keineswegs konfliktfrei. Es bleibt eine ständige Spannung, die sich zwischen Forderungen und Leistungen auftut. Ohne sie würde das ganze Geschehen schnell zusammenbrechen, seine Produktivität und schließlich seinen Projektcharakter verlieren. Die enge, den gesamten Projektverlauf durchziehende dialogische Zusammenarbeit zwischen Nutzern/Auftraggebern und Entwicklern verhindert ein Nachlassen von Motivation und geistiger Spannkraft, wie es bei der traditionellen Arbeitsweise in zeitlich abgeschotteten Leistungssequenzen häufig der Fall war und ist.

Viele der zuletzt wiedergegebenen Charakterisierungen für Polare Projektorganisationen gelten nicht nur für Softwareprojekte sondern schlechthin für Organisationsprojekte und Reengineering-Vorhaben. Eine Darstellung einiger allgemeiner Vorzüge erscheint deshalb sinnvoll:

– Hohe Trefferwahrscheinlichkeit beim Erzielen von Kundennutzen.

– Das bedeutet Kundenzufriedenheit und stabile Entwickler-Kunden-Beziehungen.

– Reduzieren von Entwicklungsaufwand, insbesondere Verkürzung von Entwicklungszeiten.

– Verbesserung der Motivation aller Beteiligten.

Auf diesem Wege entsteht eine *fortschrittsfähige* Unternehmenskultur.

3.4 Polare Organisation im Facility Management

Das Nutzen und Betreiben von Software, Hardware, kommunikationstechnischen Netzen, Einrichtungen und Ausrüstungen in Büro und Fabrik, gebäudetechnischen Anlagen und Bauten, bis hin zur Verwaltung ganzer Industrieareale oder Bürostandorte – all das gehört zu einem seit Anfang der 90er Jahre vielbeachteten Aufgabengebiet. Mit Ausdrücken wie «Facility-Management» oder «Gebäudemanagement» bzw. «Immobilienmanagement» werden neue Aufgabenschwerpunkte in unternehmensinternen Diensten und damit einhergehend neue Dienstleistungssegmente im Marktgeschehen benannt. Die Gründe dafür sind vielfältig und können an dieser Stelle nicht dargelegt werden. Es ist aber leicht zu beobachten, dass in dem angesprochenen Gebiet immer noch Aufbruchsstimmung herrscht – mit viel Unsicherheit und Irritationen. Dazu ein typisches Beispiel aus den Anfängen der Reorganisation interner Dienste. Es ging um die Betreuung von ca. 20.000 Arbeitsplätzen, in einer Standortverwaltung eines Industrieunternehmens, das zu Beginn des Projekts (1990) eine Durchdringung mit PCs und Workstations von etwa 35 % hatten. Heute liegt diese Durchdringung bei 100 %. Damit ist auch angedeutet, worauf die gesamte Reorganisation abzielen musste: Servicefachleute sollten fit gemacht werden für den strukturellen Wandel im Nutzen und Betreiben von Anlagen und Ausrüstungen.

Die größte Schwierigkeit bei der Bewältigung dieser Aufgabe bestand in der Verbesserung der vielfältigen Kundenbeziehungen zwischen Servicepersonal (ca. 1000 interne Mitarbeiter) und Nutzern verteilt in über 100 Labor- und Bürogebäuden. Die Lösung bestand im Aufbau einer Netzwerkorganisation, die in verschiedener Hinsicht bewusst nach polaren Prinzipien gestaltet wurde:

Eine zuvor funktional gegliederte Organisation (Planungsabteilung, Auftragsabwicklung, Werkstätten) wurde in kleine Gruppen zerlegt, die dann als weitgehend autonome Serviceeinheiten (Servicezellen) wie kleine «Unternehmen im Unternehmen» agieren konnten. Der Vorteil dieser Neuorganisation war frappierend. Die dezentrale Organisation erlaubte es den einzelnen Servicefachleuten in unmittelbarem Kundenkontakt schnell und unbürokratisch zu agieren. Wartezeiten bei Entstörungsaufträgen, Verzögerungen bei Beschaffungsprozessen, Kosten durch zentralistische Prozeduren – all das verminderte sich dramatisch. Die zahlreichen täglichen Anrufe unzufriedener Nutzer und Auftraggeber beim Leiter der Serviceabteilung gingen schlagartig zurück. Durch den Rückbau der vorher vierstufigen Hierarchie auf zwei Hierarchieebenen verbesserte sich zugleich mit der intensiveren Kommunikation zwischen Nutzen und Servicepersonal auch die interne Kommunikation zwischen Mitarbeitern und Führung der Serviceorganisation. Damit verschob sich auch der Schwerpunkt der Leitungstätigkeit: Vom Niederkämpfen alltäglicher Probleme, die permanent in die Leitungsebene durchschlugen, zur Konzentration auf strategische Fragen und auf Aufgaben der Personalentwicklung. Alltagsprobleme im Servicegeschäft waren nun ausschließlich Sache der autonom gewordenen Serviceeinheiten. Damit kehrte in *beiden Polen* Ruhe ein!

Nachdem sich diese Netzwerk-Organisation etabliert hatte, folgte in einer zweiten Phase des Organisationsprojektes der Aufbau eines Computer-Netzwerkes als Client-Server-System. Ganz in dem Sinne, wie oben die Philosophie für Softwareprojekte beschrieben wurde, begann hier eine engagierte Mannschaft ein Software- und Hardwarekonzept zu verwirklichen, das für die neue Struktur der «Servicezellen» maßgeschneidert war. Im Rückblick erscheint aber noch ein anderer Gesichtspunkt hervorhebenswert. Aus der Entwicklermannschaft ging auch die Gruppe hervor, die anschließend das Netz betreute. Damit entstand fast zwangsläufig ein weiteres Aktionsfeld: die «kontinuierliche Verbesserung». Zum einen ergaben sich immer wieder neue Anforderungen, die aus der Weiterentwicklung der Netzwerkorganisation entsprangen, und zum anderen ermöglichte das Vertrautwerden mit der neuen Software immer wieder Verbesserungen und Anreicherungen.

Als Ergebnis hat sich auch hier eine *Polare Organisation* herausgebildet: auf der einen Seite stehen *Entwickler und Betreiber,* auf der anderen Seite stehen die *Anwender* in den Servicezellen. Entstanden ist also eine wechselseitige Durchdringung und Verflechtung von zwei sehr eng miteinander kommunizierenden Parteien, zwischen denen üblicherweise scharfe organisatorische Trennungslinien verlaufen. Durch die Nutzung des Computer-Netzwerkes verbesserte sich das Leistungspotenzial der Serviceabteilung sprunghaft. Man konnte nun darangehen, Defizite abzubauen, die seit langem im Verhältnis von *kaufmännischen* Belangen und *technischen* Erfordernissen bestanden. Die technischen Fachleute waren jetzt in der Lage, mit Hilfe einer einfach zu bedienenden Software alle wichtigen Auftragsdaten selbst zu erfassen. Auf dieser Grundlage entstand zugleich *Leistungs-* und *Kostentransparenz*. Man muss wissen, dass dies im technischen Service alles andere als selbstverständlich ist. Durch die Verfügbarkeit dieser von allen Seiten immer schon gewünschten Daten begann ein Weg der Annäherung zwischen Kaufleuten und Technikern. Die Techniker fingen an, wirtschaftlich zu denken und die Kaufleute, die bislang nur für das innerbetriebliche Rechnungswesen verantwortlich waren, hatten zum ersten Mal die Möglichkeit, Einblick in die wirklichen Serviceprobleme und Serviceprozesse zu erhalten. Von daher entspann sich ein wechselseitiger Dialog, in dem sich auch ein gänzlich neues Controlling-Konzept herausbildete: Das *Zwei-Ebenen-Controlling*. In den Fachzellen begannen die kundennah operierenden «Auskenner» über Verbesserungsmöglichkeiten von Serviceabläufen und über Optimierungsmöglichkeiten der betreuten Objekte nachzudenken. In den zentralen Controllingstellen hatte man erstmals die Möglichkeit, auf einer realistischen Datengrundlage übergreifende Konzepte für anlagenwirtschaftliche Optimierungen zu erarbeiten z. B. Konzepte für das Energiemanagement, strategische Planung der Infrastruktur, Erarbeiten von Kennzahlen für alle Leistungsbereiche. Das traditionelle Missverhältnis zwischen *Controllern* (die immer als «Kontrolleure» galten!) und den *Fachleuten* transformierte sich zu einer neuen Qualität. Das zentrale Controlling wurde von den Fachzellen immer mehr als Dienstleistungsbereich verstanden, in dem Grundsatzfragen geklärt und Auswertungen durchgeführt wurden. Umgekehrt konnte auf dieser Basis ein zentral agierendes Controlling endlich erfolgreich sein. So etablierte sich zugleich ein neues Verhältnis von *Zentralität* und *Dezentralität*.

3.5 Polare Organisation in der Wertschöpfungskette des Bauens

Die folgenden Abbildungen (Abbildung 1 – Abbildung 3) verdeutlichen, dass der Weg zur Netzwerkorganisation auch die gesamte Branchenstruktur «rund um den Bau» erfasst hat.

Das Überwinden von Fächergrenzen in Planungs- und Bauprozessen wird zum zentralen Gehalt einer schmerzhaften Umwandlung völlig überalterter Branchenstruk-

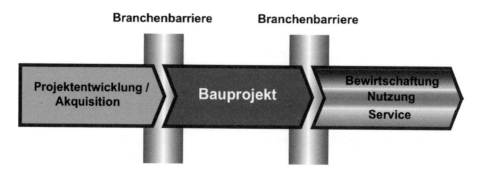

Abbildung 1: Traditionelle Barrieren in der immobilienwirtschaftlichen Wertschöpfungskette

Kapitel VI – Wandlungsprojekte: Von Strukturbrüchen zu polaren Organisationsformen

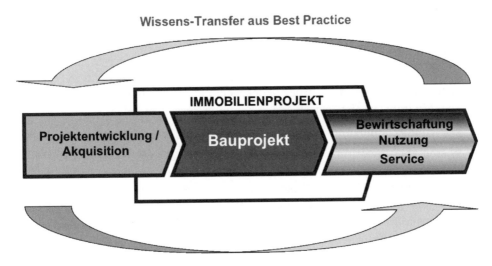

Abbildung 2: Überwindung der Branchen-Barrieren durch Erweiterung der Projektgrenzen – auf dem Weg zum lernenden Netzwerk

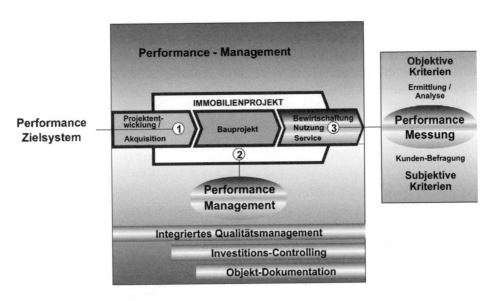

Abbildung 3: Erfolg herbeiführen dank Performance-Management

turen. Die alte Forderung nach Ganzheitlichkeit und Integraler Planung verdichten sich in der Perspektive von Facility Management und Immobilienmanagement immer mehr zu einem zukunftsfähigen Leitmuster. Entlang der Immobilienwirtschaftlichen Wertschöpfungskette des Planens, Bauens und Bewirtschaftens verwandeln sich die in unseliger Tradition verhärteten Barrieren und Abschottungen zwischen den Wertschöpfungsphasen (Projektentwicklung/Bauprojekt/Nutzen, Betreiben, Bewirtschaften) zunehmend in kommunikative Grenzübergänge im Sinne der zuvor beschriebenen Nahtstellen. Die lineare Kette verwandelt sich in einen zirkulären Lernprozess. Systematische Erfolgsmessung am Ende der Kette fließt in Form von Zielsystemen an den Anfang zurück (Balck, 1998). Die gesamte Wertschöpfungskette des Bauens vitalisiert sich zwischen den kommunisierenden Polen:

– Wissen über Kundennutzen in der Nutzungsphase,

– Wissen über Investitionsziele in der Phase der Projektentwicklung.

Basierend auf: Balck, H. (2009): Wandlungsobjekte: Von Strukturbrüchen zu polaren Organisationsformen. In: Bullinger, H.-J.; Spath, D.; Warnecke, H.-J. & Westkämper, E. (Hrsg.): Handbuch Unternehmensorganisation: Strategien, Planung, Umsetzung. 3., neu bearbeitete Auflage, Springer-Verlag. Berlin/Heidelberg, S. 600–615.

Literatur Kapitel VI

Balck, H.: Synergetik und Networking in Leistungsprojekten. In: Balck, H. (Hrsg.): Networking und Projektorientierung. Heidelberg, New York: Springer 1996

Balck, H.: Neue Servicekonzepte revolutionieren die Unternehmensinfrastruktur. In: Schulte/Schäfers (Hrsg.) Handbuch Corporate Real Estate Management – Rudolf Müller Verlag 1998

Balck, H. (1994): Wertschöpfungsketten im Industriellen Facility Management. In: Lutz, U.; Galenza, K. (Hrsg.): Industrielles Facility Management. Berlin/Heidelberg/New York.

Balck, H. (1986): Problem- und Potenzialorientierung – Prinzipien der Selbstorganisation in interdisziplinären Projekten. In: GPM – Beiträge zur Jahrestagung.

Balck, H. (1990): Neuorientierung im Projektmanagement. München.

Balck, H. (1994). Management evolutionärer Sprünge mit Netzwerkprojekten. In: Gareis, R. (Hrsg.): Erfolgsfaktor Krise. Wien.

Fischer, H.R.; Retzer, A. & Schweitzer, J. (1993): Das Ende der großen Entwürfe. Frankfurt.

Foerster, H. v. (1985): Sicht und Einsicht. Braunschweig.

Haken, H. (1981): Erfolgsgeheimnisse der Natur, Synergetik: Die Lehre vom Zusammenwirken. Stuttgart.

Haken, H. (1991): Synergetik im Management. In: Balck, H. (Hrsg.): Evolutionäre Wege in die Zukunft. Weinheim u. Basel.

Hammer, M. & Champy, J. (1993): Business Reengineering. Frankfurt, New York.

Kille, K. (1995): Lieferzeit als konstante Größe. Fabriken in der Fabrik bei der Bene Büromöbel KG. In: Warnecke, H.-J. (Hrsg.): Aufbruch zum Fraktalen Unternehmen. Berlin, Heidelberg, New York.

Peters, T. (1988): Kreatives Chaos. Frankfurt.

Pietschmann, H. (1980): Das Ende des naturwissenschaftlichen Zeitalters. Wien.

Popper, K.R. (1965): Das Elend des Historismus, Tübingen.
Riedl, R.v (1985): Die Spaltung des Weltbildes. Parey, Berlin und Hamburg.
Schmidt, G. (2004). Liebesaffären zwischen Problem und Lösung. Heidelberg.
Schneider, M.: Der teure Irrtum. In: Manager Magazin 11,1990
Semper, G. (1966): Wissenschaft, Industrie und Kunst. Neue Bauhausbücher. Mainz.
Smith, A. (2009): Der Wohlstand der Nationen. DTV Klassikausgabe, 12. Aufl., München.
Vitruv (1964): Zehn Bücher über Architektur. Übersetzung ins Deutsche v. Fensterbusch, C., Darmstadt.
Warnecke, H.J.: Aufbruch zum Fraktalen Unternehmen. Praxisbeispiele für neues Denken und Handeln. Berlin/Heidelberg/New York.
Weltz, F.; Ortmann, R.G.: Das Softwareprojekt. Frankfurt 1992
Womack, J.R.; Jones, D.T.; Roos, D. (1991): Die zweite Revolution in der Autoindustrie. Frankfurt am Main.
Ziehmann, K. (1996): Die Krise der Organisation und das Problem der Zeit. In: Balck, H. (Hrsg.): Networking und Projektorientierung, Heidelberg/New York.

Weiterführende Literatur

Balck, H.; Kreibich R. (1991): Evolutionäre Wege in die Zukunft – Wie lassen sich komplexe Systeme managen? Weinhein.
Balck, H. (1996): Projektorientierung und Routine-Welt im neuen Wirtschaftsleitbild. In: Balck, H. (Hrsg.): Networking und Projektorientierung. Heidelberg, New York.
Haken, H.; Haken-Krell, M. (1992): Erfolgsgeheimnisse der Wahrnehmung – Synergetik als Schlüssel zum Gehirn. Stuttgart.

KAPITEL VII

Zur Lebensfähigkeit virtueller Organisationen

1 Kybernetische Entwicklung virtueller Organisationen

Markus Schwaninger & Thomas Friedli, verfasst im Jahr 2010, bisher unveröffentlicht

Formen der virtuellen Organisation sind eine Antwort auf Erfordernisse unserer Zeit. Der durch den technischen Fortschritt getriebene Strukturwandel erfordert von Unternehmungen Flexibilität wie nie zuvor, eröffnet aber auch Gestaltungsmöglichkeiten bisher unbekannten Ausmaßes. Das Thema «Virtualisierung von Organisationen» wirft sowohl technisch als auch organisatorisch spezifische Fragen auf, die vor allem unter dem Gesichtspunkt der Flexibilisierung und der Synergie zwischen beteiligten Partnern behandelt worden sind.

In diesem Artikel wird ein Konzept für die langfristige Lebensfähigkeit und Entwicklung virtueller Organisationen auf der Grundlage der Organisationskybernetik vorgestellt. Dieses verknüpft und integriert die bisherigen Bemühungen einerseits der Experten der Informatik und des Technologiemanagements und andererseits der Vertreter der kybernetischen Organisationstheorie. Zudem wird damit verdeutlicht, dass isolierte Anstrengungen, einerseits effektive «strategische Netzwerke» und andererseits effiziente «operative Kooperationen» zu bilden, nicht genügen. Die Ziele «Lebensfähigkeit» und «Entwicklung» erfordern beides, und noch etwas darüber hinaus.

1.1 Zur Entstehung virtueller Organisationen

Der technische Fortschritt auf dem Gebiet der Informations- und Kommunikationstechnologien, insbesondere der Digitalisierung der Medien, zieht seit einiger Zeit eine grundlegende Transformation der Strukturen von Organisationen und ganzen Branchen nach sich. Die «digitale Wirtschaft», auch «virtual economy», «knowledge economy» etc. (Tapscott, 1996, 1998; Evans/Wurster, 1999; Beynon-Davies, 2004; Rooney/Hearn/Ninan, 2005) verlangt und ermöglicht

- nachfrageseitig eine bisher nicht gekannte Transparenz und Informationshaltigkeit der Angebote, und

- angebotsseitig eine neue Dimension der Flexibilitäten und Anpassungsfähigkeiten.

Unterschiede angebotener Produkte werden für die Marktteilnehmer weltweit sichtbar. In Verbindung mit niedrigen Transportkosten sowie Liberalisierung und Deregulierung führt dies einerseits zu einer Globalisierung der Märkte. Andererseits zeigen sich eine wachsende Differenzierung und Pluralisierung sowie eine Erhöhung der Anspruchsniveaus. Ehemalige Anbietermärkte sind zu Nachfragemärkten von hoher Dynamik geworden, welche von großen quantitativen Schwankungen sowie laufenden qualitativen Veränderungen im Nachfragebereich geprägt sind. In solchen Märkten beruhen Wettbewerbsvorteile in hohem Maße auf Kundennähe, Flexibilität und Erfüllung sich ändernder Kundenwünsche (vgl. Müller-Stewens/Osterloh, 1996; Schuh/Millarg/Göransson, 1998; Picot/Reichwald/Wigand, 2003; Alt/Bernet/Zerndt, 2009).

Verschiedene Studien zeigen, dass Führungskräfte Kooperationsstrategien steigende Bedeutung zumessen, um dem erhöhten Flexibilitätsbedarf auch in Zukunft gerecht zu werden (Bullinger/Ohlhausen/Hoffmann, 1997; Ott, 1996; Schuh/Friedli/Kurr, 2005). Kooperationen werden realisiert, um in neue Märkte einzutreten oder Leistungen zu erbringen, welche die partizipierenden Unternehmungen alleine nicht hätten erbringen können. Vor allem dynamische Netzwerke, wie virtuelle Organisationen, zu denen sich mehrere Partnerunternehmungen zwecks kooperativer Leistungserstellung zusammenschließen und nach Abschluss des Auftrags oder Projektes wieder auseinandergehen, verkörpern ein hohes Potenzial zur Flexibilitätserhöhung.

In den 1980er-Jahren vertraute die Industrie noch auf primär technische Lösungen, was damals zu großen Anstrengungen auf folgenden Gebieten führte:

- Umrüstungsflexibilität: Computer Aided Design (CAD), Numerical Control (NC)

- Mengenflexibilität: Computer Integrated Manufacturing (CIM)

- Varianten- und Typenflexibilität: Just-in-Time-Produktion (JIT), Simultaneous Engineering (SE).

In den 1990er-Jahren wurde jedoch der Glaube an das technisch Machbare relativiert, als die hochautomatisierten, rechnerintegrierten Produktionssysteme nicht den erwarteten wirtschaftlichen Erfolg brachten (vgl. Goldman/Nagel/Preiss/Warnecke, 1996). Zwar waren die Fabriken durch ihre Bemühungen flexibler geworden, aber nur innerhalb gewisser Grenzen, an die sich der Markt nicht hielt.

In dieser Situation zielen virtuelle Organisationen auf eine umfassendere Flexibilität und eine konsequentere Ausrichtung auf Kundenbedürfnisse (vgl. Österle/Fleisch/Alt, 2000; Heilmann/Alt/Österle, 2005; Kock, 2005), insbesondere durch eine effizientere Lenkung multipler Kooperationen.

Die herkömmliche Idee der virtuellen Organisation besteht darin, ein Netzwerk kooperierender Unternehmungen so zu organisieren und zu steuern, dass es zu höherer Flexibilität befähigt wird. Diese Fähigkeit beruht darauf, dass Ressourcen – nicht nur technische, sondern insbesondere auch Human- und Wissensressourcen – durch flexible Kombinationen zu einer nahezu beliebig hohen Varietät von Konfigurationen problemorientiert, also maßgeschneidert im Hinblick auf die jeweilige Situation gebündelt werden können. Damit wird die potenzielle Varietät – die das Verhaltensrepertoire einer Organisation ausdrückt – erhöht, im Sinne von Ashbys Varietätsgesetz: «Nur Varietät kann Varietät absorbieren.» (Ashby, 1974)

Der Begriff «virtuell» kommt von Lateinischen, «virtus», d. i. Tugend, Tüchtigkeit oder gute Eigenschaft. Im übertragenen Sinn ist damit auch eine Kraft oder ein Potenzial gemeint. Virtuelle Organisationen zeichnen sich durch die «Tugend» aus, ihr Potenzial in unterschiedlichsten Varianten zu materialisieren. Konkret bedeutet dies beispielsweise, dass sich aus den verfügbaren Ressourcen je nach Aufgabe maßgeschneiderte Projektteams in den verschiedenartigsten Formationen bilden können. Dabei kann «Verfügbarkeit» zu einem beliebig dehnbaren Begriff werden. Was inhouse nicht vorhanden ist, kann meist durch Kooperationen und Partnerschaften beschafft werden (vgl. Alt/Bernet/Zerndt, 2009). Wenn wir im Folgenden von «virtuellen Organisationen» oder «virtuellen Netzwerken» sprechen, konzentrieren wir uns deshalb auf inter- und transorganisationale Kooperationen, obwohl der Begriff im Prinzip auch auf den intraorganisationalen Bereich anwendbar ist (vgl. Savage, 1997).

1.2 Kriterien höherer Ordnung für die organisatorische Gestaltung

Bisher ist die Diskussion der virtuellen Organisation sehr stark auf Aspekte der Flexibilisierung konzentriert. Es ist immer gefährlich, das Relative zu verabsolutieren, in diesem Fall, Flexibilität für das Organisationsziel schlechthin zu halten. Flexibilität macht eine Organisation noch nicht lebensfähig. So kann beispielsweise der mit Modularisierung und Flexibilisierung oft einhergehende Opportunismus den Aufbau langfristig erforderlicher Potenziale behindern.

Die Logik des herkömmlichen Business Process Reeningeering tendiert im interorganisationalen Bereich zur *Integration,* also zu organisatorischen und informationstechnischen Anbindungen vor- und nachgelagerter Wertschöpfungsstufen und birgt dadurch oft die Gefahr in sich, Inflexibilitäten zu zementieren. Die Logik der virtuellen Organisation hingegen führt zur *Modularisierung* der Unternehmung. Organisatorisch und informationstechnisch werden durch Modularisierung Anschlussfähigkeiten geschaffen: Es wird in Schnittstellenarchitekturen gedacht, welche flexible Verknüpfungen fast beliebig herstellbar und kurzfristig entstehende potenzielle Vorteile – zum Beispiel Preisvorteile und Synergiepotenziale – schnell realisierbar machen. Der Chance solcher Flexibilität steht die Gefahr gegenüber, dass die dauernde Anpassung zulasten einer längerfristigen Perspektive geht. Eine solche ist jedoch erforderlich, wenn der Aufbau nachhaltiger Erfolgspotenziale ansteht, die oft erst durch die Schaffung von gemeinsamen Kernkompetenzen möglich werden.

Unter diesem Gesichtspunkt ist es wesentlich, die Architektur virtueller Organisationen nicht nur unter dem Gesichtspunkt technisch und organisatorisch realisierbarer Flexibilität und Anpassungsfähigkeit, sondern auch im Hinblick auf eine umfassendere organisationale Fitness (vgl. Schwaninger, 1993) respektive organisationale Intelligenz (vgl. Schwaninger, 1999, 2009) zu gestalten: Dies impliziert eine Berücksichtigung von Organisationszielen höherer Ordnung, insbesondere Lebensfähigkeit und Entwicklung (vgl. die organisationskybernetischen Arbeiten, zum Beispiel von Beer, 1979, 1981, 1988; Espejo/Schuhmann/Schwaninger/Billelo, 1996; Schwaninger, 1984, 1989, 2000). Diese Kriterien gelten im Prinzip für Organisationen jeder Art; unabhängig davon ob sie «virtueller» Natur sind oder nicht.

Unter Lebensfähigkeit wird hier die Fähigkeit der Aufrechterhaltung einer gegebenen Identität durch eine Organisation verstanden (Beer, 1979). Unter Identität verstehen wir ein Kennzeichen (oder ein Gefüge von solchen), welches ein Ganzes von anderen Ganzheiten unterscheidbar macht. Identität hebt also ein System von anderen Systemen ab und macht es einzigartig. Da die Unterscheidungsfähigkeit von Beobachtern allerdings begrenzt ist, hängt die Unverwechselbarkeit einer Identität maßgeblich davon ab, wie markant sie de facto ist.

Identität ist auch im Fall der virtuellen Organisationen im Prinzip unabdingbar; gleichgültig wie schnell sich die hinter dieser Identität stehenden Strukturen verändern. Eine Identität mit einer bestimmten Konstanz wird schlicht von Kunden und anderen Anspruchsgruppen («Stakeholders») verlangt, weil erst sie eine sinnvolle Interaktion und insbesondere den Austausch ermöglicht.

Unter «Entwicklung» verstehen wir die zunehmende Fähigkeit eines Systems, eigene und fremde Ansprüche zu erfüllen (nach Ackoff, 1981, 1994). Entwicklung schließt nicht nur eine Veränderung von Strukturen, sondern im Prinzip letztlich auch eine allfällige Transformation von Identität mit ein. Sie wäre auch unter eine weit verstandene Lebensfähigkeit im Sinne einer «Viability beyond Survival» (Schwaninger, 1993) subsumierbar.

Im Folgenden werden wir als Ausgangspunkt ein theoretisches Strukturmodell – das aus der Organisationskybernetik stammende Modell Lebensfähiger Systeme von Stafford Beer – vorstellen (Abschnitt 1.3). Im Anschluss daran wird der Stand der Gestaltung und Modellierung von virtuellen Organisationen dargestellt (Abschnitt 1.4). Diese beiden Konzepte der Modellierung werden schließlich synthetisiert (Abschnitt 1.5).

1.3 Strukturelle Voraussetzungen für Lebensfähigkeit und Entwicklung

Beers Modell Lebensfähiger Systeme (kurz: VSM – Viable Systems Model) spezifiziert als einzige Organisationstheorie die notwendigen und hinreichenden strukturellen Voraussetzungen für die Lebensfähigkeit von Organisationen. (Wir verstehen «Lebensfähigkeit» hier im weiteren Sinne; also unter Einbezug von «Entwicklung», wie oben in Abschnitt 1.2 definiert.)

Es weist eine außerordentlich hohe heuristische Kraft für die Diagnose und Gestaltung von Organisationen aller Art auf. Zudem ist es bisher nicht falsifiziert worden.

Die Aussagen von Beers Theorie lassen sich wie folgt zusammenfassen:

1| Eine Unternehmung ist dann und nur dann lebensfähig, wenn sie über ein Gefüge von Lenkungseinheiten verfügt, deren Funktionen und Zusammenwirken präzise spezifiziert sind (vgl. Abbildung 1):

Kapitel VII – Zur Lebensfähigkeit virtueller Organisationen

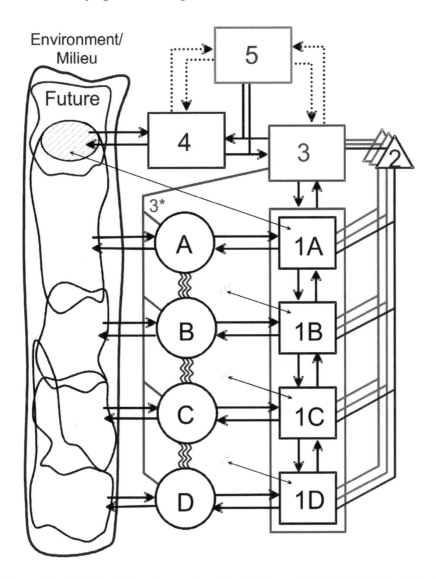

Abbildung 1: Modell Lebensfähiger Systeme (nach Stafford Beer, 1985, leicht abstrahierte Darstellung)

System 1: Lenkungskapazität der sich weitgehend autonom anpassenden operativen Basiseinheiten an ihre Umwelt (in Abb. 1: A, B, C, D), Optimierung des laufenden Geschäfts; zum Beispiel die Geschäftsbereiche einer privaten oder öffentlichen Unternehmung.

System 2: Abstimmung und Ausgleich zwischen den operativen Einheiten, Dämpfung und Verstärkung zur Verminderung von Oszillationen und zur Koordination von Aktivitäten; zum Beispiel die Informations- und Budgetierungssysteme, Koordinationsteams, interne Service-Einheiten, Verhaltensstandards.

System 3: Interne Steuerung, Gewährleistung eines Gesamtoptimums zwischen den Basiseinheiten, Wahrnehmung von Synergien und Ressourcenallokation: die operative Unternehmungsleitung.

System 3:* Untersuchung und Validierung der Informationen, die auf den Kanälen 1–3 und 1–2–3 fließen, mittels Aktivitäten der Überwachung («Auditing/Monitoring») via direkten Zugriff auf die Basiseinheiten; zum Beispiel die Revision, diverse informale Kontrollmechanismen, spezielle Untersuchungen.

System 4: Umfassende Außen- und langfristige Zukunftsorientierung, Erfassung sowie Diagnose und Modellierung der Gesamtorganisation und ihrer Umwelt; zum Beispiel Unternehmungsentwicklung/Strategisches Management, bestimmte Aspekte des Knowledge-Managements, Forschung und Entwicklung.

System 5: Ausbalancieren Gegenwart–Zukunft, Ausgleich zwischen interner und externer Perspektive, Moderation der Interaktionen zwischen den Systemen 3 und 4. Bestimmung der Identität der Organisation, ihrer Funktion im größeren Zusammenhang, Verkörperung der obersten Normen und Regeln, Ethos des Gesamtsystems: das normative Management.

Zusammenfassend entsprechen die Systeme 1–2–3 (einschließlich 3*) dem operativen Management, System 4 (in Interaktion mit System 3) dem strategischen und System 5 dem normativen Management.

2| Mängel in diesem Gefüge, etwa ein Fehlen von Komponenten, ungenügende Kapazität von oder mangelhaftes Zusammenwirken der Komponenten, beeinträchtigen oder gefährden jeweils die Lebensfähigkeit der Organisation. Beispielsweise sind oft die Systeme 4 und 2 schwach ausgeprägt. Es gibt nicht wenige Unternehmungen, die noch gutes Geld verdienen, aber strategisch gesehen schon fast «tot» sind.

3| Die Lebensfähigkeit, Kohäsion und Selbstorganisation einer Unternehmung beruhen darauf, dass diese Funktionen wiederkehrend (rekursiv) über die verschiedenen Ebenen der Organisation hinweg vorhanden sind (Abbildung 2).

Die Darstellung des VSM gemäß Abbildungen 1 und 2 wird zwar intuitiv als netzwerkartig wahrgenommen. Trotzdem weist das Modell in bestimmter Hinsicht hierarchische Charakteristika auf:

1| Das Modell stellt eine Hierarchie von Homöostaten dar. Ein Homöostat ist ein Lenkungssystem, das einen Gleichgewichtszustand durch interne oder wechselseitige Anpassung aufrechterhält. Diese Anpassung erfolgt, abstrakt gesprochen, in der Form, dass (bestimmte essenzielle) Outputvariablen durch substanzielle Variation von Inputvariablen innerhalb einer gewünschten Bandbreite oder mittels struktureller Veränderungen konstant gehalten werden. In Organisationen kann die Anpassung auf Veränderungen von bestehenden oder auf einer Einführung neuer Stellgrößen beruhen (vgl. Abbildung 1: Der Homöostat «Systeme 3-4» reguliert Sachverhalte, die der operative Homöostat «Systeme 1-3» nicht regulieren kann. Der Homöostat «Systeme (3-4)-5» reguliert Sachverhalte, die im Rahmen des Homöostaten «Systeme 3-4» nicht reguliert werden können.

Kapitel VII – Zur Lebensfähigkeit virtueller Organisationen

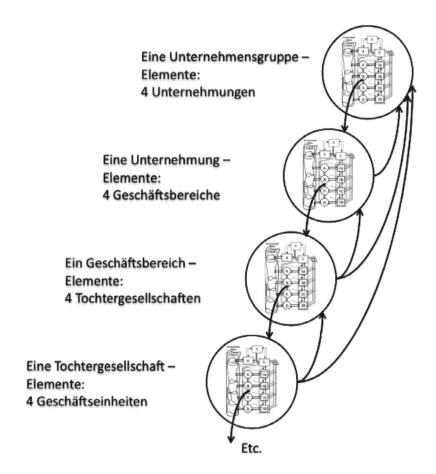

Abbildung 2: Die rekursive Struktur lebensfähiger Organisationen (in Erweiterung von Beer, 1979)

2| Lebensfähigkeit ist ein rekursives Prinzip, das heißt lebensfähige Organisationen sind selbst Subsysteme übergeordneter lebensfähiger Systeme und sie setzen sich ihrerseits aus lebensfähigen Subsystemen zusammen (vgl. Abbildung 2). Mathematisch gesehen verkörpert das Rekursionsprinzip die wiederkehrende Anwendung einer Formel auf sich selbst, etwa nach dem Schema: an = an-1 (Eine Variante dieser Formel ist jedem bekannt, der in einem Computerprogramm eine Schleife programmiert hat und dabei zum Beispiel die Formel «t = t + 1» eingesetzt hat. Auch das Konzept der «fraktalen Fabrik» stützt sich (intuitiv) auf das Rekursionsprinzip (vgl. Warnecke, 1992). Ein rekursiver Aufbau kann als Spezialfall einer Hierarchie betrachtet werden.

Dass diese Aspekte von Hierarchie mit dem neuen «Paradigma» heterarchischer und virtueller Netzwerkorganisationen vereinbar sind, wurde an anderer Stelle gezeigt (Schwaninger, 1994). Das VSM ist nicht nur für «integrierte Unternehmungen» gültig. Es gilt vielmehr auch für inter-organisationale Netzwerke, wie zum Beispiel virtuelle Fabriken sie darstellen.

1.4 Zur Modellierung virtueller Organisationen

Bei der Modellierung und Gestaltung virtueller Organisationen dominieren in der heutigen Praxis Ansätze, die für die anstehende Aufgabe wenig bis gar nicht geeignet sind. In der Folge werden einige der Defizite bestehender Gestaltungsansätze für virtuelle Organisationen dargestellt.

Abschnitt 1.5 wird danach als Beispiel für die Gestaltung einer virtuellen Organisation in der Praxis die Historie der Frühphase der «Virtuellen Fabrik Euregio Bodensee» 1995 bis 1998 wiedergeben und aufzeigen, wie die Verwendung des Modells lebensfähiger Systeme den Prozess der Gestaltung hätte beschleunigen können (zum heutigen Stand vgl. http://www.vfeb.ch/).

Die Betrachtung etablierter Ansätze zur Gestaltung virtueller Organisationen zeigt folgende Defizite auf (vgl. zum Beispiel Hedberg et al., 1997; Brütsch, 1999; Fuchs, 1999; Norton/Smith, 1997; Martin, 1997; Wüthrich et al., 1997; Grenier/Metes, 1995). Erst in jüngerer Vergangenheit wird neben der Entstehung virtueller Unternehmungen auch deren Betrieb näher beleuchtet; vgl. stellvertretend dazu Ip/Huang/Yung/Wang, 2003; Ip/Yung/Wang, 2004):

- Weitgehende Nichtberücksichtigung des Prozesscharakters der Entwicklung virtueller Organisationen: Vielen Gestaltungsansätzen liegt die Vorstellung zugrunde, dass mit einer adäquaten Gestaltung der Ausgangskonfiguration der virtuellen Organisation die Gestaltungsarbeit abgeschlossen ist. Die Praxis zeigt jedoch, dass sich der Charakter und das Aussehen der virtuellen Organisation im Laufe der Zusammenarbeit dauernd ändern. Eine gut gewählte Ausgangskonfiguration kann zwar zum Erfolg beitragen, ist aber keine ausreichende Voraussetzung dafür. Eine virtuelle Organisation soll nicht einfach in einer einmaligen Anstrengung statisch abgebildet werden. Sie muss vielmehr so gestaltet werden, dass sie Anpassungs- und Restrukturierungsprozesse laufend vollziehen kann und wird.

- Vorwiegend deskriptive Darstellungen und wenig brauchbare Gestaltungshinweise: Da im Bereich virtueller Organisationen nach wie vor von einem Theoriedefizit gesprochen werden muss, versuchen viele Autoren anhand von Praxisbeispielen Gestaltungshinweise zu formulieren. Vieles, was evolutorisch entstanden ist, wird so im Nachhinein als Ergebnis eines rationalen Planungsprozesses dargestellt. Die Praxisbeispiele werden in den Status von Soll-Modellen erhoben und anderen Unternehmungen als anzustrebende Endform vorgegeben, und dies bei meist ungenügender Kenntnis der Entstehungsgeschichte der jeweiligen Unternehmung.

- Weit verbreitete Vorstellung einer Gestaltbarkeit gemäß einer systematischen, sequentiellen Folge von klar definierten Schritten: Die Mehrheit der Autoren versucht zur Systematisierung und zur Reduktion der Komplexität ihren Gestaltungshinweisen ein Phasenkonzept zu unterlegen. Es wird dabei vorwiegend von einer im Voraus beschriebenen Sequentialität der benötigten Schritte ausgegangen, teilweise zwar auf mögliche Iterationen hingewiesen, Konsequenzen daraus aber nicht gezogen.

- Oberflächliche Darstellungen sowie Checklisten fragwürdiger Qualität und schlecht operationalisierbarer Inhalte: Vor allem die amerikanische Literatur zum Thema ist mit diversen Checklisten zur Handhabung und Gestaltung virtueller Organisationen ausgestattet. Diese zeichnen sich aber eher durch Oberflächlichkeit als durch eine wirkliche Hilfestellung aus.

- Vernachlässigung wichtiger, das Design von Kooperationen beeinflussender Charakteristiken und Besonderheiten virtueller Organisationen: Insbesondere das Thema der Restriktionen und Konflikte zwischen den Partnern virtueller Unternehmungen wird in kaum einem Gestaltungsansatz angesprochen, geschweige denn wurden Lösungen zum Umgang mit solchen aufgezeigt. Partner virtueller Unternehmungen stehen immer im Spannungsfeld zwischen ihren unterschiedlichen individuellen Interessen und den Erfordernissen der Kooperation.

Immer häufiger wird zwar in Beschreibungen von verbreiteten Architekturen zur Unternehmungsmodellierung darauf hingewiesen, dass diese auch für «Virtual» und «Extended» Enterprises verwendbar seien (Cimosa 1998; IFIP-IFAC, 1998, S. 9). Aber auch bei diesen integrativen Modellierungsansätzen finden sich dieselben Merkmale wie in den übrigen Gestaltungsansätzen (vgl. zum heutigen Stand vgl. http://www.vfeb.ch).

In diesem Zusammenhang soll im nächsten Abschnitt die Historie der Entwicklung der Virtuellen Fabrik von 1995 bis 1998 aufgezeigt werden. Es handelt sich dabei nicht um ein weiteres Hinstellen eines Praxisbeispiels als Soll-Modell. Die Virtuelle Fabrik wurde auf der Grundlage eines Soll-Modells geschaffen und danach über drei Jahre ständig durch einen der beiden Autoren dieses Beitrags (Friedli) mitbegleitet. Notwendige Anpassungen und Ergänzungen des Konzepts wurden laufend vorgenommen. Die Virtuelle Fabrik in ihrer heutigen Form ist das Resultat eines fortlaufenden und iterativen Gestaltungsprozesses.

1.5 Gestaltung virtueller Organisationen als lebensfähige Systeme
(dargestellt am Beispiel der Virtuellen Fabrik)

In diesem Abschnitt soll die Entwicklung des Konzepts «Virtuelle Fabrik» sowie der Nutzen der Auffassung des eigentlichen Designprozesses als nie endende Aufgabe aufgezeigt werden.

Ausgehend von der konkreten Entwicklungsgeschichte wird gezeigt, wie sich durch die Eröffnung einer längerfristigen Perspektive die Lenkungsfunktionen gemäß VSM quasi eigendynamisch herauskristallisiert haben und dass demzufolge das Zugrundelegen von Beers Modell den Designprozess hätte verkürzen können.

Die Idee für eine Virtuelle Fabrik wurde 1995 am Institut für Technologiemanagement der Universität St. Gallen geboren. Ausgehend von der Problematik, mit der sich die produzierende Industrie der Region damals konfrontiert sah, wurden organisatorische Lösungen gesucht. Diese Problematik – Veränderungen im Markt und sich aus diesen ergebende Anforderungen – wird in Abbildung 3 verdeutlicht.

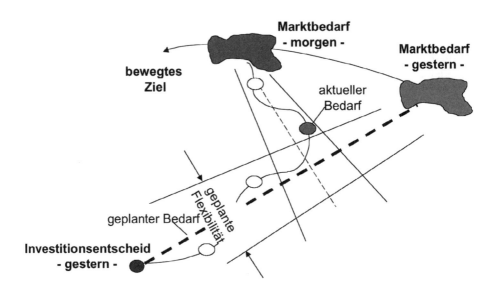

Abbildung 3: Veränderung des Marktbedarfs (Schuh/Millarg/Göransson, 1998, S. 14)

Einerseits sah sich die produzierende Industrie mit einer Dynamik konfrontiert, die mit den herkömmlichen Prognose- und Planungssystemen nicht mehr zu bewältigen war (Abbildung 3). Trotz aller Investitionen in flexible Fertigungssysteme lagen die tatsächlich eintretenden Marktbedürfnisse oft außerhalb des durch die Investitionen abdeckbaren Bereichs. Andererseits erforderten die getätigten Investitionen für die Amortisation eine Auslastung, die durch den veränderten Marktbedarf nicht realisierbar war. Der vermeintliche Flexibilitätszugewinn durch Investition (zum Beispiel in flexible Fertigungssysteme) erhöhte unter dem Strich vor allem die Fixkosten (Abbildung 4). Der dadurch entstehende Zwang zur hohen Auslastung verringerte den Spielraum der produzierenden Unternehmungen empfindlich.

Diese Ausgangslage führte dazu, dass man als Ausweg aus dem Dilemma eine überbetriebliche Lösung in der Region anstrebte. Die bestehenden, nicht ausgelasteten Restkapazitäten der Unternehmungen sollten anderen Unternehmungen eines Netzwerks angeboten werden. Diese Restkapazitäten konnten zu Deckungsbeiträgen kalkuliert werden, woraus ein konkurrenzfähiges Angebot resultieren sollte.

Das Konzept der Virtuellen Fabrik wurde in der Folge um diese Grundidee herum entwickelt. Die Virtualität steht in diesem Fall im Dienste einer Erhöhung der Lebensfähigkeit der jeweiligen Einzelunternehmungen (vgl. Abbildung 4).

Der virtuelle Teil der jeweiligen Einzelunternehmungen erhöht einerseits deren Verhaltensrepertoire («Varietät») und dämpft andererseits auch die Umwelteinflüsse. Dadurch wird Komplexität absorbiert und der Verhaltensspielraum der einzelnen Unternehmung erhöht.

Zur Realisierung der Virtuellen Fabrik wurde das in Abbildung 5 dargestellte Konzept entwickelt.

Kapitel VII – Zur Lebensfähigkeit virtueller Organisationen

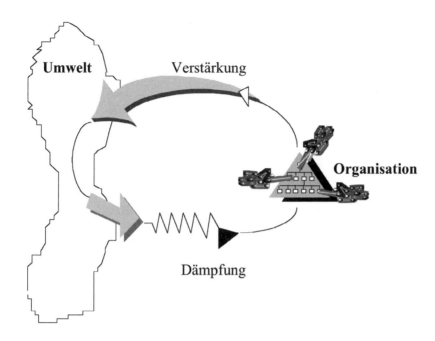

Abbildung 4: Virtualität als Instrument (in Anlehnung an Espejo/Schuhmann/Schwaninger/Billelo, 1996, S. 61)

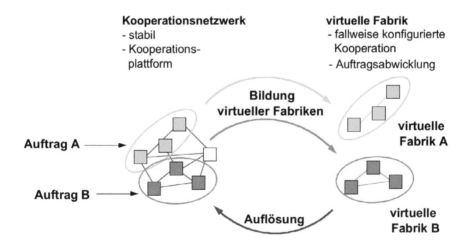

Abbildung 5: Konzept Virtuelle Fabrik (Schuh, 1997, S. 302)

Das Konzept basiert – abweichend von den ursprünglichen Extremvorstellungen bezüglich virtueller Organisationen, die das Fehlen irgendwelcher Institutionen vorsehen – auf einer stabilen Kooperationsplattform (vgl. dazu zum Beispiel Byrne/ Brandt/Port, 1993: «The virtual corporation is a temporary network of independent companies – suppliers, customers, even erstwhile rivals – linked by information to share skills, costs and access to one another markets. It will neither have central office nor organisation chart. It will have no hierarchy, no vertical integration. Instead proponents say this new, evolving corporate model will be fluid and flexible – a group of collaborators that quickly unite to exploit a specific opportunity ...»).

Aus diesem relativ festen Pool von Partnern (im Laufe der Zeit kann dieser sich durch Neuzugänge und Abgänge verändern; das Konzept ist auf Rekonfigurierbarkeit ausgelegt) konfigurieren sich die eigentlichen Virtuellen Fabriken zur Auftragserfüllung. Nach Erledigung des Auftrags lösen sich diese wieder auf.

Die stabilen Kooperationsplattformen werden in der Literatur auch als «Basisnetzwerke», die je nach Projekt oder Auftrag laufend sich verändernden Manifestationen der Virtuellen Fabrik als «Abwicklungsnetzwerke» (d. i. die gesamte Menge der am Unternehmungsnetzwerk teilnehmenden Unternehmungen; die Grundlage für mögliche Kooperationen, vgl. Göransson, 1998) bezeichnet.

Mit diesem Konzept wurde die konventionelle Logik des Aufbaus von Kooperationen modifiziert.

Das Vertrauensverhältnis, das sich in der Regel erst im Laufe einer Kooperation entwickelt und dessen Nichtvorhandensein Kooperationen oft auch blockiert, besteht in der Virtuellen Fabrik bereits, wenn diese aufgebaut wird. Damit erzielt man beträchtliche Geschwindigkeitsvorteile gegenüber der traditionellen Vorgehensweise.

Im weiteren Verlauf des Projekts Virtuelle Fabrik veränderte sich der Charakter dieses Instruments fundamental. Die Verwertung der Restkapazität blieb zwar Bestandteil des Konzepts, rückte aber mit der Zeit in den Hintergrund. Durch die Aktivierung von diversen Kommunikationsplattformen (Arbeitskreise, Vollversamm-

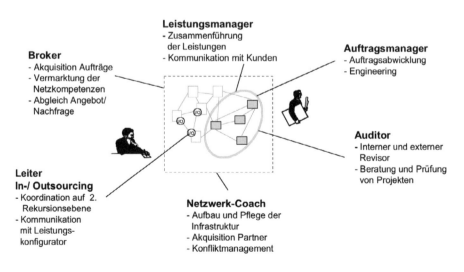

Abbildung 6: Rollen in der Virtuellen Fabrik (Schuh, 1997, S. 303)

lung, Innovationsteams etc.) entstand eigendynamisch eine langfristige Perspektive für die Virtuelle Fabrik. Es wurde eine Strategie für die Virtuelle Fabrik entwickelt; verschiedene Rollen und Institutionen schälten sich heraus. In Abbildung 6 ist der Status quo dargestellt. Gewisse Rollen bedürfen noch der Weiterentwicklung.

Der Broker ist für die Akquisition von Aufträgen zuständig. Die akquirierten Aufträge teilt der Leistungsmanager in Teilleistungen auf und führt die geeigneten Partnerunternehmungen in einer Virtuellen Fabrik zusammen; er fungiert auch als Ansprechpartner für den Kunden. Der Auftragsmanager ist der eigentliche Leiter einer Virtuellen Fabrik. Er ist für die Auftragsabwicklung durch die Partnerunternehmungen verantwortlich und garantiert Produkt- und Lieferqualität. Aufgabe des Netzwerk-Coachs ist der Auf- und Ausbau des Netzwerks. Schwerpunkt seiner Tätigkeit ist das Beziehungsmanagement zwischen den Netzwerkpartnern. Der Auditor prüft die Auftragsabwicklung in den Virtuellen Fabriken als neutrale Instanz. Die In-/Outsourcing-Leiter, die Ansprechpartner der Unternehmungen des Netzwerks für den Leistungsmanager sind, bieten Kompetenzen und Kapazitäten ihrer Unternehmung für Virtuelle Fabriken an und koordinieren intern die Auftragsabwicklung (System 2 auf der zweiten Rekursionsebene).

Mit diesen Rollen und den verschiedenen Institutionen wie Vollversammlung, Executive Committee, Innovations- und Arbeitskreisen sowie IT-Hilfsmitteln wie zum Beispiel einer Technologiedatenbank wurde die Virtuelle Fabrik vom Instrument zur Erhöhung der Lebensfähigkeit der Einzelunternehmungen zu einem eigenständigen, lebensfähigen System.

Die verschiedenen zur Lenkung und Entwicklung der Virtuellen Fabrik notwendigen Rollen waren im Projekt nicht von Anfang an klar. Begonnen wurde mit minimalen Lenkungskapazitäten, wie sie in anderen Gestaltungsansätzen vorgeschlagen werden. Hedberg et al. (1997) beispielsweise kommen mit den Rollen des «Architekten», des «Theaterdirektors» und des «Attraktors» aus. Erst die Erfahrung in der konkreten Arbeit zeigte, dass zur Koordination der arbeitsteiligen Erfüllung der anstehenden Aufgaben sowie zur Pflege des Basisnetzwerks weitere Rollen unabdingbar sind. Die jetzt zur Verfügung stehenden Lenkungskapazitäten haben sich bis anhin als ausreichend erwiesen, auch wenn bereits daran gedacht wird, die Lenkungskapazität des Systems 3 auf eine noch zu definierende Weise auszubauen, um über eine abgestimmtere interne Ressourcenallokation die Effizenz der Virtuellen Fabrik weiter zu erhöhen. Ein erstes Vorprojekt mit dem Titel «Shared Net Resources» wurde in diesem Zusammenhang am Institut für Technologiemanagement der Universität St. Gallen gestartet.

Zusammenfassend ist durch die ablaufende organisationale Entwicklung eine neue Identität entstanden. Es ist nicht nur eine starke Kohäsion der beteiligten Unternehmungen sowie eine damit verbundene Kohärenz des Auftritts feststellbar. Darüber hinaus ist, was als Kapazitätenbörse begann, im Laufe von vier Jahren zu einem schlagkräftigen Unternehmungsverbund geworden.

In Tabelle 1 stellen wir den oben erläuterten Funktionen lebensfähiger Systeme am Beispiel der Virtuellen Fabrik diejenigen Subsysteme und Agenten gegenüber, welche diese Funktionen wahrnehmen könnten.

Komponenten und Lenkungsfunktionen Lebensfähiger Systeme	... in der virtuellen Organisation auf der ersten Rekursionsebene verkörpert durch
Basiseinheiten	Partnerunternehmungen oder Teile von solchen 1-25
System 1	Leitungen der beteiligten Unternehmungen oder Unternehmungseinheiten*
System 2	Spielregeln, Broker, Leistungsmanager, Auftragsmanager, Netzwerk-Coach (nach der Aufbauphase); Qualitätsstandards, Budgetierungs- und Informationssysteme, Technologiedatenbank
System 3	Leistungsmanager**, Executive Committee (Führung mit Zielen, Führung nach dem Ausnahmeprinzip)
System 3*	Auditor, spezielle Untersuchungen
System 4	Executive Committee, Innovations-Arbeitskreise, Netzwerk-Coach (in der Aufbauphase); strategische Planung und Kontrolle
System 5	Virtuelle Fabrik – Vollversammlung; Statuten, Leitbild, (Diskurs über) Identität, oberste Normen und gemeinsame Werte***

Tabelle 1: Funktionen eines lebensfähigen Systems am Beispiel einer Virtuellen Fabrik
* = in dieser Funktion noch ausbaufähig   ** = potenziell   *** noch entwicklungsfähig

Die Darstellung gibt substanzielle Anhaltspunkte für die Ausgestaltung konkreter virtueller Organisationen. Erstens kann anhand der Funktionen des VSM diagnostiziert und näherungsweise abgeschätzt werden, inwieweit eine bestimmte Organisation tatsächlich lebensfähig ist respektive inwieweit die Lebensfähigkeit aufgrund struktureller Mängel eingeschränkt oder gar bedroht ist.

Zum Zweiten können wichtige Hinweise für die konkrete Ausgestaltung der Strukturen virtueller Organisationen im Hinblick auf die Ziele der Lebensfähigkeit und Entwicklung gewonnen werden. Dabei genügt es nicht, den einzelnen Funktionen die hier schlagwortartig gegenübergestellten Einheiten und Agenten gegenüberzustellen. Wesentlich ist, dass die Funktionen der Lenkungssubsysteme institutionalisiert und ausreichend wahrgenommen werden.

Tabelle 1 verweist zum Teil auf Instanzen respektive Gremien. Es ist aber zu betonen, dass das VSM weder ein Organisationsplan von Firmen noch ein Modell beteiligter Gremien ist, sondern ein nach Themen (Lenkungsfunktionen) rekursiv strukturiertes Modell von Kommunikationen, die notwendig sind, um die Lebensfähigkeit und Entwicklung der gegenständlichen Organisation zu gewährleisten.

Zu den Lenkungsfunktionen im Einzelnen:

– *System 1:*
Die Lenkung der Basiseinheiten, das heißt der beteiligten Unternehmung respektive der Unternehmungsteile, nehmen deren jeweilige Leitungen wahr (die In-/Outsourcingmanager innerhalb dieser Einheiten haben auf der zweiten Rekursionsebene die System-2-Funktion). Diese haben den Überblick über vorhandene innerbetriebliche Ressourcen und steuern diese weitgehend autonom.

– *System 2:*
Die Koordination der Basiseinheiten untereinander und die Dämpfung von Oszillationen wird von verschiedenen Personen und Mechanismen wahrgenommen. Spielregeln anstelle von Vertragswerken regeln die Zusammenarbeit, Broker akquirieren Aufträge und koordinieren die Auftragsverteilung, Leistungs- und Auftragsmanager nehmen die weitere Koordination vor. Außerdem steuert eine Technologiedatenbank bereits die Vorauswahl der für einen spezifischen Auftrag infrage kommenden Partner. Daneben existieren Qualitätsstandards, Budgetierungs- und Informationssysteme, die ebenfalls Koordinationswirkung entfalten respektive Orientierungshilfen für das operative Verhalten bieten. Nach abgeschlossener Aufbauphase übernimmt auch der Netzwerk-Coach, der zuvor vor allem System-4-Funktionen wahrgenommen hat, zunehmend System-2-Aufgaben. Beispielsweise führt er in der Virtuellen Fabrik als zentraler Dienstleister auch Audits von potenziellen Partnern vor und steuert damit die Vorauswahl. Auffällig ist, dass das System 2 in der Virtuellen Fabrik im Vergleich zu einer Einzelunternehmung mehr Kapazitäten aufweist. Dies wird aber verständlich, wenn man sich vor Augen hält, dass die beteiligten Unternehmungen eine sehr hohe Autonomie behalten und die Eingriffsmöglichkeiten durch System 3 entsprechend zu beschränken sind. Deshalb müssen die Mittel zur Koordination der Basiseinheiten besser ausgestattet sein.

– *System 3:*
System 3 benötigt relativ wenige Ressourcen. In der Virtuellen Fabrik ist es besonders kritisch, dass diskrete operative Entscheide zur Herstellung des Gesamtoptimums auf ein Minimum beschränkt bleiben. Angesichts der partizipativen Konzeption ist die Gefahr von Verzögerungen aufgrund kollektiver Entscheide besonders hoch. Die entsprechende «Schlankheit» von System 3 wird durch die hohe Kapazität des Systems 2 ermöglicht. Gewisse Entscheidungen, die alle Partner betreffen – zum Beispiel die Abstimmung gemeinsamer operativer Ziele oder das Aushandeln infrastruktureller Voraussetzungen mit neuen Partnerfirmen –, können durch das Executive Committee wahrgenommen werden. Außerdem wird das Executive Committee in Ausnahmefällen aktiv (Management by Exception). Potenziell wäre auch der Leistungsmanager als Inhaber einer System-3-Funktionalität aktivierbar. Auf der Basis seiner Marktkenntnis sowie seiner Erfahrungen in der Abwicklung und Koordination von Aufträgen könnte er durchaus auch eine proaktive Rolle in der Gesamtlenkung (Zielaushandlung, Zuteilung von Ressourcen, Kontrolle) übernehmen. In diesem

Zusammenhang könnte ein Leistungsmanager aufgrund seiner Marktkenntnis auch Partnerfirmen zu neuen Konfigurationen zwecks Erstellung gemeiner Angebote im Rahmen der aktuellen Strategie zusammenfassen. Darüber hinaus können Leistungsmanager auch Anstöße für die längerfristige Entwicklung des Angebots (→ System 4) geben.

– *System 3*:*
Einerseits besteht in der Virtuellen Fabrik die neutrale Instanz des Auditors, der zum Beispiel bei Konflikten unter den Partnern tätig wird. Andererseits findet für die stabile Plattform, die in Form eines Vereins organisiert ist, auch eine Rechnungsrevision statt. Daneben sind spezielle Untersuchungen, die je nach aktuellem Bedürfnis realisiert werden, zu nennen.

– *System 4:*
Das Executive Committee ist für die strategische Ausrichtung der Virtuellen Fabrik zuständig. Es wird durch sich lose treffende Innovationsarbeitskreise unterstützt, die an zukünftigen Produktkonzepten und generell an der Generierung neuen Wissens arbeiten. In der Aufbauphase der Virtuellen Fabrik spielt zudem der Netzwerk-Coach eine strategische Rolle. Er soll und kann durch seinen konzeptionellen Beitrag die Ausrichtung der Kooperation wesentlich mitbestimmen. Die System-4-Funktion, die sich systematisch und kontinuierlich mit Innovation und Zukunft beschäftigen muss, ist noch wesentlich ausbaubedürftig und -fähig.

– *System 5:*
Die System-5-Funktion wird formal gesehen von der Vollversammlung der Virtuellen Fabrik wahrgenommen. Diese tritt in der Regel halbjährlich zusammen. Sie bestimmt die Identität, die obersten Normen und Werte der Virtuellen Fabrik. Einiges davon ist in den Vereinsstatuten und in einem Leitbild kodifiziert. Anderes, etwa prägende Werte, Denkmuster und Prinzipien, muss durch einen wiederkehrenden Diskurs, der sich nicht auf die Vollversammlungen beschränken darf, thematisiert, gefestigt und gegebenenfalls auch revidiert werden. Vollversammlungsbeschlüsse etablieren nur den formalen Rahmen für die Entwicklung der Organisation als Ganzes.

Insgesamt sind zwei Aspekte in diesem organisatorischen Gefüge essenziell für dessen Lebensfähigkeit und Entwicklung:

1| *Operatives Management:* Der Selbstorganisationsaspekt innerhalb der Virtuellen Fabrik ist prinzipiell stark ausgeprägt. Dies impliziert System-2-Funktionen hoher Kapazität in Verbindung mit einem «schlanken» System 3. Die Koordinationsformen innerhalb der Virtuellen Fabrik sind Annäherungen an Marktmechanismen, welche ein sehr hohes Maß an Komplexität absorbieren. Diejenigen hierarchischen Steuerungselemente, die darüber hinaus im operativen Bereich noch erforderlich sind (System 3), treten im Sinne eines Managements by Exception fallweise in Aktion.

2| *Strategisches und normatives Management:* Das aktuelle Interesse der Virtuellen Fabrik beziehungsweise ihrer Partner liegt weitgehend beim 3-2-1-Homöostaten, das heißt, es ist effizienzbetont. Innovation als Resultat der Interaktion der Partner (Metasystem 5-4-3) steuert aber den Wettbewerb der Beteiligten durch Effektivität. Gelingt Wettbewerb um Effektivität bei gleichzeitiger Kooperation für Effizienz? Wenn überhaupt, dann nur über ein starkes System 5 der virtuellen Unternehmung.

Bei notwendigen Anpassungen sind Veränderungen in allen aufgeführten Bereichen denkbar, von den Basiseinheiten bis hin zur Identität des Gesamtsystems. Im operativen Bereich können sich Änderungen häufig ergeben, wenn beispielsweise neue Partnerunternehmungen dazukommen oder andere ausscheiden. Aber unter besonderen Umständen können selbst grundlegende Veränderungen der Identität eines solchen Gefüges erforderlich werden, nämlich dann, wenn das Netzwerk in seiner aktuellen Ausrichtung keine sinnvolle Funktion mehr in seiner Umwelt wahrnehmen kann. Dies wäre beispielsweise dann der Fall, wenn die Identität einer solchen virtuellen Organisation grundlegend an eine bestimmte technologische Ausrichtung geknüpft ist, die im Zeitablauf obsolet wird. Dies ist beispielsweise in der Atomenergie in verschiedenen Ländern eingetreten. In solchen Fällen kann Entwicklung gezielte Desintegration und völlige Neuschaffung bedeuten.

Die dargestellte Struktur gewährleistet eine ganzheitliche, rekursive Organisation von Selbstorganisation der virtuellen Unternehmung, eine Einheit der verschiedenen, welche sich, dem Rekursionsprinzip entsprechend, weiter in den beteiligten Unternehmungen, an denselben Organisationsprinzipien, manifestiert.

An diesem Punkt stellen sich verschiedene noch offene Fragen, insbesondere im Zusammenhang mit der Gestaltung des 5-4-3-Homöostaten. Dies sei anknüpfend beim bereits oben genannten Aspekt des Vertrauens erläutert. Vertrauensverhältnisse entwickeln sich erst im Laufe einer Kooperation. Bei der Virtuellen Fabrik wird dieses Vertrauen vorausgesetzt. Aber Vertrauen ist immer ein paradoxes Gut: Es setzt das voraus, was es erreichen will, nämlich Vertrauen! Worin besteht dieses Vertrauen, wodurch wird es gerechtfertigt und was macht schließlich die erwähnte «neue Identität» aus? Es müssen doch Interessen (zum Beispiel Gewinnerwartungen) vorhanden sein, die stärker sind als das Vertrauensrisiko. Gehen wir davon aus, dass das Interesse der Partner der Virtuellen Fabrik ursprünglich in einer besseren Auslastung vorhandener Kapazitäten bestand. Zu diesem Zwecke kooperieren die System-3-Funktionen verschiedener Partner (Institutionen!), unterstützt durch leistungsfähige Systeme $2/3^*$. Wie sehen aber in diesem neuen «Lebensfähigen System», dem Netzwerk selbstständiger Firmen mit nur partiell gemeinsamen Interessen, die Systeme 4 und 5 aus, und wie viele Metaebenen sind (weil sie Einfluss ausüben!) zu beachten und deshalb auch zu modellieren? Diese Fragen im Einzelnen zu diskutieren würde den Rahmen dieses Beitrags überschreiten. Wir belassen die Antwort vorderhand bei einem Verweis auf die allgemeinen Ausführungen im Abschnitt 3 und beim Hinweis, dass auch die Modellierung der nächsten Rekursionsebene, das heißt der beteiligten Partnerunternehmungen, den dort dargestellten Prinzipien zu gehorchen hat.

1.6 Zusammenfassung

1| Die meisten Konzepte zur Virtuellen Organisation liefern lediglich eine veränderte Semantik für den Umgang mit dem Problem der Lebensfähigkeit und der Entwicklung, das sie auch mit der bisherigen Sprache (Konzepten) nicht adäquat beschreiben konnten.

2| Gelungene Kooperationen hat es schon immer gegeben, weil sich die Probleme durch den Interessenverbund, auch ohne «theoretische» Beschreibung, meist selbstorganisatorisch, evolutorisch gelöst haben.

3| Durch die verbesserte Informations- und Kommunikationstechnologie kann die Lebensfähigkeit von Organisationen, unabhängig davon, aus wie vielen autonomen Einheiten sie auch bestehen mögen (ob rechtlich selbstständig oder unselbstständig ist substanziell nicht von großer Bedeutung), verbessert werden. Dies ist dann möglich, wenn alle notwendigen und hinreichenden Bedingungen für ihre Lebensfähigkeit und Entwicklung geschaffen werden und wenn die entsprechenden Informations- und Kommunikationssysteme adäquate Modelle der Organisation (nicht der beteiligten Institutionen) liefern, die sie unterstützen sollen.

4| Von entscheidender Bedeutung, auch für die «Mehr-Firmen-Organisation», ist die Integration des «Internen und Heutigen» (System 3) mit dem «Externen und Zukünftigen» (System 4) durch eine gemeinsame Metaebene (System 5). Deren Aufgaben und Operationsmodus sind in der Sprache und Grammatik des VSM (also von 5 essenziellen Systemfunktionen) zu beschreiben, damit sie in der «virtuellen Unternehmung» rekursiv thematisiert werden können. Auf diese Weise kann sich ein dynamischer «Eigenwert» (von Foerster, 1985) herausbilden, welcher die Orientierung autonomer Partner im Hinblick auf die Lebensfähigkeit und Entwicklung ihres virtuellen Zusammenschlusses maßgeblich erleichtert.

5| Anhand des VSM wird klar, dass es weder genügt, effektive «strategische Netzwerke» zu formieren, noch effiziente «operative Kooperationen» zu bilden. Eine lebensfähige virtuelle Organisation erfordert beides und darüber hinaus die Integration durch ein wirksames normatives Management (System 5).

Die in Abschnitt 4 beschriebenen Defizite bestehender Ansätze zur Gestaltung virtueller Organisationen werden im dargestellten Fall durch die ständige Weiterentwicklung des Organisationsmodells, die langfristige Begleitung und Reflexion des Entwicklungsprozesses überwunden. Dabei ist entscheidend, dass die für virtuelle Organisationen charakteristischen Konflikte laufend thematisiert und gemeinsam konstruktiv bewältigt werden.

In Theorie und Praxis schreiten die Arbeiten auf dem Gebiet der virtuellen Organisation nach wie vor zügig voran. Die unternommenen Bemühungen umfassen vielfältige Aspekte, wobei bisher die Gesichtspunkte der informationstechnologischen Verankerung und organisatorischen Flexibilisierung im Vordergrund stehen.

Mit dem hier dargestellten Modell haben wir als übergeordnete Gestaltungskriterien «Lebensfähigkeit» und «Entwicklung» in die Diskussion eingebracht und ein

Modell für die Gestaltung virtueller Organisationen im Hinblick auf diese Kriterien vorgelegt. Mit diesem Modell werden sowohl die Diagnose als auch die Gestaltung der Strukturen virtueller Organisationen mittels einer organisationskybernetischen Theorie unterlegt, deren Potenzial außerordentlich hoch (vgl. Espejo/Harden, 1989; Espejo/Schwaninger, 1993; Espejo/Schuhmann/Schwaninger, 1996; Schwaninger, 2009) und die bisher nicht falsifiziert worden ist (vgl. Schwaninger, 1994).

Lebensfähigkeit im hier verstandenen Sinn ist mehr als «Autopoiesis» im Sinne von Selbstreproduktion einer Organisation. Legt man ein Selbstverständnis intelligenter Organisationen zugrunde, wird unter Lebensfähigkeit mehr als ein Überleben um jeden Preis verstanden. Intelligente Organisationen sind dem Ziel der Entwicklung verpflichtet. Im Grenzfall schaffen sie sich selber ab, wenn sie im Rahmen ihrer bestehenden Identität keine sinnvolle Funktion mehr im Dienste des umfassenderen Ganzen (kybernetisch ausgedrückt: für die Systeme der nächst höheren Rekursionsebene, in die sie eingebettet sind) erfüllen können. Eine Alternative bietet das Suchen eines neuen Umfelds respektive die Eingliederung in eine neue Rekursion (vgl. Schwaninger, 1998, 2000).

Durch den Einbezug des Gesichtspunktes der Entwicklung ist damit konzeptionell die Voraussetzung für eine Selbsterneuerung geschaffen, welche intelligenten Organisationen zu eigen ist (vgl. Schwaninger, 1994, 1998). Pointiert und etwas verkürzt ausgedrückt: «Bestehen durch Nichtbestehen» kann unter besonderen Umständen (wie oben spezifiziert) zu einem tragfähigen Organisationsprinzip werden. Solche Fähigkeit zur Selbsttransformation wird für Organisationen aller Art in den kommenden Jahren lebenswichtig sein.

Dank: Die Autoren danken Herrn Prof. Dr. Werner Schuhmann, Universität Mannheim, für seine wertvollen Anregungen.

Zu den Autoren:
Markus Schwaninger ist Managementforscher und Professor für Managementlehre am Institut für Betriebswirtschaft an der Universität St. Gallen. Schwaninger promovierte 1979 an der Universität Innsbruck mit einer Dissertation unter dem Titel «Organisatorische Gestaltung in der Hotellerie». Anschließend arbeitete er am Managementzentrum St. Gallen und am Institut für Betriebswirtschaft der Universität St. Gallen. Sein hauptsächliches Forschungsinteresse liegt in den Bereichen Organisationsintelligenz, Managementkybernetik und System Dynamics.

Thomas Friedli ist Geschäftsführer des Transferzentrums für Technologiemanagement (TECTEM) und Professor am Institut für Technologiemanagement an der Universität St. Gallen. Nach seinem Studium der Betriebswirtschaftslehre an der Universität St. Gallen promovierte Friedli 2000 mit einer Dissertation zum Thema «Die Architektur von Kooperationen». Zu seinen wichtigsten Forschungsgebieten gehören das strategische Management produzierender Unternehmungen, das Management industrieller Dienstleistungen sowie das Kooperationsmanagement.

Literatur zu Abschnitt 1: Kybernetische Entwicklung virtueller Organisationen

Ackoff, R. L. (1981): Creating the Corporate Future. New York u.a.
Ackoff, R. L. (1994): The Democratic Corporation. New York/Oxford.
Alt, R. (2008): Überbetriebliches Prozessmanagement: Gestaltungsalternativen und Vorgehen am Beispiel intergrierter Prozessportale. Berlin.
Alt, R./Bernet, B./Zerndt, Th. (2009): Transformation von Banken. Praxis des In- und Outsourcings auf dem Weg zur Bank 2015. Berlin/Heidelberg.
Ashby, W. R. (1974): Einführung in die Kybernetik. Frankfurt a. M.
Beer, S. (1979): The Heart of Enterprise. Chichester.
Beer, S. (1981): Brain of the Firm, 2. Aufl. Chichester.
Beer, S. (1988): Diagnosing the System for Organizations. Reprint, Chichester u.a.
Beynon-Davies, P. (2004): E-Business. Palgrave, Basingstoke.
Brütsch, D. (1999): Gestaltung virtueller Organisationen – Neue Chancen durch den Aufbau von kooperativen Netzwerken, Dissertation Nr. 13075, ETH Zürich 1999.
Bullinger, H.-J./Fähnrich, K.-P./Hoffmann, M. (1993): Informations- und Kommunikationsssysteme für «schlanke Unternehmungen». In: Office Management, Nr. 1-2, 1993, D. 6-19.
Bullinger, H.-J./Ohlhausen, P./Hoffmann, M. (1997): Kooperationen von mittelständischen Unternehmen. Gemeinsame Umfrage des Frauenhofer-Instituts für Arbeitswirtschaft und Organisation IAO und der VDI-Nachrichten. Studie. Stuttgart.
Byrne, J. A./Brandt, R./Port, O. (1993): The Virtual Corporation, in: Business Week, 8. Februar 1993, S. 36-41.
Cimosa Assoziation e.V. (1998): Enterprise Engineering and Integration – Why and How.
Espejo, R./Harden, R. (Hrsg.) (1989): The Viable System Model: Interpretations and Applications of Stafford Beer's VSM. Chichester.
Espejo, R./Schwaninger, M. (Hrsg.) (1993): Organizational Fitness – Corporate Fitness through Management Cybernetics. Frankfurt/New York.
Espejo, R./Schuhmann, W./Schwaninger, M./Billelo, U. (1996): Organizational Transformation and Learning. Chichester u.a.
Evans, Ph./Wurster, Th. (1999): Blown to Bits: How the New Economics of Information Transforms Strategy. Boston, MA.
Foerster, H. von (1985): Sicht und Einsicht. Versuche zu einer operativen Erkenntnistheorie. Braunschweig/Wiesbaden.
Fuchs, M. (1999): Projektmanagement für Kooperationen – Eine integrative Methodik. Bern u.a.
Göransson, Å. (1998): Systemorientierte Erfassung der Virtuellen Fabrik, Dissertation Nr. 2159 der Universität St. Gallen.
Goldman, S./Nagel, R./Preiss, K./Warnecke, H.-J. (1996): Agil im Wettbewerb. Berlin/Heidelberg.
Grenier, R./Metes, G. (1995): Moving Your Organization into the 21st Century. New York u.a.
Hedberg, B./ et al. (1997): Virtual Organizations and Beyond. New York u.a.

Heilmann, H./Alt, R./Österle, H. (Hg.) (2005): Virtuelle Organisationen. Heidelberg.
IFIP-IFAC Task Force (1998): Generalised Enterprise Reference Architecture and Methodology, Version 1.6.1.
Ip, W. H./Huang, M./Yung, K. L./Wang, D. (2003): Genetic Algorithm Solution for a Risk-based Partner Selection Problem in a Virtual Enterprise. In: Computers & Operations Research, 30 (2),2003, S. 213-231.
Ip, W. H./Yung, K. L./Wang, D. (2004): A Branch and Bound Algorithm for Sub-contractor Selection in Agile Manufacturing Environments. In: International Journal of Production Economics, 87 (2), 2004, S. 195-205.
Kock, N. (2005): Business Process Improvement through E-collaboration: Knowledge Sharing Through the Use of Virtual Groups. Hershey.
Martin, J. (1997): Das Cyber-Unternehmen – total digital vernetzt. Wien.
Müller-Stewens, G./Osterloh, M. (1996): Kooperationsinvestitionen besser nutzen: Interorganisationales Lernen als Know-how-Transfer oder Kontext-Transfer? In: zfo, Zeitschrift Führung und Organisation, Nr. 1, 1996, S. 18-23.
Norton, B./Smith, C. (1997): Understanding the Virtual Organization. New York.
Österle, H./Fleisch, E./Alt, R. (2000): Business Networking. Shaping Enterprise Relationships on the Internet. Berlin u.a.
Ott, M.C.(1996): Virtuelle Unternehmensführung: Zukunftsweisender Ansatz im Wettlauf um zukünftige Markterfolge. In: Office Management, Nr. 7-8, 1996, S. 14-17.
Picot, A./Reichwald, R./Wigand R. T. (2003): Die grenzenlose Unternehmung: Information, Organisation und Management: Lehrbuch zur Unternehmensführung im Informationszeitalter, 5. Aufl. Wiesbaden.
Rooney, D./Haern, G./Ninan, A. (2005): Handbook on the Knowledge Economy. Cheltenham.
Savage, Ch. (1997): Fifth Generation Management: kreatives Kooperieren durch virtuelles Unternehmertum, dynamische Teambildung und Vernetzung von Wissen. 2. Aufl. Zürich.
Schuh, G. (1997): Virtuelle Fabrik – Beschleuniger des Strukturwandels, in: Schuh, G. & Wiendahl, H. J. (Hrsg.): Komplexität und Agilität – Steckt die Produktion in der Sackgasse? Berlin u.a., S. 293-307.
Schuh, G./Friedli, Th./Kurr, M.A. (2005): Kooperationsmanagement: systematische Vorbereitung – gezielter Auf- und Ausbau – entscheidende Erfolgsfaktoren. München.
Schuh, G./Millarg, K./Göransson, Å. (1998): Virtuelle Fabrik – neue Marktchancen durch dynamische Netzwerke. München/Wien.
Schwaninger, M. (1984): Zur Architektur integraler Planungssysteme. In: Harvard Manager, I. Quartal 1984, 102-110.
Schwaninger, M. (1989): Integrale Unternehmungsplanung. Frankfurt/New York.
Schwaninger, M. (1993): A Concept of Organizational Fitness. In: R. Espejo/M. Schwaninger (Hrsg.): Organizational Fitness – Corporate Effectiveness through Management Cybernetics. Frankfurt/New York, 39-66.

Schwaninger, M. (1994): Die intelligente Organisation als lebensfähige Heterarchie. Diskussionsbeiträge des Instituts für Betriebswirtschaft an der Hochschule St. Gallen, Nr. 14. St. Gallen.

Schwaninger, M. (1998): Are Organizations Too Complex To Be Understood? Towards a Framework for Intelligent Organizations, Discussion Paper No. 32. Institut für Betriebswirtschaft, Universität St. Gallen.

Schwaninger, M. (1999): Organisationale Intelligenz aus managementkybernetischer Sicht. In: Schwaninger, M. (Hg.) (1999): Intelligente Organisationen, Berlin, S. 55–78.

Schwaninger, M. (2000). Managing Complexity – The Path Toward Intelligent Organizations. In: Systemic Practice and Action Research, 13 (2), 1999, S. 207–241.

Schwaninger, M. (2009): Intelligent Organization. Powerful Models for Systemic Management. 2. Aufl. Berlin.

Tapscott, D. (1996): Die digitale Revolution: Verheißungen einer vernetzten Welt – die Folgen für Wirtschaft, Management und Gesellschaft. Wiesbaden.

Tapscott, D. (1998): Blueprint to the Digital Economy: Creating Wealth in the Era of E-business. New York u.a.

Warnecke, H.-J. (1992): Die fraktale Fabrik: Revolution der Unternehmenskultur. Berlin.

Wüthrich, H. A./Philipp, A. F./Frentz, M. H. (1997): Vorsprung durch Virtualisierung: Lernen von virtuellen Pionierunternehmen. Wiesbaden.

2 Anmerkungen zur «Virtuellen Organisation»
Knut Bleicher, verfasst 1989, bisher unveröffentlicht

2.1 Zum Begriff «virtuell»

Der Begriff «virtuell» geht auf das lateinische «virtus» zurück (tugendhafter Einsatz von Kraft). Über die italienische Musikersprache wurde der Begriff adjektivisch im 17. Jahrhundert in die deutsche Sprache übertragen: «virtuos». «Virtuell» gelangte über das Französische, später das Englische zu uns als «fähig zu wirken» oder «der Möglichkeit nach vorhanden» oder «scheinbar». Zu Anfang des 20. Jahrhunderts griff die Physik das Wort auf: In der Quantenmechanik steht der gebundene Zustand der Teilchen einem virtuellen gegenüber; in der geometrischen Optik kann ein reelles Bild zu einem virtuellen Abbild im Kopf des Geometers erweitert werden. Inflatorisch wächst der Gebrauch des Wortes in der Computersprache. In der Datenverarbeitung ist ein virtueller Speicher ein scheinbar vorhandener, potenzieller Speicher. Hat man das richtige Betriebssystem (und kann man es auch richtig bedienen), dann wird der scheinbare doch wieder zum reellen Speicher.

2.2 Virtualität in fluiden Organisationsstrukturen

Auf der Suche nach «fluiden» Organisationsstrukturen von Unternehmungen, die sich in offenen, fließenden Übergängen zu einer hochdynamischen Umwelt – gleichsam «amöbenhaft» – bewegen, gewinnt der Begriff der «virtuellen Organisation» auch betriebswirtschaftlich an Bedeutung. In Abkehr von zentralistisch-geschlossenen Organisationsstrukturen wird nach Möglichkeiten gesucht, aufgrund von überall und zu jeder Zeit verfügbaren Informationen flexibel auf sich verändernde Erfordernisse und Möglichkeiten am Markt und in der Entwicklung von Technologien agieren zu können. Durch die informationstechnologische Vernetzung der Akteure sollte eine zeitliche und räumliche Entkopplung und Verteilung arbeitsteiliger Prozesse und der Aufbau lokaler Kompetenzen und Aktionsradien ermöglicht werden. Eine Organisation würde damit zum Abbild ihrer eigenen Informationslogistik, die sich im theoretischen Idealfall als «Client-Server-Architektur» präsentiert. Der Begriff «Klient» umfasst mehr als der Begriff des «Kunden». Während der Kunde als Leistungsempfänger in einer anonymen Austauschbeziehung gesehen wird («Geld gegen Ware»), ist der Klient als Interaktionspartner zu sehen, mit dem gemeinsam Problemlösungen erarbeitet werden. Die unmittelbare, monetäre Austauschhandlung stellt in diesem erweiterten Zusammenhang lediglich einen Teil der Interaktionsprozesse dar. Die sich dabei aus der Problemstellungen der Klienten ergebenden Anforderungen an die räumliche und zeitliche Flexibilität der Leistungsprozesse kann dementsprechend hoch sein und sich zusätzlich situationsspezifisch verändern, sodass ein «Wo» und «Wann» der zu erbringenden Problemlösungen nur schwer situations- und raumübergreifend strukturiert werden kann. Um dieser Anforderung gerecht werden zu können, gilt es, eine Unternehmungskonfiguration zu entwickeln, die eine räumliche, zeitliche und sach-logische Entkopplung situationsspezifischer Marktleistungsprozesse von Unternehmungsstrukturen erlaubt.

Eine derartige Struktur verbindet sich mit der Vorstellung von netzwerkartigen Konfigurationen. Netzwerke verfügen über durchlässige, zum Teil sogar «verschwimmende Grenzen» («fuzzy boundaries») und sind deshalb Ausdruck einer dynamischen Organisationskonfiguration. Dank ihrer hochflexiblen, organischen Gestalt befinden sich Netzwerkstrukturen in einem permanenten «Zustand der Bewegung» und können, quasi durch ihr «Mitfließen» im Strom der Umweltentwicklungen, das in rigiden Strukturen besonders deutlich werdende Defizit zwischen der Umweltdynamik und der eigenen Veränderungsgeschwindigkeit verringern. Die Vorstellung von einem derartigen dynamischen «Mitfließen» von «ever shifting organizational structures» führte deshalb zu der Bezeichnung als «fluide Organisation».

2.3 Spontane Prozess- und Projektorientierung in inter- und innerorganisatorischen Netzwerken

Organisatorische Fluidität ist Ausdruck eines intelligenten Anpassungsverhaltens der Systemhandelnden, die durch ihre sinnvollen beziehungsweise sinnbildenden

Interaktionen die Entstehung, die Existenz und auch die bewusste Auflösung der jeweiligen Systeme gestalten (Weber, 1981, S. 73). Eine derartige fluide Organisation lässt sich durch drei Kriterien von der traditionellen Organisationskonfiguration unterscheiden:

- Spontaneität: Fluide Organisationen sind temporäre Systeme mit hoher Spontaneität ihres Entstehens und Vergehens. Als «Ereignisorganisationen» bauen temporäre Systeme ihre Strukturen zur Erreichung bestimmter inhaltlich und zeitlich definierter Zielsetzungen jeweils «von null» auf; sie sind «temporary instant organizations». Temporäre und damit fließende Systeme lassen sich daher als Aggregation zeitlich begrenzter Interaktionsprozesse auffassen.

- Netzwerke: Durch die Vernetzung von Personen wird der Austausch von Ideen und Informationen gefördert und die Entstehung von Kommunikationsstrukturen in Richtung ihrer Entwicklung zu Wissensnetzwerken gefördert. Es entstehen Beziehungs- und Verständigungspotenziale als eigentliche strategische und normative Kernkompetenzen einer Unternehmung. Fluide Strukturen stellen sich in diesem Zusammenhang interorganisatorisch als temporäre integrierte Netzwerke verteilter und interdependenter Ressourcen und Fähigkeiten dar. Für derartige Organisationen ist charakteristisch, dass ihre Grenzen sich auflösen beziehungsweise nicht mehr zu erkennen sind, da sie eine Aneinanderreihung sich immer wieder neu bildender und verschwindender temporärer Systeme beziehungsweise Subsyteme darstellen. Ein Netzwerk hat folglich nur noch zeitlich punktuell, an der «Oberfläche», eine «stabile» Struktur und erscheint dem Beobachter im Zeitablauf als «fließend» (Weber, 1981; vgl. die Analogie zur Gestalt einer Wolke in Fern- und Nahbetrachtung bei Starbuck, 1971).

- Projekte und Prozesse: Ein zeitlich begrenztes und Sachziel-spezifisches Zusammenwirken von Akteuren führt zur Ausbildung temporärer Organisationskonfigurationen einer «Ad-hoc-kratie» (Slater, 1991; Mintzberg, 1995; Toffler, 1990) in der Form der interorganisatorischen Projektarbeit. Es entstehen «flüchtige Gemeinschaften» zur Lösung komplexer Aufgaben, die das Fähigkeitsspektrum einer einzelnen Netzwerkunternehmung übersteigen würden, mit hohem Lernpotenzial für ihre Mitglieder. Bei der zu organisierenden Abwicklung der interorganisatorischen Projektarbeit bildet sich ein spezifisches operatives Know-how aus, das in Ergänzung zum normativen Verständigungs- und dem strategischen Beziehungspotenzial zur dritten Säule der Kernkompetenz einer virtuellen Unternehmung wird.

2.4 Transformation zu Hybridstrukturen

Im Übergang zu virtuellen Organisationsformen ist die bisherige Basis, nämlich eine eher auf die stabile Dauererfüllung von Zielsetzungen ausgerichtete Struktur zu beachten. Fluide Strukturen sind mit den vorhandenen starren Potenzialen in Einklang zu bringen, ein Übergang zur virtuellen Organisation ist entsprechend «sanft» zu orchestrieren.

In dieser Transformationsperiode entstehen Hybridkonstruktionen der Organisation, die aus zeitvariablen Grenzsystemen und einer zeitinvarianten Kerneinheit bestehen. Derartige Modellkonzeptionen, die derart Unterschiedliches miteinander verbinden, erhöhen die zu bewältigende Eigenkomplexität erheblich und stellen hohe Anforderung an die Formulierung gemeinsam getragener Visionen und Missionen von Beteiligten, die in äußerst unterschiedlich gestalteten Kontexten struktureller und kultureller Art ihren Aufgaben nachgehen.

«Es geht heute darum, wirksame und leistungsfähige Strukturen zu schaffen, die sowohl an einen Palast erinnern – wehrhaft und uneinnehmbar, von Mauern umgeben, einsam gelegen, um sich herum das weite Land, das der Herrscher besitzt und bewirtschaftet –, und zum anderen an ein Zeltlager – zum Angriff gerüstet, reaktionsschnell, begünstigt durch seine mobile Infrastruktur, jederzeit verlegbar, falls Notwendigkeiten, Bedürfnisse oder Chancen dies erfordern.» (Probst, 1992, S. 580)

Literatur zu Abschnitt 2: Anmerkungen zur «Virtuellen Organisation»
Mintzberg, H. (1995): Die strategische Planung. Aufstieg, Niedergang und Neubestimmung. München.
Probst, G. (1992): Organisation: Strukturen, Lenkungsinstrumente, Entwicklungsperspektiven. Landsberg am Lech.
Slater, R. H. (1991): Integrated Process Management. New York.
Starbuck, W. (1971): Organizational Growth and Development. Harmondsworth.
Toffler, A. (1990): Machtbeben. Wissen, Wohlstand und Macht im 21. Jahrhundert. Düsseldorf.
Weber, W. (1981): Strategien zur Verbesserung des Managements in kleinen und mittleren Unternehmen. München.

KAPITEL VIII
Kooperationssysteme gestalten und entwickeln
Ursula Liebhart, erschienen im Jahr 2007

1 Einleitung

Netzwerke und Kooperationen von Unternehmen haben in den letzten Jahrzehnten kontinuierlich an Bedeutung gewonnen, da es im heutigen strategischen Wettbewerb verstärkt um die synergetische Nutzung von Ressourcen und Kompetenzen geht. Das zunehmende Interesse an kooperativen Strukturen kann mit einigen Kontextfaktoren begründet werden:

1| Moderne Informations- und Kommunikationstechnologien (IuK-Technologien) finden einen verbreiteten Einsatz in der intra- und interorganisationalen Zusammenarbeit (E-Collaboration) sowie im individuellen Bereich der Interaktion (Social Networks). Sie stellen traditionelle Organisations- und Kommunikationsstrukturen infrage.

2| Die Konkurrenz verschärft sich zunehmend auf allen Wertschöpfungsstufen, sodass eine globale Ressourcenbeschaffung und moderne Beschaffungskonzepte entlang einer straffen Logistikkette für die Wettbewerbsfähigkeit relevant sind. Gleichzeitig muss dabei jedoch auf eine zunehmende Regionalisierung der Consumer- und Customer-Bedürfnisse abgestellt werden.

3| Diese Entwicklung führt vor allem in teilgesättigten Märkten zu sinkenden Deckungsbeiträgen und erhöht den Druck zur Kostenreduktion. Durch die engere Zusammenarbeit kooperierender Betriebe können vor allem zwischenbetriebliche Reserven realisiert werden.

4| Die zunehmende Dynamik und Komplexität in der Wirtschaft führt dazu, dass Unternehmen partielle Offenheit und Erfahrungsaustausch mit Partnern, gemeinsames Lernen und Entwickeln als mögliche Optionen sehen, sich als Experten am Markt strategisch zu positionieren.

So vorteilhaft Unternehmenskooperationen wirken, letztendlich sind Kooperationen selbst hochkomplexe und dynamische soziale Systeme, die eigenen Gesetzmäßigkeiten und Dynamiken unterliegen und von der Energie und dem Engagement der mitwirkenden Unternehmen beziehungsweise Unternehmensvertreter abhängig sind. Der folgende Beitrag zeigt die Herausforderungen auf, die im Aufbau und der Entwicklung von Kooperationen vor allem im mittelständischen Bereich liegen.

2 Grundlegendes zu Unternehmenskooperationen

2.1 Begriffsverständnis und Definition der Unternehmenskooperation

Für die Begriffe des Netzwerkes und der Kooperation finden sich in der Literatur vielfältige und mitunter einander überschneidende Definitionen. Beiden Begriffen ist aber eine über die Grenzen des Unternehmens hinausgehende Zusammenarbeit mit anderen Wirtschaftseinheiten gemeinsam. Bestehende Unternehmensgrenzen werden dabei gezielt überschritten, um erfolgreiche Partnerschaften zu entwickeln. Während jedoch die wirtschaftlich orientierte Kooperation ein auf ein bestimmtes Ziel hin abgestimmtes Verhalten von mindestens zwei voneinander unabhängigen Unternehmen ist, stellen Netzwerke Potenziale beziehungsweise Optionen zukünftiger Zusammenarbeit dar (Aderhold, 2005, S. 128; Duschek et al. 2005, S. 147f.). Netzwerke basieren auf der Bereitschaft von sozialen Systemen beziehungsweise Teilnehmern, sich kooperativ zu verhalten und auf ein bestimmtes Beziehungsgefüge einzulassen. Bereits die Potenzialität braucht Energie und Anstrengung, wie beispielsweise die Akquise und Pflege von Adressen, die Generierung und (Re-)Aktivierung von Erreichbarkeit, das Teilnehmen an Veranstaltungen und Events. Aus einem aktuellen Anlass werden schließlich aus dem Netzwerk Teilnehmer aktiviert, die abhängig von der Zielsetzung, den Interaktionsmustern und dem wirtschaftlichen Sinn aktiv beginnen, miteinander zu kooperieren. Daraus entstehen komplexe, interorganisationale Projekte, wobei es sich je nach Typ um komplexe Auftragsabwicklungen handelt, um konkrete Entwicklungsprojekte oder regionale Marktentwicklungsprojekte, die damit auch unterschiedliche Projektlaufzeiten haben können. Nach Abschluss können diese Projekte entweder weitere nach sich ziehen oder ihr Abschluss kann auch die Auflösung der aktiven Kooperation bedeuten. Die Netzwerkebene (oftmals auch Cluster) stellt vielfach die erforderliche Bedingung für die Kooperationsebene dar (Liebhart, 2002, S. 68ff.; Duschek et al., 2005, S. 148f.).

Auf Kooperationsebene tauschen die einzelnen aktiven Kooperationsteilnehmer all jene Informationen, Ressourcen und Kompetenzen aus, die zur Abwicklung der einzelnen Zielsetzungen (insbesondere der Projekte) erforderlich sind und bringen damit auch bestimmte Annahmen und Erwartungen in die Kooperation ein. Sobald sich diese bestätigen, wird bei jedem einzelnen Kooperationspartner ein Nutzen generiert und Vertrauen kann entstehen. In Anlehnung an Sydow (1992) wird demnach unter einer Unternehmenskooperation eine auf die Sicherung der Überlebungsfähigkeit und Stärkung der Wettbewerbsposition ausgerichtete, strategische Zusammenarbeit von rechtlich und wirtschaftlich selbstständigen Organisationen verstanden, basierend auf vielfältigen sowohl kooperativen als auch kompetitiven Beziehungen. Dabei konzentrieren sich die Unternehmen jeweils auf deren Kernkompetenzen, welche projektbezogen, temporär aktiviert und koordiniert werden müssen, und damit eine intelligente, kollektive Nutzung netzwerkinterner Ressourcen und Wissenspotenziale ermöglichen.

2.2 Ziele und Merkmale einer Unternehmenskooperation

Das Aufbauen und Entwickeln von Kooperationen benötigt Zeit, Energie und auch Kosten, sodass die Kooperationsteilnehmer mitunter sehr konkrete Nutzenerwartungen für das eigene Unternehmen einfordern. Die zentralen theoretisch-geleiteten Motive, die auch erste Hinweise auf die Zielsetzungen geben, können aus drei theoretischen Zugängen erklärt werden:

1| Entsprechend dem *ressourcentheoretischen Ansatz* ist jedes Unternehmen in seiner Ressourcenausstattung einzigartig und tut gut daran, die eigenen Kernkompetenz zu entdecken und voranzutreiben, um sich so im Wettbewerb entsprechend positionieren zu können. Partner, die die eigene Kernkompetenz durch deren (komplementäre) Kernkompetenzen ergänzen können, ermöglichen den Aufbau von wettbewerbsdifferenzierenden Leistungsangeboten am Markt. Bedeutendste Vertreter: Selznik (1957)

2| Aus *transaktionskostentheoretischer Sicht* sind Unternehmen stets darauf bedacht, jene institutionellen Arrangements aufzubauen, bei denen die Kosten der Transaktionen möglichst gering gehalten werden können. Durch eine intensivere Zusammenarbeit können beispielsweise die Kosten der Geschäftsanbahnung und eventueller Kontrollen reduziert werden, die Verhaltensweisen der Partner besser beeinflusst und prognostizierbarer werden etc. Bedeutendste Vertreter: Coase (1937), Williamson (1990)

3| Aus *organisationssoziologischer Sicht* sind Netzwerke und Kooperationen eigenständige Organisationsformen, die in der Funktionsweise nicht einfach zwischen Markt und Hierarchie angesiedelt sind, sondern nach eigenen Operationsweisen funktionieren und zu steuern sind. Basis dafür bildet die Selbstbeschränkung der Kooperationspartner, eine eher langfristige Orientierung und die Fähigkeit der Partner, über diese Kooperation und sich als Kooperationspartner zu reflektieren. Bedeutendster Vertreter: Willke (1995)

Die zentrale Zielsetzung von Unternehmenskooperationen liegt zumeist in der mittel- bis langfristigen Sicherung der Überlebensfähigkeit und Stärkung der Wettbewerbsposition. Die daraus abgeleiteten Detailziele können in vier Bereiche eingeteilt werden:

1| Zugang zu Ressourcen, in dem sich die Kooperationspartner auf ausgewählte Kernkompetenzen fokussieren, komplementäre Ressourcen, Kompetenzen und Technologien der Kooperationspartner nutzen und dadurch Investitionsrisiken vermindern.

2| Lösung komplexer Problemstellungen durch das Nutzen von verteiltem Knowhow und Erfahrungen sowie das kollektive Generieren und Weiterentwickeln von Wissen und Innovationen.

3| Erzielung von Zeit- und Flexibilitätsvorteilen, indem in einer vertrauensvollen Zusammenarbeit Wertschöpfungsprozesse abgestimmt, Aufgaben und Funktionen kompetenzbezogen genutzt und bei Bedarf Änderung rasch umgesetzt werden können.

4 | Schaffung von Potenzialen zur Kostensenkung durch das Reduzieren zwischenbetrieblicher Kosten und Redundanzen, das Aufteilen von Arbeiten und Leistungen innerhalb der Kooperation, den Aufbau von Shared Services sowie das Nutzen von Skalen- und Synergieeffekten.

Betrachtet man typische Merkmale von Unternehmenskooperationen, so können diese in vielfältiger Form in Erscheinung treten. Nach den Tauschinhalten können beispielsweise Entwicklungskooperationen, Marketingkooperationen, Produktionskooperation etc. unterschieden werden. Abhängig von der Partnerposition in der Wertschöpfungsstufe, wird zwischen horizontaler Kooperation, auf derselben, vertikaler, auf einer vor- oder nachgelagerten Stufe in der Wertschöpfungskette bis hin zu konglomerater Kooperation unterschieden, wenn die Partner verschiedene Positionen in der Wertschöpfungskette einnehmen. Die Abhängigkeit eines Partners kann symmetrisch oder asymmetrisch sein, wenn ein Partner vom anderen stärker abhängig ist. Nach der Zentralität der Führung wird zwischen einer hoch zentralistischen (fokalen) Führung durch ein (Leit-)Unternehmen und einer polyzentrischen Führung aufgrund verteilter Machtzentren von gleichwertigen Partnern unterschieden. Die Kooperation kann sich räumlich von lokal bis global ausdehnen. Die Kooperationsverpflichtung kann sich von einer losen Form der Absprache über einen Kooperationsvertrag bis hin zu konkreten wechselseitigen Kapitalbeteiligung bei einer konsequenten Erhaltung der rechtlichen Selbstständigkeit der Kooperationspartner erstrecken. Die Dauer der Zusammenarbeit variiert zwischen temporären und langfristigen Kooperationen. Wenn die Ziele der Kooperationspartner unterschiedlich sind und die Lösung der eigenen unternehmerischen Herausforderungen in dem Leistungsaustausch mit anderen Partnern gesehen wird, spricht man von einer reziproken Kooperation. In einer redistributiven Kooperation steuern die Kooperationspartner dasselbe Ziel an, indem sie durch das Zusammenlegen der Ressourcen die gleichen Schwächen im eigenen Unternehmen beheben wollen (Killich, 2007, S. 18).

2.3 Herausforderungen und Risiken einer Unternehmenskooperation

Unternehmenskooperationen bieten für die teilnehmenden Unternehmen Möglichkeiten, die eigene Wettbewerbsstärke zu forcieren. Die Kehrseite der Medaille inkludiert allerdings eine Reihe von Herausforderungen und auch Risiken, die nicht unbehandelt bleiben dürfen.

Unter Wahrung der wirtschaftlichen und rechtlichen Selbstständigkeit gehen die teilnehmenden Kooperationspartner wechselseitige Verbindlichkeiten ein. Sie verpflichten sich, ausgewählte Ressourcen und Kompetenzen einzubringen, um im Austausch dafür selbst abgestimmte Ressourcen und Kompetenzen von den Partnern zu erhalten. Je enger diese Beziehungsbänder gezogen werden, desto stärker ist die wechselseitige Verflechtung, wodurch ein Unternehmen Gefahr laufen kann, in wirtschaftliche Abhängigkeit zu geraten. Für Unternehmen ist daher stets die *Balance zwischen Eigenständigkeit und zu starker Integration* zu finden, bei der die Partner in vielen Aspekten ihres eigenen unternehmerischen Tagesgeschäftes Rücksicht auf die Kooperationspartner nehmen müssen. Eine zu weitreichende Einschränkung reduziert die Entscheidungs- und Handlungsfreiheit der teilnehmenden Kooperationspartner sehr stark und führt unweigerlich zu Spannungen. Dieses Paradoxon ist bewusst auszubalancieren: Eine zu starke Eigenständigkeit verhindert die Entwicklung eines gemeinsamen Kooperationsbewusstseins und fördert opportunistisches, egoistisches Verhalten. Eine zu starke Integration reduziert die Eigenständigkeit zulasten der kreativen Innovation der Partner. Eine Kooperation braucht selbstständige wie auch interdependente Partner.

Für die Kooperation ist relevant, dass die Partner nicht nur an das eigene Unternehmen denken, sondern das Kooperationssystem erkennen und im Sinne eines ganzheitlichen, sozialen und komplexen Systems denken und handeln. So ist die Fähigkeit, systemisch für die Partner mitzudenken und eigene Entscheidungen zu bedenken, eine erforderliche Kompetenz guter Kooperationspartner. Anderenfalls läuft die Kooperation Gefahr, viele Spannungen und Konflikte zu erzeugen, die eine konstruktive und effektive Zusammenarbeit behindern. Besonders herausfordernd ist dabei, dass die Kooperationspartner mitunter auch Konkurrenten sein können, die es jedoch durch Selbstbeschränkung schaffen müssen, ein höheres Kollektiv zu entwickeln. Das gleichzeitige Existieren von Kooperation und Konkurrenz wird als «Koopkurrenz» («Coopetition») bezeichnet.

Kooperationen sind eigene Sozialsysteme und keine Selbstläufer, die irgendwie neben der täglichen Arbeit der Kooperationspartner mitlaufen können. Sie erfordern eine Investition in den Aufbau sowie einen kontinuierlichen Aufwand in der *Kooperationssteuerung und -führung*. Einerseits müssen die Strategie, die Strukturen und die Prozesse sowie eine kulturelle Basis erst entwickelt werden, und andererseits sind Unternehmen aufgefordert, die Anknüpfungspunkte und Schnittstellen zwischen Unternehmen und Kooperation zu prüfen, zu verändern und zu entwickeln. In einer Kooperation tätig zu werden bedeutet das gleichzeitige Arbeiten am System der gemeinsamen Kooperation und am System des eigenen Unternehmens. Nachdem in vielen klein- und mittelständischen Unternehmen die Geschäftsführung aktiv an der Kooperationsinitiierung und -entwicklung beteiligt ist, ist dies eine nicht zu unterschätzende Belastung beim Kooperationsaufbau.

Damit die Kooperationspartner Zeit, Energie und Kosten investieren, müssen Kooperationen langfristige Win-win-Situationen für alle beteiligten Partner ausweisen. Jeder Partner muss in Hinblick auf die eigenen Erwartungen aus der Kooperationsteilnahme einen klaren Nutzen erzielen können und in Hinblick auf die Risiken eine gleichwertige Verteilung erleben. Typisch konfliktäre Situationen sind beispielsweise die ungleiche Verfügbarkeit und Einbringung von Ressourcen, unklare Kostenzuteilung, unausgesprochene Zeit- und Kostenverteilung der Kooperationsentwicklung etc. Ebenso abzuklären sind Führungsverantwortung in der Kooperation und Haftungen gegenüber Kunden und Dritten. Für den langfristigen Erfolg einer Kooperation ist also stets das Verhältnis zwischen individuellem Nutzen und Investition relevant. Dies ist sowohl insgesamt als auch für den einzelnen Partner im Rahmen regelmäßiger Reflexionsmeetings zu thematisieren.

Das *menschliche und persönliche «Miteinanderkönnen»* der einzelnen Kooperationspartner ist Basis für eine langfristig erfolgreiche Kooperation. Zu den wesentlichen Barrieren einer Kooperation zählen Egoismus, opportunistisches Verhalten der Teilnehmer, Kommunikationsprobleme, fehlende Offenheit gegenüber anderen Vorschlägen etc. Persönliche Makel wie Gier, Eitelkeit, Neid und Trägheit führen dazu, dass die erforderliche Vertrauensbasis nur unzureichend aufgebaut werden kann und die möglichen Kooperationsvorteile untergraben werden.

Zusammenfassend zeigen sich Kooperationen in der Realität als dynamische, komplexe und in der Steuerung herausfordernde Systeme. Die vielfachen Herausforderungen und Risiken müssen kontinuierlich von allen beteiligten Kooperationspartnern bewusst reflektiert und gesteuert werden. Die Gestaltung der Kooperation und die Verhaltensweisen der Kooperationspartner sind dabei die relevanten Dimensionen.

2.4 Dimensionen der Kooperationsgestaltung

2.4.1 Zieldefinition und strategische Führung der Kooperation

Unabhängig ob reziproke oder redistributive Zielidentität (siehe 2.2) gegeben ist, wird für eine erfolgreiche langfristige Kooperation ein kollektives und transparentes Zielsystem benötigt. Die beteiligten Partner lassen sich dabei auf einen interaktiven Zielbildungsprozess ein, der durch die hohe Komplexität aufgrund verschiedener Interessen der Partner gekennzeichnet ist. Voraussetzung für diesen interaktiven Prozess ist die Fähigkeit der einzelnen Partner, ihren Nettonutzen identifizieren zu können. Der Nettonutzen kann als Differenz zwischen Investitionen beziehungsweise Aufwand oder Beitrag in die Kooperation und dem erwarteten Pay-off aus der Kooperationsbeteiligung gesehen werden. Durch die vielfältigen und mitunter auch divergierenden bis hin zu schwer vereinbarenden Interessen der Teilnehmer ergibt sich die Notwendigkeit regelmäßiger Abstimmungs- und Einigungsprozesse. In Unternehmenskooperationen kann dadurch stets nur ein «kollektiver Richtungskorridor» (Bellmann et al. 2000, S. 138) herausgebildet werden. Kooperationen haben letztendlich solange Bestand, wie eine hohe Zielkongruenz gegeben ist und die Partner die realistische Erwartung haben können, dass die intendierten Ziele auch erreicht werden.

Unternehmenskooperationen sind den bisherigen Ausführungen zufolge eigenständige Sozialgebilde, deren Koordinations- und Funktionsweise weder jener der Hierarchie noch jener des Marktes entspricht. Kooperationssysteme bedürfen daher einer eher lateralen Führung (Kühl/Schnelle, 2005, S. 188ff.). Darunter wird verstanden, die Kooperationspartner dazu zu bewegen, miteinander in erwünschter Richtung fortzuschreiten, ohne jedoch eine Weisungskompetenz zu haben beziehungsweise auf das Instrument der Hierarchie zurückgreifen zu können. Die zentralen

Instrumente dazu sind Verständigung (Diskussionen, Zuhören, Denkperspektiven verstehen und ändern etc.), Macht (durch Machtquellen, Hinzuziehen neuer Mitspieler, Schaffung von Tauschbörsen etc.) und Vertrauen (Offenlegung von Zwängen, bewusste Entwicklung etc.). Die laterale Führung erfolgt sowohl auf der Ebene des Kooperationssystems als auch auf der Ebene der abzuwickelnden Projekte (ausgenommen klar definierte und rechtlich haftende Projektleitungen).

Dennoch bedarf es einer klaren, formalen, strategischen Führung des Kooperationssystems, damit die Visionen und Ziele, Nutzen und Erwartungen realisiert werden. Unter einer solchen strategischen Führung ist ein dauerhaftes – permanentes oder unständiges – Führungsgremium zu verstehen, dessen Hauptfunktion in der langfristigen, kollektiven Wettbewerbssicherung und Nutzengenerierung besteht. Zu den Aufgaben dieses Gremiums zählt auch beispielsweise:

- der Aufbau des strategischen Kooperationskonzeptes,
- die Förderung der Kooperationsentwicklung,
- die Gestaltung der Kooperationsbeziehungen,
- das Management des Wissens innerhalb der Kooperation,
- das Marketing und die externe Kommunikation,
- die Modifikation und Weiterentwicklung bestehender hin zu interorganisationalen Managementsystemen,
- der Aufbau einer gemeinsamen Infrastruktur,
- das Ressourcen- und Kompetenzmanagement,
- die Motivation und Kontrolle der Kooperationspartner, Schlichtungsstelle und
- die Repräsentation und Interessensvertretung.

Der Umfang der Beteiligung der Kooperationspartner hängt stark von der Größe und Dynamik der Kooperation ab und kann alle Partner oder aber, zeitlich begrenzt, selektive Partner umfassen. Die strategische Führung kann aus Vertretern der Unternehmenspartner bestehen und im erweiterten Kreise Mitarbeiter, externe Berater oder auch Stakeholder miteinbeziehen. Das Führungsgremium wird üblicherweise durch Arbeitskreise, Untergruppen, Qualitätszirkel etc. unterstützt, die themenspezifisch und/oder anlassbezogen aus Vertretern der Kooperationspartner zusammengesetzt sind.

2.4.2 Interorganisationale Beziehungen und Verflechtungen

Ein konstituierendes Merkmal von Unternehmenskooperationen ist die Arbeitsteilung, also der Austausch von Ressourcen und Kompetenzen über Unternehmensgrenzen hinweg. Idealerweise konzentrieren sich die Partner auf die eigenen Kernkompetenzen, ergänzen diese durch die Kompetenzen der Partner und generieren so Synergieeffekte zum Nutzen aller Partner. Folgende Nutzenaspekte können beispielsweise entstehen: verbesserte Lieferbereitschaft und höhere Flexibilität durch Zugriff auf Kapazitäten und Kompetenzen der Partner, höhere Fixkostendeckung durch eine verbesserte Auslastung der unternehmerischen Kapazitäten, Erfahrungsaustausch und gemeinsame Aus- und Weiterbildung.

In jeder Kooperation ist der Aufbau und die Verflechtung von Beziehungen zentraler Angelpunkt für die Realisierung der Synergien und Wertschöpfungspotenziale. Voraussetzung dafür ist, dass kooperative Beziehungen nicht als gegeben gesehen werden, sondern als Ergebnis von kontinuierlichen Investitionen, Bemühungen und Anstrengungen aller Kooperationspartner. Dabei gibt es eine Fülle unterschiedlicher Beziehungsniveaus in einer Kooperation: Beziehungen können aktiviert sein, also im regelmäßigen Austausch stehen. Sie können auch latent (deaktiviert/ruhend) oder potenziell (möglich, aber noch nicht erprobt) vorhanden sein. Gleichzeitig existieren symmetrische, aber bei einem Machtgefälle auch asymmetrische Beziehungen. Besonders kennzeichnend sind für Kooperation die gleichzeitige Existenz kooperativer und kompetitiver Beziehungen. So können Partner innerhalb der Kooperation auf ausgewählten Geschäftsfeldern kooperieren, außerhalb dieser jedoch konkurrieren. Daher ist die interorganisationale Verflechtung und das Einbringen von Ressourcen sowie die Freigabe zur kooperationsinternen Nutzung ein vertrauensbasiertes, sensibles Thema. Verflechtungen können auf folgenden Ebenen existieren:

1| Personelle-organisatorische Verflechtung, beispielsweise durch Erfahrungsaustausch, Teams zur kontinuierlichen Verbesserung, Job Rotation über Unternehmensgrenzen hinweg, Hospitationen, Personalpools etc.

2| Informatorisch-kommunikative Verflechtung, wie Kooperationsveranstaltungen und -events, kollektive Aus- und Weiterbildung, Einsichtnahme in Kalkulationen, gemeinsame Preisermittlung etc.

3| Technisch-organisatorische Verflechtungen, wie abgestimmte Managementsysteme, elektronisches Schwarzes Brett, Intranet etc.

4| Finanzielle Verflechtungen, wie gemeinsame Beteiligung in einer (administrativen) Dachgesellschaft etc.

5| Verflechtung auf Sachmittelebene, wie gemeinsame Nutzung externer Dienstleister, Transportmittel, Lager, Anlagen, Maschinen, Software etc.

Die Verflechtung der Ressourcen ist in Abhängigkeit von der Kooperationsstruktur und der Intensität der Beziehungen zu sehen. Die Qualität der Vernetzung und wechselseitigen Nutzung ist maßgeblich für die Wettbewerbsfähigkeit der Kooperation. Für ein gutes Funktionieren des Ressourcenaustausches sind daher klare und transparente Regeln und Zugriffsberechtigungen zu beachten, damit Vertrauen über das wechselseitige Geben und Nehmen entstehen kann und die Nutzung und Generierung von Ressourcen sich auf individueller Ebene entspricht. Für das Aushandeln der Ressourcenregelung ist empfehlenswert, einfache Steuerungsinstrumente, anforderungsentsprechend von Strichlisten bis hin zu EDV-gestützter Erfassung und Abrechnung, und Steuerungsregeln gemeinsam zu erarbeiten. Diese bedürfen auch einer gemeinsamen Kontrolle über die Ressourcennutzung sowie Sanktionen für ein eventuelles Fehlverhalten und einem vorweg definierten Konfliktlösungsprozess bei Regelüberschreitungen. Bei umfangreichem und intensivem Ressourcenaustausch sind Subgruppen in der Lage, Komplexität zu reduzieren und die Steuerbarkeit auf ein für die Verantwortlichen überschaubares Maß zu reduzieren.

2.4.3 Weitere Gestaltungsmerkmale in Kooperationen

Bei der Kooperationsgestaltung ist die *Größe* der Kooperation ein entscheidendes Kriterium. Üblicherweise wird die *Größe an der Anzahl der teilnehmenden Partner* festgemacht und wird damit von einfach bei geringer Partnerzahl bis komplex bei großer Partneranzahl unterschieden. Mit der Größe der Kooperation steigt exponentiell die Gefahr der Subgruppen und Trittbrettfahrer (Beck, 1998, S. 275f.), weswegen nicht mehr Partner, als für die Synergieeffekte erforderlich sind, mitwirken sollten. Auch das *Umsatzvolumen* von hoch, mittel bis niedrig bietet Unterscheidungsmerkmale. Nach der *Ressourcenausstattung* sind die Partner in Klein-, Mittel- und Großunternehmen zu unterteilen. Prinzipiell ist die Größe der einzelnen Partner in Hinblick auf die Ressourceneinbringung in die Kooperation nicht so relevant, da oftmals kleinste Unternehmen hochinnovative Kompetenzen einzubringen in der Lage sind. In Hinblick auf die organisatorische Reife, die Strukturen und Prozessabläufe etc. sind in vielen Fällen große Unternehmen erfahrener und können sich in der Kooperation selbst damit mehr Einfluss verschaffen. Ein weiteres Unterscheidungsmerkmal bei Kooperationen ist die geografische *Reichweite* oder auch die *Spannweite* der integrierten Wertschöpfungsstufen.

Die *Dauer* einer Kooperation kann temporär sein, beispielsweise bis zum Ende eines Forschungsprojektes, oder auch permanent, beispielsweise eine Produktionskooperation. Die faktische Dauer der Kooperation wird berechnet ab dem Zeitpunkt der Idee und Bereitschaft, die Ziele und Interessen der Partner zu berücksichtigen. Formal entsteht die Kooperation mit einer vertraglichen Vereinbarung. Die Dauer inkludiert auch die Einmaligkeit oder die Wiederholung einer Zusammenarbeit.

Die *Stabilität* einer Kooperation bezeichnet die Tatsache, dass die Beziehungen, Strukturen, Prozesse, Strategien, Partner und deren Verhalten sich über einen längeren Zeitraum nicht ändern. Generell ist anzumerken, dass mit dem Grad der Vernetzung und der Interaktion auch die Stabilität zugunsten einer erhöhten marktwirksamen Flexibilität, Schnelligkeit und Preisgünstigkeit steigt. Stabilisierende Faktoren sind Vertrauen in das Kooperationssystem, zu den Partnern, Zufriedenheit mit den Kooperationsergebnissen etc. Die Kooperationsplattform unterliegt natürlich immer wieder Veränderungen, wie durch den Eintritt neuer oder den Austritt bestehender Partner. Hier muss die Kooperation immer wieder dynamisch reagieren, um die Stabilität aufrecht zu erhalten.

Ein weiteres Merkmal ist der *Grad der Offenheit* von Kooperationen. Tendenziell geschlossene Kooperationen haben eine hohe Stabilität mit mittel- bis langfristiger Dauer und höheren Ein- und/oder Ausstiegsbarrieren für die Kooperationspartner. Die Bedeutung eines Partnerein-/ausstiegs ist für alle Beteiligten hoch, da dies Kosten, Umstrukturierungen etc. mit sich bringen kann, aber auch auf Beziehungsebene wieder Maßnahmen in das Vertrauen, die Teamentwicklung, Kulturdiskussionen etc. folgen. Als Beispiel hierfür kann eine Produktionskooperation gesehen werden. In eher offenen Kooperationen erfolgt der Wechsel von Kooperationspartnern tendenziell dynamischer, das Commitment zur Kooperation ist nicht so intensiv und auch die interorganisationalen Verflechtungen sind nicht so hoch, sodass man leicht ein- oder aussteigen kann.

2.5 Verhaltensdimensionen in Kooperationen

2.5.1 Vertrauen als Basis

Vertrauen wirkt als «Schmiermittel» koordinierter Austauschprozesse innerhalb und zwischen Organisationen und bildet den «Kitt sozialer Beziehungen» (Bleicher, 1995, S. 392). Es stellt mithin das am häufigsten herausgestellte Strukturmerkmal von vernetzten und kooperierenden Unternehmen dar. Unter Vertrauensverhalten versteht man ein Verhalten, das die eigene Verwundbarkeit steigert, das gegenüber einer nicht unter der persönlichen Kontrolle stehenden Person gilt und in einer Situation erfolgt, in der ein eventueller Schaden durch das Ausnutzen der Verwundbarkeit des Vertrauenden höher ist als der gewonnene Vorteil des Vertrauenden (Krystek/Zumbrock, 1993, S. 5). Die besondere Vertrauensproblematik liegt also in der riskanten Vorleistung (Luhmann, 1989), die man einer anderen Person gibt, und sich nicht sicher ist, ob diese positiv bestätigt oder negativ ausgenutzt wird. In jedem Fall ist das Schenken von Vertrauen eine wechselseitige Freiwilligkeit von Kooperationspartnern. Vertrauen und Abhängigkeit schließen sich damit aus.

Unter Vertrauen versteht man zunächst personales, zwischenmenschliches Vertrauen. Im Rahmen des Konzepts der Kooperationsentwicklung gilt die Beobachtung nicht nur dem personalen Vertrauen, sondern auch dem Vertrauen in andere Sozialsysteme. Man spricht von «institutionellem Vertrauen» beziehungsweise «Systemvertrauen» (Luhmann, 1989, S. 54). Unabhängig davon, ob das Vertrauensobjekt ein Individuum oder eine Institution ist, kann zwischen prozessbasiertem und eigenschaftsbasiertem Vertrauen unterschieden werden (Zucker, 1986, S. 53ff.). Prozessbasiertes Vertrauen in Personen und Institutionen sind positive Erfahrungen in Austauschbeziehungen wie Erfahrungen, Vorleistungen/Vorschuss und Referenzen. Eigenschaftsbasiertes Vertrauen beruht auf Qualifikationsnachweisen (Ausbildung), Mitgliedschaften und positiven Eigenschaftsmerkmalen bei Individuen sowie auf Garantien/Zertifikaten (ISO etc.), Öffentlichkeitsarbeit, Reputation (bei Kunden, Lieferanten, Banken etc.) und Reifegrad bei Institutionen. Die Auswahl der Kooperationspartner sollte idealerweise das gesamte Spektrum an Vertrauensquellen berücksichtigen.

Beachtenswert ist jedoch, dass Vertrauen nicht die Voraussetzung, sondern ein Ergebnis eines erfolgreichen Entwicklungsprozesses ist! Die *Vertrauensentwicklung* erfordert deshalb aktiven Einsatz aller Kooperationspartner und entsteht zumeist nach dem Prinzip der kleinen Schritte, indem ein Kreislauf in Gang gesetzt wird, der durch die Elemente durch eine Vorleistung Vertrauen zeigen, Partner bestätigen das Vertrauen, Vertrauen geben etc. gekennzeichnet ist. Durch eine positive Bestätigung entwickelt sich langsam eine tragfähige Vertrauensbasis und ein kontinuierlicher

Zyklus kooperativer Beziehungen beginnt. Nach Lane (1998, S. 4ff.) vollzieht sich Vertrauen in drei Phasen:

1| Berechnendes Vertrauen, basierend auf berechenbaren Erwartungshaltungen, wobei die Kosten und Gewinne eines vertrauensvollen Verhaltens beziehungsweise des Missbrauchs abgeschätzt werden können. Das Vertrauen ist zunächst sehr fragil, da es sich auf wenig bis gar keine gemeinsame Vergangenheit der Partner bezieht. Wichtig für diesen Vertrauenslevel ist Information und Kommunikation.

2| Kognitives Vertrauen, bei dem die Partner zunehmend berechenbarer für andere werden, da sie bereits gemeinsames Wissen übereinander haben. Hinzu kommt, dass die Partner gemeinsame Vorstellungen und den Sinn des Vorhabens entwickelt haben. Wechselseitiges Verständnis ist in dieser Phase zentral, da es um die Erweiterung der gemeinsamen Wissensbasis geht.

3| Normatives Vertrauen bedeutet, dass die Partner gemeinsame Wert- und Moralvorstellungen teilen. Diese Wertvorstellungen bedürfen einer langfristigen Beziehung, weil sich die Akteure wechselseitig verstehen und wertschätzen bis zu einem Punkt, an dem die Akteure effektiv für die anderen agieren können. Die verstärkte Bindung der Partner bildet den Schlüsselfaktor dieser Vertrauensdimension. Dies wird in Unternehmenskooperationen zumeist erst in späteren Phasen der Entwicklung vorgefunden.

Auch wenn diese Phasen eine gleichbleibende Entwicklung augenscheinlich werden lassen, so ist Vertrauen keinesfalls kontinuierlich. Es kann verletzt, erschüttert und reduziert werden. Eine Vertrauensverletzung führt zu Unsicherheit, negativen Effekten und Instabilität. Eine Wiedergutmachung kostet entsprechend viel Zeit und Energie.

Vertrauensentwicklung kann auch nicht beschleunigt werden, indem sie leichtgläubig eingegangen wird. Mittels Rückkopplungsschleifen kann gerade zu Beginn der Partnerschaft immer wieder überprüft werden, ob der Partner «hält, was er verspricht». Die Matrix des klugen Vertrauens (Covey, 2009, S. 299) zeigt in Abbildung 1 ein differenziertes Bild der Vertrauensniveaus. Demnach hängt Vertrauen einerseits von der Bereitschaft, anderen zu vertrauen, ab und ist Herzenssache, andererseits ist es Verstandessache und hängt von der Fähigkeit, zu analysieren, zu beurteilen, Theorien aufzustellen und Konsequenzen und Optionen zu betrachten ab.

Der Quadrant «Leichtgläubigkeit» ist die Zone des blinden Vertrauens, wo naive Menschen immer wieder auf verlockende Angebote und unseriöse Menschen hereinfallen. Der Quadrant «Kluges Vertrauen» basiert auf einem wohldosierten Urteilsvermögen, wo Vertrauen gut analysiert mit Bedacht nach Situation und Partner vergeben wird. Der Quadrant «Unentschlossenheit» inkludiert jene Menschen, die niemanden einschließlich ihrer selbst vertrauen. Defensives Verhalten, Besorgnis und Zaudern oder Übervorsichtigkeit verhindern eine Vertrauensentwicklung und beinhalten bei geringer Analyse zudem ein hohes Risiko. Im Quadranten «Argwohn» finden sich Menschen, die nur sehr zögerlich Vertrauen schenken und oftmals nur

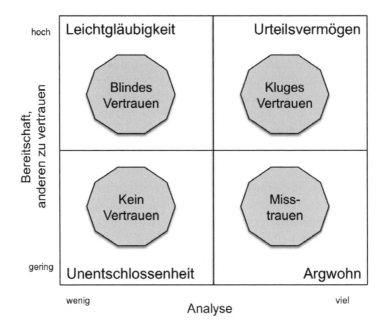

Abbildung 1: Matrix des klugen Vertrauens

sich selbst vertrauen. Alle Entscheidungen basieren auf einer vielfältigen Analyse. Dies führt mitunter dazu, dass gute Gelegenheiten verpasst werden und vertrauensvolle Zusammenarbeit nur sehr schwer entstehen kann.

Vertrauensfördernde Elemente in einer Kooperation sind faires Verhalten und offene Kommunikation, Gelassenheit und Geduld der Kooperationspartner mit sich und der Kooperation, kooperationsspezifische Investitionen, Reputationseffekte der Partner, wechselseitige Verlässlichkeit und Unterstützung, Vertrauensvorschüsse und Selbstverpflichtung der Partner, transparente und klare Sanktionsbedingungen, die notfalls auch umgesetzt werden, Cross-Trusting als Vertrauensimport durch beispielsweise andere gemeinsame Projekterfahrungen etc. Persönliche Sympathien, Erfahrungen und die Sozio-Chemie zwischen den Partnern spielt für all diese Elemente natürlich ein zentrale Rolle.

2.5.2 Führungs- und kooperationstypische Rollen

Anhand der Kooperationsstärke und Kooperationskompetenz lassen sich nach Schuh et al. (2000, S. 73f.) vier Partnertypen unterscheiden, wobei der ideale Partner sicherlich der Netzwerkspieler mit hoher Kooperationsstärke, also klaren Kernkompetenzen, und hoher Kooperationskompetenz ist. Der Spezialist unterstützt mit einzigartigem Know-how und speziellen Technologien, zeigt allerdings nur geringe Kompetenz in der Kooperation selbst. Der reaktionsfreudige Libero ist der flexible Typ für dringende Aufträge. Spezialist und Libero sind unterschiedlich zu fördern. Wenn die Voraussetzungen für die Kooperation stimmen, kann jeder Typ individuell unterstützt werden, sich verstärkt in Richtung Netzwerkspieler zu entwickeln. Trittbrett-

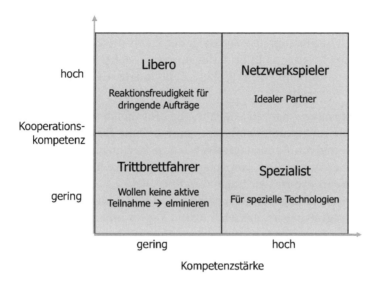

Abbildung 2: Typen von Kooperationspartnern

fahrer bringen keine einzigartigen Kompetenzen ein, sondern entziehen dem Kooperationssystem Energie und benutzen die Kompetenzen anderer ohne vergleichbaren Gegenwert. Sie sind frühzeitig zu erkennen und zeitgerecht aus der Kooperation zu entfernen.

Innerhalb einer Kooperation bestimmen die Beziehungen und Interaktionen der Kooperationspartner die Rolle und Position der einzelnen Partner. Aufgrund vielfach polyzentrischer Strukturen in Kooperationen ist es wichtig, dass Individuen aus verschiedenen Unternehmen, mitunter auch aus verschiedenen hierarchischen Ebenen zusammenarbeiten können. Die Führung von Kooperationen kann daher nur in sehr besonderen Konstellationen von einem einzelnen Unternehmen ausgehen, vielmehr muss sie über entsprechende Rollen und Aufgabenverteilung quer über die Kooperation verteilt und koordiniert werden. In der Praxis haben sich einige kooperationstypische Rollen entwickelt, die in der Benennung kooperationsspezifisch individuell variieren, aber sich in ihrer rollenspezifischen Bedeutung gleichen:

1| Der *Kooperationsstratege* ist der Visionär und strategische Führer und fällt in vielen Fällen mit der Person des Initiators zusammen. Zentrale Inhalte dieser Rolle stellen die wettbewerbsorientierte Ausrichtung der Kooperation am Markt sowie die Zusammenstellung der Kooperation in Hinblick auf Partner und Kernkompetenzen dar.

2| Das Aufgabengebiet des *Kooperationsmanagers* ist die Umsetzung der strategischen Ziele, die Organisation der Strukturen und Prozesse, die Informationshandhabung, das Kooperationscontrolling und -marketing, die Verwaltung etc. Damit fällt in diese Rolle der Aufbau und die Entwicklung der Kooperation sowie die Rolle des Außenministers als Ansprechpartner für die Umfeldkontakte von zum Beispiel Finanzpartnern, Förderstellen, PR-Stellen. Die inhaltlichen Aufgaben der Rolle ergeben sich aufgrund der Zielsetzung der Kooperation und sind bisweilen sehr umfangreich, sodass in der Praxis diese Rolle verstärkt aufgeteilt wird, beispielsweise in Informationsmanager, Kassenwart, Eventmanager, IT-Sprecher etc. Es empfiehlt sich diese Rolle langfristig innerhalb des Führungsgremiums zu verteilen.

3| Der *Projektmanager* hat zur Aufgabe, die eingehenden Angebote und Aufträge abzuwickeln und nimmt damit eine zentrale Rolle für die effektive und effiziente Abwicklung von Kundenaufträgen ein. Je nachdem, wie die Auftragsabwicklung in einer Kooperation konzipiert ist, kann diese Rolle verschieden angelegt werden. Wenn externe Aufträge ausschließlich über einen Projektmanager in der Kooperation angenommen werden, erstreckt sich die Rolle in Richtung eines Auftragsmanagers, der nach klaren Regeln innerhalb der Kooperation die Aufträge weiterorganisiert. Wenn die externen Aufträge bei jedem Kooperationspartner eingehen können, kann und/oder muss jeder Kooperationspartner diese Rolle übernehmen. Da diese Projekte meist organisationsübergreifend sind, werden hohe Ansprüche an die Projektabwicklung gestellt, denen die einzelnen Partner gerecht werden müssen.

4| Der *Kooperationscoach* ist auf allen Ebenen in der Kooperation aktiv, begleitet die interne Zusammenarbeit zwischen den Individuen sowie Organisationen und zeigt Entwicklungsfelder auf. Bei internen Problemen ist der Coach Ansprechpartner.

Von hoher Bedeutung haben sich *organisationsüberschreitende Rollen* gezeigt, deren Aufgabe es ist, Informationen grenzüberschreitend weiterzugeben, Kooperationsaktivitäten innerhalb und zwischen den Kooperationspartnern zu integrieren und zu koordinieren sowie die Vertrauensentwicklung zwischen den Partnern zu unterstützen.

2.5.3 Verhaltenssteuernde kooperationsinterne Managementsysteme

Kooperationsinterne Managementsysteme können auch als strukturelle Gestaltungselemente in einer Kooperation gesehen werden. Nachdem diese Systeme jedoch mit dem Ziel der Zielorientierung und Verhaltenssteuerung eingesetzt werden, wird auf die vier wesentlichen Managementsysteme im Rahmen der Verhaltensdimensionen näher eingegangen.

Das primäre Ziel des *Planungs- und Controllingsystems* ist die Unterstützung der Kooperationsführung bei Entwicklung und Steuerung der Kooperation. Abhängig vom Reifegrad der vorhandenen Controllingstrukturen der einzelnen Partner müssen Schnittstellen und Datenkompatibilität zwischen den einzelnen Planungs- und Kontrollsystemen, Informationssystemen und Instrumentarien zur Ziel- und Strategieabbildung der Partner geschaffen werden. In einer Kooperation ist ein laufendes Controlling für die individuelle und die kooperationsbezogene Kosten-Nutzen-Rechnung relevant. Typische Controllinginstrumente sind Berichtssysteme über zentrale Performance-Kriterien und Benchmarking-Kennzahlen, Risikoanalysen mit Frühwarnindikatoren etc., welche in regelmäßigen Audits und institutionalisierten Controlling-Meetings als wichtige Steuerungsinstrumente dienen.

Das *Informations- und Kommunikationssystem* (IuK-System) ist in gleichberechtigten Partnerschaften wichtig, denn wechselseitiger, symmetrischer Informationsaustausch und regelmäßige, transparente Kommunikation stellen die vertrauensfördernden Grundelemente einer flexiblen und stabilen Kooperation dar. Beim Aufbau eines IuK-Systems sind sowohl Aspekte der persönlichen Face-to-face-Kommunikation als auch Aspekte der technologisch unterstützten Information und Kommunikation zu beachten. Moderne IuK-Technologien ermöglichen gegenüber den persönlichen Besprechungen Kosten-, Zeit-, Koordinations- sowie Integrationsvorteile durch kollaborative Soft-/Groupware (für Dokumente, Messages, Announcements, Events, Links, Calendar, Surveys, Discussion Board etc.). Trotz Vorteilen ist vor «naiver Technologiegläubigkeit» zu warnen, denn zu aufwendige und technisch anspruchsvolle Systeme führen letztendlich zu einem Produktivitätsparadoxon (Picot/Reichwald/Wigand, 2003, S. 187ff.), bei dem der betriebswirtschaftliche Nutzen infrage zu stellen ist. Auch in Kooperationen muss sich die IT-Infrastruktur am echten Bedarf orientieren, Verantwortliche sowie Administration und Zugriffsrechte müssen definiert und auch Schulungen und Trainings abgehalten werden. Zu beachten ist, dass die beste IT in keiner Weise das persönliche Gespräch ersetzen kann.

Im Rahmen der *Human Resources Systeme* bieten sich vielfältige Möglichkeiten, die Fähigkeiten und Einsatzbereiche der Mitarbeiter der kooperierenden Unternehmen aufeinander abzustimmen und zu entwickeln. Zielsetzung dabei ist, mit einem übereinstimmenden Verständnis die menschlichen Potenziale in der Kooperation zu managen und zu entwickeln. Mögliche Abstimmungsfelder können abgestimmte Personalentwicklungsmaßnahmen (Trainings, Schulungen, horizontale Karriere, überbetriebliche Springereinsätze), standardisierte Kriterien für Personalsuche, -rekrutierung und -freisetzung, Personalverflechtungen bis hin zu einer akkordierten Lohn- und Gehaltspolitik mit gekoppelten Bewertungs- und Anreizsystemen sein.

	Monetäre Anreize	Geldäquivalente Anreize	Nicht materielle Anreize
Positive Anreize	• Beteiligung an Netzwerkaufträgen • Ergebnisbeteiligung durch fokalen Partner	• Realisierung von Einkaufsvorteilen • Kaufoptionen auf Anteile • Einräumiger großzügiger Zahlungsfristen • Gewährung zinsverbilligter Kredite • Angebot kostenloser Serviceleistungen	• Optionen auf „höherwertigen" Mitgliedstatus • Einräumen von „symbolischen" Privilegien • Anzeichnung, Lob, Anerkennung • Aufbau von Reputation • Herstellung eines gutes Kooperationsklimas
Negative Anreize	• Verkleinern der Auftragsvolumina • Zahlung von „Strafgeldern"	• Rückstufung von Konditionen • Entzug von Serviceleistungen • Beschränkung der Zugangs von Ressourcen	• Kooperationsausschluss • Einengung des Verantwortungsbereiches • Entzug von Privilegien • Schädigung der Reputation

Tabelle 1: Ausgewählte Anreize in Kooperationen

Besonders förderlich für den kooperationsinternen Erfahrungsaustausch und wechselseitiges Lernen sind Lernformen wie Spezialisten-Besuche (professionals meet professionals), Erfa-Gruppen, Problemlöse- und Arbeitszirkel, Hospitationen und Begleitung bei eventuellen Kundenbesuchen.

Die Verhaltenssteuerung über *gemeinsam getragene «Spiel-» oder Kooperationsverhaltensregeln* ist meist eine akzeptierte Regelung. In vielen Kooperationen sind diese in einem Kooperationsvertrag festgehalten, in einigen aber auch weniger formell in einer Vereinbarung, in Statuten etc. Relevante Aspekte einer Vereinbarung können sein: Ziele und Aufgabenverteilung, Regeln der Führung und Entscheidungsfindung, Informations- und Kommunikationsregeln (Hol-/Bringschuld), Regelung des Ein- und Ausstiegs von Partnern inklusive Aufnahmebedingungen und -prozess, Verteilung der Rollen und Aufgaben in der Kooperation, Auftragsabwicklungsprozess, Regeln für Krisenzeiten, Abwicklung einer Kooperationsauflösung etc. Für die Einhaltung der Regeln können verschiedenste Anreize gesetzt werden (Wohlgemuth, 2002, S. 300ff.). Wie in Tabelle 1 dargestellt, kann zwischen monetären, geldadäquaten und nicht materiellen Anreizen unterschieden werden. Je nach Intention sollen diese positiv oder negative, also sanktionierende Wirkung haben.

2.5.4 Interne und externe Kooperationskultur

Die Kultur umfasst das Normen- und Wertesystem eines sozialen Systems, welches sich über Jahre hinweg in einem Unternehmen entwickelt und die Verhaltensweisen der Organisationsmitglieder steuert. Dabei hat jeder Kooperationspartner eine eigene, einzigartige Unternehmenskultur, die im Falle einer Kooperation mit anderen Normen und Werten der anderen Unternehmenskulturen aufeinandertrifft.

Innerhalb der Kooperationsthematik wird eine interne und externe Kooperationskultur unterschieden. Die *interne «Kooperationskultur* ist ein Maß für die Befähigung, Bereitschaft sowie das Bewusstsein eines Unternehmens und seiner Mitarbeiter, in einer partnerschaftlichen Zusammenarbeit mit anderen Unternehmen auf einem gemeinsamen Normen- und Werteverständnis komplexe Problemlösungen kundenorientiert anzubieten.» (Fraunhofer-Institut 2010) Die interne Kooperationskultur setzt sich aus folgenden Aspekten zusammen: der Kooperationsbereitschaft (dem Dürfen), dem Kooperationsbewusstsein (dem Wollen) und der Kooperationsfähigkeit (dem Können). Folgende Abbildung zeigt die exponierte Stellung der erfolgskritischen Aspekte Dürfen, Wollen, Können, die von den Merkmalen einer internen Kooperationskultur wie Zielorientierung, Management-Know-how, Kooperationsförderndem Führungsverhalten, Delegationsfähigkeit, Offenheit und Vertrauen, Teamfähigkeit und Kooperationserfahrung unterstützt werden (Fraunhofer-Institut 2010). Diese interne Kooperationskultur ist von zentraler Bedeutung, denn ob Kooperationen erfolgreich sind, ist weniger eine Frage der Kernkompetenzen der Partner als vielmehr eine der Haltung zur Kooperation selbst (Dammer, 2005, S. 49).

Mit der *externen Kooperationskultur* ist der kulturelle Fit einer Kooperation gemeint, der häufig als zentraler Erfolgsfaktor genannt wird. Dabei bedeutet Fit beziehungsweise Kompatibilität von Kulturen nicht unmittelbar Homogenität, vielmehr kann auch die Heterogenität von Unternehmenskulturen sehr zielförderlich wirken. Der

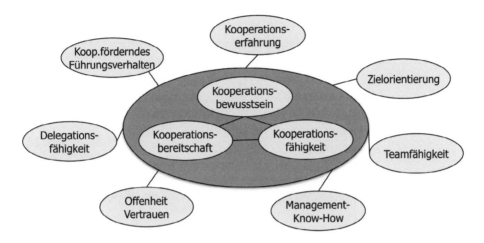

Abbildung 3: Kooperationskulturmodell

kulturelle Fit wird häufig in dichotomen Merkmalen mit einfachen Skalierungen ermittelt und dabei davon ausgegangen, dass dieser Fit antizipatorisch gestaltbar ist. Die Praxis zeigt, dass dies häufig nicht der Fall ist. Dabei lassen sich drei verschiedene Szenarien der Kulturentwicklung unterscheiden (Bleicher, 1992, S. 282):

1| Im *Kulturpluralismus* werden verschiedene Unternehmenskulturen der Kooperationspartner ermöglicht. Die Unternehmen und Mitarbeiter können sich auf die Unterschiede einstellen, wobei die Schnittstellen klar zu definieren sind.

2| Bei der *Kulturassimilation* werden verschiedene Aspekte der einzelnen Kultur verwoben und miteinander weiterentwickelt, sodass letztendlich ein eigenes, selbstständiges Kulturprofil entsteht.

3| Die *Kulturübernahme* findet dort statt, wo dominante Partner die Kultur durchsetzen und sich die restlichen Unternehmen unterordnen. Misstrauen und Missverständnisse begleiten diese Form der Kulturentwicklung.

3 Entwicklung von Unternehmenskooperationen

3.1 Entwicklungsmodell von Kooperationen

Der Entwicklungsverlauf von Kooperationen ist aufgrund der Diversität der Partner und der Kontextbedingungen stets einzigartig und individuell. Der Verlauf ist selten harmonisch und kontinuierlich, sondern manchmal stockend (Entscheidungen dauern lange, die Zeit ist zu knapp), emotional kritisch (die Partner werden nicht verstanden, Misstrauen über die Ziele des anderen entsteht), mitunter wieder zurück-

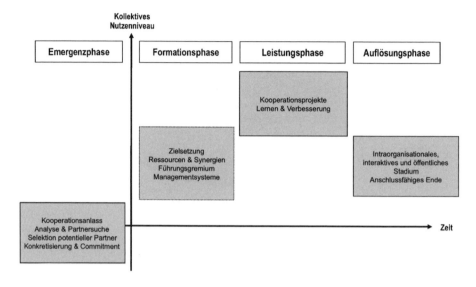

Abbildung 4: Entwicklungszyklus von Kooperationen

gehend (Partner scheidet wieder aus, Aspekte der Gestaltung wurden ausgelassen und müssen doch besprochen werden etc.). Verschiedenste Entwicklungsmodelle für das Entstehen und Entwickeln von Kooperationen sind bedacht worden, wie Lebenszyklusmodelle, nicht lineare Modelle und interventionsorientierte Modelle mit unterschiedlichen theoretischen Hintergründen wie der Transaktionskostentheorie, dem ressourcenorientierten Ansatz, dem organisationssoziologischen Zugang bis hin neuerdings zur Strukturationstheorie (Sydow, 2005, S. 55f.). Aber letztendlich ist kein Modell in der Lage, die Entwicklung völlig zu klären und theoretisch zu belegen. In praxisorientierten Darstellungen werden jedoch überwiegend Phasenmodelle eingesetzt, um die Entwicklung von Kooperationen transparenter, nachvollzieh- und gestaltbarer zu machen. Mit kritischer Distanz zu Lebenszyklusmodellen wird hier ein 4-Phasen-Modell nach Liebhart (2002, S. 177ff.) dargelegt. Abbildung 4 zeigt auf der horizontalen Achse die «Zeit», innerhalb der sich Kooperationen in ähnlichen Phasen aber unterschiedlich schnell entwickeln. Die vertikale Achse stellt das «kollektives Nutzenniveau» – den Reifegrad der Kooperation dar.

Ein Phasenmodell lässt die traditionelle Vermutung zu, dass Kooperationen grundsätzlich planbar sind. Sehr häufig sind diese aber emergent und verlaufen ungeplant. Das im Folgenden beschriebene Lebenszyklusmodell stellt aus diesem Grund ein idealtypisches Modell dar. Jede Phase baut inhaltlich auf der nächsten auf. Rückschritte sind möglich, wenn beispielsweise ein Partner ausfällt und mit einem neuen Partner viele inhaltliche Aspekte geklärt und zwischenmenschliche und -organisationale Entwicklungsschritte vollzogen werden müssen. Auch ein Abbruch nach einer der Phasen ist möglich und kommt in der Praxis immer wieder vor.

3.2 Emergenzphase – Entstehung der Kooperationsvision

Die erste Phase der Kooperationsentwicklung ist gekennzeichnet vom Emergieren («Hervorbringen») von Visionen und Ideen, potenziellen Partnern und Möglichkeiten eines synergetischen Miteinanders.

3.2.1 Positive Rahmenbedingungen und Kooperationsanlass

Kooperationen sind Unternehmensumwelten wie die regionale Wirtschaft (beispielsweise durch regionale Cluster), nationale und globale Branchen. Positive Rahmenbedingungen wie Kommunikation und Interaktion in der Branche, Kennen der Mitbewerber etc. erleichtern die Entwicklung von Kooperationen. Als *besonders fruchtbare Umwelten* können prinzipiell Cluster und staatliche Förderungen gesehen werden. Cluster bieten eine gute Start- und Entwicklungsbasis für eine kooperative Zusammenarbeit. Forschungsergebnisse unterstreichen die positive Wirkung und zeigen, dass solche eingebetteten Unternehmen überlebensfähiger sind und sich auch nachhaltig positiver entwickeln als vergleichbare, aber völlig autarke Unternehmen.

Beziehungskonstellationen im Sinne sozialer Netzwerke sind wertvolle Kontakte und bilden im Kern vielfach die Grundlage für das Entstehen von Unternehmenskooperationen. Diese Beziehungen können durch soziale Netzwerke von (Beziehungs-)Optionen und ökonomische Plattformen verschiedener Interessensgruppen entstehen. Sehr oft werden Kooperationsbemühungen über Beziehungen mit den bestehenden Geschäftspartnern geknüpft (wie Kunden, Lieferanten, Institutionen etc.) und entstehen aus langjährigen Freundschaften. Zudem sind kooperationsvermittelnde und -anbahnende Institutionen und Kooperationsdatenbanken sowie Kooperationsbörsen zu erwähnen, die vor allem im internationalen Kontext vielfältige Kontakte und Geschäftsbeziehungen ermöglichen können. Die Analyse der eigenen Beziehungskonstellationen kann mitunter interessante Potenziale durch bestehende Kontakte nicht nur des Managements, sondern auch der Mitarbeiter (Außendienst, F&E etc.) aufzeigen.

Kooperationen leben von der Energie, die ihnen durch die Partner zugeführt wird. Daher brauchen Kooperation immer einen *aktuellen Anlass,* der das unternehmerische Ungleichgewicht (Leidensdruck beispielsweise durch Marktstagnation, Wegfall eines Geschäftspartners etc.) korrigieren soll oder eine bedeutsame Chance oder ein Potenzial (innovative Idee) für das Unternehmen darstellen kann. Die Beweggründe, eine Kooperation in Erwägung zu ziehen und voranzutreiben, sind vielfältig, unternehmensindividuell und oftmals auch nicht transparent. Zumeist geht eine bewusste oder intuitive Diagnose der eigenen Situation voraus, wo Stärken und Schwächen ausgeglichen werden können.

Zusammenfassend entsteht eine Kooperation aufgrund eines aktuellen Anlasses eines Unternehmens, welches seine (latenten) Beziehungskonstellationen nutzt und basierend auf gemeinsamen Basisinteressen (Boos/Exner/Heitger, 1992, S. 55f.) Individuen beziehungsweise Unternehmen mit einer Idee im positiven Sinne konfrontiert. Meist übernehmen die durch den Anlass motivierten Unternehmen die Initiative und beginnen die Kooperation strategisch zu skizzieren, Vorüberlegungen zu Strukturen und Prozessen anzustellen, Chancen und Risiken abzuwägen und interessierte und geeignete Partner zu suchen.

3.2.2 Analyse des Kooperationspotenzials

Die Analyse der eigenen Position ist eine bedeutsame Notwendigkeit für kooperierende Unternehmen. Es gilt mit strategischen Analyseinstrumenten wie der SWOT-Analyse etc. die eigenen Stärken und Kernkompetenzen zu erkennen und eventuelle strategische Lücken herauszufinden.

Die *Selbstanalyse* setzt also eine intensive Auseinandersetzung mit dem eigenen Unternehmen voraus. Damit können die Unternehmen die eigene Kooperationsattraktivität erkennen: was sie potenziellen Partnern bieten können und welche Anforderungen sie an potenzielle Partner stellen müssen/wollen. Letztendlich geht es auch um Erwartungen an eine Kooperation selbst und darum, welcher messbare Nutzen beziehungsweise welches wertsteigernde Kooperationspotenzial realisierbar wäre. Ergebnis der Durchleuchtung des eigenen Unternehmens ist ein *Partnerprofil*. Dieses soll aufzeigen, welche Partner das Gesamtprofil der Kooperation im Sinne der Kooperationsvision ergänzen.

3.2.3 Partneransprache und Selektion potenzieller Partner

Die Analyse der zuvor beschriebenen Beziehungskonstellationen ist ein notwendiger Schritt, um Leitpartner oder auch Multiplikatoren in Vorgespräche zu involvieren und die Idee zu ventilieren und zu konkretisieren. Oftmals wird der Such- und Anbahnungsprozess einer Kooperation von interessierten Partnern als langwierig und schwierig empfunden. Die Praxis zeigt jedoch, dass die Auswahl der Partner erfolgskritischer Faktor einer Kooperation ist. Besondere Beachtung erlangt dabei die «Sozio-Chemie» der beteiligten Partner (Kanter, 1995, S. 36f.), da eben die Partnerwahl auch von subjektiven Wahrnehmungen, wie der Unternehmerpersönlichkeit, dem Kommunikations- und Führungsverhalten beeinflusst wird. Die Frage der Chemie zielt einfach darauf ab, ob sich Partner sympathisch finden und offen für eine Zusammenarbeit sind. Die Reihenfolge der Ansprache der potenziellen Kooperationspartner richtet sich also nicht nur nach der Ergänzung der fachlichen Kernkompetenzen, sondern auch nach der voraussichtlich guten Chemie zwischen den Partnern.

Die Phase der Gesprächsführung und des wechselseitigen Kennenlernens wird durch das Abstimmen der Ziele und Ausloten der Interessen der Beteiligten sowie die Abklärung der relevanten Ressourcen und Kompetenzen für die Ziele bestimmt. Instrumente wie Profilvergleiche, die Erstellung einer Ressourcen- und Kompetenzlandkarte, einer Kundenanalyse, das Einschätzen der realistischen Erfüllungsgrade in Hinblick auf Kapazitätsnutzung, die Identifikation von Engpassfaktoren etc. dienen dazu, diesen Prozess zu strukturieren und thematisierbar zu machen. Ein Problemfeld im Bereich der Partnerwahl ist mitunter die selektive Wahrnehmung in der Emergenzphase, getrieben von der Suche nach Gemeinsamkeiten. Durch den Einsatz der zuvor genannten Instrumente können emotionale Befindlichkeiten objektiviert werden. Beim Prozess der Synergieanalyse ist nicht relevant, wie ähnlich, sondern wie kompatibel die Partner in Hinblick auf Unternehmensphilosophie, Strategie und Struktur, Kultur, Reifegrad und Größe für eine konstruktive Zusammenarbeit sind. In Summe haben die Selektionskriterien «Kompetenz» und «persönliche Kontakte» eine überdurchschnittlich hohe erfolgsbeeinflussende Wirkung, während eher allgemeine Kriterien wie Größe, räumliche Nähe und bestehende Geschäftsbeziehungen zweitrangig sind. Zu klären ist, wie viele Gemeinsamkeiten zwischen den kooperierenden Unternehmen in den Kernbereichen ihrer Aktivitäten notwendig sind und mit welchem Aufwand diese generiert werden können.

3.2.4 Konkretisierung und Commitment

Wenn sich der Kreis der potenziellen Partner langsam einengt, vertieft sich die Kommunikation in Bezug auf die Konkretisierung und das Ausmaß der Zusammenarbeit. Die potenziellen Kooperationspartner entwickeln nach der Analyse des gemeinsamen Kooperationspotenzials und nach vielen Diskussionen und Reflexionen einen kollektiven *wirtschaftlichen Nutzen und Sinn*. Denn für die weitere Verfolgung der Kooperationsidee ist es wichtig, dass die Kooperation in der Summe kollektiven und auch für jeden Kooperationspartner individuellen Sinn stiftet.

Das Commitment aller beteiligten Partner zur Vision und Zusammenarbeit ist für die weitere Entwicklung der Kooperation erforderlich. Ein mögliches Zeichen dafür kann die Unterfertigung eines «Letter of Intent», ein «Memorandum of Understanding» bis hin zu einer schriftlichen Kooperationsvereinbarung als formaler Grundlage der Zusammenarbeit sein. Auch ein öffentlichkeitswirksamer Gründungsakt verdeutlich die Zustimmung der Partner.

Nicht alle Kooperationen schaffen nun die Entwicklung in die nächste Stufe. Dies mag daran liegen, dass die erforderlichen Ressourcen unterschätzt werden, bestehende Rechts- und Vertragspflichten dem weiteren Engagement widersprechen oder auch, dass manche Unternehmen resistent gegenüber Weiterentwicklung, Lernen und Offenheit sind. Diese Partner scheiden noch vor Übergang in die nächste Phase aus. Darüber hinaus zeigt sich zu diesem Zeitpunkt auf der Achse des kollektiven Nutzenniveaus der Kooperationsentwicklung ein hoher Aufwand, dem noch kein wirklicher Nutzen gegenübergestellt werden kann. «Netzwerke sind alles andere als Selbstläufer» (Beck, 1998, S. 287), vielmehr benötigen sie stets viel Energie, Zeit und Kosten aller Partner.

3.3 Formationsphase – Konfiguration der Kooperation

Nach Auswahl der Partner und Klärung der wirtschaftlichen Sinnhaftigkeit geht es in der folgenden Phase um die konkreten Strukturen und Prozesse der Kooperation.

3.3.1 Strategische Ziele

Die Partner sind angehalten, ihre langfristigen Ziele und Erwartungen zum Ausdruck zu bringen, damit Transparenz und Klarheit darüber vorhanden ist. Durch den gemeinsamen Prozess der Zielerarbeitung soll auch geklärt werden, welcher

Nettonutzen jedes einzelnen Partners realistischerweise erreicht werden kann. Dabei spielt das Vertrauen durchaus eine relevante Rolle. Solange die Partner eine «kosmetische Schönwetterpolitik» betreiben, bleiben die wahren und echten Ziele unbekannt, werden Ziele vorgeschoben, Energien verschwendet und Enttäuschungen vorprogrammiert. Ergebnisse des Zielbildungsprozesses sind konkret formulierte und messbare Ziele der Unternehmenskooperation sowie abgeleitete Ziele der Partner. Kooperationszweck und -ziele sollten jedoch nicht «einzementiert» werden, sondern für Chancen und Veränderungen flexibel und offen sein.

3.3.2 Ressourcen und Synergien

Die in der Emergenzphase erarbeiteten Landkarten von Kompetenzen, Ressourcen etc. sind nochmals abzuwägen und auch das Ausmaß der Verflechtung sowie der Zeitplan zu ihrer Erreichung sind zu fixieren. Diese müssen nun in klare und transparente Prozesse und Steuerungsprinzipien übergeleitet werden.

Damit kann die Kooperation einen Business-Plan erstellen, der die Kooperationsziele und -strategie in schriftlicher Form, zahlenmäßig ausgedrückt festhält.

3.3.3 Strategische Führung und Organisation

Das Führungsgremium ist insbesondere in dieser Phase stark gefordert, denn die vielfältigen interorganisationalen Aufgabenstellungen und Koordinationserfordernisse stellen aufgrund der hohen Komplexität und der Interessensvielfalt hohe Ansprüche an die Gestaltungskompetenzen. Hinzu kommt, dass Unternehmen ihre eigene Organisation partiell anpassen, aktives Informationsmanagement nach innen gegenüber den Mitarbeitern und nach außen gegenüber Stakeholdern wie Kunden, Lieferanten, Finanzgebern etc. betreiben und überorganisationale Beziehungen managen müssen.

Zu beachten ist, dass das Führen und Steuern von Kooperationen bedeutet, ohne oder mit nur beschränkter Leitungsinstanz multilateral zu koordinieren. So müssen auch Entscheidungs- und Verhaltensregeln erarbeitet sowie viele interne Kommunikations- und Supportprozesse ausgearbeitet werden. Zur Bewältigung der vielen Themenbereiche bieten sich Arbeitskreise, thematische Patenschaften etc. an.

3.3.4 Managementsysteme der Kooperation

Mit steigendem Kooperationsumfang nimmt der Bedarf an unternehmensübergreifenden Infrastruktur- und Managementsystemen zu. In der Formationsphase werden nach konkreter Analyse existierender Systeme und des erforderlichen Bedarfs die übergreifenden Systeme entwickelt und eingeführt. Da die Managementsysteme innerhalb der Kooperation abgestimmt sein sollten, sind die Kooperationspartner auch internen Veränderungsprozessen unterworfen. Ziel muss es daher sein, ein vertretbares Maß an unternehmensübergreifenden Managementsystemen aufzubauen.

In der Formationsphase wird die erste Euphorie über die Potenziale einer Kooperation relativiert, denn die Formationsphase ist aufgrund der vielfältigen Abstimmungs- und Koordinationsleistung – mitunter auch unter Zeitdruck – die entwicklungs- und lernintensivste Phase. Auch unternehmensinterne Verunsicherungen der

Mitarbeiter äußern sich in dieser Phase durch verlangsamte Prozesse, Fehlerhäufigkeit und angespanntes Betriebsklima. Mitunter verlassen gute Mitarbeiter die Unternehmen, wenn sie aufgrund der Veränderungen die Sinnhaftigkeit nicht erkennen können. Darüber hinaus ist nicht jeder Partner wirklich bereit, die Schritte umzusetzen und auch die kooperationsspezifischen Kosten einer solchen Entwicklung zu tragen. Auch werden in dieser Phase Fehleinschätzungen über den Partner und unterschiedliche Wahrnehmungen und Einstellungen sichtbar.

3.4 Leistungsphase – Erstellung der Kooperationswertschöpfung

In dieser Phase wird die eigentliche Kooperationswertschöpfung erbracht. Vor allem bei längerfristigen Kooperation zeigt sich, dass die Leistungsphase nicht nur die eigentliche Projektabwicklung involviert, sondern hier kontinuierliches Lernen und Entwickeln auf individueller und Kooperationsebene passieren kann.

3.4.1 (Temporäre) Kooperationsprojekte

Die gemeinsamen Projekte einer Kooperation sind entweder einmalig, wiederkehrend oder fortlaufend. Sie werden in potenziellen Strukturen, die mit einem Auftrag oder einer Idee aktiviert werden können, abgewickelt. Das heißt, ein Partner koordiniert das Projekt, überprüft die Abwicklung und beendet dieses nach Fertigstellung des Auftrags wieder. Dabei unterliegen die Aktivitäten auf der Kooperationsprojektebene den typischen Gesetzmäßigkeiten des Projektmanagements. Bei raschen und dynamischen Kundenanfragen oder aktuellen Marktchancen müssen die Projekte nach dem Prinzip von «Plug and play»-Organisationen (Littmann/Jansen, 2000, S. 72) rasch und flexibel abzuwickeln sein. Solche Organisationen visualisieren, dass sich Organisationsstrukturen immer wieder neu erfinden und schnell (re-)konfigurieren können.

Bei der Angebotslegung an einen Kunden ist wie in jedem Projekt in einem ersten Projektschritt Klarheit über die Projektanforderungen zu schaffen, um kooperationsintern die erforderlichen Ressourcen, Kompetenzen und Kapazitäten klären zu können. Die Art und Weise der kooperationsinternen Auftragsvergabe ist kooperationsspezifisch. Als sinnvoll erwiesen haben sich interne Vergabemeetings, interne Ausschreibungen bis hin zu Konzeptwettbewerben mit einer transparent definierten Vorgehensweise. Auch in der Auftragsabwicklung ist die Projektleitung kooperationsspezifisch und kann durch einen kooperationsfixen oder aber flexiblen Projektleiter übernommen werden. Letztere Variante empfiehlt sich, wenn der Projektleiter die Bedürfnisse und Besonderheiten des Kunden gut kennt und auch als Vertrauens- und Ansprechpartner gilt. Mit dem Projektbeginn sind auch potenzielle Risiken und Haftungen unter den Partnern zu klären. Nach dem Abschluss des Kooperationsprojektes löst sich die Projektebene wieder auf (manchmal auch die gesamte Kooperation, wenn die einzelne Projektabwicklung das Ziel war). Die Abwicklung des Projektes ist zu evaluieren, um aus gemachten Fehlern zu lernen und Lernerfahrungen in das nächste gemeinsame Projekt einfließen zu lassen.

3.4.2 Lernen und Verbesserung

Wie jede Organisation müssen auch Kooperationen lernende soziale Systeme sein, um mittel- bis langfristig überlebensfähig zu sein. Deswegen muss die Kooperation an einer kontinuierlichen Verbesserung der eigenen Strukturen und Prozesse arbeiten. Ein kontinuierliches Monitoring und Controlling, die Evaluierung und Reflektion der Kooperationsaktivitäten unterstützt eine kontinuierliche Entwicklung. Bei der Reflexion sind die Kundenebene, die Kooperationsebene, die Ebene der einzelnen Kooperationspartner und deren Mitarbeiter und die Ebene der Kooperationsumwelt (Stakeholder, Kunden, Lieferanten etc.) relevant. Die Bewertung kann nach quantitativen Kriterien wie der Umsatzentwicklung, der Cash-Flow-Entwicklung, den individuellen Kooperationsbeiträgen etc. oder nach qualitativen Kriterien wie der Zufriedenheit der Kooperationspartner, der Kooperationskultur etc. erfolgen. Die grundsätzliche Bereitschaft der Kooperationspartner zu reflektieren, Konflikte beziehungsweise Diskrepanzen aus Erfahrungen und Interessenunterschieden zu verstehen, kritisches Feedback aufzunehmen und Lernen zuzulassen, ermöglicht beispielsweise ein verbessertes Problemlösungspotenzial, ein höheres Wahrnehmenspotenzial etc. aller Partner. Dieses gemeinsame Lernen und proaktive Gestalten ist wichtig und führt zu einer Weiterentwicklung der Kooperationskompetenz.

Die Phase der Leistung sollte bereits für alle Kooperationspartner einen Nutzen generieren. Bei eher stabilen Kooperationen ermöglichen die aufgebauten Strukturen und Prozesse gute Projektabwicklungen, sodass in der Kooperation auch phasenweise Routine erlebt werden kann.

3.5 Auflösungsphase – Gestaltung des Kooperationsendes

Die Phase der Auflösung ist idealerweise bereits bei der Entwicklung der Kooperation zu berücksichtigen. Die Auflösung einer Kooperation soll auch traditionellerweise nicht als Scheitern verstanden werden, sondern als ein normaler Bestandteil des Kooperationsprozesses und ist als Lernchance für die Beteiligten zu sehen.

3.5.1 Auflösungsgründe und -wege

Einer der möglichen Auflösungsgründe liegt darin, dass die Kooperation *ihr inhaltliches oder zeitliches Ende* erreicht hat.

Der *abnehmende individuelle Nutzen* eines oder mehrerer Partner führt dazu, dass sich weitere Investitionen individuell nicht mehr rechnen und ein Partner die Kooperation verlässt.

Im Laufe der Entwicklung muss aber auch zur Kenntnis genommen werden, dass unterschiedliche Wettbewerbskontexte der einzelnen Kooperationspartner zu *divergierenden Interessen* führen. Auch langjährige Kooperationen können irgendwann den Punkt erreichen, an dem der Verbleib in der Kooperation als strategisch und wirtschaftlich nicht mehr sinnvoll erachtet wird. Die Voraussetzungen der Zusammenarbeit haben sich verändert.

Unüberwindbare *Konflikte* zwischen einzelnen Kooperationspartnern reduzieren die Kontakte, polarisieren langfristig die restlichen Kooperationsmitglieder und führen zu einer Beendigung der Zusammenarbeit. Mitunter können klare *Regelverstöße* auch zum Ausschluss eines oder mehrerer Partner führen.

Bisweilen kommt es vor, dass *Kooperationen versanden*. Die einzelnen Kooperationspartner sind völlig mit der Tagesarbeit der eigenen Unternehmen belastet, wo auch die Priorität liegt. Irgendwann werden die Intervalle des Zusammenkommens länger, die Informationen immer spärlicher, und ab einem bestimmten Zeitpunkt nehmen die Kontakt so weit ab, dass die Sinnhaftigkeit der Kooperation infrage gestellt wird.

Die höchste Instabilität von Unternehmenskooperationen ist im 5. bis 6. Lebensjahr gegeben. Erwartungsgemäß weisen Forschungs- und Entwicklungskooperationen die höchste Auflösungsrate aus, während Produktionskooperationen und Kooperationen für die Neuproduktentwicklung die längste Dauer zeigen. Eine Auflösung funktionierender Partnerschaften findet nur in seltenen Fällen statt.

Ausgangspunkt der Auflösung stellt zumeist die Unzufriedenheit eines oder mehrerer Partner dar, die ihren Unmut zum Ausdruck bringen und Verhandlungen über eine Auflösung aufnehmen. Zwei wesentliche Strategien zeigen sich in der Praxis:

1| Strategie der Direktheit, mit einer klaren Kommunikation des Auflösungswunsches eines Partners oder

2| Strategie der Außenorientierung, wenn der Partner mehr außerhalb der Kooperation orientiert ist, die Beziehungen sich zu lockern beginnen und ein Ausstieg beziehungsweise eine Auflösung nur noch die logische Konsequenz ist.

Ab dem Moment der Bekanntgabe kann der Ausstieg oder die Auflösung auch «öffentlich» in der Kooperation besprochen werden. Aufgaben und Prozesse müssen reintegriert, Managementsysteme auseinandergeflochten, Finanzmittel aufgeteilt werden. Nicht zu vergessen sind die Mitarbeiter, die über die Auflösung informiert und über deren eventuelle Betroffenheit diskutiert werden muss.

3.5.2 Anschlussfähiges Ende

Wie bereits erwähnt, steckt in jeder Auflösung auch die Chance zu einer neuen, anderen Kooperation, auch wenn dies zum Zeitpunkt der Auflösung nicht erkennbar ist. Daher sollten die Ursachen und Folgen einer Auflösung analysiert werden und das einzelne Unternehmen muss an die neuen Bedingungen ohne Kooperation angepasst werden. Im Rahmen der Beendigungsmaßnahmen sind jedoch nicht nur die wirtschaftlichen und finanziellen Aspekte zu beachten. Auch im zwischenmenschlichen Bereich muss aus sozialer und psychologischer Sicht abgeschlossen werden. Ungesagtes oder noch offene Angelegenheiten sind zu klären, wechselseitige Unterstützung kann sich bei einem partnerschaftlichen Ende zugesichert werden usw. Das Ende ist also so abzuschließen, dass die Partner gerne und sofort bei geeigneten Gegebenheiten erneut miteinander kooperieren würden.

4 Empfehlungen für die Entwicklung von Kooperationen

Die Kooperationspartner müssen einige Grundeinstellungen mitbringen, damit Unternehmenskooperation erfolgreich entwickelt werden können. Dazu gehört der Mut, sich auf etwas Neues einzulassen, sich engagiert und committed der Idee und der Entwicklung unterzuordnen, selbst in Netzwerken zu denken und agieren, sich der eigenen Stärken und Fähigkeiten bewusst und insbesondere selbst lern- und entwicklungsbereit zu sein, um langfristig ein attraktiver Kooperationspartner zu sein. Die nachfolgenden Entwicklungsempfehlungen sollen dabei nachhaltig unterstützen.

4.1 Strategische Entwicklungsempfehlungen

Das *Denken in einer mittel- bis langfristigen Perspektive* ist eine wichtige Fähigkeit. Unternehmenskooperationen erfordern viel Zeit, Kosten und Energie für deren Aufbau und amortisieren sich erst längerfristig. Da es keine kurzfristige Nutzenmaximierung geben kann (außer bei Trittbrettfahrern, Opportunisten) muss ein Mindestmaß an Interessensübereinstimmung gegeben sein, um mögliche Nutzenpotenziale aktivieren zu können.

Unternehmenskooperationen benötigen längerfristig angelegte *Führungsgremien*, die mit kompetenten und erfahrenen Personen aus den Kooperationsunternehmen besetzt sind. Vernetzt zu denken und handeln, komplexe Zusammenhänge zu berücksichtigen, Interessenslagen fair auszubalancieren und gleichzeitig teamorientiert und auch wirtschaftlich effizient und effektiv zu agieren erfordert Menschen mit Kompetenzen und Potenzial.

Auch eine kritische Sichtweise auf ein phasenspezifisches Lebenszykluskonzept kann die grundsätzliche phasenspezifische Logik nicht absprechen. Es macht daher viel Sinn, den *Lebenszyklus der Kooperation* zu berücksichtigen. Auch jeder neue Partner bedingt, dass vielfältige Prozesse wieder bewusst durchlaufen werden müssen.

Die Herausforderungen an das Kooperationsmanagement und die teilnehmenden Unternehmen dürfen hinsichtlich der Zeit, der Kosten, der Energie und auch des Veränderungspotenzials nicht unterschätzt werden. Eine *externe Begleitung* kann wertvolle prozess- und reflektionsunterstützende Erfahrungen einbringen.

4.2 Strukturelle Entwicklungsempfehlungen

Es entspricht dem dynamischen Kooperations- und Netzwerksgedanken, dass sich die Partner und die Partnerpositionen durchaus verändern, entwickeln, neu definieren usw. («Rearrangementfähigkeit»). Projektpartnerwechsel, Offenheit und Transparenz bei Innovationen und Entwicklungen, Kommunikationsforen etc. ermöglichen flexible Konstellationen in der Kooperation. Vor allem am Beginn der Kooperation sollten sich die Unternehmen langsam annähern dürfen. Aus diesem Grund sind dynamische Koppelungen zu favorisieren.

Auch wenn Partnerunternehmen mit unterschiedlichen Managementsystemen arbeiten, muss die Kooperation dem Führungsgremium und den Partnerbetrieben durch kompatible Managementsysteme einfache und transparente Daten und Informationen liefern können. Eine Analyse der bestehenden Systeme und die Leitlinie «so wenig als möglich, so viel als notwendig» *bei der Entwicklung interorganisationaler Managementsysteme* anzupassen, unterstützt das langsame Annähern der Managementsysteme.

Moderne Technologien können das menschliche Miteinander nicht ersetzen, aber qualifiziert unterstützen. Durch ein abgestimmtes System wird es möglich, auch *moderne IuK-Technologien* bei der Zusammenarbeit zeit- und kostensparend zu nutzen. Unter Berücksichtigung der Mitarbeiterkompetenzen ist eine langsame und kompetenzadäquate Einführung zur täglichen Nutzung zu empfehlen.

Unternehmenskooperationen können eine hohe Komplexität hervorbringen. *Pragmatisch-praktische und transparente Regelungen* sind eindeutig technokratischen, «high-sophisticated» Regelungen vorzuziehen und müssen dem Reifeniveau der Partner entsprechen. Vertrauen in der Kooperation ergänzt Regelungsmechanismen.

Unternehmenskooperationen werden für ganz konkrete Zielsetzungen und Erwartungen mit entsprechenden Risiken und Haftungen langfristig eingegangen. Wenngleich nicht alle möglichen Aspekte und Situationen innerhalb einer Kooperation juristisch vorweggenommen werden können, schaffen *vertragliche Rahmenbedingungen* ein gutes Fundament.

4.3 Kulturelle Entwicklungsempfehlungen

Kommunikation innerhalb des Netzwerkes erfordert die gleiche Sprache und kurze Kommunikationswege zwischen den Partnern, die nicht nur fallweise, sondern institutionalisiert stattfinden soll. Eine regelmäßige Kontaktpflege ist unabdingbar für eine fruchtbare Kooperation. Formale Abstimmungsgespräche und Arbeitstreffen bis hin zu informellen Meetings und Kooperationsveranstaltungen sind wirksame Instrumente zum interaktiven Agieren.

Sozial kompetente Menschen müssen Beziehungen und Kontakte aufbauen, um ein neues, unternehmensübergreifendes Kooperationsbewusstsein zu entwickeln. Dies ist die Basis, damit in Richtung Gemeinsamkeit gedacht und gehandelt wird. Denn für den anderen mitdenken, Win-win-Situationen herstellen, das WIR vor das ICH stellen, Vertrauen aufbauen usw. sind Denk- und Verhaltensweisen, die eine *Kooperationskultur* prägen.

Unternehmenskooperationen erfordern eindeutig definierte Systeme der Kontrolle und verlangen nach klaren Sanktionen bei einer Nichteinhaltung der Richtlinien. Dabei bezieht sich diese Forderung verstärkt auf kooperierende Denk- und Verhaltensweisen. Beispielsweise kann ein *Kontroll- und Sanktionssystem* das geplante Ersetzen (Ausschluss) von opportunistischen Partnern umfassen.

Eine Ausgewogenheit zwischen Denken und Handeln unterstützt die erfolgsorientierte Kooperationsentwicklung. So werden Nutzenpotenziale sichergestellt, die Entwicklung und Nutzung von Hard- und Softfacts thematisiert sowie das zwischenbetriebliche Zusammenwirken und die Zufriedenheit der Partnerunternehmen etc. reflektiert und beurteilt. Eine gemeinsame *regelmäßige Reflexion* führt zu einem höheren Kooperationsbewusstsein, forciert systemisches Denken, schafft Transparenz, unterstützt die Vertrauensentwicklung und bewirkt über die kollektive Sinnstiftung eine Stabilisierung der Kooperationsentwicklung.

4.4 Mitarbeiter- und Partnerorientierte Entwicklungsempfehlungen

Unternehmenskooperationen unterliegen anderen Gesetzmäßigkeiten als «normale» Unternehmen. Die intermediäre Position zwischen marktbezogenen und hierarchischen Koordinationsmustern bringt es mit sich, dass vielfältige Aushandlungs- und Abstimmungsprozesse Teil der täglichen Realität sind. Für Führungs- und Grenzrollen müssen die Führungskräfte und Mitarbeiter daher entsprechende Kompetenzen und Potenziale mitbringen beziehungsweise *Kooperationskompetenz* entwickeln.

Die Bereitschaft und Fähigkeit zum Perspektivenwechsel – sich in die Lage anderer hineinzuversetzen – unterstützt das wechselseitige Verständnis. Schwierigkeiten und Missverständnisse können durch empathische Fähigkeiten besser eingeordnet und verstanden werden, wodurch Spannungen und Konflikte vorab reduziert werden können. Intensive Kommunikation und kurze Wege unterstützen das wechselseitige Verständnis.

Der Erfolg einer Unternehmenskooperation hängt maßgeblich von dem gelebten Kooperationsverhalten aller Menschen ab. Daher müssen Mitarbeiter vor allem in Schlüsselpositionen von der Sinnhaftigkeit überzeugt werden. Dies erfolgt durch *aktives Einbeziehen* in kooperationsrelevante Entscheidungen und Veränderungen. Über die bewusst gemachte wechselseitige Abhängigkeit kann eine Beziehungsstabilität der Menschen erreicht werden, die vorteilhaft für die gesamte Kooperation ist.

Basierend auf: Liebhart, U. (2007). Unternehmenskooperationen. Aufbau, Gestaltung und Nutzung. In: Neumann, R./Graf, G. (Hrsg.): Management-Konzepte im Praxistest. State of the Art – Anwendungen – Erfolgsfaktoren. Wien. S. 295–350.

Literatur Kapitel VIII

Aderhold, J. (2005): Unternehmen zwischen Netzwerk und Kooperation. In: Aderhold, J. et al. (Hrsg.): Modernes Netzwerkmanagement. Anforderungen – Methoden – Anwendungsfelder. Wiesbaden, S. 113–129.

Beck, Th. (1998): Kosteneffiziente Netzwerkkooperation: Optimierung komplexer Partnerschaften zwischen Unternehmen. Wiesbaden.

Bellmann, K./Mildenberger, U./Haritz, A. (2000): Management von Technologienetzwerken. In: Kaluza, B./Blecker, Th. (Hrsg.): Produktions- und Logistikmanagement in virtuellen Unternehmen und Netzwerken. Berlin, S. 119-145.

Bleicher, K. (1995): Vertrauen als kritischer Faktor einer Bewältigung des Wandels. In: ZfO, Nr. 6, S. 390-395.

Bleicher, K. (1992): Der Strategie-, Struktur- und Kulturfit strategischer Allianzen als Erfolgsfaktor. In: Bronder, Ch./Pritzl, R. (Hrsg.): Wegweiser für strategische Allianzen. Meilensteine und Stolpersteine bei Kooperationen. Frankfurt, S. 267-294.

Boos, F./Exner, A./Heitger, B. (1992): Soziale Netzwerke sind anders. In: ZOE, Nr. 1, S. 54-61.

Coase, R. (1937): The nature of the firm. In: Economica, Nr. 4, S. 386-405.

Covey, St. M. R. (2009): Schnelligkeit durch Vertrauen. Die unterschätzte ökonomische Macht. Offenbach.

Dammer, I. (2005): Gelingende Kooperation («Effizienz»). In: Becker, Th. et al. (Hrsg.): Netzwerkmanagement. Mit Kooperation zum Unternehmenserfolg. Berlin, S. 49-73.

Duschek, A./Wetzel, R./Aderhold, J. (2005): Probleme mit dem Netzwerk und Probleme mit dem Management. In: Aderhold, J. et al. (Hrsg.): Modernes Netzwerkmanagement. Anforderungen - Methoden - Anwendungsfelder. Wiesbaden, S. 119-145.

Fraunhofer-Institut (o. J.): Kooperationskultur, URL: http://www.iml.fraunhofer.de/831.html vom 3. August 2010.

Kanter, R. M. (1995): Unternehmenspartnerschaften. Langsam zueinander finden. In: HBM, Nr. 2, S. 33-43.

Killich, St. (2007): Formen der Unternehmenskooperation. In: Becker, Th. (Hrsg.): Mit Kooperationen zum Unternehmenserfolg. 2. Auflage. Berlin/Heidelberg, S. 13-23.

Krystek, U./Zumbrock, S. (1993): Planung und Vertrauen. Die Bedeutung von Vertrauen und Mißtrauen für die Qualität von Planungs- und Kontrollsystemen. Stuttgart.

Kühl, St./Schnelle, W. (2005): Laterales Führen. In: Aderhold, J. et al. (Hrsg.): Modernes Netzwerkmanagement. Anforderungen - Methoden - Anwendungsfelder. Wiesbaden, S. 185-212.

Lane, Ch. (1998): Introduction: Theories and issues in the study of trust. In: Lane, Ch./Bachmann, R. (1998): Trust within and between organizations. Conceptual issues and empirical applications. Oxford/New York, S. 1-30.

Liebhart, U. (2002): Strategische Kooperationsnetzwerke. Entwicklung - Gestaltung - Steuerung. Wiesbaden.

Littmann, P./Jansen, St. A. (2000): Oszillodox - Virtualisierung - die permanente Neuerfindung der Organisation. Stuttgart.

Luhmann, N. (1989): Vertrauen. Ein Mechanismus der Reduktion sozialer Komplexität. 3. Auflage. Stuttgart.

Picot, A./Reichwald, R./Wigand, R. T. (2003): Die grenzenlose Unternehmung. Information, Organisation, Management. 5. Auflage. Wiesbaden.

Schuh, G./Katzy, B. R./Eisen, St. (2000): Virtuelle Fabrik: Flexibles Produktionsnetzwerk zur Bewältigung des Strukturwandels. In: Kaluza, B./Blecker, Th. (Hrsg.): Produktions- und Logistikmanagement in virtuellen Unternehmen und Unternehmensnetzwerken. Berlin.

Selznik, P. (1957): Leadership in Administration. A Sociological Interpretation. Evanston.

Sydow, J. (1992): Strategische Netzwerke. Evolution und Organisation. Wiesbaden.

Sydow, J. (2005): Wie entwickeln sich Unternehmensnetzwerke? Neue Einsichten für die Praxis des Networking. In: Stahl, H. K./Friedrich von den Eichen, St. A. (Hrsg.): Vernetzte Unternehmen. Wirkungsvolles Agieren in Zeiten des Wandels. Berlin, S. 39-64.

Williamson, O. E. (1990): Economic organization. Firms, markets and policy control. Hemel Hempstead.

Willke, H. (1995): Systemtheorie. Steuerungstheorie. Grundzüge einer Theorie der Steuerung komplexer Sozialsysteme. Stuttgart.

Wohlgemuth, O. (2002): Management netzwerkartiger Kooperationen. Instrumente für die unternehmensübergreifende Steuerung. Wiesbaden.

Zucker, L. G. (1986): Production of Trust. Institutional Sources of Economic Structure. In: Research in Organizational Behaviour, Bd. 8, S. 53-111.

KAPITEL IX
Systemisches Management von Unternehmensnetzwerken

1 Besonderheiten netzwerkartiger Kooperationsformen und deren Management
Ronald Ivancic, verfasst im Jahr 2011, bisher unveröffentlicht

Unsere *globale Wirtschaft* und immer näher zusammenrückende Gesellschaft sind charakterisiert durch zunehmend turbulente Interdependenzen von Ereignissen und Entscheidungen. Globale Vernetzungen haben zu einem Weltendorf geführt, innerhalb welchem jeder und jedes durch komplizierteste Beziehungsgeflechte miteinander verbunden ist (Bleicher, 2011), eine Verknüpfung, die sich zunehmend aufgrund medialer Entwicklungen verstärkt und zu eigenen *Realitäten* unterschiedlichen Charakters führt (Ivancic/Mully, 2008, S. 95ff.). Neben dieser enormen Komplexität kennzeichnet eine Dynamisierung sämtlicher Lebensbereiche die moderne Gemengelage. Rieckmann (2005) beschreibt diesen Zustand als «Dynaxity» – also als Resultante aus «dynamics» und «complexity» bei zunehmender Macht-/Ohnmacht-/Risikorelation – die zu entsprechenden Unsicherheiten und Orientierungslosigkeit in den Unternehmungen führt (Bleicher, 1994, S. 25).

Um hohe «Dynaxity» bewältigen zu können, ist ein großes Maß an «Dynaxibility» sowie Flexibilität erforderlich – herkömmliche Unternehmungsstrukturen ermöglichen dies nur in begrenztem Umfang. Folglich geht es um die Suche nach «Optimal structures for social systems» (Schwaninger, 2007, S. 307) und um die Gestaltung von intelligenten Organisationen (Schwaninger, 2009, S. 83ff.).

Der *Struktur und Organisationsform* einer Unternehmung ist eine wesentliche strategische Relevanz beizumessen. So begünstigen respektive hemmen spezifische Organisationsstrukturen (Re-)Aktionsmöglichkeiten von Unternehmungen innerhalb spezieller Umweltsituationen. «Unternehmen befinden sich in einem ständigen Kampf – ein Kampf gegen Marktbedingungen, aber auch gegen Eigenkomplexitäten.» (Mully, 2010, S. 202).

Gerade vor dem Hintergrund aktueller Entwicklungen muss der Nutzen traditioneller Strukturmodelle wie beispielsweise Einlinien- oder Mehrliniensysteme, strukturiert nach Funktionen, Produkten, Kunden, Gebieten etc., massiv infrage gestellt werden. Um erfolgreich zu sein, wird es notwendig, aktuelle Veränderungen zu antizipieren und aktiv mitzugestalten (Ivancic, 2010). Aus diesen und weiteren Gründen geht die Entwicklung hin zu innovationsfördernden, flexiblen Organisationskonzepten wie zum Beispiel team- beziehungsweise gruppenorientierten Strukturen, Hybridmodellen, Netzwerkmodellen sowie virtuellen Organisationsformen (Macharzina, 1995).

Auch sind Unternehmungen immer weniger in der Lage, *Leistungen zur umfassenden Befriedigung von Kundenbedürfnissen* effektiv und effizient alleine zu erbringen. Vielmehr ist man auf komplementäre Kernkompetenzen anderer Unternehmungen angewiesen, mit welchen man entsprechende Beziehungen etablieren und pflegen muss.

> «*Die heute notwendige Effizienz unternehmerischen Handelns, so scheint es, kann nicht innerhalb der Grenzen einzelner Organisationen erreicht werden, sondern setzt ein hohes Niveau zwischenbetrieblicher Kooperationsfähigkeit voraus. [...] Zwischenbetriebliche Beziehungen werden offenbar immer häufiger als enge und auf Dauer angelegte Kooperationsverhältnisse organisiert.*» (Bachmann/Lane, 2001, S. 76f.)

Netzwerke und Allianzen sind folglich mehr denn je wettbewerbsrelevant und wesentlich, um strategische Ziele im globalen Bereich zu erreichen (Porter/Fuller, 1989; Porter, 1990; Dörsam/Icks, 1997). Vor allem kommunikationstechnologische Entwicklungen haben Netzwerkgenesen begünstigt, da IT-Systeme gut koordiniertes Vorgehen zu adäquaten Kosten überhaupt erst ermöglichen.

Strategieoptionen stehen mit der Unternehmungsgröße sowie deren Ressourcenstärke in Korrelation. Netzwerktendenzen lassen sich in allen Branchen bei Unternehmungen unterschiedlichster Größen identifizieren. Insbesondere bei kleineren und mittleren Unternehmungen sind Engpässe in der Ressourcenausstattung feststellbar, welche diese daran hindern, heutigen Erfolgsvoraussetzungen zu entsprechen, womit Netzwerke zu einer attraktiven, strategischen Option werden. Aber auch große Unternehmungen greifen zunehmend auf den Organisationsmodus Netzwerk zurück, um den Herausforderungen der Globalisierung und steigender «Dynaxity» zu begegnen. In summa kann der Kooperationstyp Netzwerk als organisatorische Basisinnovation der jüngsten Vergangenheit betrachtet werden (Wohlgemuth, 2002, S. 2) und ist selbst häufiger Mechanismus der Generierung und Allokation von Innovation (Arndt, 2001, S. 25). So ist auch die Bedeutung von Kooperationen und Netzwerken – von Unternehmungen virtueller Größe (Reiß, 2000, S. 10) – als permanent wachsend zu titulieren (König, 2001), werden doch Vorteile großer Organisationen wie Ressourcenstärke, Marktmacht u. v. m. mit jenen kleiner Unternehmungen wie Kundennähe, Flexibilität etc. verbunden.

> «*Netzwerkstrukturen in und zwischen Unternehmungen sind Thema in Managementpraxis wie -forschung. Die Netzwerkorganisation wird oft als Antwort auf die aktuellen Herausforderungen des Wettbewerbs gesehen, ermöglicht sie doch die Kooperation mit Unternehmungen in Bereichen, in denen man selbst – aus welchen Gründen auch immer – nicht der Beste sein kann. Effizienz und Effektivität, Vertrauen und Macht, Wissen und Lernen, Kooperation und Kompetition sowie die Koordination von Arbeit über Organisationsgrenzen hinweg sind dabei in Unternehmensnetzwerken wie in virtuellen Unternehmungen höchst bedeutsam. Die Gestaltung dieser Phänomene stellt zugleich erhebliche zum Teil sogar neuartige Anforderungen an das Management.*» (Sydow, 2001, S. I)

1.1 Von Kooperationen und Netzwerken

In der betriebswirtschaftlichen Forschung intensiv debattiert werden Unternehmungsnetzwerke erst seit Anfang der 1990er-Jahre. Im Zentrum der Untersuchungen standen hierbei meist basale Aspekte wie beispielsweise Genese- und Vertrauensproblematik, strategische Potenziale und Ähnliches. Viel kürzer wird der Fragestellung nachgegangen, auf welcher Basis Führung von Netzwerken respektive operative Geschäftsabwicklung und -beurteilung erfolgen. Trotz enormer Relevanz und brisanter Aktualität sind diesbezügliche Forschungsbemühungen noch nicht sehr weit fortgeschritten.

Kooperation bezeichnet umgangssprachlich jegliche Form der Zusammenarbeit von Institutionen oder Personen; in einer betriebswirtschaftlichen Terminologie wird mit dem Begriff üblicherweise eine Kollaboration von Unternehmungen beziehungsweise Unternehmungsteilen verstanden. Ausgehend von diesem Minimalkonsens differieren Definitionsansätze zusehends. Zwei Elemente sind jedoch unterschiedlichen Definitionsansätzen meist gemein. So werden Kooperationen zum Zweck der Verfolgung eines gemeinsamen Sachziels respektive zur Wahrnehmung einer spezifischen Marktchance freiwillig begründet und bestehen aus mindestens zwei juristisch und ökonomisch selbstständigen Unternehmungen. Wohlgemuth (2002, S. 14) versteht unter einer zwischenbetrieblichen Kooperation «eine freiwillige Zusammenarbeit zwischen zwei oder mehreren, rechtlich selbständigen Unternehmen [...], die unter Inkaufnahme einer (partiellen) Beschränkung ihrer wirtschaftlichen Selbständigkeit die Erreichung gemeinsamer wirtschaftlicher Ziele anstrengt.»

Eine mögliche Systematisierung zwischenbetrieblicher Kooperationsformen ist folgender Abbildung zu entnehmen.

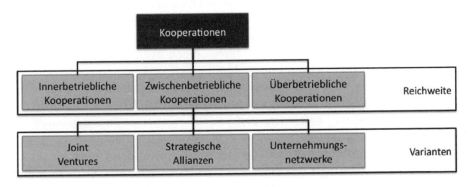

Abbildung 1: Systematisierung zwischenbetrieblicher Kooperation (Quelle: Hess, 1999, S. 226)

Joint Ventures zeichnen sich durch Funktionszusammenlegungen mit rechtlichen Strukturen aus. Typischerweise interagieren mindestens zwei, jedoch weniger als fünf Partnerunternehmungen unbefristet miteinander. Bei Strategischen Allianzen werden meist befristete sowie vertragliche Funktionsabstimmungen von mindestens zwei sowie weniger als fünf Unternehmungen vollzogen. Diese beschriebenen

Charakteristika von Strategischen Allianzen treffen auch auf Netzwerke zu, die im Gegensatz zu Ersteren jedoch unbefristet etabliert werden (Hess, 1999, S. 226).

Der Begriff *Netzwerk* ist verschiedenst konnotiert, wird entsprechend unterschiedlich verwendet und hat in sämtlichen wissenschaftlichen Disziplinen Einzug gehalten. In der Betriebswirtschaftslehre bezieht sich der Terminus sowohl auf Individuen als auch auf Gruppen, Interessensgemeinschaften, Institutionen und Organisationen. Gemäß Wildemann (1996) sind Netzwerkarrangements Resultat von Internalisierung und Externalisierung ökonomischer Wertschöpfungsaktivitäten einzelner Unternehmungen, die jeweils solche Aufgaben und Funktionen wahrnehmen, die sie besser als die Netzwerkpartner beherrschen. Sydow (2001a, S. 280f.) definiert Netzwerk als «[...] auf die Realisierung von Wettbewerbsvorteilen zielende, polyzentrische, [...] von einer oder mehreren Unternehmungen strategisch geführte Organisationsform ökonomischer Aktivität [...], welche durch besondere Beziehungen gekennzeichnet ist, eine unternehmungsübergreifende Reflexivität zum Ausdruck bringt und auf einer Logik gründet, welche sowohl von der des Marktes als auch von jener der Hierarchie abweicht.» Die Spezialität einer derartigen Beziehung resultiert primär daraus, dass Unternehmungen trotz intensiven Ressourcenaustausches juristisch autonom bleiben. Reflexivität bezieht sich vorrangig auf das Moment, dass Unternehmungen nicht mehr ausschließlich sich selbst, ihre Stärken, Schwächen, Potenziale etc. reflektieren, sondern das Netzwerk per se Objekt reflexiven Organisierens wird. Im Fokus sämtlicher Aktivitäten stehen gemeinsame Interessen.

Auch besteht im wissenschaftlichen und praktischen Diskurs meist ein Konsens darüber, dass Unternehmungsnetzwerke sowohl sachlich als auch zeitlich unbefristet sind und sich durch projektbezogene Funktionsbestimmung auszeichnen. Durch Engagement in einem Netzwerk geht eine Unternehmung direkte sowie indirekte, komplex reziproke, eher kooperative denn kompetitive und relativ stabile Beziehungen zu anderen Unternehmungen ein, womit ein gewisses Maß an wechselseitigen Abhängigkeiten entsteht. Strategische Koordinationsaufgaben werden meist von einem oder mehreren fokalen Unternehmungen übernommen. Eine spezielle organisatorische Eigenschaft von Unternehmungsnetzwerken, namentlich eine – im Kontrast zu Joint Ventures und Strategischen Allianzen – fehlende Unterscheidung zwischen Beziehungs- und Leistungsebene, löst den scheinbaren Widerspruch zwischen nicht vorhandener Befristung und projektorientierter Zusammenarbeit auf (Wohlgemuth, 2002, S. 17f.).

Neben oben angeführter Systematisierung von Kooperationen können *auch Netzwerke per se näher spezifiziert und differenziert* werden, wobei u. a. Kriterien wie beispielsweise Ziele der Zusammenarbeit, geografische Ausbreitung, Art involvierter Branchen, betriebliche, im Netzwerk kooperativ erfüllte Funktionen, Steuerungsform des Netzwerks, Stabilität der Zusammenarbeit, Intensität der Verflechtungen der Netzwerkmitglieder oder auch Umfang der Unterstützung des Netzwerkes durch Informations- und Kommunikationssysteme oder deren Kombination herangezogen werden (Wohlgemuth, 2002, S. 20).

Vor allem eine Verbindung der Momente Steuerungsform und Netzwerkstabilität erscheint an dieser Stelle sinnvoll. Steuerungsform bezieht sich auf Grenzen und

Möglichkeiten der Partnerunternehmungen, Einfluss auf substanzielle Führungsentscheidungen im Netzwerk zu nehmen, wobei in diesem Kontext basal zwischen polyzentrischen sowie fokal gesteuerten Netzwerken differenziert werden muss. Erstere sind durch eine asymmetrische Verteilung der Einflussmöglichkeiten gekennzeichnet, während innerhalb idealtypischer, polyzentrischer Netzwerke sämtliche kollaborierenden Unternehmungen wichtige Entscheidungen gleichberechtigt tragen. Netzwerkstabilität bezieht sich nun exklusiv auf die Leistungsebene, da Relationen der Beziehungsebene per definitionem, wie oben angeführt, unbefristet sind und folglich stabil bleiben. Auf Ebene der Leistungen ist es sinnvoll, zwischen Auftrag und Auftragstyp zu differenzieren, wobei Letzterer eine größere Anzahl von Aufträgen umfasst, die sämtlich gleichartige Anforderungen an zu erbringende Leistungen stellen. Relationen auf Leistungsebene sind dann stabil ausgeprägt, wenn mehrere Aufträge gleichen Auftragstyps in identer (Partner-)Konfiguration abgewickelt werden. Instabile Konstellationen basieren vornehmlich auf Einzelfertigung, die folglich als dynamisch beziehungsweise wandelbar zu bezeichnen sind. Mittels dieser beschriebenen Kriterien sind im Weiteren vier Grundtypen, namentlich Projektnetzwerke, strategische Netzwerke, Verbundnetzwerke sowie virtuelle Unternehmungen, zu differenzieren, deren Abgrenzung idealtypischer Natur ist und in praxi nicht immer eindeutig vollzogen werden kann, da vielmehr Mischformen und graduelle Abstufungen realer Ausprägungen vorliegen. Trotzdem soll, primär um die wesentlichen Momente Steuerungsform und Stabilität zu verdeutlichen, eine nähere Beschreibung der differenten Netzwerktypen nach Wohlgemuth (2002, S. 20ff.) vollzogen werden.

Projektnetzwerke stellen die klassische Form von Unternehmungsnetzwerken dar. Eine dominante Stellung einer spezifischen Unternehmung begründet eine fokale Steuerungsform. Projekte sind grundsätzlich temporär begrenzt, weshalb dieser Netzwerktypus als instabil zu titulieren ist. Recht verbreitet sind solche Netzwerke in der Bauwirtschaft und der Filmindustrie, wobei ein Generalunternehmer respektive Produzent die fokale Rolle einnimmt.

Auch strategische Netzwerke werden von einem beziehungsweise mehreren Unternehmungen dominiert – sind also ebenso fokal gesteuert –, zeichnen sich jedoch durch eine tendenziell stabile Leistungsbeziehung aus. Strategische Netzwerke lassen sich vornehmlich im produzierenden Gewerbe ausmachen, wobei es sich in concreto häufig um vertikale Kooperationen handelt, sich also beispielsweise eine Kette von Zulieferern um die fokale Kernunternehmung gruppiert.

Eine Gleichverteilung individueller Einflussmöglichkeiten auf Entscheidungen – also ein eher polyzentrischer Charakter – kennzeichnet virtuelle Unternehmungen. Leistungserbringungen werden typischerweise auftragsspezifisch neu konfiguriert, was für die relative Instabilität der virtuellen Unternehmung verantwortlich ist. Ein zusätzliches Kennzeichen virtueller Unternehmungen, welche sich vornehmlich in der Informatikbranche, der Medienwirtschaft sowie der Unternehmungsberatung finden lassen, ist die intensive Nutzung von Informations- und Kommunikationssystemen.

Polyzentrische Entscheidungsstrukturen sowie stabile Leistungsbeziehungen sind für Verbundnetzwerke typisch. Diese lassen sich vor allem im Verkehrsbereich identifizieren.

Als besondere Form von Unternehmungsnetzwerk sind des Weiteren Cluster anzuführen, welche per se einen starken Regionalbezug aufweisen. Es handelt sich hierbei um eine besondere Variante polyzentrischer Netzwerke mittlerer Stabilität. Das Clusterkonzept war seit Beginn der 1990er-Jahre eine der bedeutendsten strukturpolitischen Erfolgsgeschichten, wobei sich erwies, dass eine mittelständisch strukturierte Wirtschaft durch Vernetzung mit multinationalen Konzernen eine durchaus sinnvolle und konkurrenzfähige Arbeitsteilung eingehen kann (Clement, 2001). Annahmen von Porter (1990), nach welchen Cluster Quellen regionaler und nationaler Wettbewerbsvorteile begründen, haben sich also bewahrheitet.

Die Führung von Netzwerken – egal welcher Natur – gestaltet sich jedoch keineswegs einfach und reibungslos. Vielmehr stellen Spezifika von Unternehmungsnetzwerken das Management vor besondere Herausforderungen. Einige spezielle Problematiken sollen folgend näher ausgeführt werden.

1.2 Ausgewählte Problematiken in Unternehmungsnetzwerken

Wie oben beschrieben, ist juristische Selbstständigkeit wesentliches Merkmal von Unternehmungsnetzwerken – die Rechtspersönlichkeit der Vertragspartner bleibt in jedem Fall erhalten.

Auch ökonomische Autonomie ist für Unternehmungen innerhalb von Netzwerken charakteristisch, wobei wirtschaftliche Eigenständigkeit das Ausmaß meint, inwieweit Unternehmungen selbstständige Entscheidungen treffen und umsetzen können. Kooperationsbeziehungen schränken insbesondere die wirtschaftliche Selbstständigkeit ein. Dementsprechend liegt in netzwerkartigen Beziehungen ein besonderes Spannungsverhältnis von *Autonomie und Interdependenz* – also Eigenständigkeit und wechselseitiger Abhängigkeit – vor. Netzwerkpartner wollen bei Entscheidungen anderer Unternehmungen soweit wie möglich berücksichtigt werden, was der systemischen Logik der singulären, ökonomischen Organisation prima vista widerspricht, und dies nicht nur im Fall der Kollaboration mit (potenziellen) Mitbewerbern. Das führt uns zum zweiten wesentlichen Spannungsfeld innerhalb von Unternehmungsnetzwerken, jenem zwischen Kooperation und Konkurrenz.

Zusammenarbeit und Wettbewerb koexistieren innerhalb von Unternehmungsnetzwerken quasi permanent. So können sich beispielsweise Kooperationsvereinbarungen auf spezifische Funktionsbereiche der Unternehmung beziehen, während in anderen Sphären konkurriert wird. Es kommt also durchaus vor, dass man mit anderen Netzwerkunternehmungen einerseits kooperiert, andererseits jedoch auf horizontalen und vertikalen Stufen der Wertschöpfungskette, inner- oder außerhalb der Netzwerkgrenzen im Wettbewerb steht. Beziehungen beschränken sich oftmals auf spezifische Produkte, Ressourcen oder Funktionsbereiche, die dezidierter Gegenstand der Kollaborationsvereinbarung sind – in anderen Bereichen herrschen kompetitive Verhältnisse. Solche begrenzte Konkurrenzsituationen sind allerdings nicht nur negativer Natur. Ganz im Gegenteil kommt der Kultivierung des Wettbewerbs eine wesentliche Rolle in der Erreichung und Aufrechterhaltung einer größeren

Wettbewerbsfähigkeit zu. Damit Kooperation überhaupt erst denkbar ist, müssen dato autonom agierende Unternehmungen mit anderen geteilte Ziele übergeordneter Ebene verfolgen, womit Individualziele kollektiven unterzuordnen sind. Davon sind nun nicht zwangsläufig alle Ziele betroffen, weshalb in praxi eine eher partielle Unterordnung zur Erreichung eines Mindestkonsenses angestrebt wird.

Das bereits thematisierte Moment der *Stabilität steht in Widerspruch zum Prinzip der Reziprozität*, welches besagt, dass soziale Transaktion immer zu einem Gegentausch führt. Soziale Reziprozitätsbeziehungen gewisser Konstanz, die neben den wirtschaftlichen Relationen bestehen und im besonderen Ausmaß durch Netzwerkevolution beziehungsweise Dynamik der Netzwerkumwelt beeinflusst werden, fördern die Netzwerkstabilität. Auf der anderen Seite korreliert der Intensitätsgrad sozialen Austausches negativ mit der Autonomie der Unternehmung und deren Individualzielen.

Wie jedes System grenzt sich auch ein Netzwerk von seiner Umwelt ab und etabliert spezifische Ein- und Austrittsbarrieren – steuert also seine Netzwerkgrenzen. Der Grad an *Offenheit und Geschlossenheit* dieser Grenzen stellt an die Führung des Netzwerkes wiederum bedeutende Anforderungen, die mit oben behandelten Spannungsfeldern in enger Verbindung stehen.

Die besonderen Herausforderungen netzwerkartiger Führungskonzeptionen, welche vom traditionellen Managementverständnis in verschiedenster Hinsicht abweichen (Wohlgemuth, 2002) sollen im Folgenden näher skizziert werden. Das zentrale Moment von Netzwerken – die Kooperation – sowie Vertrauen und Langfristigkeit der Beziehungen (Arndt, 2001) sind beim Management von Unternehmungsnetzwerken von besonderer Bedeutung.

1.3 Netzwerkmanagement als Form des Kooperationsmanagements

Unter Kooperationsmanagement wollen wir im Folgenden «alle Aktivitäten zur Führung von Kooperationen [subsumieren], wobei Führung als Prozess der Planung, Steuerung und Kontrolle verstanden werden soll.» (Pausenberger/Nöcker, 2000, S. 400)

Wesentliches Kennzeichen solch eines Kooperationsmanagements ist die Bezugnahme der Führung auf eine dem Einzelunternehmen *übergeordnete Ebene der Kooperation*. Als eine Art Metamanagement beinhaltet es alle unternehmungsübergreifenden Führungsaufgaben der Zusammenarbeit und umfasst sowohl den Aufbau als auch die Entwicklung von Kooperationsstrukturen und -relationen sowie deren Koordination bezüglich kollektiv-geteilter Ziele. Somit stehen im Fokus des Kooperationsmanagements die beiden Hauptphänomene des Organisierens, namentlich Arbeitsteilung (Differenzierung) und Koordination (Integration). Diese Kennzeichen lassen sich unverändert für ein Management von Netzwerken übernehmen, wobei im Gegensatz zu anderen Kooperationsformen insbesondere Netzwerkschnittstellen mit besonderen Herausforderungen konfrontiert sind (Wohlgemuth, 2002, S. 32f.).

Ganz allgemein kommt Führung von Netzwerken ein völlig anderer Stellenwert zu (Sydow, 2001a, S. 280). Konventionelle Steuerungsansätze sind für Unternehmungsnetzwerke nicht haltbar, da die juristische Unabhängigkeit der Netzwerkpartner dazu führt, dass keiner der Beteiligten einen Führungsanspruch formal begründen kann. So ist auch Management als substanzielles Führungshandeln mittels direkter Anweisungen zu revidieren – wobei es nicht nur an informationellen, sondern auch an praktischen Mitteln fehlt, um entsprechende Vorgaben zu entwickeln. Auch sind statische Führungsbeziehungen innerhalb von Unternehmungsnetzwerken aufzugeben, da Einflusspositionen permanenten Veränderungen unterliegen (Wohlgemuth, 2002, S. 4f.).

Singuläre Netzwerkunternehmungen verfolgen gemäß ihrer systemimmanenten Logik differente Interessen, die sich ohne zentrale Instanz, wie beispielsweise durch einen übergeordneten Moderator, der von allen Netzwerkpartnern akzeptiert wird, nur schwer koordinieren lassen (Dörsam/Icks, 1997, S. 44). So stellt im Generellen die Leistungskoordination besondere Anforderungen an das Netzwerkmanagement, da in der Regel mehrere Netzwerkunternehmungen an spezifischen Leistungserstellungsprozessen partizipieren, wobei sich fallweise Kompetenzen der Partner überschneiden und so Auswahlprozesse der Leistungsträger im konkreten Fall notwendig werden (Wohlgemuth, 2002, S. 35). «Berücksichtigt man ferner, dass sich die Kapazitätsanforderungen über Auftragstypen hinweg ändern können, wird sich die Konfiguration der Wertschöpfungskette und der darin involvierten Partner von Auftrag(-styp) zu Auftrag(-styp) unterscheiden. [...] Daraus resultiert eine flexible Arbeitsteilung, die ein zentrales Charakteristikum von Netzwerken darstellt und sie gegenüber den statischen Leistungsarrangements der Joint Ventures und Strategischen Allianzen abgrenzt.» (Wohlgemuth, 2002, S. 35). Im Rahmen von Netzwerkmanagement ist es also in erster Linie notwendig, Prozessinterdependenzen zu koordinieren (Wohlgemuth, 2002, S. 36) sowie für einen permanenten Ausgleich differenter Interessen zu sorgen und so vertrauensvolle Netzwerkbeziehungen zu stabilisieren (Dörsam/Icks, 1997, S. 45).

In der Regel sind Netzwerke durch Offenheit in Bezug auf neu hinzukommende beziehungsweise ausscheidende Partner gekennzeichnet. Somit kommt dem Management des Netzwerkes die besondere Aufgabe zu, allgemeine partnerunabhängige Normen zu schaffen und Variationen des Partnerpools rasch und einfach zu adaptieren (Wohlgemuth, 2002, S. 36).

Um Chancen und Potenziale von Kooperationen zu realisieren, ist deren adäquate Führung unabdingbar, womit der Kooperationserfolg von Managern und Mitarbeitern fundamental beeinflusst wird (Bronder, 1993).

Zusammenfassend lässt sich konzedieren, dass spezifische Momente eines Netzwerkmanagements neben kollektiv geteilten Zielvorstellungen, Verhaltensweisen und -regeln (Koschatzky/Gundrum, 1997, S. 211) einer besonderen Netzwerkkultur bedürfen, welche als Art Vertrauenskultur ausgeprägt sein soll (Bleicher, 2002).

Kapitel IX – Systemisches Management von Unternehmensnetzwerken

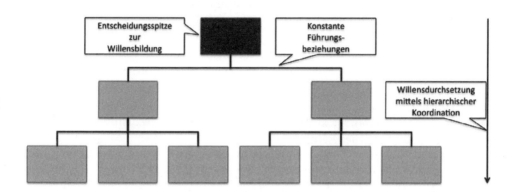

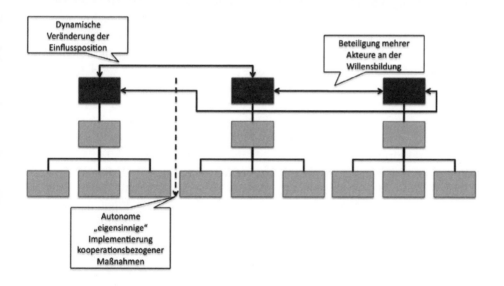

Abbildungen 2 und 3: Klassisches Management und Management von Unternehmungsnetzwerken
(Quelle: Wohlgemuth, 2002, S. 5)

1.4 Netzwerkkultur als Managementobjekt

Sowohl formale als auch informale Regeln und Strukturen sind wesentliche Materien sozialer Systeme und stehen in komplexen Beziehungen zueinander (Staerkle, 1985, S. 531). Weniger formalen Strukturierungen, sondern vielmehr den realen Strukturen, die primär durch informelle Beziehungen geprägt werden (Wald, 2005, S. 162) und so in engem Zusammenhang mit Kulturaspekten der Unternehmung respektive des Netzwerks stehen, kommt wesentliche Erfolgsrelevanz zu. Unter Verhaltensmanagementaspekten muss in Netzwerken eine gemeinsame Kultur etabliert werden, welche zumindest partiell in die jeweilig separat bestehende, gelebte Unternehmungskultur zu integrieren und implementieren ist. Dies erfordert jedoch als Basis das Vorhandensein gewisser kultureller Gemeinsamkeiten beziehungsweise einen gewissen Grad an Kongruenz einzelner Unternehmungsmarken (Ivancic, 2007). Insofern ist ein integrierter Fit der Unternehmungskulturen (Bea/Haas, 2001, S. 447ff.) für die Führung des Unternehmungsnetzwerkes von besonderer Bedeutung. Dieser Grad des Fit steigt für gewöhnlich bei Kooperation nicht direkt konkurrierender Unternehmungen, gegenteiliger Vorteilserreichung sowie ausgeprägter Kompetenz der Partner in der Zusammenarbeit (Gerpott, 1999, S. 246).

Unter Kultur einer Unternehmung sind alle geteilten «Normen, Werte, die den Geist und die Persönlichkeit des Unternehmens ausmachen» (Doppler/Lauterburg, 1996, S. 390) zu verstehen. Diese «[...] sind Streuungsgrößen. Sie kanalisieren das Verhalten der Menschen. Das Ziel ist [...] Reduktion von Komplexität [...]» (ebd.). Im Fokus steht also die Verhaltensdimension des normativen Managements (Bleicher, 1994, S. 487). Analog hierzu sind unter Netzwerkkultur im Laufe der Zusammenarbeit entstandene kooperationsspezifische Werthaltungen zu verstehen, welche Interaktionen in charakteristischer Art und Weise prägen (Wohlgemuth, 2002, S. 291) und für die Einzigartigkeit des Netzwerkes sowie dessen Selbstverständnis und Identität hauptverantwortlich sind (Herbst, 2003, S. 15 sowie Weßling, 1992, S. 22ff.).

Wie solch eine Netzwerkkultur entwickelt werden kann, ist in der Literatur umstritten. «In welcher Form der unternehmenskulturelle Anpassungsprozess, die sogenannte Akkulturation, verläuft, ist abhängig von den Eigenschaften der partnerspezifischen Unternehmenskultur, genau genommen von dem Teil, der das Entscheiden und Handeln der entsandten Kooperationsträger hauptsächlich prägt. Diese Überzeugungen, Normen, Standards usw. stellen zunächst unverbundene Sub- oder Teilkulturen dar, die durch individuelle Erfahrungen und unterschiedlich verlaufene ‹Evolutionsprozesse› der Unternehmen mehr oder minder stark voneinander abweichen» (Wohlgemuth, 2002, S. 293). Zweifelsfrei steht fest, dass Kultur niemals direkt, sondern allenfalls über entsprechendes Kontextmanagement gesteuert, respektive deren Genese und Evolution bis auf ein gewisses Maß kanalisiert werden kann, wobei Gestaltungseingriffe über Designelemente des Netzwerkes erfolgen müssen, die per se ihren Ursprung in den Kernprozessen des Systems haben. Zu den wesentlichen Designelementen des Systems zählen neben dem Faktor Mensch Funktionen, Aufgaben, Rollen, Ressourcen, das Techniksystem, die Prozess- und Strukturorganisation, das politische Steuerungssystem, das Forschungs-, Entwicklungs- und

Erneuerungssystem, das Informations- und Kommunikationssystem, das Entscheidungssystem sowie das Kontroll-, Belohnungs- und Bestrafungssystem, wobei sämtliche Designelemente in engem Konnex zueinander stehen. Gerade das Wechselspiel dieser Dimensionen prägt nun Unternehmungskultur und -identität und somit die Einzigartigkeit der Organisation (Rieckmann, 2005).

Commitment zum Netzwerk ist für die Entwicklung einer entsprechenden Netzwerkkultur von wesentlicher Relevanz. Nur bei entsprechender Akzeptanz des Netzwerkes, Identifikation mit selbigem sowie Internalisierung dessen spezifischer Logiken legen Mitarbeiter eine Art Network Citizenship Behavior (NCB), welches sich auf anderer Ebene vom Organizational Citizenship Behavior (OCB) ableitet, an den Tag und leben so die Netzwerkkultur. Von der OCB-Forschung (Podsakoff/MacKenzie/ Paine/Bachrach, 2000) adaptiert und auf dem sogenannten Brand Citizenship Behavior (Burmann/Zeplin, 2005, S. 1026) beruhend, sind sieben Dimensionen eines Network Citizenship Behaviors (NCB) identifizierbar:

1| Hilfsbereitschaft (positive Einstellung, Freundlichkeit, Unterstützung, Empathie, Verantwortungsübernahme auch für Aufgaben außerhalb des eigenen Verantwortungsbereiches, falls notwendig etc., und dies auch in Hinblick auf Kooperationsagenden)

2| Netzwerkbewusstsein (Befolgung netzwerkbezogener Verhaltensleitlinien, solange diese nicht konträr zu Belangen der Unternehmung stehen)

3| Netzwerkinitiative (besonderes Engagement für kooperationsbezogene Tätigkeiten usw.)

4| Sportgeist (keine Klagen über kooperationsbezogene Pflichten und Schwierigkeiten, Loyalität etc.)

5| Netzwerkmissionierung (Übernahme einer internen Netzwerkmentorenrolle, externe Empfehlungen usw.)

6| Selbstentwicklung (kontinuierliches Lernen netzwerkbezogener Kenntnisse, Weiterentwicklung von Fähigkeiten und Fertigkeiten kooperativen Handelns etc.)

7| Netzwerkentwicklung (Beitrag zur Weiterentwicklung des Unternehmungsnetzwerkes durch Weitergabe von Feedback und innovativen Ideen etc.)

Über die Pflege von Kooperationsbeziehungen, einer entsprechenden Kultur sowie damit einhergehenden NCB können sich Unternehmungen als Einheit, als Netzwerksystem gegenüber ihrer Umwelt abgrenzen und entsprechende Vorteile realisieren.

1.5 Abschließendes und Ausblick

> «The question now arises whether structuring, which is a conscious creation of order, is not in contradiction to the ‚imperative of self-organization'. Indeed, there must be a lot of room for spontaneous organization [...]. However, even spontaneous order, if it is to be capable for functioning effectively, needs the background of a more general framework

which establishes certain rules of the game. For the rest, active structuring should be limited to the necessary, i.e., minimized.» (Schwaninger, 2009, S. 97)

Bei jeglicher Art von Kooperation kommt es aus systemtheoretischer Perspektive zu einem Aufeinandertreffen differenter Logiken. Netzwerke konstituierende Unternehmungen etablieren trotz dieser differenten Binnenspielregeln ein organisatorisches Konstrukt eigener Identität und systemspezifischen Operierens – also quasi eine Art Metasystem, das, aus verschiedenen Systemen bestehend, sich von der Umwelt abgrenzt, auf sich selbst bezieht (Selbstreferentialität) und sich durch eigene Elemente weiterentwickelt (Autopoiesis). Die Lebensfähigkeit solch eines Metasystems hängt von der Fähigkeit desselben ab, der ökonomischen binären Codierung Gewinn respektive Verlust zu entsprechen. Ergeben sich keine unmittelbaren materiellen Vorteile aus der Kollaboration, so läuft das Metasystem Gefahr, sich in seine Systemelemente – also die separaten Unternehmungssysteme – aufzulösen.

Vorliegender Beitrag kann nur grundlegende Aspekte der Führung von Netzwerken anreißen und zu weiterführenden Gedanken anregen – ein anderer Anspruch wäre auch kontraproduktiv, denn wenn man die Singularität und Selbstreferentialität von Unternehmungen, aber auch Netzwerke als soziale Systeme unterschiedlicher Ebenen zugrunde legt und abschließend ein allgemeingültiges Rezept für die Führung derselben anbietet, hat man entweder nichts verstanden oder betreibt bewussten Missbrauch (Bickmann, 1999, S. 33). Allgemeingültige Konzepte Erfolg versprechender Netzwerkarbeit sind also nicht existent (König, 2001, S. 142). Vielmehr bedarf es eines systemischen, evolutionären Managements (Kirsch, 1985, S. 331), welches das Netzwerksystem entsprechend gestaltet, lenkt und im sozialen Kontext entwickelt (Bleicher, 1994, S. 19).

Für die Führung von und in Netzwerken ist es jedoch hilfreich, folgende Fragen in Anlehnung an Sydow (2001b) unter systemischen Aspekten zu diskutieren, womit sich sowohl der Führungsforschung als auch -praxis ein weites Feld eröffnet:

1| Was bedeutet der hybride Charakter der Netzwerkorganisation für Führung?

2| Welchen Stellenwert hat Führung in Netzwerkorganisationen?

3| Was bedeutet es konkret, dass Führung in Netzwerkunternehmungen mit dem Netzwerk einen zusätzlichen Bezugspunkt hat?

4| Welche Implikationen hat ein Commitment zu zwei oder gar zu mehreren Organisationen für die Führung im Netzwerk?

5| Welche Bedeutung hat die Entwicklung eines NCB für ein bestehendes OCB – und damit für die Möglichkeiten und Grenzen von Führung im Netzwerk?

6| Welche Probleme ergeben sich angesichts einer Koexistenz von Unternehmungs- und Netzwerkkulturen, und wie lassen sich diese überwinden?

7| Welche Machtgrundlagen sind für die Führung von «boundary spanners», für kompetente, Unternehmungsgrenzen überwindende Brückenbauer, bedeutsam?

8| Welche speziellen Fragen wirft der Extremfall der Führung abhängiger Selbstständiger im Netzwerk auf?

9 | Inwiefern trägt Führung zur Reproduktion der Organisation als Netzwerkorganisation bei?

Viele Fragen, aber der Versuch der Beantwortung derselben lohnt sich, sind doch Beziehungen «one of the most valuable resources that a company possesses» (Håkansson, 1987). Mytelka (1991) behauptet, dass die Wettbewerbsfähigkeit einer Unternehmung weniger von ihrer Größe als von ihrem externen Netzwerk abhängt.

Dies trifft insbesondere auf sogenannte Born Globals oder International New Ventures, junge Unternehmungen, die ab ihrer Gründung international tätig werden, wie beispielsweise Acer, Logitech und Amazon, zu. Unternehmerische (organisationale, strategische, umweltbezogene) Erfolgsfaktoren bilden die Basis deren rascher Internationalisierung. Bei den Internationalisierungsprozessen per se spielen neben der Selektion von Märkten und verfolgten Eintrittsstrategien primär Netzwerke, mit welchen eine globale Reichweite erzielt werden kann, eine tragende Rolle. Soziale Netzwerke sind zu Beginn der Internationalisierung der wesentliche Netzwerktypus, welcher später um Reputations-, Technologie- und Marktinformationsnetzwerke ergänzt wird (Pock/Hinterhuber, 2011, S. 141ff.), womit verschiedenste internationale Beziehungen in differenten Netzwerkformen unterhalten werden müssen.

Die adäquate Gestaltung von Beziehungen und Etablierung einer entsprechenden Netzwerkkultur ist trotz der damit einhergehenden Schwierigkeiten in jedem Fall wesentlich für die Lebensfähigkeit heutiger Unternehmungen – kann doch zunehmender Außenkomplexität nur mit entsprechenden Binnenkomplexitäten begegnet werden.

Literatur zu Abschnitt 1: Besonderheiten netzwerkartiger Kooperationsformen und deren Management

Arndt, O. (2001): Innovative Netzwerke als Determinante betrieblicher Innovationsfähigkeit. Das Beispiel Süd-Wales/UK. Köln.

Bachmann, R./Lane, C. (2001): Vertrauen und Macht in zwischenbetrieblichen Kooperationen – Zur Rolle von Wirtschaftsrecht und Wirtschaftsverbänden in Deutschland und Großbritannien. In: Sydow, J. (Hrsg.): Management von Netzwerkorganisationen. Beiträge aus der Managementforschung. Wiesbaden, S. 75–106.

Bea, F. X./Haas, J. (2001): Strategisches Management. 3. Aufl., Stuttgart.

Bickmann, R. (1999): Chance: Identität. Impulse für das Management von Komplexität. Berlin, Heidelberg.

Bleicher, K. (1994): Normatives Management. Politik, Verfassung und Philosophie des Unternehmens. St. Galler Management-Konzept Band 5. Frankfurt, New York.

Bleicher, K. (2002): Auf dem Weg in die Wissensgesellschaft. Veränderte Strukturen, Kulturen und Strategien. Frankfurt am Main.

Bleicher, K. (2011): Das Konzept Integriertes Management. Visionen – Missionen – Programme. 8. Aufl., Frankfurt am Main.

Bronder, C. (1993): Kooperationsmanagement. Unternehmensdynamik durch strategische Allianzen. Frankfurt am Main.

Burmann, C./Zeplin, S. (2005): Innengerichtete Markenkommunikation. In: Esch, F. R. (Hrsg.): Moderne Markenführung. Grundlagen, innovative Ansätze, praktische Umsetzungen. 4. Aufl., Wiesbaden, S. 1021-1036.

Clement, W. (2001): Cluster. Eine Zwischenbilanz. In: Cluster - eine kritische Bilanz. Industrieforum. URL: http://www.iwi.ac.at/industrieforum/archiv_2001_1.pdf vom 5. April 2011.

Doppler, K./Lauterburg, C. (1996): Change Management. Den Unternehmenswandel gestalten. 5. Aufl., München.

Dörsam, P./Icks, A. (1997): Vom Einzelunternehmen zum regionalen Netzwerk. Eine Option für mittelständische Unternehmen. Stuttgart.

Gerpott, T. J. (1999): Strategisches Technologie- und Innovationsmanagement. Stuttgart.

Herbst, D. (2003): Corporate Identity. Aufbau einer einzigartigen Unternehmensidentität. Leitbild und Unternehmenskultur. Image messen, gestalten und überprüfen. 2. Aufl., Berlin.

Hess, T. (1999): ZP-Stichwort. Unternehmensnetzwerke. In: Zeitschrift für Planung, Jg. 10, Nr. 2, S. 225-230.

Håkansson, H. (1987): Industrial technological development. A network approach. London.

Ivancic, R. (2007): Brand Management Revisited. Integriertes, wertbasiertes, identitäts- und erlebnisorientiertes Markenmanagement in Theorie und Praxis. Norderstedt.

Ivancic, R. (2010): Corporate Brands. Nachhaltig zukunftsfähiger, normativer Rahmen für Marketing und Innovation. In: Granig, P./Ivancic, R./Maitz, M./Scala-Hausmann, C. (Hrsg.): Zukunftskraft: Marketing und Innovation. Erfolgs- und Überlebensstrategien für die Zukunft. Quergedachtes, Denkanstöße und Experteninterviews. Klagenfurt, S. 116-122.

Ivancic, R./Mully, M. V. (2008): Medienrealitäten. Entwicklungen, Gefahren, Chancen. In: Kultursoziologie. Aspekte, Analysen, Argumente. Wissenschaftliche Halbjahreshefte der Gesellschaft für Kultursoziologie, Jg. 17, Nr. 2, S. 95-138.

Kirsch, W. (1985): Evolutionäres Management und okzidentaler Rationalismus. In: Probst, G. J. B./Siegwart, H. (Hrsg.): Integriertes Management. Bausteine des systemorientierten Managements. Festschrift zum 65. Geburtstag von Prof. Dr. Dr. h.c. Hans Ulrich. Bern, Stuttgart, S. 331-350.

König, K. (2001): Europäische Perspektive von Netzwerken. In: Hartmann, C./Schrittwieser, W. (Hrsg.): Kooperation und Netzwerke. Grundlagen und konkrete Beispiele. Graz, S. 121-143.

Koschatzky, K./Gundrum, U. (1997): Die Bedeutung von Innovationsnetzwerken für kleine Unternehmen. In: Koschatzky, K. (Hrsg.): Technologieunternehmen im Innovationsprozess. Management, Finanzierung und regionale Netzwerke. Heidelberg, S. 207-227.

Macharzina, K. (1995): Unternehmensführung. Das Internationale Managementwissen. Konzepte - Methoden - Praxis. 2. Aufl., Wiesbaden.

Mully, M. V. (2010): Public Relations – Das Marketing der Zukunft. Zum Kräftemessen zwischen Public Relations und Marketing. In: Granig, P./Ivancic, R./Maitz, M./Scala-Hausmann, C. (Hrsg.): Zukunftskraft: Marketing und Innovation. Erfolgs- und Überlebensstrategien für die Zukunft. Quergedachtes, Denkanstöße und Experteninterviews. Klagenfurt, S. 202–206.

Mytelka, L. K. (1991): Strategic Partnerships. States, firms and international competition. Rutherford.

Pausenberger, E./Nöcker, R. (2000): Kooperative Formen der Auslandsmarktbearbeitung. In: Zeitschrift für Betriebswirtschaft, Jg. 52, Nr. 6, S. 393–412.

Pock, M./Hinterhuber, H. (2011): Born Globals – Wie aus Start-ups internationale Unternehmen werden. In: Zeitschrift für KMU und Entrepreneurship, Jg. 59, Nr. 2, S. 141–147.

Podsakoff, P. M./MacKenzie, S. B./Paine, J. B./Bachrach, D. G. (2000): Organizational citizenship behaviors. A critical review of the theoretical and empirical literature and suggestions for future research. Journal of Management, Jg. 26, Nr. 3, 513–563.

Porter, M. E./Fuller, M. (1989): Koalitionen und globale Strategien. In: Porter, M. E. (Hrsg.): Globaler Wettbewerb. Strategien der neuen Internationalisierung. Wiesbaden, S. 363–399.

Porter, M. E. (1990): The competitive advantage of nations. New York.

Reiß, M. (2000): Unternehmertum in Netzwerken. In: Reiß, M. (Hrsg.): Netzwerk – Unternehmer. Fallstudien netzwerkintegrierter Spin-offs, Ventures, Start-ups und KMU. München, S. 1–37.

Rieckmann, H. (2005): Managen und Führen am Rande des 3. Jahrtausends. Praktisches, Theoretisches, Bedenkliches. 3. Aufl., Frankfurt am Main.

Schwaninger, M. (2007): Optimal structures for social systems. In: Kybernetes, Jg. 36, Nr. 3, S. 307–318.

Schwaninger, M. (2009): Intelligent Organizations – Powerful Models for Systemic Management. Heidelberg.

Staerkle, R. (1985): Wechselwirkungen zwischen Organisationskultur und Organisationsstruktur. In: Probst, G. J. B./Siegwart, H. (Hrsg.): Integriertes Management. Bausteine des systemorientierten Managements. Festschrift zum 65. Geburtstag von Prof. Dr. Dr. h.c. Hans Ulrich. Bern, Stuttgart, S. 529–553.

Sydow, J. (2001a): Zum Verhältnis von Netzwerken und Konzernen. Implikationen für das strategische Management. In: Ortamann, G./Sydow, J. (Hrsg.): Strategie und Strukturation. Strategisches Management von Unternehmen, Netzwerken und Konzernen. Wiesbaden, S. 271–298.

Sydow, J. (2001b): Führung in Netzwerkorganisationen – Fragen an die Führungsforschung. In: Sydow J. (Hrsg.): Management von Netzwerkorganisationen. Beiträge aus der Managementforschung. Wiesbaden, S. 279–292.

Wald, A. (2005): Zur Effektivität von Organisationsstrukturen. Ein Vergleich formaler Soll- und realisierter Ist-Struktur. In: Die Unternehmung. Swiss Journal of Business Research and Practice, Jg. 59, Nr. 2, S. 261–180.

Weßling, M. (1992): Unternehmensethik und Unternehmenskultur. Kritische Analyse ausgewählter unternehmensethischer Modelle und unternehmenskultureller Ansätze sowie Diskussion exemplarischer Probleme und Lösungsmöglichkeiten einer ethisch-kulturellen Integration. Münster, New York.

Wildemann, H. (1996). Management von Produktions- und Zuliefernetzwerken. In: Wildemann, H. (Hrsg.): Produktions- und Zuliefernetzwerke. München, S. 13–45.

Wohlgemuth, O. (2002): Management netzwerkartiger Kooperationen. Instrumente für die unternehmensübergreifende Steuerung. Wiesbaden.

2 «Zusammenarbeit multipliziert Wissen» – Ansätze eines integrativen Wissensmanagements in Unternehmensnetzwerken

Robert Neumann, verfasst im Jahr 2010, bisher unveröffentlicht

2.1 Wissensmanagement ist von strategischer Relevanz

Aktuell stehen Konzepte und Programme zur Kostenreduktion, Redimensionierung, Neu-Ausrichtung, Optimierung und Integration im Mittelpunkt der Management-Aufmerksamkeit, und es scheint, als sei das Thema Wissensmanagement vom Radarschirm der Top-Entscheider verschwunden. Ansätzen und Methoden eines Wissensmanagements fehlte immer schon die Anschlussfähigkeit, um in die Riege der organisatorischen «High-priority»-Relevanzthemen aufgenommen zu werden. Denn es handelt sich dabei meist um «Nice-to-have»-Programme, die maximal in wirtschaftlichen Schönwetterphasen zum Einsatz kommen. Und doch liefert Wissensmanagement vor allem dort einen Wertschöpfungsbeitrag, wo es um die Erweiterung, synergetische Vernetzung, Integration und Transformation unterschiedlicher Wissensbasen geht, womit die Fortschrittsfähigkeit und nachhaltige Wettbewerbskraft gestärkt werden kann.

«Wer alleine arbeitet, addiert Wissen, wer zusammen arbeitet, multipliziert Wissen.» Diese Alltagsweisheit belegt wohl unbestritten den Mehrwert von kooperativer Zusammenarbeit wirtschaftlich und/oder rechtlich selbstständiger Unternehmen zum gemeinsamen Erreichen von Wettbewerbsvorteilen mithilfe der Konzentration auf Kernkompetenzen zur Vermehrung vorhandenen Wissens. Damit rücken Formen von Wissensaufbau, -transfer und -nutzung zwischen Unternehmen verstärkt in die Aufmerksamkeit eines Strategischen Managements der Ressource Wissen. In einer auf den einzelnen abgestimmten Gesellschaft, in der die Person an sich und die Individualität im Mittelpunkt stehen, sind Kollaborationskonzepte oft nur mühsam zu realisieren. Denn Erfolg beziehungsweise Misserfolg der Zusammenarbeit wird bestimmt von Beziehungskonflikten, unterschiedlichen Interessenslandschaften, dem Ringen um Bedeutung, den Positionskämpfen usw., weshalb neben den fachlichen, sachlich-rationalen, inhaltlichen Aspekten der zu leistenden Aufgaben, eben immer auch soziale Interaktionsprozesse zu bearbeiten sind. So wichtig und wertvoll funktionierende Zusammenarbeit zwischen Personen, Abteilungen und Unternehmen ist, so wichtig ist es gleichzeitig auch, in diese Formen der Kollaboration gezielt und bewusst zu investieren, damit die angestrebten Nutzenaspekte erfüllt werden können. Dazu bedarf es neben übergeordneter und ernst gemeinter gemeinsamer Verwertungsziele und marktgerechter Leistungen, Professionalität, gleichwertigen Profitierens von den erzielten Ergebnissen und einer Kultur, die durch wechselseitige Akzeptanz, Integrität, Wertschätzung und Vertrauen geprägt ist, damit Wissen gezielt zirkulieren kann.

Vermehrt konzentrieren sich Geschäftsmodelle von Unternehmen auf die Erbringung von intelligenten Dienstleistungen und Produkten. Die Wertschöpfung entsteht durch die Generierung, den Transfer und die Nutzung von immateriellen Kernkompetenzen, die auf Wissen basieren. Die zentrale Leitmaxime besteht darin, Wissen als Ressource aktiv so zu bewirtschaften, dass daraus langfristig strategische Wettbewerbsvorteile resultieren, die sich auch in einem Wert, dem «intellektuellen Vermögen» (intellectual capital) ausdrücken lassen. Damit konzentrieren sich moderne Management-Systeme auf mögliche Optimierungsansätze zur verbesserten Bewirtschaftung dieser wertvollen, in Ideen, Fähigkeiten, Talenten, Erfahrungen, Intuitionen, Verhaltensweisen, Vorgehenskonzepten, Plänen, Rezepten, Regeln, Anordnungen, Programmen, Prozeduren, Strukturen usw. eingebetteten Ressource.

Exkurs zum Thema «Ressourcen»:
Ressourcen sind grundsätzlich als die unternehmensspezifischen, materiellen und immateriellen Güter, Systeme und Prozesse zu verstehen. Diese Ressourcen werden häufig in folgende vier Gruppen eingeteilt: physische oder tangible Ressourcen, intangible Ressourcen, finanzielle Ressourcen und organisationale Ressourcen. *Tangible Ressourcen* sind fast alle materiellen Vermögensgegenstände des Anlage- und Umlaufvermögens eines Unternehmens. Sie besitzen eine begrenzte Kapazität und unterliegen meistens erheblichen Abnutzungserscheinungen. *Intangible Ressourcen* sind immaterielle Vermögenswerte, wie Humankapital, Patente, Goodwill, Unternehmenskultur, Reputation, Markenimage, technologisches Know-how, organisationales Wissen und organisatorische Fähigkeiten (z. B. Koordinations-, Integrations- und Lernfähigkeit). Sie besitzen nur selten eine Begrenzung der Kapazität, sind häufig flexibel einzusetzen und zeigen kaum Abnutzungserscheinungen. Zu den *finanziellen Ressourcen* zählen interne Mittel, freie Liquidität, Fremdkapitalreserven und externe Mittel. Finanzielle Mittel sind sehr flexibel einzusetzen, jedoch meist nur begrenzt verfügbar. Unter *organisationalen Ressourcen* werden zum Beispiel Planungs- und Kontrollsysteme, Informationssysteme, Führungstechniken sowie intra- und interorganisationale Beziehungsgeflechte subsumiert. Diese Ressourcenart ist ebenfalls sehr flexibel einzusetzen und ist zudem resistent gegenüber Abnutzungserscheinungen. Allerdings sind auch die organisationalen Ressourcen meist nur begrenzt vorhanden. Exkurs Ende

Aus einer ressourcenorientierten Sicht eines Strategischen Managements beruhen Wettbewerbsvorteile primär darauf, dass Unternehmen unterschiedlich mit Ressourcen ausgestattet sind und ihre jeweils verfügbaren Ressourcen unterschiedlich nutzen, was wiederum zu einer asymmetrischen Ressourcenallokation und Einzigartigkeit der Unternehmen führt (Bleicher 2002, S. 63ff.; Rasche, 1994, S. 55ff.; Wolfsteiner, 1995, S. 41, 50f.; Schreyögg, 1997, S. 483ff.; Rasche/Wolfrum, 1994, S. 502; Bamberger/Wrona, 1996, S. 132; Ringelstetter, 1997, S. 176ff.). Damit aufgrund der Ressourcenherrschaft und -bewirtschaftung auch tatsächlich Wettbewerbsvorteile entstehen, müssen die strategisch relevanten Ressourcen über einige zentrale Wesensmerkmale verfügen wie zum Beispiel eine geringe beziehungsweise keine *Abnutzbarkeit,* eine eingeschränkte *Transferierbarkeit* (schwer über Märkte zu erwerben, Immobilität, unvollständige Information über den Wert), eine eingeschränkte *Imitierbarkeit* beziehungsweise Verteidigungsfähigkeit (z. B. Patente, unternehmensindividuelle Prozesse) und letztlich eine unmögliche *Substituierung* durch andere Ressourcen. Wissen als immaterielle Ressource erfüllt diese Bedingungen, weshalb ein Management von implizitem und organisationsspezifischem Wissen aus Sicht eines «resource-based-view» der Strategielehre für einen ökonomischen Erfolg von Unternehmen dieses in den Mittelpunkt rückt.

Schnell wird deutlich, dass hierbei herkömmliche, traditionelle Management-Methoden, die auf Vorgaben, Steuerung, Regulierung und Kontrolle ausgerichtet sind, an ihre Grenzen stoßen und nicht die gewünschten Wirkungsweisen zeigen (Bleicher 2002, S. 58ff.). Die Gründe dafür liegen auf der Hand. Denn Wissen ist an einzelne Personen gebunden, befindet sich aber auch unsichtbar in etablierten Prozessen, Routinen, Regeln, Richtlinien, Messgrößen, Standards, Beschreibungen, Mythen, Handlungsempfehlungen usw. Damit prägt es das Verhalten in und von Organisationen und ist somit sehr speziell. Die Bereitschaft zur Einbringung von Wissen wird darüber hinaus von persönlichen Interessen, Machtspielen, Befürchtungen und ideologischen Rechthabereien bestimmt. Die jeweilige «zweite Organisation» oder «Schattenorganisation» bestimmt in ihrer (mikro-)politisch-behavioristischen Dimension mit den «hidden agendas, rules and games» der entscheidenden Akteure und dominanten Koalitionen, was erfolgreich gemacht werden soll und was nicht. Ein Management von Wissen ist somit schon innerhalb eines Unternehmens kein triviales Thema und nicht rein informationstechnisch zu bearbeiten. Beim Vorhaben, Wissen auch zwischen Unternehmen nutzbar zu machen, treffen, systemtheoretisch betrachtet, unterschiedliche Codierungen, Referenzkriterien, Sprachwelten, Leitdifferenzen, Rationalitäten und Eigenlogiken aufeinander. Darüber hinaus ergeben sich beim Versuch der gemeinsamen Nutzung von Wissen zwischen Unternehmen einige Hindernisse wie zum Beispiel die in den jeweilig kooperierenden Unternehmen aus der Vergangenheit geprägten Denk- und Handlungsmuster, mangelndes Vertrauen, ein Verharren in bewährten (Macht-)Strukturen, ein hohes Maß an Sicherheitsdenken, Konkurrenzdenken, ein fehlendes Problem- beziehungsweise Nutzenbewusstsein, die Angst vor Neuem, ein hoher Profilierungs- und Selbstdarstellungsbedarf einzelner Unternehmensvertreter, Dominanzansprüche, diffuse oder fehlende konkrete Zielsetzungen, Planung von innen (eigene Bedürfnisse) nach außen (Bedürfnisse der externen Kunden) anstatt umgekehrt, unrealistische Zeithorizonte, fehlende Spielregeln der Zusammenarbeit, Verfolgen von Favoritenlösungen, ungenügender Einbezug der betroffenen Kooperationspartner, verwirrende Informationspolitik, zu große kulturelle Unterschiede und damit cross-kulturelle Abstimmungsschwierigkeiten, wenig Initiativen, das Einnehmen von Abwartepositionen, opportunistisches Verhalten und unklare Kunden-Lieferanten-Verhältnisse und rein technisch-orientierte Problemlösungsversuche.

Die strategischen Nutzenaspekte bei einer erfolgreichen Realisierung eines Wissensmanagements zwischen Unternehmen einerseits, die aber soeben skizzierten Herausforderungen beziehungsweise Gefahren des Scheiterns anderseits, rechtfertigen an dieser Stelle eine Betrachtung kritischer Erfolgsfaktoren beziehungsweise grundlegender Leitprinzipien.

2.2 Leitlinien eines Wissensmanagements in Netzwerken

2.2.1 Gemeinsames Tun sichert Verbindlichkeit

Der Prozess der Entstehung und Bildung von netzwerkartigen Unternehmensbeziehungen beginnt oft mit der Suche nach passenden komplementären beziehungsweise strategisch relevanten Partnern (nicht selten wird dieser Prozess-Schritt durch zufälliges Kennenlernen oder persönliche Beziehungen ersetzt), es folgen Kontaktaufnahmen, persönliche Gespräche, Workshops mit Absichtsbekundungen, «letters of intent», Strategiepapiere, Ansprechpartner werden definiert und Erwartungen aufgebaut. Nicht selten bleibt es dann auch dabei, denn den Lippenbekenntnissen und in Aussicht gestellten Aktivitäten folgen nicht die versprochenen konkreten Umsetzungsschritte. Ohne diese ist aber eine Kooperation nicht vollzogen, sondern lediglich auf dem Papier definiert. Kooperationen existieren demnach erst dann, wenn tatsächlich gelebte Praxis entsteht, Projekte gemeinsam realisiert, wechselseitige Erwartungen auch wirklich erfüllt und versprochene Zusagen verlässlich und konsequent eingehalten werden. Für alle beteiligten Partner muss das Win-win-Prinzip in persönlich gefühlter Weise für die handelnden Akteure gegeben sein. Gerade in dem praktischen Doing-Prozess werden aber auch die Defizite der Vereinbarungen in den Kontrakten deutlich. Es müssen Nachverhandlungen und Adaptionsprozesse folgen, die einem interessenspolitischen Prozess gleichen, der von Beziehungsarbeit und Positionsspielen gekennzeichnet ist, und nicht selten Konfliktpotenzial entstehen lässt. Sobald bei einem Netzwerkpartner das Gefühl entsteht, es handelt sich bei der Kooperation um eine sogenannte «Ham & Eggs-Kooperation» mit dem aufkommenden Verdacht der Übervorteilung, sind Kooperationen zum Scheitern verurteilt.

Exkurs «Ham & Eggs-Kooperation»:
Die Problematik einer «Ham & Eggs-Kooperation» lässt sich am besten anhand einer Kurzgeschichte verdeutlichen: Stellen Sie sich einen kleinen verarmten Bauernhof vor, dort ist leider nichts mehr los, keine Produktion, kein Einkommen, vom Aus-

sterben bedroht. Auf dem Hof existieren nur mehr zwei kleine Tiere – ein Huhn und ein Schwein – ein dummes, wie sich herausstellt. Das intelligente Huhn kommt auf die kreative Idee, Ham & Eggs produzieren zu wollen, damit zukünftig der Hof wirtschaftlich wiederbelebt werden kann, und konfrontiert das Schwein mit diesen Überlegungen. Das Schwein ist zunächst fasziniert von der Idee und antwortet: «Das finde ich toll, endlich wird hier wieder was losgehen. Ich bin dabei, aber sag, wie soll das konkret funktionieren?» Das Huhn antwortet selbstsicher und überzeugt vom eigenen Vorschlag: «Ganz einfach – ich liefere die Eier, du lieferst den Schinken, dann machen wir daraus Ham & Eggs und verkaufen dieses gewinnbringend ab Hof.» Das Schwein blickt etwas verdutzt und nachdenklich und meint: «Wie ist das gemeint – du lieferst die Eier und ich liefere den Schinken – das ist doch unfair, denn ich geh ja dabei drauf und du nicht!» Da antwortet das Huhn – «Tja mein Lieber, so ist das nun mal bei solchen Kooperationen – einer muss eben der Dumme sein und draufzahlen, sonst funktioniert das nicht!»
Exkurs Ende

So wie Kooperationen an sich das konkrete Tun erfordern, so wird an dieser Stelle erst deutlich, über welches Wissen, über welche Fähigkeiten die Partner tatsächlich verfügen und gleichzeitig wird durch die gemeinsame Realisierung beispielsweise von Projekten neues Wissen erzeugt, das den kooperierenden Partnern wiederum zur Verfügung gestellt werden muss. Damit entstehen Anforderungen an eine bewusste Dokumentation von «lessons-learned» und «best-practices» und der Installation dementsprechender informationstechnischer Lösungen. Durch das kollektive Reflektieren gemachter Erfahrungen («lessons-learned») in gemeinsamen Projekten beziehungsweise bei der Abwicklung von Kundenaufträgen wird Wissen angesammelt, das es zu dokumentieren und zu verteilen gilt.

Abbildung 1: Das rekursive Verhältnis von Struktur und Verhalten

Das Wissensmanagement in Netzwerken hat sich somit auch der Frage zu widmen, wie das Wissenspotenzial in erfolgreiche Praktiken umgesetzt werden kann. Es geht daher nicht nur um Ansätze zur Erfassung, Speicherung und Dokumentation von Wissen, sondern auch um das Organisieren von Wissensintegrationsprozessen durch Anwendung, Aktion, Methode, Verfahren und Interaktion. Denn die Generierung, Diffusion und Integration von Wissen erfolgt am wirksamsten in Interaktionsprozessen und in einem systematischen «Knowledge-Apply-Prozess». Durch konkretes gemeinsames Handeln und die Anwendung beispielsweise neuer Problemlösungen kommt es zu einer Veränderung von Wissen, denn in Handlungen wird nicht nur Wissen eingesetzt sondern auch (re)produziert.

Aus strukturationstheoretischer Sicht erfolgt eine Integration erst dann, wenn kompetente Akteure («knowledgeable agents», Ortmann/Sydow/Windeler, 1997, S. 317ff.) ihre um neues Wissen angereicherten Handlungen reproduzieren und sich in ihren Interaktionen auf veränderte Strukturen, Sets von Regeln und Ressourcen beziehen können. Denn erst durch das Sich-darauf-beziehen-Können wird Wissen im alltäglichen praktischen Handeln als «accurate or valid awareness» wirksam (Giddens, 1984, S. 90). Durch dieses Handeln erzeugen die Akteure Eigenschaften und Merkmale ihres Handlungsfeldes, die zur Nachahmung und Integration beziehungsweise zur Speicherung bei anderen Akteuren führen.

2.2.2 Eine gemeinsame Organisation schafft Ordnung

Bei kurzfristigen Kooperationen in Unternehmensnetzwerken kommt es lediglich zu einem Austausch von Leistungen, denn es fehlt meist an gemeinsamen Erfahrungshintergründen wie auch an Vertrauen, Interesse, Strukturen und Zeit für eine bewusste Auseinandersetzung mit den jeweils unternehmensspezifischen Ressourcen. Das vorwiegende Interesse besteht in einer kundenorientierten qualitäts-, zeit- und kostengerechten Auftragserfüllung, womit zwar das jeweilige implizit in der Tiefenstruktur der Organisation eingebettete Wissen wie auch das spezifische individuelle Expertenwissen zum Einsatz kommen, aber nicht bewusst transferiert, weiterentwickelt, gespeichert und dokumentiert werden und zu einer Erweiterung von Kernkompetenzen führen kann.

Im Fall längerfristig angelegter Netzwerkbeziehungen stellt sich für alle beteiligten Unternehmen die Frage, ob die Schaffung einer gemeinsamen Organisationsform zur Entwicklung, zum Austausch und zur Nutzung von Wissen insgesamt zu einer Steigerung der Wettbewerbsfähigkeit beitragen kann. Die bewusste Herstellung einer interorganisationalen Wissensorganisation fordert eindeutige Managementaufgaben und die Gestaltung eines Möglichkeitsraums für grenzüberschreitende wissens- und lernintensive Prozesse mithilfe von Strukturen, Routinen und Regeln. Dabei stehen insbesondere folgende Leitmaximen im Vordergrund (Neumann, 2007e, S. 354f.):

- Auf Flexibilität, Modularität, Mehrdimensionalität und Multifunktionalität ausgerichtete Prozessorganisation

- Klar definierte Handlungsspielräume zur Förderung der Autonomie

- Die Förderung netzwerkartiger und cross-funktionaler Zusammenarbeit in Arbeits- und Projektteams
- Die Förderung einer hohen Interaktionsdichte
- Die Verwendung einer gemeinsamen Sprache
- Kulturelle Spielregeln der Zusammenarbeit, die Vertrauen und firmenübergreifendes Denken und Handeln fördern
- Konstruktive und lernfördernde Fehlerhandhabung (Vermeidung des «Sündenbock-Syndroms»)
- Etablierung wissensgenerierender Feedbacksysteme
- Die Institutionalisierung von Kompetenzzentren mit Best-Practice-Vergleichen und -Austausch
- Ein gemeinsam zu installierender Aus- und Weiterbildungsverbund hat in diesem Zusammenhang die Aufgabe, abgestimmte Bildungsinhalte zu entwickeln und anzubieten. Die gemeinsame Aus- und Weiterbildung auf Führungskräfte- und Mitarbeiterebene führt nicht nur zu gleichen Wissens- und Kompetenzstandards, sondern fördert obendrein eine kooperative Zusammenarbeit und die Entwicklung einer gemeinsamen Sprachwelt.
- Austausch von Mitarbeitern (job-rotation) auf horizontaler Ebene zwischen den Netzwerkpartnern
- Leistungsgerechte Bezahlungssysteme und Anreize, die insbesondere kooperatives Denken und Handeln belohnen
- Ein unternehmensübergreifendes Vorschlags- und Verbesserungswesen, das die Generierung von Ideen fördert und belohnt
- Gemeinsam entwickelte und getragene Standards und Routinen wie zum Beispiel Qualitäts- und Leistungsstandards, womit der Abstimmungs- und Normierungsaufwand quer durch die Unternehmen verringert wird.
- Informations- und kommunikationstechnologische Möglichkeiten wie Groupware, Intranet, Wissenslandkarten und Wissensdatenbanken.

Zur Realisierung der genannten Anforderungen lassen sich sogenannte Knowledge-Center bilden und institutionalisieren. Diese Knowledge-Center bilden sozusagen eine *Kommunikations- und Wissensplattform* als ergänzende beziehungsweise parallele, adhocratische Konzeption, die Prozesse des Lernens und der Erneuerung beziehungsweise Wissensgenerierung, -verteilung und -integration aufgrund von *Knowledge-Network-Aktivitäten* begünstigt. Dazu führen die Knowledge-Center auch Benchmarking-Aktivitäten durch und sammeln Best-Practice-Beispiele sowohl innerhalb wie außerhalb der Unternehmen. Dadurch werden sie zu einem kompetenten Partner für interne Nachfragen wie auch für den Austausch von Wissen in interorganisationalen Beziehungen. Diese Wissens- beziehungsweise Kompetenz-Cluster koordinieren die internen Wissensmärkte, indem sie Angebot und Nachfrage an Wissen überblicken und für einen dementsprechenden Austausch sorgen. Sie beobachten nicht nur externe Wissensmärkte, sondern erkunden und dokumentieren (z. B. mittels Intranet-Lösungen) auch das aufgrund von Selbststeuerungs- und Selbstorganisationsprozessen generierte Wissen in den jeweiligen Management-, Kern- und Supportprozessen der Unternehmen.

Diese Wissens-Zentren an der Nahtstelle zwischen den am Netzwerk beteiligten Unternehmen sind aus Vertretern der jeweiligen Unternehmen zusammengesetzt und bilden eine eigene *Wissens- beziehungsweise Praxisgemeinschaft*. Durch die Transdisziplinarität dieser Gemeinschaft entsteht im Inneren eine «kreative Spannung», wodurch Wissen entwickelt beziehungsweise erweitert wird. Diese transdisziplinär zusammengesetzten Teams erfüllen primär Dienstleistungsfunktionen. Sie sollen Wissen, aber auch konkrete anwendungsorientierte Problemlösungen (lessons learned) sammeln, generieren, mit externen Wissensträgern («Leading-edge-Institutionen», Drittfirmen, Beratungsunternehmen, Bildungs- und Forschungseinrichtungen usw.) austauschen und für eine Speicherung beziehungsweise Diffusion innerhalb der jeweiligen Organisation sorgen. Sie haben daher die Aufgabe, für die Identifizierung, den Transfer und die Weiterentwicklung von geschäftsrelevantem Wissen zu sorgen. Das heißt, das gebündelte Wissen soll in die Kern-, Support- und Managementprozesse integriert werden, sodass insgesamt die Wissens-Performance der jeweiligen Unternehmen erhöht werden kann. Zum Gelingen eines Transfers beziehungsweise einer Integration von Wissen bedarf es der Aktivierung des verteilten und spezialisierten Wissens, der Balancierung von Perspektiven, der Lösung von strukturimmanenten Widersprüchen und Zielkonflikten, der Bereitstellung und Verarbeitung von Steuerungswissen und der Sicherung von Erfahrungen (z. B. durch regelmäßige Reflexionsmeetings).

Knowledge-Center sind als *Kollaborative* zu verstehen, die das implizite Wissen aus der Interaktion ihrer Mitglieder zu nutzen wissen. Ihr Zusammenspiel erbringt eine Kompetenz, die weit mehr ist, als die bloße Addition des jeweils individuellen Wissens in den Köpfen der Mitglieder. Damit werden sie zu Treibern der Wissensentwicklung und der Kompetenz eines Netzwerkes, weil sie das Wissen in ihrer täglichen Interaktionspraxis verkörpern. Kollaborative sind nicht nur durch eine hohe Kommunikationsdichte gekennzeichnet, sondern vor allem durch ein hohes Maß an Interaktionspraxis, da ihre Aufgabe im Entwerfen, Vorantreiben und Umsetzen von Projekten besteht. Ferner werden durch ein mitlaufendes Reflektieren Erfolgs- und Misserfolgsfaktoren erarbeitet, die weiteren Projektteams zur Effektivitätssteigerung dienen sollen. Eine konstruktive Projektevaluation schafft Wissen und bildet die Basis für Prozesse der Wissensspeicherung und -integration, vorausgesetzt es kommt zu einer kooperativen Sicherung der Erfahrungen aller Beteiligten.

2.2.3 Professionelle Management-Systeme sichern die Ernsthaftigkeit
Erfolg und Misserfolg von Management-Programmen wird immer auch bestimmt von der jeweiligen Historizität und Pfadabhängigkeit einer Organisation, den existierenden Widersprüchlichkeiten, blinden Flecken, organisationalen Konservativismen beziehungsweise Abwehrroutinen und zweckorientierten Realitätsoptimierun-

gen, weshalb zur sinnvollen Nutzung dieser Konzepte immer auch organisationale Anpassungs- und Veränderungsmaßnahmen initialisiert werden müssen. Die zentrale Herausforderung beim Aufbau einer Wissensorganisation zwischen Unternehmen besteht in der Herstellung einer neuen Kongruenz zwischen Prämissen, Interpretationsmustern, Normen, Regeln, Konventionen und Verfahren einer sozialen Interaktionspraxis und wissensorientierten Verhaltensförderung. Dies erfordert eine bewusste Strukturation des Handlungsfeldes «Organisation» mit klaren Regeln, transparenten Ressourcen, etablierten Legitimationsstrukturen und einen mikropolitisch sensibel zu gestaltenden Prozess der Kulturentwicklung. In Anlehnung an eine systemorientierte Managementlehre (vgl. hierzu die Arbeiten der St. Galler Management-Schule von z. B. Bleicher, Gomez, Zimmermann, Ulrich, Probst) sind *strategische, normative, operative* und vor allem auch *transformative* Managementaufgaben zu erfüllen.

Im ersten Schritt geht es vor allem um die Entwicklung, Definition und Kommunikation von gemeinsamen Visionen, Zielen und Strategien eines wissensorientierten Netzwerkmanagements, basierend auf Kompetenzanforderungen gemeinsamer Märkte. Neben Qualitäts-, Kunden-, Mitarbeiter- und Finanz-Zielen müssen auch Wissensziele strategisch verankert werden. Dieser konzeptionelle Schirm enthält gemeinsame Vorstellungen über die Zukunft der intraorganisationalen Wissensproduktion und -nutzung. Aus den Zielen und Strategien müssen dann nicht nur klare Leitlinien und Handlungsanweisungen, sondern auch konkrete Messkriterien abgeleitet werden.

Im nächsten Schritt geht es um die systematische Auseinandersetzung mit den für das eigene Geschäft charakteristischen Wissenselementen der jeweiligen Netzwerkpartner. Da Leistungsdifferenzen zwischen Unternehmen auch auf unterschiedliche Wissensbasen zurückgeführt werden, gilt es herauszufinden, über welches Wissen in welcher Form und von welcher Relevanz ein am Netzwerk partizipierendes Unternehmen verfügt. Es muss deutlich werden, welches Wissen das Unternehmen einerseits hinsichtlich des Unternehmensumfeldes (z. B. Kunden-Lieferantenbeziehungen, Nachfrageverläufe, Wettbewerbsdynamik, Trends usw.) und andererseits selbst in Form von verinnerlichten Routinen, Kompetenzen, Projekten, Produkten, Best-Practice-Fähigkeiten usw. besitzt. Dabei werden alle Wertschöpfungsaktivitäten, Geschäftsprozesse, Leistungen und Vernetzungen hinsichtlich des damit verbundenen impliziten wie auch expliziten Wissens analysiert. Damit erhält man einen Überblick über das sogenannte Kernwissen einer Organisation und erste Hinweise über die Art und Weise der Strukturierung des Wissenskombinationsprozesses und der beteiligten Wissensträger. Daraus lässt sich letztlich erkennen, wie es ein Unternehmen versteht, Lerngemeinschaften mit externen Know-how-Trägern zu organisieren, um das externe Wissen mit dem intern vorhandenen Wissen zu kombinieren beziehungsweise dieses zu integrieren.

Aus Sicht eines normativen Managements geht es um das Organisieren vernetzter, wissensgenerierender Prozesse. Die Weiterentwicklung und Kreation von Wissen wird in Prozessen des Verbesserungs- und Erneuerungslernens möglich, die über die jeweiligen Unternehmensgrenzen zu gestalten sind. Es gilt, handlungssteuernde Paradigmen der Organisation im Sinne eines «transformativen» Managements so anzupassen beziehungsweise zu verändern, dass die Organisation lernt, die dialektischen beziehungsweise widersprüchlichen Spannungsfelder von «Kooperation versus Konkurrenz» und «Ordnung versus Veränderung», «vorhandenes versus notwendiges Wissen» zu balancieren. Ziel ist die Entwicklung eines «mind sets», eines Bewusstseins hinsichtlich notwendiger Interaktionsformen (Hierarchie, Heterarchie, Netz), die auf geltende Marktanforderungen auszurichten sind. Denn je nach Marktsituation bedarf es eines Agierens als Solist oder als Partner in einem Netz von kooperierenden Unternehmen, wofür die jeweils internen Voraussetzungen im Denken und Handeln der jeweiligen Akteure geschaffen werden müssen.

2.2.4 Eine Governance-Architektur ermöglicht Steuerung und Kontrolle

Wissensmanagement braucht eine Architektur, die Ordnung, Konsequenz, Verlässlichkeit und Zusammenarbeit fördert, zur Steuerung von Wissensprozessen (Generierung, Transfer, Nutzung) beiträgt und die Umsetzung konkreter Maßnahmen unterstützt und kontrolliert. Nur durch eine Verankerung im Ziel-, Werte-, Bewertungs-, Kontroll-, Sanktions- und Entscheidungssystem und in flankierenden Maßnahmen zur Förderung der Umsetzungsbereitschaft und -wahrscheinlichkeit lassen sich Wissensmanagement-Konzepte nachhaltig in die Funktionalität, Normalität und Regelhaftigkeit einer (Netzwerk-)Organisation integrieren.

Wir sprechen in diesem Zusammenhang von definierten und verbindlich vereinbarten Governance-Richtlinien und -Prinzipien. Diese legen Verantwortlichkeiten auf personeller Ebene fest, verpflichten zur Einhaltung verhandelter und vereinbarter Zielsetzungen, legen Kontrollkriterien und -punkte fest, belohnen erreichte Ergebnisse und sanktionieren Verzögerungen oder Nicht-Erreichen vereinbarter Qualitäts- und Ressourcen-Maßstäbe. Zur Realisierung dieses *Knowledge Network Governance Systems* müssen einige Basisprinzipien festgelegt und stringent verfolgt werden. Promotoren und «dominante Koalitionen» müssen als Träger, Treiber, Multiplikatoren gefunden, definiert und aktiv eingesetzt werden.

Für ein Wissensmanagement-Programm benötigt man Top-Leute, zwischen denen ein Prinzip der funktionalen Vertrautheit existiert, kommunikative Abstimmungen aufgrund der gleichen Trägerfrequenz in der Kommunikation schnell und unkompliziert funktionieren und Entscheidungen aufgrund der gegebenen Dringlichkeit und Wichtigkeit rasch getroffen werden können. Diese Erfolgssucher, Solutionisten und Entwicklungsdenker bringen dann die notwendige Dynamisierung, Stützung und Absicherung dieser auch mit Veränderungen verbundenen Verankerungslösungen. Der Einsatz «dominanter Koalitionen» ist notwendig, um mit einem ähnlichen «mind-setting» an die gemeinsame Bildung eines Wissensnetzwerks heranzugehen und um (mikro-)politisch, personell, methodisch, instrumentell und kontextuell unterstützend und hilfreich zu agieren.

Im Top-Entscheidungsgremium der am Netzwerk partizipierenden Unternehmen werden die Eckpfeiler des strategischen Handlungsrahmens festgelegt und die entscheidenden Leistungs- und Erfolgskennzahlen für die Steuerung der Prozesse und Einschätzung der Resultate definiert. Die aus dem Netzwerk definierten Ziele zur gemeinsamen Wissensentwicklung und -nutzung finden sodann Einzug in die jewei-

Abbildung 2: Erfolgstreiber für Managementprogramme

ligen Zielvereinbarungen der für die Umsetzung verantwortlichen Führungskräfte. Linienverantwortliche Führungskräfte wie auch Projektleiter werden mit der Aufgabe betraut, Geschäftspläne für ihre jeweiligen Bereiche beziehungsweise Projekte zu erstellen, die nach einer groben Abstimmung mit dem jeweiligen Top-Management in einer gemeinsam abgehaltenen «Rüttelstrecke» vorgestellt und konstruktiv-kritisch auf deren Realisierbarkeit, Plausibilität und mögliche Wechselwirkungen hinterfragt werden. Nach erfolgter Feuerprobe der jeweiligen Business-Pläne erlangen diese Auftragscharakter und Verbindlichkeit, womit auch die Zielvereinbarungen eine konkrete Basis haben. In regelmäßig stattfindenden Review-Meetings wird während des Verlaufs eines Geschäftsjahres der Etappen-Erfolg geprüft, beziehungsweise es werden, wenn notwendig, Ziele nachjustiert und adaptiert. Im Sinne eines «policy-deployments» können dann all jene Managementebenen, die mit konkreten Umsetzungsaufgaben betraut sind, mit Teilzielen ausgestattet werden, womit eine Kaskadierung der strategischen Oberziele gegeben ist.

Wie bereits eingangs erwähnt, findet eine Vernetzung erst dann statt, wenn konkrete Teil-Projekte aufeinander abgestimmt auch tatsächlich zur versprochenen Nutzenstiftung beitragen. Dazu wird ein professionelles Multi-Projekt-Management benötigt, um eine Synchronisierung und Synergetisierung laufender Wissensmanagement-Aktivitäten zu gewährleisten. Ein konzertiertes Vorgehen im Masterplan und ein Monitoring beziehungsweise eine Akkordierung der jeweiligen Umsetzungsschritte wird dadurch sichergestellt, dass Instrumente eines professionellen Projektmanagements (Stakeholder-Matrix, Risikoanalysen, Readyness-Assessments, Wirksamkeitsanalysen) zum Einsatz kommen wie zum Beispiel die rollierende Planung, eine durchgängige nach einem «Linking-pin»-Prinzip (Mitglieder eines Entscheidungsgremiums sind gleichzeitig auch Vertreter von Interessen und Inhalten eines Teams, indem sie selbst aktiv mitwirken) interorganisational besetzte Projektorganisation und Projekt-Supervision. Da Wissensmanagement-Projekte immer auch mikropolitische Projekte sind, die mit nicht planbaren Störfaktoren, Überraschungen, Sabotagen, Widerständen, betrieblichen Partisanenkämpfen usw. verbunden sein können, ist insbesondere der Einsatz der rollierenden Planung von Vorteil. Dabei wird zunächst auf unterschiedlichen Ebenen der Roll-out von der analysierten Ausgangssituation bis zum angestrebten Projektergebnis geplant. Auf der Sachebene erfolgt die Festlegung inhaltlich notwendiger Arbeitspakete, Meilensteine, kritischer Momente, die zur Erledigung der praktischen Hauptaufgaben notwendig sind. Parallel dazu ist antizipatorisch festzulegen, von wem welche Entscheidungen auf der Managementebene notwendigerweise getroffen werden müssen, damit die geplanten Teilaufgaben erfüllt werden können. Auch geht es hier um die Frage, welche Ressourcen bereitgestellt werden müssen, um die einzelnen Prozess-Schritte realisieren zu können. Managementprojekte besitzen eine innere Logik, die wesentlich auch von psycho-sozialen Eigendynamiken und Nebenwirkungen bestimmt wird, die auf Ergebnisse wirken sowie Rückschläge, vorübergehende Stillstände, Querinterventionen, Protestmaßnahmen usw. auslösen können. Werden diese möglichen Effekte rechtzeitig antizipativ erkannt, in Szenarien durchgespielt, mit Präventivmaßnahmen versehen und vorab mit sozial-emotional intelligenten Interventionen begleitet, entstehen positive Wirkungen auf Ergebnis- und Zusammenarbeits-Ebene.

2.3 Geforderte Qualität einer integrativen Unternehmensführung

Aus den bisher genannten Implikationen für ein Strategisches Management der Unternehmensressource Wissen wird deutlich, dass insbesondere Führungskräften hier eine herausfordernde gestalterische Aufgabe zukommt. Sie haben nicht nur für eine begünstigende Form einer intraorganisationalen Wissensordnung zu sorgen. Sie müssen auch als Repräsentanten der jeweiligen Unternehmung an der Entstehung einer neuen interorganisationalen Wissensordnung mitwirken (Neumann, 2000).

Erfolg und Misserfolg, «excellence» und «failure» von Unternehmen hängen von zahlreichen komplexen Gesamtzusammenhänge und Wechselwirkungen ab, die in professioneller Weise erkannt, hinterfragt, interpretiert und oft neu geordnet werden müssen. Damit liegt es auf der Hand, dass die jeweilige Management-Qualität hier eine bedeutende Rolle spielt. Wissensmanagement hat, wie viele Moden in der Welt der Unternehmensführung, seine Blütezeit erlebt, und es scheint, als hätte das Konzept an Bedeutung verloren. Aber was ist die Alternative? Wissen als grundlegende, immaterielle und auf vielfältige Weise eingebettete Ressource nicht ernst zu nehmen, nicht in die Intelligenz und Fortschrittsfähigkeit und Innovationskraft eines Unternehmens zu investieren? Das kann wohl nicht die Alternative sein, weshalb die Unternehmensführung trotz momentan dringlicher und wichtiger Themen im Bereich Überlebenssicherung parallel auch die Aufmerksamkeit auf jene weichen Erfolgspotenziale wie Kultur, Lernen, Fähigkeiten, Kompetenz, Wissen, Innovation richten muss, die ebenso die Wettbewerbsfähigkeit nachhaltig bestimmen wie die Wahl der richtigen Produkt-/ Marktkombination. Eine integrativ gestaltete Form der Unternehmensführung hat sich vor allem auf die Wechselwirkungen von innen und außen, weichen und harten Faktoren der Organisation zu konzentrieren. Integrative Unternehmensführung erfordert kompetente Führungskräfte, die qualifizierte Mitwirkende engagieren, um gemeinsam auf Basis der gesammelten Intelligenz herausragende Ideen mithilfe einer professionellen Organisation, orientiert nach sinnvollen Zielen und realistischen Strategien, gegenüber ernst zu nehmenden Kunden in respektvoller und konstruktiver Zusammenarbeit bestmöglich zu verwirklichen. Um diesem Anspruch gerecht zu werden, ist nicht nur ständig in individuelle Lern- und Entwicklungsarbeit zu investieren, sondern in professionelle Formen der Vernetzung mit kooperierenden Partnern sowie in die rechtzeitige Planung, Führung, Steuerung, Realisierung und Verankerung notwendiger Anpassungs- beziehungsweise Veränderungsmaßnahmen (Neumann, 2007d, S. 181ff.).

Erfolgreiche Führungsarbeit erfordert somit die bewusste und intensive Auseinandersetzung mit dem Ticken der eigenen Organisation, um im Sinne eines *transaktionalen* wie auch *transformationalen* Managements gestaltend und entwickelnd im eigenen Wirkungsbereich zu agieren. Dazu müssen Führungskräfte mit einem Leadership-Brand der Glaubwürdigkeit, Authentizität, Konsequenz und Verlässlichkeit als Partner in Kooperationen ausgestattet sein (Neumann, 2009, S. 26ff.). Damit ist unweigerlich auch eine moderne Managemententwicklung gefordert, neben Fachwissen im Bereich der Führungsmethoden und -instrumente auch jenes Verhaltenswissen zu vermitteln, das die Persönlichkeit der Führungskräfte stärkt. Dies erfordert ein Arrangement von verhaltensorientierten Lernformen, die eine bewusste Auseinandersetzung mit eigenen Verhaltensmustern und der Rolle als Führungskraft ebenso begünstigen wie Fragen nach eigenen «mind-sets», Werthintergründen, Sinnbezügen, Perspektiven und Bereitschaft zu Verantwortung aufzuwerfen und zu bearbeiten.

Literatur zu Abschnitt 2: «Zusammenarbeit multipliziert Wissen» – Ansätze eines integrativen Wissensmanagements in Unternehmensnetzwerken

Badaracco, J. L. (1991): The Knowledge Link. How Firms compete through Strategic Alliances. Boston.

Badaracco, J. L. (1991a): Strategische Allianzen. Wie Unternehmen durch Know-how-Austausch Wettbewerbsvorteile erzielen. Wien.

Bamberger, I./Wrona, T. (1996): Der Ressourcenansatz und seine Bedeutung für die Strategische Unternehmensführung. In: zfbf, Jg. 48, 1996, Nr.2, S. 130-153.

Blecker, Th./Neumann, R. (2000): Interorganizational Knowledge Management. Some Perspectives of Knowledge oriented Strategic Management in Virtual Organizations. In: Malhotra, Y. (Hrsg.): Knowledge Management and Virtual Organizations. Hershey/London. S. 63-83.

Bleicher, K. (2002): Paradigmawechsel zur Wissensgesellschaft – Veränderte Spielregeln erfordern neue Strategien, Strukturen und Kulturen. In: Bleicher, K./Berthel, J. (Hrsg.): Auf dem Weg in die Wissensgesellschaft. Veränderte Strategien, Strukturen und Kulturen. Frankfurt am Main. S. 57–85.

Davenport, T. D./Prusak, L. (1998): Working knowledge. How organizations manage what they know. Boston 1998.

Giddens, A. (1984): The constitution of society: Outline of a theory of structuration. Cambridge.

Grillitsch, W. (2009): Erfolgreiches Management von Unternehmensnetzwerken und die Unterstützungspotenziale des Wissensmanagements: Theoretische Einblicke und praktische Perspektiven, Dissertation, Klagenfurt.

Knyphausen-Aufseß, D. zu (1997): Auf dem Weg zu einem ressourcenorientierten Paradigma? Resource-Dependence-Theorie der Organisation und Resource-based View des Strategischen Managements im Vergleich. In: Ortmann et al. (1997), S. 452–480.

Krogh, G. von/Roos, J. (Hrsg.) (1996): Managing Knowledge. Perspectives on cooperation and competition, London.

Neumann, R. (2009): Leadership-Maturity. Die Bedeutung reifer Führungs-Leistungen im Change Management. In: Mussnig, W./Neumann, R. (Hrsg.): Business Management Kompetenz 09. Wien. S. 26–32.

Neumann, R. (2007a): «Mind-Settings» im Management - Gedanken zum «Führungskraft-SEIN». In: Neumann, R./Graf, G. (Hrsg.): Management-Konzepte im Praxistest. Wien. S. 704–715.

Neumann, R. (2007b): Der Einsatz von Wissensmanagement zur Realisierung von Shared-Service-Prinzipien. In: Neumann, R./Graf, G. (Hrsg.): Management-Konzepte im Praxistest. Wien. S. 459–477.

Neumann, R. (2007c): Organizational Maturity – oder: Wie reif muss eine High-Performance-Orgnisation sein …? In: Neumann, R./Graf, G. (Hrsg.): Management-Konzepte im Praxistest. Wien. S. 147–177.

Neumann, R. (2007d): Professionalität im Change Management. Veränderungen in Gang bringen und wirksam umsetzen. In: Neumann, R./Graf, G. (Hrsg.): Management-Konzepte im Praxistest. Wien. S. 181–244.

Neumann, R. (2007e): Wissensmanagement in netzwerkähnlichen Unternehmensverbänden. In: Neumann, R./Graf, G. (Hrsg.): Management-Konzepte im Praxistest. Wien. S. 351–364.

Neumann, R. (2003): Wissensmanagement in Unternehmenskooperationen – Theoretische Vorbemerkungen und praktischer Anwendungsnutzen. In: Böhnisch, W./Weissengruber, P./Stummer, H. (Hrsg.): Human Capital und Wissen. Mitarbeiter als Wettbewerbsvorteil der Zukunft, Linz, S. 301–316.

Neumann, R. (2001): Leitlinien einer wissensorientierten Gestaltung und Führung interorganisationaler Netzwerkbeziehungen. In: Wührer, G./Grabner-Kräuter, S. (Hrsg.): Trends im internationalen Management: Strategien, Instrumente und Methoden. Linz, S. 447–477.

Neumann, R. (2000): Die Organisation als Ordnung des Wissens. Wissensmanagement im Spannungsfeld von Anspruch und Realisierbarkeit. Wiesbaden.
Neumann, R./Müller-Stingl, A./Grillitsch, W. (2006): Organisational order of knowledge: an «inside» organisational perspective. In: Matjaz Mulej et al. (Hrsg.): STIQE 2006. Proceedings of the 8th International Conference on Linking Systems Thinking, Innovation, Quality, Entrepreneurship and Environment. Maribor, S. 156–164.
Ortmann, G./Sydow, J./Windeler, A. (1997): Organisation als reflexive Strukturation. In: Ortmann, G./Sydow, J./Türk, K. (Hrsg.): Theorien der Organisation. Die Rückkehr der Gesellschaft. Opladen, S. 315–354.
Rasche, C. (1994): Wettbewerbsvorteile durch Kernkompetenzen. Ein ressourcenorientierter Ansatz. Wiesbaden.
Rasche, C./Wolfrum, B. (1994): Ressourcenorientierte Unternehmensführung. In: DBW, Jg. 54, 1994, Nr. 4, S. 501–517.
Ringelstetter, M. (1997): Organisation von Unternehmen und Unternehmensverbindungen. Einführung in die Gestaltung der Organisationsstruktur. München/Wien 1997.
Schreyögg, G.(1997): Kommentar: Theorien organisatorischer Ressourcen. In: Ortmann, J./Sydow, J./Türk, K. (Hrsg): Theorien der Organisation. Die Rückkehr der Gesellschaft. Opladen, S. 481–486.
Sydow, J. (1992): Strategische Netzwerke. Evolution und Organisation. Wiesbaden.
Sydow, J./Winand, U. (1998): Unternehmungsvernetzung und -virtualisierung: Die Zukunft unternehmerischer Partnerschaften. In: Winand, U./Nathusius, K. (Hrsg.): Unternehmungsnetzwerke und virtuelle Organisationen. Stuttgart, S. 11–31.
Sydow, J./Van Well, B. (1996): Wissensintensiv durch Netzwerkorganisation – Strukturationstheoretische Analyse eines wissensintensiven Netzwerkes. In: Schreyögg, G./Conrad, P. (Hrsg.): Managementforschung 6, Berlin/New York, S. 191–234.
Wolfsteiner, W. D. (1995): Das Management der Kernfähigkeiten – Ein ressourcenorientierter Strategie- und Strukturansatz, Dissertation Nr. 1697. St. Gallen.

ANHANG

Das Leben und Werk von Knut Bleicher

Was prägt ein Leben? Die Welt und Zeit, in die man hineingeboren wird, das Milieu, das einen umgibt, Menschen, die einen begleiten und denen man begegnet, Freiheiten und Zwänge, Planung und Zufälle, Wünsche und Erfüllung oder Enttäuschung, Freude und Schmerzen, Erwartung und Bestätigung oder Ernüchterung ...

Und die Veranlagungen des Menschen, sich in dieser nur zum Teil berechenbaren und sich stets ändernden Szenerie zurechtzufinden, sie mitzugestalten dank Talenten, Neugierde, Lernen, Können, Wollen, der Fähigkeit zum Verzicht wie zum Wahrnehmen.

Auch Knut Bleichers Leben ist geprägt von dieser Fülle an Umständen und Zusammenhängen. Wie es dazu kam, dass er eine kaum zählbare Menge an Projekten betreute, seinen Beitrag zur wirtschaftlichen Entwicklung Nachkriegseuropas leisten und ein nachhaltiges Grundlagenwerk schaffen konnte, das schildert der folgende Beitrag über sein Leben und Werk. Die ausführliche Darstellung der wichtigsten Lebensstationen soll so auch ein besseres Verständnis des Gesamtwerkes ermöglichen und vor allem auch dem jüngeren Leser eine von Höhen und Tiefen besonders geprägte Epoche deutscher Wissenschafts- und Wirtschaftsgeschichte vermitteln.

Wurzeln, Kindheit, Jugend

Knut Bleicher wurde am 22. April 1929 in Berlin geboren. Seine Eltern waren die Berlinerin Margarete, geb. Lemke, und Josef Bleicher, Kaufmann aus Bayern. Dieser, gebürtiger Münchner, wuchs in Weiden in der Oberpfalz auf, wo er zunächst in der Porzellanindustrie als Gestalter von Dekors tätig war. 1926 kaufte der Inhaber die «Marienhütte» in Berlin-Köpenick, eine Fabrik zur Herstellung von hochwertigen Gläsern, und Knuts Vater übernahm dort die technische Leitung. Hergestellt wurden vor allem Glaswaren für die Luxusschiffe des Norddeutschen Lloyd und anderer bekannter Transatlantiklinien. Margarete Lemke lebte in einem Nachbarhaus von Josef Bleicher, was bald einmal die eheliche Fusion Berlin-München bewirkte.

Ihr Vater, früherer Gardeoffizier und ehemaliger Magistratsbeamter der Stadt Berlin, verkörperte preußische Werte, die er auch seinem Enkel vermittelte, denn die junge Familie zog in das großelterliche Haus, das am Zusammenfluss von Dahme und Spree gelegen war und sogar einen sogenannten «Strandgarten» am Fluss besaß. Hier konnte Knut seine Jugendjahre mit viel Wassersport in einer der schönsten Umgebungen der Großstadt verbringen. Für den Vater zogen allerdings bald dunkle Wolken auf. Sein Arbeitgeber hatte sich mit Holzgeschäften auf dem Balkan verspekuliert und musste Konkurs anmelden. Damit war die Tätigkeit des Vaters in der «Marienhütte», die in den Konkurs hineingerissen wurde, vorbei. Von den

Knut Bleicher auf Kreuzfahrt Ende der 1960er-Jahre

heute üblichen Absicherungen für Führungskräfte war damals noch keine Rede. Dem Vater ging es deshalb vor allem darum, sein noch ausstehendes Gehalt einzufordern, leider vergeblich. Die Lösung bestand schließlich darin, dass er seine Forderungen in der Form von Ware realisieren konnte. Zu deren weiterer Verwertung gründete er an zentraler Lage in Köpenick ein Glas- und Porzellangeschäft mit eigener Schleiferei, sodass nach kurzer Zeit Handel und Handwerk die Familie ernährte.

In der Entwicklung des jungen Knut deuteten sich bereits einige Merkmale und Neigungen an, die ihm bis heute eigen sind: die Verbindung von preußischer Disziplin und Pflichterfüllung mit bayrischer Lebensfreude, die Befolgung von Grundsätzen, das Streben nach Konsens und einem intakten, sozialen, freundschaftlichen Umfeld. Und die Pflege künstlerischer Interessen, die ihn immer wieder in Mußestunden für Malerei begeistern; seine Neugier fürs Maritime, die ihn später zu einem passionierten «Kreuzschifffahrer» und Kenner von Schiffskonstruktionen und gar zum Modellbauer haben werden lassen.

Krieg

Nach einer unbeschwerten Kinder- und Schulzeit unterbricht der Zweite Weltkrieg die beschauliche Entwicklung. Einige unbedachte Äußerungen des seit Jahren gegenüber dem herrschenden System kritisch eingestellten Vaters waren Ursache für die Schließung des Geschäfts durch die Behörden. Der Vater wurde zwangsverpflichtet und in die Wehrmacht eingezogen, allerdings nicht mehr an die Front geschickt, sondern zur Verwaltung eines Reifenlagers in Paris eingesetzt, wo er später als Gefangener der Résistance eine lebensbedrohliche Zeit durchlebte.

Als die alliierten Luftangriffe auf Berlin eskalierten, wurden auch dort die Schulen geschlossen und «Kinderlandverschickungen» Richtung Osten ins Warthegau organisiert. Ein solcher Wegzug ließ sich jedoch vermeiden, denn außerhalb der Hauptstadt gelegene Schulen boten Unterricht für sogenannte «Fahrschüler», nicht zuletzt, so ist anzunehmen, um einen Teil der in Berlin verbliebenen Lehrer weiter beschäftigen zu können. Da ein Onkel von Knut im Süden von Berlin bei Teupitz am Tornower See ein Haus gebaut hatte, bot es sich an, bis auf Weiteres dorthin umzuziehen und den Schulbesuch in Königs-Wusterhausen zu organisieren. So fuhr Knut je nach Lage einmal von Köpenick und ein andermal von Teupitz aus zum Nachmittagsunterricht. Dies war etwas mühsam und nach kurzer Zeit auch nicht ungefährlich wegen der nun auch tagsüber geflogenen Luftangriffe auf Berlin und Umgebung. Die Großeltern waren in der Stadt verblieben und begrüßten es, wenn Knut hin und wieder zu Besuch war, denn einer musste schließlich bei oder nach einem Luftangriff aufs Dach gehen, um nachzuschauen, ob das Haus getroffen worden und ein Brand zu löschen sei. Die Angriffe wurden gegen das Jahr 1945 immer vernichtender, das Haus blieb glücklicherweise von direkten Treffern verschont, wurde aber mehrmals «ausgeblasen» durch Luftminen, die in nächster Nähe detonierten.

Das Kriegsende nahte, die auswärtigen Schulen schlossen und die Familie kehrte nach Köpenick zurück. Zum Glück noch früh genug, denn die sowjetischen Armeen der Marschälle Schukow und Konjew kesselten die deutsche Armee ein, die Berlin verteidigen sollte, und vernichteten sie. Das Haus des Onkels wechselte bei diesen verheerenden Kämpfen mehrmals den Besitzer und wurde geplündert. Noch Jahre später waren die Wälder voll von Zeugnissen dieser großen Endschlacht: ausgebrannte Panzer, kaum mehr erkennbare Lkw-Kolonnen, von den menschlichen Überresten ganz zu schweigen.

Im April 1945, kurz vor Knuts 16. Geburtstag, erreichte die Rote Armee das Ufer der Spree und begann mit dem Beschuss eines Brückenkopfes auf der Knuts Familienhaus gegenüberliegenden Seite. Der Artilleriebeschuss steigerte sich in der Nacht, am nächsten Morgen brannten ganze Straßenzüge und Trommelfeuer setzte zur Vorbereitung der Landung ein. Nach Verstummen der Kanonen ging ein eigenartiges Vibrieren durch den Luftschutzkeller, und als Knut ans Tageslicht kroch, sah er schwere russische «Stalin»-Panzer Richtung Berlin fahren. Bald drangen einige Rotarmisten in das Haus ein: Alle Bewohner wurden schließlich aus dem Keller getrieben und zu einem zerschossenen Bootshaus in der Nähe verbracht. Hier musste sich Knut mit seiner Familie an eine Ziegelmauer stellen. Sie warteten alle darauf, erschossen zu werden! Doch inzwischen hatte sich die deutsche Flak-Großbatterie in Oberspree auf den Ponton-Flussverkehr eingeschossen. Die Familie wurde auf einem Floß aus zusammengebundenen Baumstämmen auf die andere Seite des Flusses gebracht. Mitten auf dem Fluss erlebte Knut dann wohl einen nicht minder kritischen Moment seines Lebens, denn zwei deutsche Jabos FW 190 flogen an und begannen, den Übersetzverkehr zu beschießen. Welch ein Ende wäre es gewesen, von den eigenen Leuten ins Jenseits befördert zu werden! Nach Ankunft und Freilassung auf der anderen Flussseite begann eine längere Odyssee, die in eine Laubenkolonie führte, wo sie schließlich eine provisorische Bleibe fanden – neben einer «Stalin-Orgel», einer fahrbaren Raketenabschussrampe, die sehr spektakulär ihre heulenden Geschosse in die Berliner Innenstadt auf den Weg brachte.

Neubeginn

Nach vielen anderen bedrohlichen und unangenehmen Erlebnissen, welche Knut stark prägten, begann Ende Mai 1945 die unstete Nachkriegszeit in Berlin. Unter sowjetischer Militäraufsicht wurden Schulen geöffnet. Aus politischen Gründen schloss Knuts Schule jedoch bald wieder. Alternativ bot sich die «Oberschule für Jungen» im benachbarten Stadtteil Berlin-Adlershof an. Da nach den Zerstörungen noch keine Straßenbahnen fuhren, waren nun längere Fußmärsche zur Schule erforderlich. Einen interessanten Lichtblick gab es im Umfeld der neuen Schule: Adlershof war zur damaligen Zeit Sitz der Deutschen Versuchsanstalt für Luftfahrt, in die während des Kriegs viele begabte Wissenschaftler zwangsverpflichtet worden waren. Diese, nun arbeitslos, waren begeistert, als Lehrer tätig zu werden. So kamen die Schüler zu außerordentlich qualifizierten und engagierten Lehrkräften. Viele sollte Knut dann später beim Studium an der Freien Universität Berlin als Professoren wiedersehen. 1948 bestand er das Abitur an der Adlershofer Schule.

Schule, Praktikum, Studium

In Berlin gab es zu dieser Zeit zwei Universitäten: Die Humboldt-Universität in der sowjetischen Besatzungszone, dem späteren Ost-Berlin, welche sich an der planwirtschaftlichen, marxistisch-leninistischen Ideologie orientierte – und die Technische Universität in der amerikanischen Besatzungszone, dem späteren West-Berlin, die zu diesem Zeitpunkt keine wirtschaftswissenschaftliche Ausbildung betrieb.

Eine Zulassung an der Humboldt-Universität war kaum denkbar, denn Knut war weder Arbeiter- noch Bauernkind, noch Verfolgter des NS-Regimes und auch kein «junger Pionier». Was tun? Eine Westberliner Handelsschule in Wilmersdorf erkannte den Bedarf an Ausbildung in Wirtschaftsfächern und bot einen längeren Lehrgang für Abiturienten an. Hier schrieb sich Knut ein und absolvierte das Programm, welches wirtschaftliche Grundlagen, Handelstechniken, Fremdsprachen, Stenografie und Schreibmaschinenunterricht umfasste.

Inzwischen waren die Zugangswege nach Berlin durch die Sowjets abgeschnitten worden – Berliner Blockade – und alle beobachteten fasziniert den Aufbau und die Entwicklung der Luftbrücke. Knut bot seine Hilfe dem PR-Offizier der Royal Air Force im Flughafen Gatow an und half beim Dolmetschen. Dies war wegen seiner guten Englischkenntnisse möglich, und er konnte dabei den gesamten Flug- und Entladebetrieb von englischen Yorks, Hastings und Tudors sowie den ebenfalls dort landenden amerikanischen DC-4 beobachten und auch Gespräche mit den Besatzungen führen.

Zur gleichen Zeit absolvierte Knut, noch immer im sowjetischen Ost-Sektor bei den Eltern wohnhaft, ein kaufmännisches Praktikum bei der AEG in West-Berlin, erst in der Röhren-, dann in der Groß- und Kleinmotorenfabrik, um schließlich bei Hermann Meyer, dem Leiter der Fabrikleitung, in der AEG-Zentrale zu landen. Hier organisierte Knut den Prozess der Erstellung der DM-Eröffnungsbilanz, was ihm buchhalterische Kenntnisse eintrug, die er später bei Referaten vor der Industrie- und Handelskammer und vor gewerblichen Organisationen umsetzen konnte. Während dieser Tätigkeit erfuhr er vom Aufbau der neuen Berliner Freien Universität (FU) in Dahlem, bei der er sich sofort bewarb und ohne Zeitverlust 1949 das Studium der Betriebswirtschaftslehre beginnen konnte. Die FU bestand aus Baracken und improvisierten Räumen, das Auditorium Maximum war ein hölzerner ehemaliger Reitstall mit Spreu auf dem Boden, auf den zusammengesuchte Parkbänke gestellt waren – und die Mensa bot eine von den Alliierten gespendete Speisung aus einem undefinierbaren, milchigen Etwas. Für die Studenten war es dennoch eine Traumsituation – verglichen mit dem, was unzählige andere Menschen zu erleben hatten.

Die widrigen Umstände wurden allerdings gänzlich wettgemacht durch einige hervorragende Dozenten, die es verstanden, Knut für die Wirtschaftswissenschaften zu begeistern. Da sein Interesse betriebswirtschaftlichen Fragen galt, konzentrierte er sich vor allem auf Professor Erich Kosiol, der aus Nürnberg nach Berlin berufen worden war. Dieser hatte sich nach einer mathematischen Habilitation zunächst stark mit Fragen des Rechnungswesens auseinandergesetzt und versuchte, einen logischen Zusammenhang, basierend auf den Zahlungsvorgängen für das Rechnungswesen bis hin zur Bilanzierung, abzuleiten. Mit dieser sogenannten «pagatorischen Bilanztheorie» entstand ein sehr komplexes System von Zahlungsvorgängen, die schließlich zur Bilanz führten. Später wandte er sich dann neben der pagatorischen Buchhaltung dem kalkulatorischen Rechnungswesen zu, wo Knut an einigen Projekten mitarbeiten konnte. Was Knut aber weit mehr faszinierte, waren Vorlesungen wie «Organisation und Führung der Unternehmung» und «Der Mensch in der Organisation der Unternehmung». So blieb es nicht aus, dass er sich mit diesen Themen auch bei Seminararbeiten, in der Diplomarbeit und schließlich in der Dissertation befasste.

Die Vorlesungen von Kosiol wurden durch einen Unternehmenspraktiker ergänzt, der aus Dresden fliehen musste und mit dem Knut ebenfalls eng zusammenarbeitete. Hier errang Knut einen Achtungserfolg mit der hundertseitigen Seminararbeit «Natur und Aufgaben der Geschäftsleitung». Damit schuf er die Grundlagen für seine Diplomarbeit «Die oberste Leitung in industriellen Unternehmungen – eine organisationstheoretische Funktionsanalyse», wodurch das Interesse an dem, was wir heute Management nennen, überdeutlich wurde. Besonders motivierend war der von Studenten und einigen Assistenten gegründete «Arbeitskreis Organisation», in welchem die vom Fachgebiet Begeisterten das Thema «Aufgabenanalyse» weiterentwickeln wollten. Dies führte schließlich nicht nur zu einer kleinen Schrift, die dann in das kosiolsche Schrifttum einging, sondern auch zu lebenslangen Freundschaften unter den Beteiligten. Kosiol beauftragte Knut während dessen späterer Assistenzzeit mit der Anfertigung der Manuskripte zu seinem ersten «großen» Buch «Organisation der Unternehmung». Knut übernahm den Teil «Aufbauorganisation», während sein Assistentenkollege Marcel Schweitzer (später Professor in Tübingen) die Ausarbeitung der «Ablauforganisation» betreute. An jedem Samstagvormittag traten sie zum Rapport in Kosiols Wohnung an.

Knut Bleicher (Bild links) bei einem der legendären Ausflüge mit Prof. Kosiol, Prof. Grochla, Dr. Rex, Dr. Rother (Bild rechts; von rechts)

Die Beschreibung seiner Studienzeit wäre jedoch unvollkommen ohne die Erwähnung von zwei weiteren Persönlichkeiten: In der Volkswirtschaftslehre war es Professor Andreas Paulsen, der mit seinem Werk «Neue Wirtschaftslehre» Gedankengut von Keynes aufgegriffen hatte und allgemein der «Deutsche Keynes» genannt wurde. Was Knut jedoch weit mehr interessierte, waren seine mikroökonomischen Ansätze, die etwa dem entsprachen, was Erich Schneider, Kiel, in seinem mehrbändigen Werk zum Ausdruck brachte.

Und schließlich noch diese anekdotische Erinnerung: Kosiol veranstaltete traditionellerweise am Ende eines Sommersemesters für seine Studenten des Oberseminars ein Seminarfest. Dieses begann mit einem Spaziergang entlang einem der Seen am Grunewald in nach Seniorität geordneter Reihenfolge: Erich («der Chef») zuvorderst mit Sombrero und langen, wallenden Haaren, neben sich Grochla (später Professor in Mannheim und Köln), mehrere Schritte hinter sich die «gnädige Frau», leicht exaltiert und in Begleitung des Lehrstuhlassistenten (Rex, später Dorn), dann die übrigen Assistenten und schließlich die Studenten. Das Ganze endete meist in einem reservierten Bootshaus am Wannsee bei Verköstigung und Unterhaltung. Auch dieses Ritual war ein Zeichen für den Wandel zur Normalität nach all den düsteren Kriegs- und belastenden Nachkriegsjahren.

Assistenz, Forschung, Unternehmenskontakte
1952 Abschluss als Diplom-Kaufmann und Kosiols Angebot für eine Viertel-Assistentenstelle an seinem Lehrstuhl. 1953 Wechsel zum neuen, durch die Berliner Industrie finanzierten «Institut für Industrieforschung». Hier versammelte sich ein Team von hochmotivierten Assistenten. Die Mehrzahl von ihnen wurden später anerkannte Professoren, wie Eberhard Witte (Hamburg, Mannheim und schließlich München), Ralph-Bodo Schmidt (Freiburg), Marcel Schweitzer (Tübingen), Klaus Chmielewicz (Bochum), andere wurden in der Praxis sehr erfolgreich. Diese Professoren förder-

ten ihrerseits professoralen Nachwuchs an ihren jeweiligen Standorten, so Witte: Hauschild (Kiel), Gemünden (TU-Berlin), Grün (Wien), Wossidlo (Bayreuth); Schmidt: Berthel (Siegen), Wild (Freiburg), Krüger (Gießen) usw. Knut Bleicher kann auf vier Professoren aus seiner Schule verweisen: Seidel (Siegen), Wagner (Potsdam), Paul (Mainz), Simon (Ravensburg).

Die Arbeit am Institut konzentrierte sich zunächst auf die Weiterentwicklung der Plankostenrechnung, was zu einer ganzen Reihe von Forschungsreisen im Team führte, vor allem nach Westdeutschland zu Unternehmen, die auf diesem Gebiet besondere Entwicklung vorzuweisen hatten, wie eine Maschinenfabrik in Braunschweig, die Chemischen Werke Hüls, Mannesmann Röhren in Ratingen, Zellstoff Walshof in Wiesbaden usw.

So ergab sich für Knut die gute Gelegenheit, aus dem eingeschlossenen Berlin herauszukommen, was allerdings mit Schwierigkeiten verbunden war, da er ja noch bei den Eltern im sowjetischen Sektor Ost-Berlin gemeldet und deshalb keine Berechtigung zum Grenzübertritt von der DDR in die Bundesrepublik hatte (ansonsten er ja Republikflucht begangen hätte!). Die Lösung bestand darin, dass im Alliierten Kontrollratsgebäude in der Westberliner Potsdamer Straße gegen Hinterlegung des Ost-Ausweises ein Passierschein für Westdeutschland ausgestellt wurde, mit dem er zeitlich befristet auf dem Luftweg nach Westdeutschland aus- und wieder nach Westberlin zurückreisen konnte. Während sich seine Assistentenkollegen mit Chef im VW-Bus über die Interzonen-Autobahn gen Helmstedt bewegten, flog Knut mit «Ambassador» der BEA oder «Dakota» von PANAM nach Hannover, wo man sich zur Weiterfahrt traf. Die Besuche waren meist sehr informativ, die anschließende Bewirtung und das Kennenlernen noch nicht bekannter Landschaften und Städte boten für einen in der «Festung Berlin» Aufgewachsenen natürlich zusätzliche Reize. Eine Reise brachte auch privates Glück: Knut lernte auf ihr nicht nur die Werkzeugmaschinen-Ausstellung in Brüssel und Paris kennen, sondern auch seine spätere Frau Eveline.

Perspektive USA
Nebenher arbeitete Knut weiter fleißig an seiner Dissertation «Die Organisation der Planung in Unternehmungen». Anfang 1955 kam Professor Kosiol mit einem speziellen Anliegen. Er hatte ein Projektpapier auf dem Tisch von der OECE (später OECD) bzw. von deren European Productivity Agency in Paris, die ein interessantes Projekt (EPA 329-1) zum Thema Marshallplan-Wiederaufbauhilfe lancierte mit der Frage, wie man aus dessen Mitteln *seed money* sinnvoll und nachhaltig für die Ausbildung von Fachleuten verwenden solle. Das Projekt sah vor, in den fünf Marshallplan-Ländern nach einem strikten Verfahren eine eng begrenzte Anzahl Personen auszuwählen, vorzugsweise aus dem Forschungs- und Lehrbereich. Diese sollten in den USA mit dem aktuellen Stand der Managementlehre und vor allem mit der amerikanischen Ausbildung vertraut gemacht werden, um danach ihr Wissen und Können für die Verbesserung der wirtschaftlichen und sozialen Entwicklung in Europa einzusetzen. Das war eine weise Verwertung von Funds, ganz im Sinne eines modernen Wissensmanagements: Anstatt Geld für Hardware mit letztlich doch beschränkter Wirkung

Hochzeit am 24. September 1955

zu verwenden, nun der Versuch, Menschen weiterzubilden, um diese als Multiplikatoren von Wissen und Erfahrung zur Förderung des Wohlstands einzusetzen. So schloss die International Cooperation Agency in Zusammenarbeit mit dem amerikanischen State Department Verträge mit fünf angesehenen amerikanischen Universitäten zur Durchführung von Spezialprogrammen und der Betreuung «for these distinguished European educators» ab. Beteiligt waren: Harvard University (Boston); Wharton School der University of Pennsylvania (Philadelphia); Indiana University (Bloomington); University of Illinois (Champaign-Urbana); University of California (Berkeley). Für jedes europäische Land wurde ein Auswahlgremium gebildet, welchem das Screening der vorgeschlagenen «Applicants» oblag.

Die Idee, auf diesem Weg nach Amerika zu gelangen, reizte Knut, und er gab sein Interesse an diesem Projekt deutlich zu erkennen. Alsbald wurde er zu einem Gespräch nach Kronberg bei Frankfurt eingeladen, wo ihn EPA-Vertreter und berühmte Professoren wie Gutenberg, Mellerowicz, Sandig und Hax befragten. Das Ergebnis muss positiv gewesen sein, denn bald wurde seine Teilnahme am Programm bestätigt. Nun galt es, die Dissertation endgültig abzuschließen und das Promotionsverfahren hinter sich zu bringen. Seine Verlobte Evi wollte verständlicherweise vor der Abreise klare Verhältnisse. Die Hochzeit fand am 24. September 1955 in der Dahlemer Dorfkirche in Berlin statt.

Noch ein Nachtrag zu der Zusammenarbeit mit der OECE: Jahre nach der Rückkehr aus den Vereinigten Staaten wurde Knut bei einem Meeting in Zürich die Leitung der Managementabteilung (mit diplomatischem Status) in Paris angetragen. Sein Interesse war geweckt. Aber sein Chef, Professor Kosiol, gab ihn aus dem laufenden Vertrag nicht frei mit dem Hinweis, er solle zunächst sein Habilitationsverfahren abschließen, wofür Knut ihm rückblickend heute noch dankbar ist.

Die Neue Welt
Mitte Januar 1956: Antritt der Reise nach Amerika – mit Halt in Paris. Am Sitz des Ministerrates der OECE im Palais Chaillot wurden die Teilnehmer über den Studienaufenthalt in Amerika orientiert, allerdings ohne Mitteilung, welches Institut in den USA wen aufnehmen werde. Auf der Zugfahrt nach Le Havre lernten sich die

deutschen Reiseteilnehmer näher und auf der Überfahrt besser kennen. Das Schiff war die «Liberté», die frühere deutsche «Europa», die nach Kriegsende als Reparation an Frankreich ging, eines Tages im New Yorker Hafen ausbrannte und nun im französischen Stil renoviert über den Atlantik fuhr. Der Komfort war beträchtlich, die Cuisine française gepflegt, die Weine dazu ebenso und erst noch in der Einladung inbegriffen, der Service im Speisesaal und auf Deck mustergültig und die Begeisterung groß, mit einer solchen Fahrt aus der Nachkriegs-Tristesse in die Neue Welt zu gelangen.

In New York erfolgte die Unterbringung in einem alten Hotel. Die Betreuer von den verschiedenen Universitäten trafen ein, stellten sich vor und Knut wurde der Wharton School an der University of Pennsylvania in Philadelphia zugeteilt. Dort war sein Betreuer ein alter Bekannter, Professor Dr. Adolph Watz, dem Knut während seiner Plankostenrechnungs-Aktivitäten in Berlin begegnet war, wo Watz mehrfach als EPA-Experte aufgetreten und von Kosiol zu Vorträgen geholt worden war. Knut konnte in Wharton im Rahmen des Spezialprogramms an allen «Classes» teilnehmen und gewöhnte sich rasch an das Leben in der neuen Umgebung. Da war es auch an der Zeit, dass ihm seine Frau Evi nachfolgte.

Geboten wurde viel: Gastreferate von Professoren anderer amerikanischer Universitäten (wie beispielsweise vom Harbridge-House über das Schreiben und Lehren von Case Studies), Besichtigungen in Philadelphia, Reisen zu anderen Universitäten und Instituten sowie mehrere Internships bei Firmen wie Yale&Towne (Chicago), Eli Lilly (Indianapolis), Formica (Cincinnati) und private Rundreisen mit Teamkollegen (um «America pure» zu erfahren). Besonders intensiv gestalteten sich die Beziehungen zur Indiana University in Bloomington (Indiana), wo sich Professor Dr. L. Leslie Waters der Gruppe annahm. Ihm ist es auch zu verdanken, dass sich aus diesen Begegnungen später das «International Business Forum» entwickelte, das er mit charismatischem *Leadership* führte.

Dazwischen fanden an involvierten Universitäten *Follow-up*-Konferenzen mit Fortschrittsberichten zu den institutionellen und individuellen Programmen statt, geleitet von Programmkoordinatoren und dem Regierungsbeauftragten. Zum Schluss musste jeder Teilnehmer

Knut Bleichers erste Dozentenversuche Ende der 1950er-Jahre

eine Art PhD-Thesis schreiben. Knuts Arbeit trug den Titel: «Business Policy and how it is taught in the USA». Schließlich der Abschied: Veranstaltungen und Einladungen bei jenen Universitäten, die einen Controller als Programmleiter eingesetzt hatten. Schonte man während des Jahres das Programmbudget akribisch, so wurden nun die Mittel kurz vor ultimo großzügig und schnell ausgegeben. Auf der Rückreise konnten sich die Teilnehmer als Habitués fühlen, fand die Fahrt über den Atlantik doch erneut auf der «Liberté» und die Reise über Paris nach Berlin wiederum per Bahn statt.

Berlin: Planspielmodell-Erfolg
Zurück in Berlin versuchten Knut und Evi nun den eigenen Haushalt zu gründen. Das war kein leichtes Unterfangen, herrschte damals doch große Wohnungsnot und somit eine extreme Wohnraumbewirtschaftung.

Knut nahm die Tätigkeit am Institut wieder auf, schrieb vielerlei kleine Schriften und vor allem «praktische Fälle» *(cases)* für das Rationalisierungskuratorium der Deutschen Wirtschaft (RKW) in Frankfurt, das sich als einziges für die Amerika-Ergebnisse des EPA-Programms interessierte. Die Berliner Industrie- und Handelskammer (IHK) kam auf Knut und einige andere deutsche EPA-Teilnehmer mit der Idee zu, ein Berliner Institut für Betriebsführung als Teil der Kammer zu gründen und die Leitung Knut anzuvertrauen. Er entwickelte hierfür ein Konzept, das bald in die Tat umgesetzt wurde. Die «Fortschrittliche Betriebsführung» des REFA-Verbandes publizierte einen Artikel von Knut über Unternehmungsplanspiele («Management Games»), was den Leiter der Ausbildungsabteilung der Deutschen British Petroleum (BP) in Hamburg veranlasste, im BP-Studienhaus ein derartiges Planspiel mit Teilnehmern aus der Firma durchzuführen. Die allgemeine Begeisterung hatte die Einladung an den Erfahrungsaustauschkreis der Organisation «Neuer Betrieb» (heute Deutsche Gesellschaft für Personalführung) nach Hamburg zur Folge. An dieser Veranstaltung präsentierte Knut erstmals ein von ihm entwickeltes deutsches Planspiel und löste damit großes Interesse aus. Danach folgten weitere Einsätze quer durch die deutsche Industrie und nach Großbritannien zur BP-Muttergesellschaft mit Aufträgen zur Entwicklung von unternehmensspezifischen Planspielmodellen. Das RKW-Niedersachsen organisierte Planspielveranstaltungen in Norddeutschland. Das erste dieser empirisch untermauerten Realmodelle für bestimmte Branchen wurde für die BASF geschaffen, ein weiteres für den Otto-Versand. Es folgten Planspielmodelle für Bosch, Roche, Reemtsma u. a. Für die Siemens AG entwickelte und leitete Knut zwei sehr komplexe Modelle für das Massen- und Seriengeschäft. Die Gesellschaft für Organisation, in der er Mitglied und später Vorstandsmitglied war, beauftragte ihn, ein spezifisches, integriertes Organisationsplanspiel zu erarbeiten. Dies bedurfte einer anderen Technik, weil der programmierten, tabellarischen Beurteilung von Spielerentscheidungen das qualitative Beurteilungsraster für nicht programmierbare Entscheidungen zur Seite gestellt werden musste. Dies öffnete die Methodik für einen weitergehenden Einbezug von qualitativen Kriterien bei der Durchführung von Unternehmungsspielen.

Knut Bleicher bei der Durchführung eines Unternehmungsplanspiels
Ende der 1950er-Jahre

Da neben einem Spielleiter die einzelnen parallel arbeitenden Teilnehmergruppen fachlich und vor allem abrechnungsmäßig durch Schiedsrichter betreut werden mussten, leistete seine Frau Evi anerkennenswerte Dienste als Schiedsrichter-Koordinatorin. Knut kann somit als Vater des Planspieles in Deutschland bezeichnet werden.

1957 Geburt des Sohnes Frank Oliver und 1960 der Tochter Joan Kristin

Endlich konnte eine großzügigere Wohnung in Wilmersdorf gemietet werden, am Hohenzollerndamm, in einer verkehrsreichen Gegend, in der vierten Etage, mit Umständlichkeiten betreffs Kinderspielplatz und Kinderwagenparkplatz ...

Habilitation, Venia Legendi, Berufung an die Universität Gießen

Knut fiel es wegen der Arbeitsfülle nicht leicht, mit der Habilitationsschrift («Zentralisation und Dezentralisation von Aufgaben in der Organisation der Unternehmungen») bei Erich Kosiol voranzukommen. Sie wurde Anfang 1966 der Fakultät vorgelegt und akzeptiert, sodass Knut Bleicher nun die «Venia Legendi» für das Fach

Knut Bleicher während seiner Habilitationszeit Mitte der 1960er-Jahre

Betriebswirtschaftslehre erteilt bekam und zum Privatdozenten an der Freien Universität Berlin ernannt wurde.

Nach dem üblichen Warten und der Serie von Probevorträgen folgte Knut 1967 dem Ruf nach Gießen an die Justus-Liebig-Universität, Lehrstuhl für Organisation, Führung und Personal. Dies waren erneut Aufbaujahre für ihn. Denn an der Gießener Universität, nach dem Krieg geschlossen und erst kurz zuvor wiedereröffnet, waren viele Einrichtungen noch nicht wiederhergestellt und für die Betriebswirtschaftslehre – im Rahmen der Juristischen Fakultät – wurde nur ein Lehrstuhl geführt. Aber es bestand bereits ein umfassendes Lehrprogramm. Karl Alewell war erster Betriebswirt am Platz und Knut konnte sich naturgemäß nicht auf sein engeres Gebiet der Organisationslehre beschränken, sondern musste sogleich versuchen, mit einem breiten Angebot Lücken im Besetzungsprogramm auszufüllen, das sich von der Einführung in die Allgemeine Betriebswirtschaftslehre über die Bilanztheorie, das Rechnungswesen, die Personalwirtschaft bis schließlich zur Organisation erstreckte. Die Zusammenarbeit mit vielen Kollegen wie Artur Woll (später Gründungsrektor in Düsseldorf und Siegen) war angenehm, trotz der vielen Sit-ins, Demonstrationen und gesellschaftskritischen Diskussionen seitens der Vertreter der 68er-Bewegung. Neue Kollegen kamen hinzu – wie Gerd Aberle, Fritz Selchert u. a. m. – zu denen ein freundschaftliches Verhältnis entstand. Trotz allem konnte Knut es aber wiederum nicht lassen, sein Engagement in der betrieblichen Weiterbildung einzubringen. Zusammen mit der Industrie- und Handelskammer veranstaltete er die «Gießener Seminare für Führungskräfte». Als diese Aktivitäten auf ein breites Interesse stießen, wurde hierfür ein eigenes Institut (GIUS) gebildet. Im Auftrag der Hessischen Landesregierung gründete Knut später in Kassel das Institut für Management-Ausbildung (IMA) mit einem ansprechenden, längerfristigen Weiterbildungsprogramm, in das dann auch die Gießener Aktivitäten übernommen wurden. Ein Teil des Angebots ging bei der Gründung des Instituts für Unternehmensplanung (IUP) wieder zurück nach Gießen, wo es unter neuer Leitung geführt wurde. Daneben war Knut weiter als Vizepräsident der Bundesakademie für öffentliche Verwaltung in Bonn-Bad Godesberg tätig.

Anfang der 1970er-Jahre wurde Knut von Dr. Walz, Geschäftsführer der Gesellschaft für Organisation, die Schriftleitung der Fachpublikation «Zeitschrift für Organisation» angeboten. Nach einer gemeinsamen Redaktionszeit mit seinem Vorgänger, Dr. Reuter, gestaltete Knut die Zeitschrift inhaltlich wie äußerlich völlig um. Dies brachte Erfolge, nicht nur am Markt, sondern auch als Forum für Knuts fachliche Ideen. Vermehrt nutzte er den redaktionellen Teil für praktische Beiträge, indem er Firmendarstellungen veröffentlichte, auch mit Interviews, die er mit dem jeweiligen Verantwortlichen geführt hatte. So entstand ein interessantes Kompendium der deutschsprachigen Organisationspraxis. Später wurden diese Darstellungen anlässlich von Reisen nach Japan und in die Vereinigten Staaten mit dort aktuellen Gestaltungsansätzen erweitert. Zusammengefasst und systematisch eingeordnet wurden sie in der zweiten Auflage des Buches «Organisation – Strategien – Strukturen – Kulturen».

Meilenstein: Führungsmodell und Unternehmensverfassung
Als Grundlage für seine Gießener Vorlesungen entwickelte Knut ein systemtheoretisch orientiertes *Führungsmodell*, das, mit seinen verschiedenen Gestaltungsdimensionen als «Harmonisationstensor» ausgelegt, bereits Ähnlichkeiten mit dem später von ihm entwickelten St. Galler Management-Konzept aufweist. Ausgehend von seinem Gießener Ansatz entstand daraus auch die Schrift «Perspektiven für Organisation und Führung», die den von ihm dereinst besprochenen Paradigmenwechsel in Bezug auf Strukturen und Systeme des Managements vorwegnimmt. Um dabei auch die humane Seite des Managements weiterzuverfolgen, verfassten er und sein Mitarbeiter Dr. Erik Meyer das Taschenbuch «Führung in der Unternehmung», welches eine Synthese von sachrationalen und sozio-emotionalen Fragestellungen des Managements versucht.

Während Knuts Zeit als wissenschaftlicher Leiter und Vizepräsident der «Kommission Organisation im Verband der Hochschullehrer für Betriebswirtschaft» bemängelte der Kollege Chmielewicz (Bochum) die starke Vernachlässigung betriebswirtschaftlicher Aspekte bei der

Knut mit Gattin bei einem gesellschaftlichen Anlass Mitte der 1980er-Jahre

Diskussion einer Änderung des Unternehmensrechts in der von der Bundesregierung eingesetzten Gruppe und regte an, hierzu Vorschläge zu unterbreiten. Die Kommission beschloss deshalb, diesen Fragen, die heute unter dem Titel der *Corporate Governance* diskutiert werden, nachzugehen. Kollege Grochla (Köln) u. a. beantragte Förderungsmittel für einen betriebswirtschaftlichen Forschungsschwerpunkt. Die deutsche Forschungsgesellschaft (DFG) veranstaltete hierfür in Bonn-Bad Godesberg eine Anhörung, bei der auch Knut seinen Vortrag zum Inhalt einer empirischen Studie hielt und ein Vorgehenskonzept vorstellte, das von Fachkollegen und Frau Hoppe als Vertreterin der DFG wohlwollend aufgenommen wurde. Sowohl der Forschungsschwerpunkt als auch sein Antrag auf ein Forschungsprojekt wurden genehmigt, und Knut musste nun ein konkretes Forschungsdesign ausarbeiten. Dabei zog er in Gießen zwei Honorarprofessoren hinzu mit der Bitte um Rat aus der Vorstands-/Aufsichtsratspraxis: Professor Klaus Freiling (Finanzvorstand der Firma Rasselstein), der aus der Kenntnis des Einflusses von Otto Wolf und Thyssen die Schwachpunkte der deutschen Spitzenverfassung sehr genau kannte, und Professor Friedrich Thomee (Finanzvorstand Volkswagenwerk), der ihm eher von dem Vorhaben abriet, weil er sich damit auf unternehmenspolitisches Glatteis begeben würde («Mönchlein, du gehest einen schweren Weg!»).

Dennoch machte sich Knut auf den Weg mit einiger Unterstützung von Reinhard Mohn, dem Inhaber von Bertelsmann, der im Hinblick auf seine Nachfolgegestaltung an diesem Thema sehr interessiert war und gerne das amerikanische Boardsystem in Deutschland verwirklicht gesehen hätte.

Zur Erarbeitung einer empirischen Basis waren vorerst je 30 Interviews vorgesehen mit Vorstands- und Aufsichtsratsmitgliedern deutscher Aktiengesellschaften sowie Mitgliedern von US-Boards mit hohem CEO-Anteil und einem kleineren Sample von Schweizer Spitzenführungskräften, da der Schweizer Ansatz eine Variante zwischen dem deutschen zweistufigen und dem angelsächsischen einstufigen Boardmodell darstellte.

Knut widmete dieser Untersuchung viel Kraft, galt es doch, in mehreren USA-Reisen etwa 50 interessante Interviews mit weltbekannten Partnern zu führen und vielfältige Einsichten in die Spitzenstrukturen und die Profile der Unternehmen zu gewinnen. Ähnlich war der Aufwand bei europäischen Firmen, dies jedoch vor einem vertrauteren Hintergrund. Die Nachbearbeitung gestaltete sich aufwendig, da die auf Band aufgenommenen Äußerungen transskribiert, teilweise übersetzt und schließlich von den Interviewpartnern – in den USA von den Legal Councils – genehmigt werden mussten. Die Verfahrenskosten brachten der DFG einigen Kummer, denn das Reisebudget sah derartige Fälle nicht vor.

Nach dem Schlussbericht bat Reinhard Mohn Knut zunächst in den Düsseldorfer Industrieclub, um im kleinen Kreis von Industriellen über Eindrücke und Empfehlungen zu berichten. Dann folgte die öffentliche Großveranstaltung im Flughafenhotel Frankfurt/Main unter Moderation eines Fernsehjournalisten, bei der Knut ebenfalls seine Einsichten vortrug und sie im größeren Kreis diskutierte. Mohn war an diesem Thema sehr interessiert und doppelte nach, indem er dem befreundeten EMNID-Institut in Bielefeld den Auftrag gab, eine repräsentative Studie der Befind-

Anhang – Das Leben und Werk von Knut Bleicher 313

Bild links: Knut Bleicher in seinem ersten Jahr an der Universität St. Gallen (HSG)
Bild rechts: Knut Bleicher bei der Übergabe von Nixdorf Computern an die Universität St. Gallen.
Rechts im Hintergrund Prof. Dr. Robert Staerkle vom Institut für Betriebswirtschaftslehre.

lichkeit von rund tausend deutschen Aufsichtsräten per Interview zu erfragen. Die Vorbereitung und Auswertung dieser Umfrage wurde Knut übertragen. Die Bertelsmann-Stiftung veröffentlichte die Ergebnisse in zwei Broschüren.

Als 2001 nach einigen Exzessen in Vorstandsetagen die Regierungskommission «Deutscher Corporate Governance Kodex» unter Leitung von Gerhard Cromme (Thyssen Krupp) ihre Tätigkeit aufnahm und auch anderswo Ethikkommissionen Mode wurden, kam leider niemand auf die Idee, an diese von der DFG und EMNID/Bertelsmann einst mit großem Aufwand erarbeiteten Einsichten und Erkenntnisse anzuknüpfen («Das Rad will doch immer wieder noch einmal erfunden werden!»).

Neben diesen Aktivitäten übernahm Knut Gastprofessuren an europäischen Hochschulen (Universität Stuttgart; Technische Universität München; Universität Alcala de Henares, Spanien) und an amerikanischen Universitäten (Indiana University, Bloomington und Indianapolis; Carnegy Mellon University Pittsburgh).

Wechsel nach St. Gallen
1985 folgte Knut einem Ruf an die Universität St. Gallen (Hochschule St. Gallen, HSG) als Nachfolger von Professor Dr. Dres. h. c. Hans Ulrich, der mit seinem systemtheoretischen Gedankengut Knuts Arbeiten bereits in Gießen wesentlich beeinflusst hatte. Hier wurde Knut zugleich Präsident der Geschäftsleitenden Ausschüsse der Institute für Betriebswirtschaft (IfB), für Personalmanagement (IFPM) und des neu gegründeten Instituts für Technologiemanagement (ITEM), das er in dessen Gründungsphase mit Unterstützung von Ferdinand Ruesch und Werner Gächter bis in politische Gremi-

en hinein gegen manchen HSG-Widerstand konzeptionell und realisierend begleitet hatte.

In dieser Zeit erfolgte basierend auf dem ulrichschen Gedankengut die Entwicklung eines Gestaltungsmodells der Integration, das *St. Galler Konzept Integriertes Management*. Daran beteiligt waren die Kollegen Hans Siegwart, Robert Staerkle, Emil Brauchlin und Cuno Pümpin sowie die jüngeren sich habilitierenden Mitarbeiter Gilbert Probst, Peter Gomez und Markus Schwaninger. Das Werk liegt nunmehr bereits in der 8. Auflage und 20-jähriger Jubiläumsausgabe vor.

Knut war klar, dass er während der zehn Jahre, die ihm bis zu seiner Emeritierung in St. Gallen verbleiben würden, einen markanten Beitrag zur Weiterentwicklung des systemtheoretischen St. Galler Gedankenguts zu leisten hätte, schwergewichtig zugunsten praktischer Verwertbarkeit. Er erkannte schnell, dass der beste Weg hierzu die Verdichtung von aus der amerikanischen Managementlehre herauswachsenden neueren Ansätzen mit praktischen Erfahrungen sein sollte, dies nach neuem Konzept, das die ulrichschen Leitideen und systemischen Grundlagen einbeziehen müsste.

Im Unterschied zu den meist eher rigiden Strukturen eines Modells sollte dieses aber weit offener sein für Ergänzungen, zusätzliches Ausformen und praxisbedingte Anpassungen. Statt «Modell» also «Konzept». In enger Zusammenarbeit mit seinem Assistenten Volker Simon, der sehr gut vertraut war mit Knuts Gedankenwelt, wurden immer neuere Teile entworfen, in Varianten zu einem Konzept verdichtet und monatlich einem kleinen Kreis von Kollegen und Assistenten vorgestellt. Aus den anschließenden Diskussionen ergaben sich dann weiterführende Anregungen. Als das Konzept in seinen Konturen deutlich war, wurde es anlässlich einer Großveranstaltung in Zürich vorgestellt. Und ein geeigneter Verlag musste gefunden werden. Dieser sollte nicht bloß das wissenschaftliche Umfeld ansprechen, sondern auch in die Welt der Praxis hineinwirken. Nach Verhandlungen mit mehreren betriebswirtschaftlichen Verlagen ergab sich die Zusammenarbeit mit dem Campus Verlag, Frankfurt/New York.

Institut für Technologiemanagement (ITEM)

Knut stellte sich die Frage, wie dem Thema der technologischen Weiterentwicklung in Europa größerer Raum verschafft werden könnte zugunsten der Unternehmen wie auch dem Fach Betriebswirtschaftslehre, das er an der HSG vertrat. Die HSG hatte zwar einige Vertreter mit technologischer Kompetenz im Lehrplan, es schien ihm jedoch bedeutend, hier einen stärkeren Akzent zu setzen, der nur durch die Gründung eines eigenen Instituts zu erreichen war.

Angeregt vom damaligen Hochschulrat Ferdinand Ruesch (Inhaber und Chef der Gallus Maschinenfabrik in St. Gallen), vom Kollegen Walter Eversheim (RWTH Aachen) und mit Zuzug von Peter Pscheid (damaliger Leiter der Ingenieurschule St. Gallen, heute Djakarta) und Dr. Franz Hagmann (Verwaltungsdirektor der HSG) fand im Restaurant Metropol in St. Gallen ein bedeutungsvolles Treffen statt, das nach einigen Problemen und Widerständen zur Gründung des neuen *Instituts für Technologiemanagement (ITEM)* führte. Die Universität sperrte sich etwas gegen eine ihr teils von außen aufgedrängte Initiative, aber schließlich gelang die Gründung und ITEM erlangte unter der tatkräftigen Leitung von Dieter Seghezzi u. a. sehr schnell Anerkennung in der fertigungstechnisch orientierten Industrie. Es avancierte inzwischen zu einem Schmuckstück der Universität St. Gallen. Knut wurde auch an diesem Institut zum Präsidenten des Geschäftsleitenden Ausschusses gewählt. Für ihn besonders beeindruckend war, dass die HSG auf diesem Weg einen neuen, ergänzenden Kreis von interessierten Professoren, Mitarbeitern und Studienwilligen sowie neue Kunden aus der Industrie anzog. Letztere nutzten das Angebot *St. Galler Management-Konzept* oft weit begieriger als die Betriebswirtschaft Studierenden. Das belegen viele Arbeiten, die zur Weiterentwicklung des Konzepts wesentliche Anregungen vermittelten.

Ein anderes Gebiet lag Knut aber noch näher als die technologische Orientierung. Schon in Gießen befasste er sich mit Fragen der Mitarbeiterführung und Personalwirtschaft. So verfasste er 1976 das bei Rowohlt erschienene Buch «Führung in der Unternehmung – Formen und Modelle» und schrieb immer wieder über das Thema Unternehmungskulturen. Deshalb sagte er zu, als er von seinen Kollegen Rolf Wunderer und Martin Hilb zum Präsidenten des Geschäftsleitenden Ausschusses bei ihrem «Institut für Führung und Personalwirtschaft» (IFPM) berufen wurde.

Intensive Beratungstätigkeit
Hans-Ulrich Baumberger (alt Ständerat und Präsident der Hasler Stiftung in Bern) bat Knut, ihn bei der Reorganisation der kommunikations-technisch ausgerichteten Hasler AG in Bern zu unterstützen. Bezugspunkt war, dass er und Knut früher auf dem gleichen Gebiet publiziert und sich gegenseitig zitiert hatten. Es galt, die funktional organisierte Gruppe, die sich stark in das Feld der Telekommunikation vorgearbeitet hatte, in eine neuzeitlichen Ansprüchen genügende, divisionale Spartenorganisation umzuwandeln. Dies gelang sehr schnell dank frühzeitiger Einbindung der Geschäftsleitungsmitglieder. Wie sich später herausstellte, war dies die organisatorische Vorbereitung für einen Zusammenschluss der wesentlichen Schweizer Unternehmen dieses Tätigkeitsgebietes zur Arbeitsgemeinschaft Schweizer Kommunikationsunternehmen (ASCOM).

Weitere Aufgaben in der Wirtschaftspraxis folgten. Wiederum war es Baumberger, der diesmal als Verwaltungsratspräsident der Schweizerischen Industrie-Gesellschaft (SIG) in Schaffhausen/Neuhausen Knut in den Aufsichtsrat der gerade erworbenen PKL-Combibloc in Linnich (Deutschland) holte. Der Mischkonzern SIG hatte große Interessen im Verpackungsbereich, vor allem bei der Herstellung von Verpackungsmaschinen (Beringen), und versuchte, in den hochtechnologischen Bereich der Herstellung von aseptischen Flüssigkeitsverpackungen vorzustoßen. Ein vorausgegangenes Joint Venture mit einem führenden amerikanischen Hersteller (IP) war gescheitert, sodass Baumberger mit starker Unterstützung des Schweizer Bankvereins zugriff, als sich die im Rheinmetall-Besitz befindliche Firma Jagenberg zum Verkauf der früher familieneigenen PKL entschloss. Knut sollte helfen, in besserer Kenntnis der deutschen Verhältnisse als eine Art Delegierter die deutschen und Schweizer Interessen zum Ausgleich zu bringen, was er in einer Branche, die von einem großen Marktführer beherrscht wurde, gerne tat. Die PKL hatte mit Klaus Kamin glücklicherweise eine erfahrene und starke Führungspersönlichkeit. Knut gliederte sich im Aufsichtsrat schnell ein und erkannte bald die Besonderheiten des Geschäftsmodells der Branche. Auf der einen Seite wurden Maschinen für die aseptische Abfüllung von Getränkekartons gebaut, die nur unterhalb der Selbstkosten an die Abfüllbetriebe abgegeben werden konnten. Auf der anderen Seite wurden die dabei entstehenden Defizite über den Verkauf der Kartons wieder aufgelöst, was manche Aufsichtsratsmitglieder bei der Beurteilung der Ergebniszahlen oft zu Fehlinterpretationen verleitete. Dies war für Knut eine hochinteressante Zeit, weil er hier mit seiner ausgleichenden Art auch manche sozialen Konflikte lösen half, beispielsweise im Umgang mit den Belegschaftsvertretern. Nach seiner Emeritierung wurde er wegen Erreichens der Altersgrenze aus dem Aufsichtsrat verabschiedet. Inzwischen ist ein Paradoxon eingetreten: Nach einer übertriebenen Diversifikationsphase hat sich die SIG aus fast allen Tätigkeitsgebieten zurückgezogen. Es verblieben einzig die ehemals durch die PKL vertretenen Aktivitäten, sodass eine Art *reverse take-over* der SIG durch die PKL stattfand.

Bei Knuts Tätigkeitsspektrum lag es nahe, dass ihn zunehmend weitere Unternehmen um Rat fragten und ihm Beratungsmandate übertrugen. Einige Beispiele:

Entwicklung einer Vision und Strategie für das internationale Bauunternehmen Hochtief in Essen mit der Empfehlung zum Rückzug aus dem reinen Baugeschäft und zur Entwicklung zum General Service Provider rund um das Bauen mit Konzentration auf BOT (Build, Operate, Transfer-Modelle) in den Bereichen Airport und Verkehrswege-Gestaltung.

In anderer Form wurde dieser Ansatz für Bilfinger & Berger, Mannheim für baunahes Service-Geschäft entwickelt, mit hervorragenden Resultaten.

Von Hochtief wurde Knut an die Muttergesellschaft RWE in Essen weiterempfohlen, die sich als führendes deutsches Elektrizitätsversorgungs-Unternehmen ein neues strategisches Profil geben wollte. In mehreren Runden eines von Knut geleiteten *Steering Committees* entstand als Vision das Konzept *Multi-Energy & Multi-Utility* für eine Zukunft als *Total Energy Provider*. Das Auffüllen strategischer Lücken wurde zur Leitidee erhoben. In der Folge erwarb RWE weltweit mehrere Wasserversorgungsunternehmen und ist nun bestrebt, Lücken im Gasversorgungsbereich zu schließen.

Beim High-Tech-Konzern Heraeus in Hanau leitete Knut eine Projektgruppe zur Einführung eines durchgehenden Prozessmanagements im Quarzglassektor, den Otto-Versand Hamburg unterstützte er in Fragen der strategischen Planung, die Deutsche Bundespost bei der Ausgliederung der Telekom und bei der Führung ihrer Zentralämter, die Deutsche Bahn in Fragen der Organisation und die schweizerische Telecom bei der Überführung in ein privatwirtschaftliches Unternehmen und der Organisation des Großkundengeschäftes usw.

Im Hause Siemens leitete er eine Projektgruppe in Vorbereitung auf die «Privatisierung» der Sparte Halbleiter, spätere «Infineon».

Auch für Banken war Knut tätig, so bei der Reorganisation der Bayerischen Hypotheken und Wechselbank in München und in Zürich bei der Bank Bär für die organisatorische Überleitung in eine neue Führungsgeneration. Ein weiteres Mandat kam ihm aus London zu: Hier hatte die niederländische ABN-AMRO Bank die kleinere Investment-«Boutique» Hoare&Govett übernommen und suchte die Unterstützung eines internationalen Kreises. Ein International Advisory Council entstand, eine äußerst interessante Mischung von Persönlichkeiten und Erfahrungen. Dieser Beirat wurde später in die Amsterdamer Muttergesellschaft übernommen und erweitert. Knut entsinnt sich noch sehr positiv der interessanten und recht offen geführten Gespräche mit dem Board von ABN-AMRO und mit den anderen Beiratskollegen, wie Klaus von Dohnanyi, dem früheren deutschen Forschungsminister und Ersten Bürgermeister Hamburgs, Horst Teltschik, Stellvertreter des Chefs des Bundeskanzleramtes unter Helmut Kohl zur Zeit der deutschen Wiedervereinigung und heute Vorsitzender der Herbert-Quandt-Stiftung, sowie dem späteren Premierminister Polens, Pawel Belka, u. a. Mit dem Wechsel des CEOs in Amsterdam und einer völlig veränderten Strategie, die vom Investment Business wegwies, löste sich dieser Kreis leider auf.

Emeritierung und Weiterwirken
Nach der Emeritierung im Jahre 1995 unterstützte Knut weiterhin Vorstände verschiedener Unternehmen und begleitete zahlreiche Veränderungsprozesse großer internationaler Firmen.

Im Rahmen von Vorlesungen, Lehrgängen und Vorträgen an renommierten Universitäten oder bei bekannten Corporate Universities verbreitete er weiterhin das Gedankengut des *St. Galler Management-Konzeptes* und pflegte intensiv seine Kontakte zu Praktikern, Wissenschaftlern, Doktoranden und Studenten.

Die höchst konstruktive, freundschaftliche und kollegiale Zeit an der Universität St. Gallen zählt er rückblickend zu den schönsten Zeiten in seiner beruflichen Laufbahn. Diese wirken nach. So bestehen nach wie vor enge Kontakte zu noch Tätigen sowie Ehemaligen der HSG und auch sein Mitwirken an der *St. Galler Business School* bedeutete für alle Seiten großen Zugewinn.

St. Galler Business School
An der privatrechtlich organisierten *St. Galler Business School (SGBS)* war Knut Beiratsvorsitzender und Wissenschaftlicher Leiter. Diese Funktionen übernahm er einerseits aufgrund des freundschaftlichen Verhältnisses zu Dr. Christian Abegglen, welcher die SGBS aus ihren Anfängen heraus zu einer der renommiertesten Anbieterinnen von

Knut Bleicher bei einem Referat in der St. Galler Business School

Anlässlich der Gründung der St. Galler Gesellschaft für Integriertes Management im Jahre 2002. Im Bild mit Christian Abegglen, Präsident und Begründer der Gesellschaft.

Management Education im deutschen Sprachraum entwickelt hatte, andererseits, weil sich ihm dadurch neue und fruchtbare Möglichkeiten boten. Denn in diesem privatwirtschaftlich ausgerichteten und höchst konstruktiven, resultatorientierten Umfeld konnte er sein geschaffenes Konzept auch längst nach seiner Emeritierung mit Kollegen weiter ausbauen, es vor allem auch einer jungen Generation von Wissenschaftlern und Managern zugänglich machen, sein Wissen weitergeben und so ein Gegengewicht zu vielfach vorherrschenden, eher eindimensionalen und gegenläufigen Entwicklungen in der Managementlehre legen.

Entsprechend konzentrierte sich Knut auf die Weiterentwicklung des St. Galler Management-Konzeptes hin zu den besonderen Anforderungen des quartären Sektors in einer emergenten Wissensgesellschaft. Die vielfältigen, sozusagen universalen Einsatzmöglichkeiten des Konzeptes aus dem St. Galler Management Valley sollten vermehrt international erkannt werden. Zahlreiche Seminare, Veranstaltungen, Beiratstagungen und der jährliche Managementkongress der St. Galler Business School sowie zahlreiche innerbetriebliche Firmenveranstaltungen trugen dazu bei.

Im Rahmen der *St. Galler Gesellschaft für Integriertes Management (GIMSG)* engagierte sich Knut zudem aktiv in verschiedenen Forschungsprojekten zur Weiterentwicklung einer integrierten Managementlehre und befasste sich, zusammen mit Kollegen, mit Fragen des Managements in einer Wissensgesellschaft, der Unternehmungsentwicklung (Corporate Dynamics) und des Lernens durch Unternehmenssimulationen.*)

Diese von Christian Abegglen initiierte, gemeinnützige GIMSG hat das Ziel, mit praxisnahen Publikationen, Forschungsberichten und einer jährlich stattfindenden Wissenschaftswoche das Gedankengut eines ganzheitlich-integrierten Managements

Anhang – Das Leben und Werk von Knut Bleicher

Knut Bleicher und Christian Abegglen beim kritischen Review der 7. Auflage von «Das Konzept Integriertes Management» im Jahre 2004

auf der Basis bleicherscher Ansätze verbreitend auszubauen. So wird sichergestellt, dass sich das von Knut Bleicher und seinen Kollegen an der Universität St. Gallen entwickelte Konzept auch in Zukunft als eine der tragenden Säulen des St. Galler Management-Verständnisses behaupten wird und der Bedeutung eines wegweisenden Standards in der deutschen Managementlehre gerecht bleibt. Diese Intention hat offensichtlich ihre besondere Berechtigung angesichts von Anstrengungen für eine aus Sicht der *scientific community* anscheinend eher reduktionsorientierten «Weiterentwicklung» des ursprünglichen St. Galler Modells.

Immer noch zeugen zahlreiche Beiträge in Fachzeitschriften und Publikationen (wie z. B. die 8. Auflage von *Das Konzept Integriertes Management* sowie neue Buchprojekte, u. a. *Integriertes Management auf den Punkt gebracht*) von

Knut Bleicher mit seinem Standardwerk «Das Konzept Integriertes Management»

Knuts nach wie vor unermüdlichen Interesse und dem großen Engagement für die St. Galler Lehre.

Im Herbst 2008 hat Frau Bettina Würth, Beiratsvorsitzende der Würth Gruppe, den Beiratsvorsitz der St. Galler Business School übernommen. Die wissenschaftliche Gesamtleitung der Diplomlehrgänge ging an Prof. Dr. Robert Neumann über.

Knut Bleicher lebt und forscht nun in Hamburg und St. Gallen wobei er sich auf die Weiterführung der St. Galler Ansätze konzentriert. Zudem treibt er nach wie vor Forschungsprojekte zum Thema «Integriertes Management» voran. Einen weiteren Höhepunkt seiner Karriere markiert zweifellos die 8. Neuauflage zum 20-jährigen Bestehen des Standardwerkes und Managementklassikers *Das Konzept Integriertes Management*.

Prof. Dr. Dieter Wagner, Berlin,
Universität Potsdam, Berlin

*) Die GIMSG verfolgt drei Forschungsprojekte:

a) Nachfolgemanagement: Das St. Galler Management-Konzept im Spannungsfeld der Unternehmensnachfolge. Kann sich das Modell in diesem Anforderungsfeld bewähren oder ist es anzupassen resp. weiter zu schärfen? Welche zentralen Do's und Don'ts erfolgreichen und ganzheitlichen Nachfolgemanagements lassen sich aus der Studie ableiten?

b) Unternehmens-Lebenszyklus: Der Unternehmens-Lebenszyklus auf dem Prüfstand: Untersuchung der Gültigkeit und Wirksamkeit bestehender Lebenszyklus-Konzepte im quartären Sektor westlicher Gesellschaften. Wie sind Unternehmen strategisch und kulturell auszurichten – auch in der Transitionsphase vom tertiären in den quartären Sektor?

c) Aus- und Weiterbildung: Studien zur Qualitätsoffensive in der Landschaft der Aus- und Weiterbildung von Führungskräften. Struktur und Inhalt moderner Ausbildungskonzepte für Manager der mittleren und oberen Führungsebenen. Was greift und ist sinnvoll, was nicht? Wo besteht weiterhin Handlungsbedarf?

ANHANG

Drittes Ehrendoktorat für Knut Bleicher

Die Cracow University of Economics – Uniwersytet Ekonomiczny w Krakowie – in Polen verlieh am 19. August 2008 die Ehrendoktorwürde an den international renommierten Betriebswirtschaftler und St. Galler Managementlehrer Knut Bleicher. Die 1924 gegründete Universität in Krakau, deren Wurzeln in der «Krakauer Akademie», einer der ältesten Universitäten in Europa, zu finden sind, gehört zur drittältesten Hochschule in Polen.

Knut Bleicher mit dem Senat der Universität Krakau. Im Hintergrund die Ehrentafeln mit allen Ehrendoktoren, der letzte Eintrag gilt Knut Bleicher

Deren Senat würdigte nun das Schaffen und Lebenswerk Knut Bleichers in Anerkennung einerseits seiner herausragenden wissenschaftlichen Beiträge zur Managementlehre und andererseits der Ausgestaltung des «European Multicultural Integrated Management Program», eines MBA-Programms, welches im Rahmen einer schon seit mehreren Jahren bestehenden Zusammenarbeit der Cracow University of Economics mit der St. Galler Business School begründet wurde.

Prof. Dr. Ryszard Borowiecki, Rektor der Universität Krakau, führt den Vorsitz der Zeremonie

Prof. Dr. Ryszard Borowiecki mit Dr. Abegglen bei der Übergabe des Krakauer Stadtschlüssels

Der Rektor der Universität, Professor Dr. Ryszard Borowiecki, betonte in einer festlichen Ansprache den richtungsweisenden Einfluss Knut Bleichers auf die Managementlehre und die wissenschaftliche Fundierung eines Integrierten Manage-

Gemeinsames Gruppenbild nach der Zeremonie. Im Hintergrund das historische Hauptgebäude der Universität Krakau

Anhang – Drittes Ehrendoktorat für Knut Bleicher

Prof. Dr. Janus Teczke, Prorektor der Universität Krakau, anlässlich der Laudatio

Prof. Dr. Knut Bleicher nach der Würdigung. Insgesamt hält er drei Ehrendokorate

ments sowie seine unerschöpflichen Initiativen zur Verbreitung des ganzheitlichen Gedankengutes in der Unternehmungspraxis. Im Anschluss daran überreichte er Dr. Christian Abegglen, Verwaltungsratspräsident und Gründungsdirektor der St. Galler Business School, den Krakauer Stadtschlüssel in einer feierlichen Zeremonie. Dr. Christian Abegglen hat die Kooperation der St. Galler Business School mit der Cracow University of Economics mitbegründet und den Grundstein zum «European Multicultural Integrated Management Program» gelegt.

Die Laudatio von Professor Dr. Janus Teczke, Prorektor, zeigte die außergewöhnliche Breite des Wirkens und Schaffens von Knut Bleicher auf. Neben seiner herausragenden wissenschaftlichen Laufbahn begleitete Knut Bleicher zahlreiche Veränderungsprozesse international aufgestellter Unternehmen in der Praxis. In seiner letzten Schaffensperiode widmete sich Knut Bleicher dann als Beiratsvorsitzender und Wissenschaftlicher Leiter der Aus- und Weiterbildung von Managern und Führungskräften aus der Praxis bei der SGBS St. Galler Business School in St. Gallen.

Knut Bleicher hat ein sehr beachtliches Werk geschaffen, das sich in über 160 Aufsätzen manifestiert. Dabei beeindrucken die Weite der behandelten Themen, die theoretische Fundierung und der Praxisbezug.

Prof. Dr. Dres. h.c. Knut Bleicher wurde für seine Lebensarbeit durch insgesamt drei Ehrendoktorate geehrt: Neben der Ehrung in Krakau sind ihm von der Indiana University ein Dr. of Laws h.c. sowie von der Universität Siegen ein Dr. oec. h.c. verliehen worden.

Dr. Markus Breuer, August 2008
St. Galler Business School

ANHANG

International MBA in Polen, mitinitiiert von Knut Bleicher

European Multicultural Integrated Management Program

Das von Knut Bleicher zusammen mit dem damaligen Rektor, Prof. Dr. Ryszard Borowiecki, und dem Prorektor, Prof. Dr. Janus Teczke, der Universität Krakau und Dr. Christian Abegglen, Verwaltungsratspräsident der St. Galler Business School, mitinitiierte International MBA Programm «European Multicultural Integrated Management Program» wurde zwischenzeitlich bereits sechsmal unter der professionellen Leitung von Dr. Piotr Bula, Direktor der Cracow School of Business, durchgeführt und von den Teilnehmenden mit Höchstnoten bewertet. Im polnischen MBA Ranking Perspektywy® 2011 ist das Programm bereits auf Rang 9 vorgerückt, was für dieses noch junge Programm einen hervorragenden Wert darstellt.

ANHANG

Die zentralen Mentoren von Knut Bleicher

Die zentralen Mentoren in Knut Bleichers Leben in chronologischer Reihenfolge:

Prof. Dr. Dres. h.c. Erich Kosiol,
Freie Universität Berlin

Prof. Dr. Adolph Watz,
University of Pennsylvania,
Wharton School of Business

Prof. Dr. L. Leslie Waters,
Indiana University,
Kelley School of Business

Prof. Dr. Dres. h.c. Hans Ulrich,
Universität St. Gallen (HSG)
(Quelle: Paul Haupt Verlag)

ANHANG

Jubiläumsausgabe – 20 Jahre Konzept Integriertes Management im Campus Verlag

Prof. Dr. Dres. h. c. Knut Bleicher
Das Konzept Integriertes Management. Visionen – Missionen – Programme.

8. aktualisierte und erweiterte Auflage des Standardwerkes zum St. Galler Management-Konzept, Frankfurt, New York: Campus, 2011
ISBN 978-3-593-39440-4

Der ganzheitliche Ansatz des St. Galler Management Konzepts hat das Denken und Handeln zahlreicher Manager nachhaltig beeinflusst. Führungskräfte finden hier einen Gestaltungsrahmen für die Zukunftssicherung ihrer Firma, der sämtliche Unternehmensaktivitäten in ein stimmiges Gesamtkonzept integriert. Sie erhalten strategische Denkanstöße, die weit über das operative Geschäft hinausreichen. Auf normativer Ebene werden Sie dazu angeregt Sinngebungsprozesse eigenen Agierens

zu reflektieren und zu hinterfragen. Das permanent in Praxis angewandte und so weiterentwickelte St. Galler Management-Konzept bietet so wie schon von Ulrich gefordert ein «Leerstellengerüst für Sinnvolles», dass adäquat ausgefüllt eine Steuerung der Unternehmung in komplexen Untiefen und Stürmen ebenso ermöglicht wie bei Schönwetterlagen.

Die 8. Auflage erscheint zum 20-jährigen Bestehen des Managementklassikers, welcher heute zu den unverzichtbaren und zeitlosen Standardwerken der Managementliteratur zählt.

In dieser Jubiläums-Neuauflage erwartet Sie ein neues Vorwort mit Ratschlägen an Führungskräfte von Knut Bleicher, ein Geleitwort über die Weiterentwicklung der St. Galler Managementlehre in der Praxis sowie ein zusätzliches, neues Kapitel zur praktischen Umsetzung des Konzepts verfasst von Dr. Christian Abegglen, Geschäftsführender Direktor der St. Galler Business School.

Ratschläge an Führungskräfte von morgen (Knut Bleicher)

In Anlehnung an Bleicher, K. (2011): Jubiläumsausgabe. Das Konzept Integriertes Management. Visionen – Missionen – Programme. St. Galler Management-Konzept. 8., aktualisierte und erweiterte Auflage des Standardwerkes. Campus Verlag, Frankfurt am Main.

An dieser Stelle möchte ich die Gelegenheit nutzen wesentliche Leitgedanken, die ich aus meiner langjährigen Erfahrung heraus entwickelt habe, als sehr bedeutsam erachte und erstmals für die Jubiläumsausgabe und bereits 8., Auflage des Konzepts Integrierten Managements in Worte fasste, (jüngeren) Führungskräften mit auf Ihren weiteren Weg zu geben.

1| Auch in einer dienstleistungsorientierten Wissensgesellschaft ist Führung immer an ökonomischen Zielsetzungen auszurichten. Diese zu erreichen und so Unternehmungen zu Erfolg zu führen, setzt aber motivierte Menschen voraus, die Visionen und Missionen internalisieren, leben und tagtäglich ihr Wissen in der unternehmerischen Praxis umsetzen.

2| Da *Wissen* stark an seine Träger gebunden ist und dessen Erwerb bzw. Verbreitung von der Bereitschaft der Menschen abhängt, gilt es eine Lernatmosphäre zu gestalten, in welcher Althergebrachtes hinterfragt, Meinungen reflektiert, Lösungen entwickelt und so Wissen permanent angeeignet, überdacht, weitergegeben und generiert wird. Die Schaffung solch einer Atmosphäre ist eine der wesentlichen Führungsaufgaben.

3| Somit ändern sich auch Anforderungen an Führung und Sinnvermittlung sowie Motivation rücken in den Fokus. Eine kollektiv geteilte Vision sollte als Leitstern Mitarbeitende motivieren, bestmöglich den gemeinsamen Weg der Unternehmung zu beschreiben. Wird dieser darüber hinaus als sinnvoll empfunden, schreiten viele gerne weiter aus und nehmen Steigungen in Kauf.

4| Aus eben Formuliertem wird deutlich, dass Mitarbeiterbindung erst an nachgereihter Stelle materieller Anreize bedarf. Gratifikationen und Boni mögen zwar einer schnelleren Realisierung von Nahzielen dienen, Leitsterne und Fernziele der Unternehmung geraten hierbei jedoch all zu schnell aus dem Blickfeld. Als Beispiel sei an dieser Stelle nur auf die Entstehung der letzten Wirtschaftskrise verwiesen.

5| *Gemeinsam getragene* und gelebte Zielvorstellungen, Werte und Visionen sind Basis erfolgreicher Strategien und deren Umsetzung in koordiniertes Verhalten der Unternehmung und ihrer Mitglieder. So ziehen alle Besatzungsmitglieder an einem Seil, wissend warum, wofür und wo es hingehen soll. Alle müssen hierzu lernen den gemeinsamen «Kurs nach dem Licht der Sterne zu bestimmen und nicht nach den Lichtern jedes vorbeifahrenden Schiffes.» (Omar Bradley)

6| Es bedarf aber nicht nur gemeinsam geteilter Vorstellungen von der näheren und ferneren Zukunft, sondern auch entsprechender *Freiräume* zur Weiterentwicklung und zum Einsatz gruppenbezogenen und individuellen Wissens. Dies gilt sowohl für Führungskräfte unterschiedlicher Ebenen als auch Mitarbeiter. Ersteren kommt die Aufgabe der Synthese, Vernetzung und des Einsatzes des relevanten Wissens zu, wobei Unternehmungsgrenzen, wie vorliegendes Buch gezeigt hat, zunehmend überwunden werden müssen.

7| Zur Realisierung von Visionen kann also auch Wissen außerhalb der sich zunehmend auflösenden Grenzen der Unternehmung von besonderer Relevanz sein. Dieses adäquat zum Einsatz zu bringen und entsprechende allein nicht zu erreichende Synergiepotentiale umzusetzen bedarf besonderer (Lern-)Kompetenzen. Unternehmungen werden in Zukunft immer häufiger und enger zumindest temporär oder dauerhaft kollaborieren und ihre Kernkompetenzen gebündelt zum Einsatz bringen. Einer in unterschiedlichsten unternehmerischen, virtuellen, sozialen etc. Umwelten verorteten Unternehmung ist ein entsprechendes Erfolgspotential zuzugestehen, wie aktuell in der Pharmabranche (Stichwort Pharma 3.0) zu beobachten ist.

8| Sitzen Sie hierbei jedoch nicht ständig in neuem Gewande erscheinenden *Managementmoden* auf, die komplexe Auswirkungen auf die Unternehmung als Gesamtsystem meist außen vorlassen und den Menschen nicht adäquat berücksichtigen. Allzu viele begehen den Fehler euphorisch bejahend dem Weg der Herde zu folgen, so den eigenen Leitstern aus den Augen zu verlieren und nach einigen Metern am neuen, bereits ausgetretenen Trampelpfad zu erkennen, dass man einer Sternschnuppe hinterherlief die längst vom Horizont verschwand.

9| Unternehmungen werden sich zusehends in verschiedenste Richtungen öffnen. Dies entspricht den Logiken der Wissensgesellschaft die Kooperation und geeintes Vorgehen bedingen. Um für diese Herausforderungen gewappnet zu sein, lege ich Ihnen nahe, sich mit dem St. Galler Konzept des «Integrierten Managements», zu dessen Grundzügen eben die 8., Auflage erschienen ist, auseinanderzusetzen.

Dieses ermächtigt Sie zu einer nachhaltigen, umsichtigen und ganzheitlichen Führung von Unternehmungen und Netzwerken.

10 | Die Wissensgesellschaft erfordert also zusehends einen *neuen Unternehmungstypus* – die intelligente Unternehmung. Dieser stellt neue Anforderungen an das Management und bedarf der Berücksichtigung von Wissen in all seinen Facetten – also welches Wissen ist relevant, welche Defizite sind wie (intern, extern) zu beheben, wie kann es nachhaltig genutzt werden und welche organisatorischen Maßnahmen sind hierzu notwendig?

11 | Somit ist *Führung im Zeitalter der Wissensgesellschaft* grundlegend zu überdenken. Mitarbeitende, Teams und Abteilungen verlangen nach individueller Behandlung unter Berücksichtigung ihrer Eigenheiten, worauf sich die Führungskraft hinsichtlich Kommunikation und Motivation einstellen muss. Nur dann sind diese bereit ihr Wissen in vollem Umfang zur Verfügung zu stellen, vorbehaltlos zu kooperieren und entsprechende Leistungen zu erbringen. Insbesondere Charakter, Authentizität und Reife der Führungskraft kommt in diesem Kontext besondere Bedeutung zu.

12 | Die Erreichung eines hohen Reifegrades setzt hierbei permanente Arbeit an sich selbst voraus. Selbstkritik- und -reflexionsfähigkeit sowie ein Bewusstsein von der eigenen Wirkung auf sein Umfeld sind wesentliche Kompetenzen der Zukunft – Identität und Image werden zu Schlüsselelementen. Verorten Sie sich selbst in der Wissensgesellschaft, stecken Sie Ihre Ziele und Territorien klar ab und machen Sie sich umsichtig aber bestimmt unter integrierter Mitnahme Ihrer Gefährten auf Ihren Weg!

Vorliegendes Werk bringt Ihnen unterschiedliche Managementsysteme nahe und zeigt den Trend zur vernetzten und flexiblen Unternehmung auf. Auch dieses Wissen hilft Ihnen dabei Ihren persönlichen Reifegrad weiter zu steigern. Doch erst die Umsetzung entfaltet Kraft! In diesem Sinne wünsche ich Ihnen bedachte Kraft für Ihre täglichen Herausforderungen und Leidenschaft in all Ihren Taten!

Prof. Dr. Dres. h. c. Knut Bleicher
St. Gallen und Hamburg im Mai 2011

ANHANG

Der Lebenszyklus im St. Galler Konzept nach Sabeth Holland

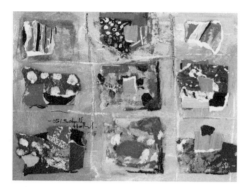

Felder und Samen

Wachsen und Chaos

Blüte und Ausblick

Reife und Zentrum

Ernte und Neues Saatkorn

Anbrechender Winter und Hoffnung

ANHANG

Die Umschlaggestaltung des vorliegendes Werkes – Gedanken und Reflexionen zur Bildfolge von Sabeth Holland

Betrachtet man eine Unternehmung als ein von Menschen geschaffenes, künstliches, soziales System mit ökonomischer Zielsetzung, so lassen sich vielfältige Gemeinsamkeiten zu biologischen Systemen erkennen: Beiden ist im Zeitablauf ein stetes Wiederkehren von Entstehung, Wachstum, Vervollkommnung, Veränderung und Untergang gemeinsam mit der Faszination, dass auf der Grundlage des Vergehens Kraft für die Entwicklung von wiederum Ähnlichem, Verbessertem oder gar Neuem entsteht.

Diese gedanklich an einem Lebenszyklus orientierte Entwicklung von Systemen ist Ausdruck einer natürlichen Evolution, die im Wettbewerb der Arten eine Auslese der überlebensfähigeren Systeme vor dem Hintergrund sich ändernder Rahmenbedingungen bewirkt. Sie strebt damit gleichsam einem gedachten Endziel einer Vervollkommnung entgegen, in dem sich aus Sicht einer Makroebene das System mit jedem neu beginnenden Zyklus auf eine nächsthöhere Stufe entwickeln kann.

Im Mikrozusammenhang biologischer Evolution vollzieht sich diese ständige Wiederkehr des Gleichen – nein, des Ähnlichen – häufig in relativ kurzen periodischen Zyklen, wie zum Beispiel im Kontext der Jahreszeiten im Pflanzenbereich.

Ist es das genetisch programmierte Ringen um die Durchsetzung bestimmter Spezies und Formen im biologischen Bereich, so sorgt in sozialen Systemen das tägliche Handeln der einzelnen Akteure in einem sich wandelnden Umfeld für Wettbewerb untereinander – und im hiesigen Bezug zu Unternehmungen – mit der immer drohenden Gefahr des Ausscheidens bei Fehlentscheidungen. Wettbewerb wird dadurch zum Regulativ für die Notwendigkeit der Anpassung an sich verändernde Umstände im Sinne eines *survival of the fittest*. Im Bestreben von Unternehmen, das eigene Überleben unter diesen Bedingungen sicherzustellen, erfolgt der Versuch, den eigenen Lebenszyklus durch Anpassung der jeweils vorherrschenden Geschäftsmodelle fortlaufend zu verlängern, wenn nicht gar zu überwinden, gleichsam zu einem «ewigen» Lebenszyklus zu gelangen.

Management of Change

Konsequenterweise resultiert daraus für die Unternehmensführung die Aufgabe eines *Management of Change*, mit dem Resultat von sich wechselnden Gestaltungsergebnissen hinsichtlich Vorgaben, Strukturen, Verhalten und Aktivitäten, was dem Unternehmen für den außenstehenden Betrachter ein immer wieder andersartiges Aussehen verleiht, es gleichsam in sich abwechselnden Bildern erscheinen lässt. War es anfänglich vielleicht das Wachstum überhaupt erst ermöglichende Potenzial ungestümer Kreativität, so sind es in einer späteren Phase möglicherweise eher rigide, zentrale, das Abschöpfen einer erfolgreich aufgebauten Marktposition bewirkende Strukturen. In Wissenschaft und Praxis werden diese phasenartig ablaufenden Entwicklungssprünge unter vielfältigen Bezeichnungen und Überschriften wie Pionier-, Konsolidierungsphasen und dergleichen diskutiert.

Werden, Sein und Vergehen in der Natur

Genau diese Thematik hat auf Anregung im Zusammenhang mit den bleicherschen Schriften die renommierte, inzwischen über den deutschen Sprachraum hinaus bekannte St. Galler Künstlerin Sabeth Holland bei der Umschlaggestaltung dieser Buchreihe aufgegriffen: Sie setzt aus der Perspektive der biologischen Evolution mit ihrer Darstellung eines Werdens, Seins und Vergehens in einer beeindruckenden, intellektuell hinterlegten Farbgestaltung an. Am Beispiel des jahreszeitlichen Wechsels in der Natur, und hier insbesondere am Kreislauf der Pflanzenwelt, gelingt es ihr in großartiger Weise, einen sechs Phasen umfassenden zyklischen Entwicklungsverlauf aufzubauen und bildhaft darzustellen. Die einzelnen sechs Phasen dieser Bildreihe sind anschließend auf die Bände der «Gesammelte Schriften» aufgeschlüsselt worden:

Phase 1: Felder und Samen

Phase 2: Wachsen und Chaos

Phase 3: Blüte und Ausblick

Phase 4: Reife und Zentrum

Phase 5: Ernte und Neues Saatkorn

Phase 6: Anbrechender Winter und Hoffnung

Augenfällig werden in den Darstellungen von Sabeth Holland die überschwängliche Vielfalt und Verschwendung der Natur am Anbeginn einer Entwicklung. Sie zeigt, dass sich im Chaos eines stetigen Ausprobierens, ständigen Wechsels und dem damit einhergehenden Widerstreit von Farben, Formen und Figuren durchsetzungsfähiges Neues herauskristallieren kann.

Aus einem einst winzigen Samenkorn unter vielen wird eine allseits deutlich Respekt und Bewunderung erheischende Blüte, oftmals mit dem Effekt, dass die nun klar sichtbare Blume von vielen erst jetzt als solche überhaupt wahrgenommen wird.

Groteskerweise bleibt für den Beobachter aber unsichtbar, dass ab diesem Stadium jeder weitere der Verbreitung und der Vervollkommnung dienende Schritt in Richtung Reife mit der darauffolgenden nahtlos anschließenden Erntezeit schon jetzt auf ein nahendes Ende hindeutet. Die aus der Perspektive eines sorglosen Betrachters gedachte Normalität eines ewigen Erntens – gleichsam als lustvolles aus dem Vollen schöpfendes Leben im Zentrum eines Schlaraffenlandes – ist offensichtlich nur von kurzer Dauer.

Ungeachtet der Turbulenzen eines einsetzenden Untergangs der einstmals fruchtbringenden Felder sind die künftigen Auslöser eines nächsten Selektions- und damit Entwicklungsschubes auf einer hoffentlich höheren Ebene bereits wieder als Saatkörner verborgen und unsichtbar angelegt. Doch bis dahin ist ein schwieriger, mit einem strengen Winter vergleichbarer Transformationsprozess zu überstehen, dessen Härte nur gemildert wird durch die häufig positiven verborgenen Effekte der ihm innewohnenden selektierenden Reinigungs- und Reduzierungsprozesse, verbunden mit der Hoffnung eines dereinst auf dieser Grundlage geschaffenen, neu aufkeimenden Beginns unter der Voraussetzung adäquater Rahmenbedingungen.

Faszinierenderweise erschließen sich daraus bei einer vertieften Betrachtung der Bildreihe von Sabeth Holland einige zentrale Management-Erfolgsgrundsätze, welche zwar allgemein bekannt sind, doch nur zu leicht in Vergessenheit geraten beziehungsweise vor dem Hintergrund des Faktischen häufig negiert werden.

Erfolgsgrundsätze der Natur

So fordert sie – um einige Punkte herauszugreifen – Wandel als einzige Normalität und zugleich den zyklischen Gedanken des Lebens von Systemen überhaupt zu verstehen. Nachhaltige Unternehmensentwicklung wird in diesem Zusammenhang für die Unternehmensführung zur höchsten Aufgabe, welche es sowohl erfordert, die Komplexität sich ändernder Rahmenbedingungen als Grundrhythmus zu begreifen, Entwicklungen zu antizipieren als auch heute noch nicht Sichtbares deutlich zu machen und mittels adäquater Investitionspolitik für die Sicherstellung von Zukunftserträgen zu sorgen. Verzicht auf Gewinn von heute zugunsten der Zukunft meint damit auch Investitionen in eine anfänglich große Vielfalt, weil solche langfristig betrachtet vielleicht das einzige Prinzip und Erfolgsmodell für Neues und damit für Weiterentwicklung sind. Neues entsteht offenbar nie aus bloßer Reproduktion und Reduktion. Reduzieren allein wird zur Logik eines schleichenden Niederganges, wie viele Beispiele zeigen.

Gleichzeitig macht das Lebenszyklusmodell von Sabeth Holland auch sichtbar, dass Schaffung von Vielfalt und purer Verschwendung offenbar allein aber nicht ausreicht, sondern nur unter der Prämisse eines «obersten Zieles» funktioniert, sei ein solches der genetische Code der Natur, sei es das menschliche Streben nach Höherem. Die Vielzahl von Möglichkeiten bedingt entsprechend Fähigkeiten, mit dieser Fülle richtig umgehen, frühzeitig loslassen und sich auf das Wesentliche konzentrieren zu können. Veränderungen meistern heißt damit, sich auf eine anspruchsvolle Gratwanderung zwischen Reduktion und Ausdehnung, zwischen Minimalismus und Vielfalt, zwischen Kernfähigkeiten und Kompetenzerweiterung zu begeben.

Kumulativ zu den oben aufgeführten Herausforderungen muss die Unternehmensführung den Blick für das Gesamtbild immer prägnant präsent haben, um vor dessen Hintergrund das operative Tagesgeschehen richtig beurteilen und lenken zu können. Aus evolutionstheoretischer Sicht erfordert dies, die systemimmanenten Spielregeln und deren mögliche Veränderungen analytisch zu durchdringen, die Entwicklung der Rahmenbedingungen komplexitätsadäquat zu antizipieren und beides in einer Synthese zur Abschätzung des Evolutions-Spielraums zu integrieren.

Umgesetzt auf soziale Systeme setzt mit diesem obigen nicht abschließenden Anforderungskatalog auf einer Makroebene der unmittelbare Einflussbereich des menschlichen Beitrags zu einer Systemgestaltung und -weiterentwicklung an. Die erforderliche Anpassung erfolgt schließlich im Mikrobereich eines Unternehmens durch viele einzelne, lenkende und gestaltende Eingriffe in ein System, die letztlich in der Summe zu einer Gesamtanpassung führen, in Unternehmungen etwa im Rahmen des Innovationsmanagements.

Mikro-Evolution erscheint in diesem Licht als der einzelfallbestimmte Beitrag eines Kompendiums von Maßnahmen durch das Management mit dem Ziel, antizipierbare Veränderungen des Umfelds als Regulativ für korrigierendes Handeln zu begreifen und umzusetzen – letztlich mit der Wirkung einer verstärkten Flexibilisierung.

Der persönliche Beitrag des Einzelnen

Der Hinweis auf notwendige Anpassungsprozesse zur Flexibilisierung von sozialen Systemen im Rahmen der Evolution von Natürlichem und Künstlichem, das quasi dem Konzept der vorliegenden Buchreihe zugrunde liegt, ist jedoch nicht nur als Erklärungsversuch zu sehen, sondern er verbindet sich vielmehr mit der Forderung, alles Denkbare in unserem Lebensraum zu tun, um durch das Management der uns anvertrauten sozialen Systeme für deren Erhaltung und Weiterentwicklung zu sorgen. Dies bedeutet, nicht nur ein Zutun zur Verbesserung unserer sozialen und ökonomischen Systeme unter sich erschwerenden Auslesebedingungen zu leisten, sondern auch unseren ganz persönlichen Beitrag zur Entwicklung der Menschheit im Rahmen unserer natürlichen Umweltbedingungen zu erbringen. Wir sind dabei nicht nur Beobachter auf evolutorischer Bühne, sondern als Führungskräfte Gestaltende und Lenkende einer Entwicklung. Sind wir dabei nicht erfolgreich, verlieren wir die Möglichkeit, unseren professionellen Beitrag leisten zu können. Was jedoch weit mehr im Makrosystem zu beklagen wäre, dass wir ein mit hohem sozialem und ökonomischem Aufwand entwickeltes System als ein über Jahrzehnte geschaffenes Investment der Evolution zum Opfer bringen. Da mag es dann ein schwacher Trost sein, dass auf gleichsam höherer Ebene auf diesem Weg dem evolutorischen Wettbewerb sozialer Systeme – und damit dem Fortschritt – der Beweis anhaltender Gültigkeit erbracht hat.

Für die Zukunft reicht Evolution

Wenden wir daher den Blick von den Herausforderungen des Tagesgeschäfts auf diese großartige Perspektive des Lebens von Arten und Formen sozialer Systeme und stellen uns gelegentlich dabei auch die ewige und kaum gelöste Frage nach Ziel und Sinn des Entwicklungsgeschehens, um dies nicht nur als Auftrag zu sehen, sondern auch als Möglichkeit, zur Positionierung der eigenen Mission im Geschehen zu gelangen. Halten wir uns gleichzeitig vor Augen, dass es die Vielfalt, ja, das Verschwenderische ist, welches uns vielfache Gestaltungsräume bietet: Noch nie waren für einen großen Teil der Menschheit so viele Optionen und Chancen vorhanden: Die hohe Kunst wird sein, daraus Neues, Lebensbejahendes zu schaffen und zur Blüte zu bringen. Sofern es uns gelingt, dabei immer das Gesamtbild im Auge zubehalten, wird uns die Natur dazu auch genügend Zeit lassen – in dem Sinne sollen obige Aussagen nicht als Aufforderung für hektische Aktionitis und Kurzfristvarianten gesehen werden oder, um es mit Niklas Luhmann zu formulieren: «Für die Zukunft reicht Evolution», die Welt muss glücklicherweise nicht laufend neu erfunden werden, zuallererst muss sie aber verstanden werden. Derartiges Wissen um die Gesamtzusammenhänge wiederum verspricht – wie wir meinen – Lebensqualität oder, um es aus der Bildsprache von Sabeth Holland zu formulieren, schafft eine lebensbejahende Grundstimmung durch Kunst. Mit dem vorliegenden Werk «Gesammelte Schriften» war es unser Anliegen, solches Wissen zusammenzutragen und es mit zukunftsbejahender und lebensfroher Kunst zu kombinieren.

Auf diesem Weg mögen Sie daher die eigens für dieses Werk geschaffenen evolutionsorientierten Mosaiken auf den Buchumschlägen begleiten – mit dem Ziel, etwas zu Ihrem *Survival* über die Festigung Ihrer sozialen und unternehmerischen Basis, aber auch im Persönlichen beitragen zu können.

Dr. Christian Abegglen

ANHANG
Zur Künstlerin der Umschlaggestaltung, Sabeth Holland

Die 1959 in Altstätten geborene Sabeth Holland gehört zu den arrivierten, international tätigen, Schweizer Künstlerinnen. Sie schafft Plastiken aus Fiberglas, Bilder in Öl und bunte, märchenhafte Installationen, auch Wandbilder, Lithografien und Zeichnungen sowie Konzepte. Die Autodidaktin entschied sich erst 1989 für ihren zweiten Werdegang als Künstlerin, welchen sie sich hart erarbeiten musste. Seit 1995 werden ihre Werke regelmäßig auf internationalen Kunstmessen und in renommierten Galerien in ganz Europa gezeigt. Sabeth Hollands Arbeiten bewegen sich auf der Grenze zwischen figurativer und abstrakter Kunst. «Farbenspiele» hat man ihre Arbeiten genannt: Farben, die rätselhafte Märchenepisoden zu erzählen scheinen, eine Bildsprache aus Formen und Symbolen, die immer wieder neu fasziniert – und entsprechend vom Publikum goutiert wird. Ihre Arbeiten – und dies ist vielleicht eine mögliche Erklärung für ihren großen Erfolg – evozieren eine positive, eine lebensbejahende Grundstimmung. «Märchenhaft und lustvoll bunt» hat man zu Recht ihre Arbeiten genannt. Daran hat sich nach wie vor nichts geändert: Gerade auch die erst ab 2006 entstandenen Fiberglaskulpturen, ihre *Glücksfische* und *Lovables*, zeugen von Glück und sind zu Publikumslieblingen geworden.

Light Park, 2008

Loveables im Schnee

Transformationen und Skulpturen

Anhang – Zur Künstlerin der Umschlaggestaltung, Sabeth Holland

Bearbeitung einer Polyrethanskulptur

Doggy Dog Lovable
Polyrethanskulptur, 2010

Monkey Dog Loveable, 2011

Mit Intuition Komplexität bewältigen

Sabeth Holland erzählt Geschichten in einer Sprache ohne Worte. Sie spielt mit leuchtenden, kräftigen Farben und reduzierten, zeichnerischen Elementen auf mehreren Bildebenen. Ihre Kunstwerke bilden eine Gegenwelt zum grauen Alltag, ohne jedoch pathetisch oder realitätsfremd zu wirken. Im Zentrum ihrer unverkennbaren Schaffensweise steht das Geheimnis der Intuition. Es geht ihr um Nähe, Verbundenheit,

Bemalung einer Fiberglasskulptur

Zuversicht, Hoffnung. Sie macht sichtbar, was jeder von uns braucht, um mit der Komplexität und den Ansprüchen des täglichen Geschehens umgehen zu können.

Das Märchenhafte wird bei vertiefter Reflexion jedoch immer erschließbar. Es verlagert sich auf eine allgemein verständliche Ebene. In den Bildern gibt es viel zu entdecken. Es ist ein Erlebnis, wie unmittelbar die Kraft und Dynamik des Werkes von Sabeth Holland mit der ihr eigenen Schaffensweise verbunden ist. Wer dies einmal erfahren hat, wird ihren Werdegang mit großem Interesse weiterbegleiten.

Seit mehr als einem Dutzend Jahren arbeitet die Künstlerin intensiv an ihrem Ausdruck. Sie setzt sich mit ausgewählten Themen auseinander und sucht dabei das Tiefgründige, das Unmittelbare, das Echte. Obwohl auch sie sich immer wieder Vergleichen stellen muss, besticht sie mit Eigenständigkeit und Vertrauen auf die selbst errungenen Werke. Es erstaunt daher nicht, dass ihre Konzepte und Kunstwerke im öffentlichen Raum immer größere prominente Anerkennung und in Sammlungen Eingang finden.

2009 rangiert *www.sabethholland.ch* unter den *Top 500 Websites* der internationalen Ausgabe des *New York Arts Magazine*. Die Künstlerin kann auf mehrere Einzelaufstellungen zurückblicken. Im wörtlichsten Sinne weit verbreitet wurde Ihr Œuvre durch die Gestaltung zweier österreichischer 55 Cent Briefmarken mit den Titeln «Kleiner als das hohe Gras» und «Flowerdream». Auch entstanden und entstehen in Kooperation mit Unternehmungen Kunstprojekte in Transformation. 2010 veröffentlichte Sabeth Holland zusammen mit Tammy Rühli das Kunstbuch «Collected Impossibilities» und eröffnete ein zusätzliches Atelier exklusiv für Ihr plastisches Werk.

Treasure Cat Lovable, 2011

Das umfangreiche Œuvre der Künstlerin umfasst mittlerweile Konzepte mit Skulpturen, Transformationen, Texten und Malerei.

Anhang – Zur Künstlerin der Umschlaggestaltung, Sabeth Holland

Kontakt:
Sabeth Holland
Atelier N1
9000 St. Gallen, Schweiz
info@sabethholland.ch

www.sabethholland.ch

ANHANG

Dr. Martin Siewert, Deutschland-Chef von Sanofi-Aventis, im Gespräch mit Dr. Christian Abegglen zu Herausforderungen der Pharmabranche und bei Sanofi

So wie die Außenwelt heute perfekt vernetzt ist und Informationen in Sekundenschnelle weltweit verfügbar sind, so funktionieren Unternehmen inzwischen vor allem als «Netzwerke».

CA: Die Pharmaindustrie hat es ja zurzeit gleich mit mehreren Globalisierungsfeldern zu tun: Die Bedürfnisse und die Nachfrage nach Gesundheitsprodukten gleichen sich weltweit an, wichtige Teile der Forschung und Entwicklung, ebenso wie von Produktion und Fertigung wandern nach Asien und in die großen Schwellenländer ab. Gesundheitsbehörden und Regierungen lernen voneinander und schaffen – zunächst in den westlichen Industrienationen – ähnliche restriktive Voraussetzungen für die Zulassung und Vermarktung von Medikamenten, die Schwellen- und Entwicklungsländer werden zeitversetzt folgen. Wenn also die von außen gesetzten Bedingungen für den Erfolg oder Misserfolg der Pharmaunternehmen immer einheitlicher und zugleich strikter werden, wird das seinen Niederschlag in der normativen, strategischen und operativen Ausrichtung der Branche finden. Eiligst werden Pharmakonzerne umgebaut. Haben die bestehenden Management-Systeme versagt, die solche Entwicklungen hätten antizipieren sollen? Wäre ein Umdenken und Anpassen nicht früher nötig gewesen?

MS: Von einem Versagen der Management-Systeme würde ich in diesem Zusammenhang nicht reden. Die Pharmaindustrie unterliegt und unterlag schon immer einem beständigen Wandel. Das ist einerseits brancheninhärent und andererseits eine unabdingbare Folge der globalen Bevölkerungsentwicklung, der Veränderung der Gesundheitssysteme weltweit, eine Folge von wirtschaftlichen Faktoren, aber auch eine Konsequenz aus immer neuen wissenschaftlichen Erkenntnissen. Und schon immer wurden in den Management-Systemen (mit mehr oder weniger guter Vorhersagekraft) Entwicklungen antizipiert und es wurde (mehr oder weniger rechtzeitig und erfolgreich) darauf reagiert.

Die Entwicklung der Pharmaindustrie – oder lassen Sie mich lieber allgemein von der Gesundheitsbranche reden – war und ist ein evolutionärer Prozess. Aber was wir derzeit erleben, ist eine enorme Beschleunigung, und aus meiner Sicht sind die Veränderungen, die derzeit ablaufen auch radikaler. Insofern antworte ich mit ja und nein. Ein Umdenken und Anpassen an die Situation, wie sie sich uns gegenwärtig darstellt, wäre sicherlich früher wünschenswert, aber nicht unbedingt früher möglich gewesen. Die Antizipation kommen-

der Entwicklungen hängt ja auch von Erfahrungen ab und bezieht aktuelle Entwicklungen ein. Nehmen Sie als Beispiel die USA, wo bestimmte Entwicklungen die Zulassungspraxis der FDA und nachfolgend auch weiterer Behörden stark beeinflusst haben, was wiederum enorme Auswirkungen auf die Märkte hatte, die so zuvor nicht absehbar waren. Dramatisch daran ist, dass sich solche Entwicklungen mit großen Auswirkungen in immer schnellerer Abfolge vollziehen, und daraus leitet sich ab, dass auch Prozesse des Scannens, des Überprüfens und Anpassens in immer kürzeren Zyklen erfolgen, die Reaktivität schneller werden muss. Und das wiederum stellt die Management-Systeme, die dies gewährleisten müssen, vor große Herausforderungen.

CA: Die einzuleitenden gravierenden Einschnitte in den Lebenszyklus von Unternehmen fordern ein ganzheitliches Vorgehen des Managements geradezu heraus. Die normativen, strategischen und operativen Dimensionen beider Seiten müssen neu justiert und miteinander in Einklang gebracht werden. Und das muss auch noch in kurzer Zeit geschehen. Sind Manager auf eine solche Herausforderung ausreichend vorbereitet?

MS: Eine allgemeingültige Antwort darauf maße ich mir nicht an. Aber eines ist klar: Das Neujustieren und in Einklang bringen der normativen, strategischen und operativen Dimensionen darf sich nicht nur auf «das Was» unseres Handelns beschränken, sondern muss ebenso «das Wie» abdecken.

Wir haben aus diesem Grund sehr zeitnah zur organisatorischen Transformation begonnen, auch unsere Unternehmenskultur und unsere Werte den Erfordernissen eines neuen Geschäftsmodells anzupassen. Es ist eine Unternehmenskultur, die unternehmerisches Handeln auf allen Ebenen stärkt, denn das ganzheitliche Vorgehen darf nicht beim Management enden, sondern muss sich bei den Mitarbeitern fortsetzen.

Ein ganz wesentlicher Aspekt ist die Permanenz von signifikanten Veränderungen, die uns in die Zukunft begleiten wird. Darauf sind nicht alle Manager und sicher nicht alle Mitarbeiter vorbereitet.

Die Konzerninitiative «Unser Sanofi» definiert unsere Werte und Eigenschaften und stellt zugleich den Zusammenhang zu unserer Verpflichtung, unserer Zielsetzung, unseren Führungsprinzipien, den erwarteten Fähigkeiten und Verhaltensweisen sowie der Beschreibung unserer Einzigartigkeit her. Kurzum, es umfasst alle Grundsätze und Verhaltensweisen, die Manager wie Mitarbeiter gleichermaßen in unserem neuen, transformierten Unternehmen benötigen, um es erfolgreich zu machen.

CA: Wie allen großen Pharmaunternehmen stehen Sanofi schwere Jahre bevor. Der Patentschutz für wichtige Produkte – sogenannte «Blockbuster» mit mehr als einer Milliarde Dollar Umsatz im Jahr – läuft aus. Bevorstehende Umsatzeinbußen von mehreren Milliarden Dollar müssen deshalb kompensiert werden. An neuen Produkten mit ähnlichem Marktpotential aber fehlt es. Hat Big Pharma zu lange an dem Geschäftsmodell mit den Blockbustern festgehalten?

MS: Vermutlich ja, auch wenn es nicht leicht fällt, das einzugestehen. Nach dem Auslaufen der Patente für die heutigen großen Blockbuster wird es immer schwieriger werden, neue «Volksmedikamente» in dem Sinne zu schaffen, dass sie aufgrund der medizinisch-wissenschaftlichen Datenlage für eine große Population zugelassen werden, bei dieser auch ankommen, das heißt verfügbar sind und dazu noch aufgrund der Menge und des Preises einen Umsatz erwirtschaften, der die Milliardengrenze übersteigt. Diese Erkenntnis hat sich nur allmählich durchgesetzt und demzufolge muss die Antwort wohl lauten: Ja, man hat offensichtlich zu lange auf das darauf basierende Geschäftsmodell gesetzt.

Zunächst hat man versucht, den Mangel an Nachschub durch immer größere F&E-Budgets und immer mehr Manpower in der Wissenschaft auszugleichen. Diese Rechnung ist nicht aufgegangen.

Hinzu kam die Euphorie nach der Entschlüsselung des menschlichen Genoms, als man dachte, sie beschere unmittelbar eine Unmenge neuer Zielmoleküle (Targets) und mindestens ebenso viele neue Wirkstoffe. Die Einsicht, dass auch dies nicht zu dem erhofften Blockbuster-Nachschub führt, setzte sich ebenfalls nur langsam durch.

Was man aber auch sehen muss, ist die Tatsache, dass in den zunehmend seltineren Fällen, in denen ein neues Medikament mit großem Potenzial zugelassen wird, regulatorische Instrumente der Erstattungspolitik greifen und verhindern, dass es zugleich ein Umsatz-Blockbuster wird.

Bedauerlicherweise orientieren sich solche politischen Entscheidungen selten an dem wirklichen Fortschritt neuer Medikamente, schon gar nicht in Anerkennung der ökonomischen Bedeutung der Gesundheitswirtschaft, sondern fast ausschließlich am Budget der Kostenträger. Insoweit verkümmert eine Kosten-Nutzen-Analyse vielfach zu einem Kosten-Budget-Abgleich.

CA: Sie erwähnten eben, dass die Aufwendungen für F&E ständig gestiegen sind, während der Output der Forschungs- und Entwicklungsabteilungen an umsatzstarken Produkten sogar sank. Um das noch einmal mit Zahlen zu belegen: In Nordamerika etwa haben die Pharmaunternehmen im Jahr 2006 mehr als 55 Milliarden Dollar für F&E ausgegeben und die amerikanische Arzneimittelbehörde FDA hat nur 22 neue Medikamente für den Markt zugelassen. Zehn Jahre zuvor reichte noch der halbe Aufwand für 53 neue Produkte. Warum ging denn die Rechnung «großes Budget gleich großer Output» nicht auf?

MS: Dafür gibt es drei wesentliche Gründe, zwei davon habe ich bereits gestreift.

Was ich so noch nicht gesagt habe, was wir uns aber durchaus immer wieder vor Augen halten sollten, ist das, was wir in puncto medizinischem Fortschritt bereits erreicht haben! Ja, es gibt noch viele Erkrankungen, an denen die Menschen sterben oder leiden, weil es gar keine oder nur unzufriedenstellende Behandlungsmöglichkeiten gibt. Aber wir dürfen auch nicht die großen Erfolge übersehen. Millionen von Patienten leben heute jahrzehntelang mit durchaus akzeptabler oder gar guter Lebensqualität mit Diagnosen, die vor Ablauf des letzten Jahrhunderts ein Todesurteil bedeutet hätten!

Das bedeutet aber zugleich: Die Zeit der ganz großen Innovationen ist vorbei, bahnbrechende Fortschritte werden immer seltener und schwieriger. Oft – und damit will ich den

Anhang – Der Buchsponsor

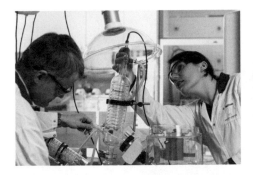

Benefit für die Patienten in keiner Weise schmälern, aber dennoch – sind «nur» noch Schrittinnovationen möglich und selbst diese sind extrem aufwendig. Großer Aufwand und hohes Risiko bringen eine manchmal nur inkrementelle Verbesserung.

Aber selbst wenn dieser Aufwand betrieben wird – und der wissenschaftliche Fortschritt spielt uns ja hier durchaus mit Techniken und Erkenntnissen in die Hand – kommt der nächste Grund zum Tragen, und das ist die zunehmende Zurückhaltung der Arzneimittelbehörden. Der Wunsch nach einem am liebsten nebenwirkungsfreien Arzneimittel besteht, das es per se nicht gibt. Aber man ist auch zunehmend weniger bereit, gewisse Nebenwirkungen unter Abwägung von Nutzen und Risiken und der Auflage bestimmter und engmaschiger Kontrollen zu tolerieren.

Große F&E-Budgets sind also nicht die (alleinige) Lösung. Sanofi hat daraus mit seiner Diversifizierungsstrategie und der grundlegenden Neuausrichtung seiner Forschungsorganisation die Konsequenzen gezogen.

CA: Offenbar ist es nötig, die gesamte Wertschöpfungskette der großen Pharmaunternehmen zu durchforsten. Die bisherige Praxis, von der Entdeckung eines möglichen Wirkstoffs über die Entwicklung des Medikaments und die Wirksamkeitstests bis zur Zulassung und Markteinführung weitgehend abgeschirmt, horizontal in einem Unternehmen ablaufen zu lassen, passt nicht mehr in die Zeit. Ist nicht auch hier ein integrierter Ansatz unausweichlich? Muss nicht in Zukunft mehr Rücksicht genommen werden auf ein Umfeld, das sich durch die Globalisierung schnell ändert?

MS: *Auf jeden Fall und das nicht erst in Zukunft. Wir bei Sanofi haben unsere Hausaufgaben durchaus schon gemacht und die Wertschöpfungskette «durchforstet», wie Sie sagen. Wir fahren nicht nur in der Forschung einen integrierten Ansatz, indem wir in unserer neuen Organisation die Grenzen zwischen Forschung und Entwicklung abgebaut haben – translationale Medizin oder «from bench to bedside» ist hier das Stichwort – und integriert mit Biotech und Academia zusammenarbeiten.*

Am deutlichsten sichtbar ist der integrierte Ansatz vermutlich in unseren sogenannten Divisions, wie etwa der in Frankfurt zentrierten Diabetes Division, in denen Forschung und Entwicklung mit dem Marketing in einem integrierten Ansatz eng zusammenarbeiten. Sehr vereinfacht ausgedrückt beruht er darauf, dass nicht mehr F&E ein Medikament zur Zulassung bringt und am Ende an das Marketing zur weiteren Verwertung übergibt. Sondern von Anfang an ist die alles entscheidende Frage: «Was braucht der Patient?» und «Was

brauchen wir, um für den Patienten ein Rundum-Partner sein zu können, mit dem er seine Erkrankung gut in den Griff bekommt und managen kann?»

Wenn man diese Frage ernst nimmt, dann kommt man rasch zu der Erkenntnis, dass die Bedürfnisse des Patienten häufig nicht eine wissenschaftlich bahnbrechende Entwicklung bedeuten, sondern vielmehr Informationen, Service oder andere Erleichterungen des täglichen Lebensablaufs. Auch das ist Teil eines neuen Umfelds für uns!

Die Beispiele ließen sich noch eine Weile fortsetzen, bis hin zu unserer Produktion, die im Hinblick auf die Anforderungen globalisierter Märkte bereits viele integrierte Ansätze und mutige Schritte unternommen hat.

CA: Der Standort Höchst des französischen Sanofi-Konzerns ist ein Prototyp des alten Modells. In Frankfurt wird geforscht und entwickelt, produziert und vermarktet. Außerdem sind Sie stark von einem Produkt abhängig, dem Langzeitinsulin Lantus, dessen Patent im Jahr 2014 ausläuft. Noch gehen die Geschäfte gut. Aber müssen Sie sich nicht Sorgen machen, wenn Sie in die Zukunft schauen?

MS: Ihrer Feststellung, der Standort Höchst sei ein Prototyp des alten Modells, möchte ich widersprechen, denn wir sind zwar ein Standort, der die gesamte Wertschöpfungskette abdeckt – und darauf sind wir auch sehr stolz –, aber das bedeutet nicht, dass ein Produkt auch den gesamten Weg entlang der Wertschöpfungskette am Standort geht und von Anfang bis Ende hier «zu Hause» ist. Schon vor der Zeit von Sanofi waren wir ein international aufgestellter Konzern, der standortübergreifend arbeitete. Aber das ist nicht der Punkt, auf den Sie hinauswollen.

Ich möchte auch jedem widersprechen, der meint, wir müssten uns Sorgen machen, wenn wir in die Zukunft schauen. Aber vielleicht ist das eher eine Frage der Semantik. Denn obgleich ich der Meinung bin, dass wir an unserem Standort in Deutschland eine gute Zukunft haben, müssen wir uns gleichwohl Gedanken über unsere Zukunft machen.

Damit haben wir bereits begonnen, und das nicht erst seit gestern – unter anderem, indem wir die Abhängigkeit von einem Produkt reduzieren und neue Geschäftsfelder erschließen. Das kann die Erweiterung eines Geschäftsfelds sein, zum Beispiel indem man Medizinprodukte hinzunimmt – wie jüngst mit unserem neuen Blutzuckermessgerät geschehen –, oder der Einstieg in neue Bereiche. Ein Beispiel hierfür ist die Fertigung von Onkologiepräparaten, für die wir gerade am Standort ganz neue Expertise aufgebaut haben.

All das sind keine isolierten Einzelaktionen, sondern Teile einer strategischen Neuausrichtung. Mit deren Perspektiven bis zum Jahr 2020 beschäftigt sich im Übrigen auch eine eigens eingerichtete Stabsfunktion. Und selbstverständlich erfolgt die Umsetzung jeweils in enger Sozialpartnerschaft mit unseren Belegschaftsvertretern.

Und noch eine weitere Anmerkung: Bei den von Ihnen angesprochenen Insulinen handelt es sich um Produkte, deren Entwicklung und Produktion Hochtechnologie und Kompetenz erfordern, um hohe Qualität sicherzustellen. Insoweit bin ich einerseits von der Wettbewerbsfähigkeit unseres Standorts überzeugt, andererseits vom Wachstumspotenzial über die Patentlaufzeit hinaus.

CA: Für einen alten Höchster waren die Veränderungen in wenigen Jahren sicher nicht leicht zu verkraften. Aus der warmen Atmosphäre eines verkrusteten und äußerst sozial agierenden Konzerns wie Hoechst wurde er in die auf internationale Effizienz getrimmte Aventis-Welt weitergereicht und musste sich schließlich bei Sanofi an eine französische Leitung gewöhnen. Welche Herausforderung stellt das an die Unternehmensführung?

MS: Wenn Sie mich mit dem «alten Höchster» meinen, dann darf ich sagen, dass ich mich gar nicht so fühle. Denn ich bin vor 19 Jahren in die Hoechst AG eingetreten, weil man dort einen Umbauprozess anstoßen wollte. Und genau das war meine Motivation. Denn «verkrustet» war die alte Hoechst AG tatsächlich. Ob der damals eingeschlagene Weg richtig war – darüber gibt es heute sehr unterschiedliche Auffassungen.

Das ist aber auch die brutale Realität jedes Veränderungsprozesses. Es ist eine Kunst, die Notwendigkeit von Veränderungen frühzeitig zu erkennen. Es ist unmöglich, die einzuschlagende Richtung vorab zu validieren. Erst die Zukunft zeigt, ob der Weg ein guter ist.

Das Thema des «sozialen Agierens» und der «französischen Leitung» sehe ich anders, als Ihre Frage suggeriert: Das Bewahren überkommener Strukturen bedeutet nicht soziales Handeln. Und eine zukunfts- und mittelfristig arbeitsplatzsichernde Verschlankung ist «sozialer» als bei oberflächlicher Betrachtung wahrgenommen. Unsere Unternehmensleitung ist in Deutschland der Tradition sozialer Verantwortung verpflichtet. Diese ist allerdings in langen Jahren eines vernünftigen und positiven gesundheits- und (pharma-)wirtschaftspolitischen Umfelds gewachsen. Und genau dieses positive Umfeld ist heute leider nicht mehr gegeben.

Unter «französischer» Sanofi-Konzernführung haben wir am Standort Deutschland etwa 1 Milliarde Euro investiert. Das ist mehr als in vergleichbaren Zeiträumen unter einer deutschen «Mutter». Internationale Effizienz bedeutet für uns als Unternehmensführung, dass wir unsere Kompetenz des Standorts Deutschland, unsere Leistungsbereitschaft und Wettbewerbsfähigkeit permanent erhalten, weiterentwickeln und unter Beweis stellen müssen. Soziale Kompetenz gehört zwingend dazu. Das ist und bleibt mein Credo!

CA: Ihr Konzernchef Christopher A. Viehbacher bekennt sich, wie es seine Vorgänger in Paris auch getan haben, zum Standort Deutschland. Was heißt das konkret?

MS: *Unser CEO weiß, was die Mitarbeiter hier am Standort leisten, und weiß das auch zu schätzen. Deshalb behandelt er sie aber auch nicht anders als die Kollegen an anderen Standorten. Wenn es um Entscheidungen geht, wie etwa Investitionen, Aufbau- oder Abbaumaßnahmen – stets geben unternehmerische Überlegungen den Ausschlag. Ein Bekenntnis zum Standort und die Wertschätzung seiner Mitarbeiter schließen in der Sache konsequente und manchmal harte Entscheidungen nicht aus. Denn unser gemeinsames Ziel ist es stets, das Unternehmen und den Standort fit zu halten und damit seine Zukunft zu sichern.*

Trotzdem ist es für unsere Mitarbeiter in Deutschland eine wichtige Bestätigung, dass Chris Viehbacher sich positiv zum Standort Deutschland bekannt hat. Wir nehmen dies als Ansporn, unter Beweis zu stellen, dass dies richtig war und wir uns den Herausforderungen der Zukunft stellen.

CA: Die Globalisierung des Pharmamarktes und die damit verbundene Transparenz von Gesundheitsinformationen weltweit verlangt nach Meinung fachbezogener Unternehmensberater nach einer völlig neuen Struktur in der Pharmabranche. Danach müssen sich die Unternehmen und ihr Management über Forschung, Entwicklung und Vermarktung eigener Produkte hinaus den Patienten und ihren Bedürfnissen öffnen, mit Regierungen und Sozialsystemen zusammenarbeiten und mit einer neuen Wahrhaftigkeit verloren gegangenes Vertrauen wieder herstellen. Was könnte das für den Standort Deutschland von Sanofi bedeuten?

MS: *Dieser Forderung kann ich grundsätzlich und uneingeschränkt nur zustimmen. Pharma 3.0 nennen manche Unternehmensberater dieses Modell. Wir reden eher von einem 360 Grad-Ansatz. Beiden gemein ist, dass sie den Patienten und seine Bedürfnisse in den Mittelpunkt stellen und nicht mehr auf einer produktgetriebenen Organisation, sondern vielmehr auf einem patienten-getriebenen Prinzip beruhen. Was heißt das? Das kann ich Ihnen deshalb konkret erklären, weil wir bei Sanofi längst in der Welt von Pharma 3.0 angekommen sind und darin arbeiten.*

Beispiel Diabetes Division, die ich schon erwähnte und deren leitendes Prinzip es ist, ein Rundum-Partner für den Patienten zu sein, der ihm alles bietet, damit er seine Erkrankung gut managen kann. Dazu gehört eben mehr als ein innovatives Insulin und ein anwendungsfreundlicher Pen, so wie wir sie in Frankfurt für den weltweiten Bedarf herstellen. Dazu gehört zum Beispiel auch, dass Patient und Arzt stets den Therapieverlauf verfolgen, besprechen und gegebenenfalls eine veränderte Behandlung ableiten können. Aus diesem Grund hat die Diabetes Division ein innovatives Blutzuckermessgerät in ihr Portfolio aufgenommen. Weitere Produkte werden folgen, sowohl für die medikamentöse Therapie als auch das Management des Diabetes. In Deutschland – weil Sie gezielt danach fragten – rundet eine breit angelegte Aufklärungskampagne über die Bedeutung des Langzeitblutzuckerwertes HbA1C das Patientenangebot ab.

Einen ähnlichen Rundum-Ansatz fährt die Therapeutische Einheit Alterserkrankungen, die ebenfalls nicht nur an neuen Wirkstoffen forscht, sondern – wiederum outcome-getrie-

Anhang – Der Buchsponsor

ben im Sinne eines Partners für den Patienten – außerdem an einer Vielzahl von Lösungen arbeitet, die es dem alternden Menschen ermöglichen werden, möglichst lange in seinen eigenen vier Wänden ein weitgehend eigenständiges Leben zu führen.

Im Dialog mit Politik und Sozialsystemen zeigen wir, wie im Rahmen von «Mehrwert-Vereinbarungen» Innovation bezahlbar bleibt. Wir zeigen auch auf, dass die Gesundheitswirtschaft nicht Kostenfaktor ist, sondern wirtschafts- und beschäftigungspolitisch bedeutsam. Hohe ethische Standards stellen wir stets unter Beweis, um Vertrauen zu bilden. Wir sind ein verantwortlich handelnder Partner im Gesundheitswesen, der Lösungen anbietet und zum Dialog bereit ist.

CA: Worauf muss Ihrer Ansicht nach der Pharma-Manager besonders achten, wenn er sein Unternehmen sicher und mit Gewinn in die kommenden Jahre steuern will?

MS: Indem er am Anfang vor allem das tut, worüber wir zu Beginn dieses Interviews gesprochen haben: Er muss Entwicklungen antizipieren, eine Strategie entwickeln und das Geschäftsmodell rechtzeitig an die kommenden Herausforderungen anpassen. Vieles spricht dafür, dass das outcome-getriebene Modell Pharma 3.0 richtig ist. Mehr noch bin ich überzeugt, dass Sanofi mit seiner Transformation, seiner Diversifizierung und seinem patientenorientierten Ansatz den richtigen Weg eingeschlagen hat. Aber ein Patentrezept gibt es nicht und erst wenn sich der Erfolg einstellt, zeigt sich, ob ein Modell wirklich zukunftsfähig ist. Das setzt aber auch voraus, dass man dann, wenn man sich für eine Strategie und ein Geschäftsmodell entschieden hat, dieses auch mit aller Konsequenz und Entschlossenheit nachhaltig umsetzt.

So wie die Außenwelt heute perfekt vernetzt ist und Informationen in Sekundenschnelle weltweit verfügbar sind, so funktionieren Unternehmen inzwischen vor allem als «Netzwerke». Weitblick, solide Strategie und ein tragfähiges Geschäftsmodell können nur dann erfolgreich sein, wenn der «Pharma-Manager» ein guter Netzwerker ist, transversal denkt und handelt und vor allem gute Kommunikation schafft. Denn am Ende hängt der Erfolg von unseren Mitarbeitern ab, und die muss der erfolgreiche «Pharma-Manager» abholen und mitnehmen.

Das Interview wurde vom Herausgeber dieses Bandes der Schriftenreihe, Dr. Christian Abegglen (CA), Verwaltungsratspräsident der St. Galler Business School, mit Dr. Martin Siewert (MS), Vorsitzender der Geschäftsführung der Sanofi-Aventis Deutschland GmbH, geführt.

Zum Unternehmen Sanofi

Sanofi ist eines der weltweit führenden Gesundheitsunternehmen. Mehr als 100.000 Mitarbeiter stehen in rund 100 Ländern im Dienst der Gesundheit. Sie erforschen, entwickeln und vertreiben therapeutische Lösungen, um das Leben der Menschen zu verbessern. Deutschland ist, nach den USA und dem Heimatmarkt Frankreich, einer der wichtigsten Standorte des Unternehmens. Von den zehn größten Pharmaunternehmen weltweit (gemessen am Börsenwert) ist Sanofi das einzige, das hier zu Lande die vollständige Wertschöpfungskette der Arzneimittelindustrie mit so großer Exportquote abdeckt und in Deutschland in bedeutendem Umfang sowohl forscht als auch produziert.

Die Sanofi-Aventis Deutschland GmbH mit Sitz in Frankfurt am Main erwirtschaftete im Jahr 2010 einen Umsatz von 4,7 Milliarden Euro: mit modernsten, innovativen Arzneimitteln und etablierten Originalpräparaten, mit nicht-verschreibungspflichtigen OTC-Produkten sowie Generika. Davon entfielen 1,3 Milliarden Euro auf das inländische Apotheken- und Krankenhausgeschäft und 3,4 Milliarden Euro auf den Export von Wirkstoffen und Fertigarzneimitteln, die in Deutschland hergestellt wurden.

Insgesamt widmen sich die Mitarbeiter der Sanofi-Aventis Deutschland GmbH der Erforschung der Ursachen von Krankheiten und der Suche nach Ansatzpunkten für deren medikamentöse Behandlung ebenso wie der Arzneimittelentwicklung, der Wirkstoffproduktion und Arzneimittelfertigung bis hin zur Auslieferung und dem Versand von Fertigarzneimitteln in die ganze Welt.

Zur Person Martin Siewert

Dr. Martin Siewert ist seit dem Jahr 2008 Vorsitzender der Geschäftsführung der Sanofi-Aventis Deutschland GmbH, der er bereits seit dem Jahr 2005 mit Zuständigkeit für den Bereich Fertigung angehört. Über seine Managementfunktionen in Deutschland hinaus verantwortet er zusätzlich weltweit die Fertigung der Sterilprodukte und Inhalationspräparate an insgesamt acht Standorten sowie die Entwicklung und Produktion der Medizinprodukte.

1992 trat Dr. Siewert in die Hoechst AG im Bereich Forschung und Entwicklung ein. Bei dem Nachfolgeunternehmen Hoechst Marion Roussel leitete er weltweit die Bereiche Qualitätssicherung/ Qualitätskontrolle und Gesundheit/ Umweltschutz/Sicherheit. Bei Aventis hatte er verschiedene globale Führungsaufgaben im Bereich Industrial Operations inne, unter anderem die weltweite Leitung von Product Development and Supply.

In den Jahren vor seinem Eintritt in das Unternehmen, von 1981 bis 1992, hielt er verschiedene Positionen im Zentrallaboratorium Deutscher Apotheker in Eschborn. Studiert hat Martin Siewert von 1976 bis 1980 Pharmazie an der Johann-Wolfgang-Goethe Universität in Frankfurt. 1986 promovierte er unter Leitung von Prof. Oelschläger in Pharmazeutischer Chemie.

ANHANG

Zum Herausgeber, Christian Abegglen

Ausbildung
Aufgewachsen im Berner Oberland. Schule in Spiez und Maturität am Gymnasium Interlaken. Studium der Wirtschaftswissenschaften an der Universität St. Gallen (HSG). Mitarbeit an mehreren wissenschaftlichen Forschungs- und Beratungsprojekten und Auslandspraktika, Lehrtätigkeit an verschiedenen Mittelschulen. Abschluss als lic. oec. HSG (Vertiefungsgebiet Organisation bei Prof. Dr. Robert Staerkle). Berufsbegleitende Dissertation zum Thema Informations-Management-Controlling an der Universität St. Gallen (bei Prof. Dr. Robert Staerkle, St. Gallen und Prof. Dr. Hans Peter Wehrli, Zürich) und Promotion zum Dr. oec. HSG.

Tätigkeiten
1988 Einstieg als Consultant bei einer internationalen Unternehmensberatungsgruppe in Zürich mit einem sehr renommierten Kundenkreis mit Projekten vornehmlich im Bereich von Banken und Versicherungen. Ab 1990 Seniorberater bei der MAB Management Beratung AG, Küsnacht/Zürich: Betreuung von führenden in- und ausländischen Unternehmen in Handel, Industrie und der Dienstleistungsbranche als Projektleiter und Supervisor im Bereich Marketing, Organisation und Effizienzsteigerung. Von 1991 bis 1994 zudem Dozent und Seniorberater für Strategisches Management und Marketing bei der SMP Management Programm St. Gallen. Durchführung großer Strategie- und Reorganisationsprojekte, vornehmlich in Deutschland. Diverse Projektleitungs- und Managementtätigkeiten auf Zeit in verschiedenen Kleinunternehmen und mittelständischen Betrieben in der Schweiz und in Deutschland. Von 1991 bis 2000 Leitung des Inhouse-Seminarbereiches der SMP Management Programm. Verwaltungsrat der SMP Management Programm Holding von 1994 bis 2001. 1994 Mitbegründer auf Initiative von Dr. Günther Pipp der privatrechtlich organisierten St. Galler Business School (SGBS) als Spin-off aus der MAB-/SMP-Gruppe. Seit 1994 bis heute: Verwaltungsrat und Geschäftsführer der St. Galler Business School, seit 1997 als Geschäftsführender Direktor, seit 2001 als Präsident des Verwaltungsrates: Aufbau und Entwicklung der St. Galler Business School zu einer der renommiertesten Vertreterinnen der Management-Aus- und Weiterbildung für Nachwuchs- und obere Führungskräfte in der Praxis im deutschsprachigen Raum. 1999 Mitbegründer und Initiator des Forschungsverbundes St. Gallen, Vizepräsident bis 2002. 2001 Mitbegründer und Aufbau der Unternehmensberatungs- und Interims-Managementgruppe TSCI The St. Gallen Consulting Institute zu einer der führenden St. Galler Beratungsgruppen im Bereich Corporate Dynamics sowie der SGBC Business Consulting. Gründung und Entwicklung der Ausbildungsinstitution Master Diplome St. Gallen.

2002 Begründer und Präsident des Forschungsvereins Business Books & Tools St. Gallen und der St. Galler Gesellschaft für Integriertes Management zusammen mit Prof. Dr. Dres. h.c. Knut Bleicher zur Weiterentwicklung und zur Verbreiterung des Gedankengutes eines Integrierten Managements. Aufbau eines Beirates für die St. Galler Business School zusammen mit Prof. Knut Bleicher zur weiteren wissenschaftlichen und praxisnahen Unterlegung von Lehrkonzepten und -methoden. Ab 2006 Aufbau von spezifischen praxisnahen MBA-Programmen zusammen mit den Universitäten Krakau/Polen und Klagenfurt/Österreich. 2007 Gründung und Aufbau der ASCG Sustainable Consulting AG zu einem Serviceprovider für Managementausbildung  auf Basis des St. Galler Konzepts. Dozent für Unternehmensführung an verschiedenen Institutionen und Corporate Universities sowie auf Kongressen. Seit 2008 Visiting Professor an der Universität Klagenfurt. Verfasser zahlreicher Seminarpublikationen und Beiträge im Bereich Integriertes Management, Strategie und Unternehmensentwicklung.

Erfahrungsschwerpunkte
25 Jahre Erfahrung in der Durchführung und Leitung von Beratungsprojekten zur Erarbeitung von Gesamtstrategien, Corporate-Dynamics-, Marketing- und Vertriebskonzepten sowie Reorganisationen auf Geschäftsführungs- und Konzernebene renommierter internationaler Konzerne sowie auch mittelständischer Unternehmen. Expertentätigkeit in der Beurteilung von Business-Plänen, Management-Development-Konzepten und Nachfolgeregelungen sowie Coaching von Executive Managern und Moderation schwieriger Entscheidungsprozesse. Managementtrainings- und Moderationserfahrung mit über 2500 Seminar- und Workshoptagen in allen klassischen Managementbereichen. Die persönliche Referenzliste von Christian Abegglen umfasst mehr als 150 bekannte Großunternehmen und erfolgreiche Nischenplayer.

Kontakt:
E-Mail: christian.abegglen@sgbs.com

ANHANG

Vorschau: Meilensteine der Entwicklung eines Integrierten Managements – Band 5 und Band 6

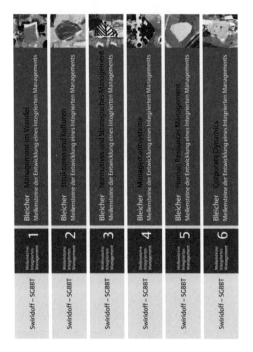

Die «St. Galler Schule» hat sich frühzeitig von rein ökonomistischen Vorstellungen der traditionellen Betriebswirtschaftslehre emanzipiert, indem sie ihren Schwerpunkt auf die Entwicklung einer Lehre von der Unternehmungsführung sozialer Systeme legte. Ihr Begründer Hans Ulrich als Professor der damaligen Hochschule – heute «Universität St. Gallen (HSG)» genannt – erkannte die integrierende Kraft des Systemansatzes im Spannungsfeld von Wirtschafts- und Sozialwissenschaften und erarbeitete mit Kollegen und Mitarbeitern das sogenannte St. Galler Management-Modell als eine sich der Wirtschaftspraxis annähernde Ausformung einer Managementlehre. Es war Knut Bleicher anschließend vergönnt, als Nachfolger Ulrichs dieses Werk wiederum zusammen mit befreundeten Kollegen und Mitarbeitern der Universität St. Gallen zum «St. Galler Management-Konzept» weiterzuentwickeln, welches nunmehr unter dem Titel «Das Konzept Integriertes Management» bereits in der 8. Auflage (2011) beim Campus-Verlag Frankfurt/New York vorliegt.

Während dieses Werk in strukturierter Form die Grundlagen und Zusammenhänge des Konzeptes wiedergibt, sind im Umfeld seiner Erarbeitung und Weiterführung vielfältige vertiefende Beiträge von Knut Bleicher in Fachzeitschriften und Sammelwerken erschienen, die die Entwicklung des Managementkonzepts nachzeichnen, vertiefen und ergänzen, wobei vor allem auch tangentiale Bezüge zu angrenzenden Spezialfragen eröffnet werden. Diese sollen in der hier vorliegenden Reihe einem interessierten Kreis von Wissenschaftlern und vor allem von Führungskräften in der Praxis nahegebracht werden. Das umfangreiche Textmaterial wurde dabei zu sechs Bänden zusammengefasst und geordnet, die sich jeweils mit zentralen Fragen des normativen, strategischen und operativen Managements auseinandersetzen.

Band 5 Human Resources Management: Unternehmenskulturen im Spannungsfeld neuer Herausforderungen

Da dem Menschen im Übergang zur Wissensgesellschaft als treibender Potenzialfaktor die erfolgsentscheidende Rolle zukommen wird, gilt es die aus der Tradition erwachsene Unternehmungskultur näher auf ihre notwendige Fortschrittsfähigkeit hin zu überprüfen; denn die Unternehmungskultur bestimmt weitgehend die Perzeptionen und Präferenzen der Mitarbeiter einer Unternehmung. Unter dem Stichwort der Entwicklung einer «lernenden Organisation» sollten Möglichkeiten geprüft werden, den täglichen Arbeitsvollzug zugleich als ein Lernfeld zu begreifen.

ISBN 978-3-89929-075-2

Erscheint Anfang 2012

Band 6 «Corporate Dynamics»: Unternehmensentwicklung verlangt ein bewusstes «Change Management»

In längerfristiger Perspektive geht es im Integrationsmanagement vor allem um die Pflege und Entwicklung von Kernpotenzialen, aus denen sich neue Geschäftsmöglichkeiten ergeben. Neue Geschäftsmöglichkeiten bedeuten Wandel, welcher Veränderungen von Strukturen und Verhalten im Zeitablauf erfordert. Unternehmungen durchwandern in ihrer Entwicklung im Zeitablauf somit bestimmte Phasen, wobei bei Phasenübergängen jeweils typische Krisensymptome erkennbar werden, welche beachtet und konterkariert werden müssen. All dies setzt ein bewusstes «Change Management» voraus.

ISBN 978-3-89929-076-9

Erscheint Ende 2012

Bereits erschienen:

Band 1 Management im Wandel von Gesellschaft und Wirtschaft

Der sich vollziehende Wandel in unseren gesellschaftlichen und wirtschaftlichen Rahmenbedingungen lässt eingangs die Frage nach den notwendigen Konsequenzen im Denken und Handeln des Managements stellen und verlangt andersartige Konzepte.
ISBN 978-3-89929-052-3

Erschienen Oktober 2005

Band 2 Strukturen und Kulturen der Organisation im Umbruch

Der dargestellte Wandel von Gesellschaft und Wirtschaft bleibt nicht ohne gravierenden Einfluss auf Strukturen und Kulturen der Organisationen, die sich den neuen Rahmenbedingungen anpassen müssen. Neue Organisationsformen sind erkennbar und stoßen aber auch an Grenzen. Am Horizont zum Neuen eröffnen sich jedoch interessante Perspektiven einer systemischen Organisationsgestaltung und Führung für die Zukunft.
ISBN 978-3-89929-055-4

Erschienen Februar 2008

Band 3 Normatives Management konstituiert und strategisches Management richtet die Unternehmungsentwicklung aus

Die zielführende und identitätsschaffende Rolle von Unternehmungsphilosophie steht neben strategischen Belangen im Fokus dieses Bandes. Die Philosophie ist für die Anpassung von Unternehmungen im Wandel an soziale und ökonomische Veränderungen konstitutiv. Auf einer nachgeordneten Ebene ist es Aufgabe des strategischen Managements, Aktivitäten zur Gewinnung von Wettbewerbsvorteilen auszurichten und entsprechend zu konzentrieren. Dies erfordert eine Fokussierung verfügbarer Ressourcen und Kräfte am Markt. Normatives Management konstituiert und strategisches Management richtet also die Entwicklung der Unternehmung aus.
ISBN 978-3-89929-073-8

Erschienen November 2009

ANHANG

SGBS Buchempfehlungen

Prof. Dr. Markus Schwaninger
Intelligent Organizations

Second edition
Berlin: Springer, 2009
ISBN 3-540-29876-2

The systems approach in which this work is grounded enables the development of the new kind of intelligent organizations so urgently needed. Powerful models, based on organizational cybernetics and system dynamics, are presented in a way that lets the reader immediately apply them in practice. This book will be a rich source for improvement in any kind of organization, whether private or public, non-profit, large or small.

Markus Schwaninger ist Professor für strategisches Management am Institut für Betriebswirtschaftslehre der Universität St. Gallen.

Markus Schwaninger war am Lehrstuhl von Knut Bleicher habilitierender Mitarbeiter, ist mittlerweile gefragter Experte und hat schon unzählige interdisziplinäre Projekte betreut. Als Konsulent und Gutachter ist er international tätig. Seine über 200 Publikationen gibt es in 6 Sprachen.

Markus Schwaninger am 8. St. Galler Management Kongress der St. Galler Business School

Prof. Dr. Hans A. Wüthrich et al.
Musterbrecher

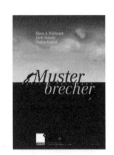

Wiesbaden/München: Gabler/GWV, 2008
ISBN 3-8349-1031-7

Leben in und mit Paradoxien lautet die Herausforderung! Dieses Buch richtet sich an alle, die im Rahmen ihrer Führungstätigkeit ungute Gefühle erleben und nicht länger bereit sind, als Marionetten ihrer Führungsreflexe zu funktionieren. Es plädiert für musterbrechendes Denken, für die Veränderung der inneren Haltung gegenüber Führung. Es erwarten Sie musterbrechende Erlebniswelten – irritierend und inspirierend: Unzulänglichkeit der Perfektion – die Stärke der Verletzlichkeit – Karriere ohne Laufbahnplanung – Effizienz durch Vielfalt – CEO ohne Macht – Zeit in einer Zeit ohne Zeit – Haltung ohne Pose.

Prof. Dr. Hans A. Wüthrich, Jahrgang 1956, ist Inhaber des Lehrstuhls für Internationales Management an der Universität der Bundeswehr München, zudem Partner der B&RSW AG Management Consultants in Zürich.

Prof. (emer.) Dr. Dres. h.c. Knut Bleicher
Das Konzept Integriertes Management

Frankfurt/Main: Campus, 2011
ISBN 3-5933-9440-5

Das St. Galler Management-Konzept stellt einen ganzheitlichen Ansatz dar, der das Denken und Handeln zahlreicher, gerade auch international tätiger Manager nachhaltig beeinflusst hat. Führungskräfte finden hier einen Gestaltungsrahmen für eine langfristige Ausrichtung ihrer Firma, der Unternehmensaktivitäten auf allen Ebenen in ein stimmiges Gesamtkonzept integriert. Sie erhalten Denkanstösse, die weit über das operative Geschäft hinausreichen. Die 8. Auflage erschien zum 20-jährigen Bestehen des Managementklassikers. In der Neuauflage findet sich ein neues Vorwort, ein Geleitwort über die Weiterentwicklung der St. Galler Managementlehre in der Praxis, sowie ein neues Kapitel zur praktischen Umsetzung des Konzepts verfasst von Dr. Christian Abegglen, Präsident des Verwaltungsrats der St. Galler Business School.

Prof. (emer.) Dr. Dres. h.c. Knut Bleicher, Jahrgang 1929, war bis zu seiner Emeritierung 1995 Präsident des Geschäftsleitenden Ausschusses und Direktor des Instituts für Betriebswirtschaftslehre an der Universität St. Gallen (HSG). An der privatrechtlich organisierten St. Galler Business School war Knut Bleicher bis zum Herbst 2008 Beiratsvorsitzender und Wissenschaftlicher Leiter.

Heute lebt und forscht er in Hamburg und St. Gallen.

Prof. Dr. Günter Müller-Stewens, Prof. Dr. Christoph Lechner
Strategisches Management: Wie strategische Initiativen zum Wandel führen

Stuttgart: Schäffer-Poeschel Verlag, 2005
ISBN 3-7910-2467-1

Das Standardwerk des strategischen Managements vermittelt neben der Entwicklung von Strategien auch deren konkrete Umsetzung in organisationalen Prozessen. So wird eine ganzheitliche, umfassende Perspektive auf das Themenfeld des strategischen Managements eingenommen und der Frage nachgegangen, wovon letztendlich der Erfolg eines Unternehmens abhängt. Ein flexibles Raster – der «General Management Navigator» – gibt dabei die notwendige Orientierung. Fallbeispiele und weiterführende Erläuterungen verdeutlichen die wissenschaftlich fundierte Gesamtschau des strategischen Managements und erleichtern neben dem logischen und stringenten Aufbau den Transfer in die Praxis.

Prof. Dr. Günter Müller-Stewens ist seit 1991 Professor an der Universität St. Gallen sowie Direktor des Instituts für Betriebswirtschaftslehre. Des Weiteren ist er innerhalb unterschiedlicher Verbände, Juries, Arbeitskreise sowie als Trainer, Berater und Beirat internationaler Unternehmungen tätig.

Prof. Dr. Christoph Lechner ist Professor für Strategisches Management an der Universität St. Gallen. Seine Forschungsschwerpunkte liegen in den Bereichen Business Models, Strategische Initiativen, Allianzen und Netzwerke sowie Corporate Competitiveness.

Prof. Dr. Johannes Rüegg-Stürm, Prof. Dr. Stefan Sander
Controlling für Manager: Was Nicht-Controller wissen müssen

Frankfurt/Main: Campus, 2009
ISBN 3-5933-8627-5

Obwohl in Wissenschaft und Praxis zunehmend prominent, besteht bis heute eine große Interpretationsvielfalt zum Begriff des Controllings. Dieser subsumiert im Wesentlichen Planungs-, Steuerungs- und Kontrollmechanismen in Unternehmen. Somit ist Controlling ein andauernder Prozess der im Kern die finanzielle Führung der Unternehmung umfasst und auf die Sicherung finanzieller Stabilität sowie Wertezuwachs abstellt. Das Buch richtet sich an Controlling Einsteiger und vermittelt, ohne Vorkenntnisse vorauszusetzen, auf hohem Niveau Grundzüge und Zusammenhänge des Controllings. Wesentliche Funktionen und Methoden des Controllings werden auf ansprechende Weise nachvollziehbar und beispielunterlegt dargestellt. Unternehmer und Manager erfahren in diesem Werk alles, was für ein professionelles Controlling notwendig ist.

Prof. Dr. Johannes Rüegg-Stürm ist Professor an der Universität St. Gallen sowie Direktor des Instituts für Systemisches Management und Public Governance. Seine Schwerpunkte umfassen strategischen und organisationalen Wandel, Management von Stiftungen sowie die Weiterentwicklung der systemorientierten Managementlehre.

Prof. Dr. Stefan Sander ist verantwortlicher Professor für die Vertiefungsgebiete Controlling/Rechnungswesen an der Fachhochschule St. Gallen, Dozent an der Universität St. Gallen sowie Professor für Controlling und Rechnungswesen an der Steinbeiss Universität Berlin. Des Weiteren leitet er als Partner der HSP Consulting AG St. Gallen das Kompetenzzentrum Controlling.

Prof. Dr. Heike Bruch, Dr. Bernd Vogel
Organisationale Energie: Wie Sie das Potenzial Ihres
Unternehmens ausschöpfen

Wiesbaden/München: Gabler/GWV, 2008
ISBN 3-8349-0344-2

Organisationale Energie ist jene Kraft, mit der Unternehmungen arbeiten und Dinge bewegen. Somit wird Erfolg eine Frage des Energieniveaus der Organisation. Wie nun diese Energie in gewünschte Bahnen gelenkt werden kann steht im Fokus dieses Buches. Basierend auf Ergebnissen eines mehrjährigen internationalen Forschungsprojektes wird neben der genauen Beschreibungen unterschiedlicher organisatonaler Energieniveaus und möglicher Energiefallen ein entsprechendes Instrumentarium zur Erreichung eines produktiven Energielevels vorgestellt. So werden das abstrakte Phänomen der Organisationalen Energie verständlich und nachvollziehbar aufbereitet ebenso wie direkt anwendbare Umsetzungsmöglichkeiten gegeben.

Prof. Dr. Heike Bruch ist seit 2001 Professorin sowie Direktorin am Institut für Führung und Personalmanagement der Universität St. Gallen. Ihre Forschungsschwerpunkte sind das Verhalten von Managern, die Themenbereiche Leadership und Organisationale Energie sowie Arbeitgeberexcellence. Des Weiteren berät sie Unternehmungen in den Bereichen Change Management, Leadership und Organisationale Energie.

Dr. Bernd Vogel ist Assistenzprofessor für Leadership und Organizational Behavior an der Henley Business School, Gastdozent an der Universität St. Gallen sowie Lehrbeauftragter an der Universität Hannover. Sein Forschungsinteresse liegt neben Organisationaler Energie in den Bereichen Leadership, Followership, kollektive Emotionen, Change Management und Handeln von Netzwerken.

Der Klassiker in der 8. Auflage

Der ganzheitliche Ansatz des St. Galler Management Konzepts hat das Denken und Handeln zahlreicher Manager nachhaltig beeinflusst. Führungskräfte finden hier einen Gestaltungsrahmen für die Zukunftssicherung ihrer Firma, der sämtliche Unternehmensaktivitäten in ein stimmiges Gesamtkonzept integriert. Sie erhalten strategische Denkanstöße, die weit über das operative Geschäft hinausreichen. Die 8. Auflage erscheint zum 20-jährigen Bestehen des Managementklassikers, welcher heute zu den unverzichtbaren und zeitlosen Standardwerken der Managementliteratur zählt.

In dieser Jubiläums-Neuauflage erwartet Sie ein neues Vorwort mit Ratschlägen an Führungskräfte von Knut Bleicher, ein Geleitwort über die Weiterentwicklung der St. Galler Managementlehre in die Praxis von Christian Abegglen, Geschäftsführender Direktor der St. Galler Business School, sowie ein zusätzliches, neues Kapitel zur praktischen Umsetzung des Konzepts.

Jubiläumsausgabe 2011

Knut Bleicher
DAS KONZEPT INTEGRIERTES MANAGEMENT
Visionen – Missionen – Programme

St. Galler Management-Konzept

Prof. (emer.) Dr. Dres. h.c. Knut Bleicher war bis zu seiner Emeritierung 1995 Direktor des Instituts für Betriebswirtschaftslehre der Universität St. Gallen. Er begleitete zahlreiche Veränderungsprozesse großer internationaler Unternehmen und war Beiratsvorsitzender und wissenschaftlicher Leiter der St. Galler Business School.

8., aktualisierte und erweiterte Auflage des Standardwerks

8. aktualisierte und erweiterte Auflage
2011, 728 Seiten
D   59,90 €
A   61,60 €
CH 84,90 Fr.*
ISBN 978-3-593-39440-4

campus
Frankfurt · New York

www.campus.de · http://www.facebook.com/campusverlag · http://twitter.com/Campusverlag

General Management für Executives – Das Seminar zum Konzept Integriertes Management

Mit dem Wandel der Märkte und Technologien wandeln sich auch die Methoden der Unternehmensführung. Zahlreiche Modelle und Konzepte stehen den Unternehmen zur Verfügung, diese Vielzahl sorgt aber gleichzeitig für eine zunehmende Verunsicherung.

Hier setzt das 4-tägige «General Management Seminar für Executives» an: Es vermittelt anhand des systematischen St. Galler Ansatzes auf der Basis des «Konzepts Integriertes Management» von Prof. Dr. Dres. h.c. Knut Bleicher die gesicherte Essenz des heute unverzichtbaren Managementwissens. Es stellt die wichtigsten, praxiserprobten Themen des modernen ganzheitlichen Managements griffig und umsetzungsorientiert dar.

Dabei wird sowohl auf neue Managementpraktiken und internationale Pilotprojekte ausgewählter Unternehmen als auch auf bewährtes Managementwissen zurückgegriffen. Anhand zahlreicher Vergleiche mit den jeweiligen Bestleistungen und Besten einer Branche erarbeiten sich die Teilnehmer/innen Entscheidungshilfen und holen sich die Kompetenz zu u. a. folgenden Fragestellungen:

- Worin unterscheidet sich gutes von schlechtem Management?
- Welche aktuellen Managementansätze haben sich bei Unternehmen bewährt?
- Dimensionen eines wirkungsvollen Integrierten Managementkonzeptes
- Wie sind die zentralen Ebenen der Unternehmensführung integrativ und erfolgswirksam zu gestalten?
- Die Formulierung von Visionen, Missionen und fundierten Management-Programmen
- Wie entsteht auf der Basis einer Neudefinition von Prozessen eine markante Verbesserung der Kostenposition?
- Wie lassen sich signifikante Lücken in der Marktleistung finden und in Marktanteilsgewinne ummünzen?
- Wie wird Innovationspotenzial konsequent und dem Zeitwettbewerb angepasst?
- Welche Hemmnisse sind zu beseitigen, um das volle Leistungspotenzial von Mitarbeitern zu erreichen?
- Wie können Führungskräfte ihre Management-Kraft signifikant verbessern?
- Welche Umsetzungshürden sind bei Veränderungsprozessen zu bewältigen?

Das Seminar wird 4x jährlich durchgeführt. Gerne stellen wir Ihnen unsere aktuelle Seminarbroschüre und den Detailprospekt zu. Weitere Infos: www.sgbs.ch

Master of Business Administration (MBA) in Integrated Management –
Das MBA-Programm zum Konzept Integriertes Management

Die berufsbegleitende Ausbildung zum «Master of Business Administration (MBA) in Integrated Management» ist ein 2 Jahre dauerndes, intensives anspruchsvolles Programm für Führungskräfte, Nachwuchskräfte und Fachspezialisten, die sich für eine gehobenere Managementaufgabe qualifizieren bzw. ihr bestehendes Managementwissen umfassend vervollständigen, kritisch hinterfragen und vertiefen wollen - und dies alles auf Grundlage des Integrierten St.Galler Management Konzeptes. Ein maximaler Qualitätsanspruch hinsichtlich akademischem Niveau und Praxisrelevanz der vermittelten Inhalte bildet die Leitschnur für dieses Programm.

Dabei steht getreu dem integrativen Konzept von Professor Bleicher vorrangig nicht nur die inhaltliche Vermittlung des heutzutage unumgänglichen BWL- und Managementwissens im Vordergrund, sondern genauso das Training sozial-kommunikativer Kompetenzen, welche Wissen erst zu Resultaten werden lassen.

Die Devise für dieses Programm heisst «nicht abgehoben akademisch», sondern bodenständig und ganzheitlich zupackend für alles, was letztlich den Erfolg eines Unternehmens ausmacht: Kundenzufriedenheit.

Dieser MBA-Studiengang wird von der Alpen-Adria-Universität Klagenfurt in Zusammenarbeit und Kooperation mit der St.Galler Business School angeboten.

Der Studienbeginn ist jederzeit jeweils auf den Beginn eines Quartals möglich. Gerne stellen wir Ihnen unsere MBA-Detailbroschüre und den Bewerbungsbogen zu (www.sgbs.ch/mba).

MBA in European Multicultural Integrated Management

Oben beschriebenes Programm wird in modifizierter Form in englischer Sprache auf Initiative von Professor Bleicher auch in Krakau einmal jährlich durchgeführt und richtet sich vornehmlich an Führungskräfte aus Osteuropa, die sich neuestes internationales Managementwissen aneignen wollen.